Q&A로 쉽게 읽는

예언자들의
신앙과 삶

Q&A로 쉽게 읽는 예언자들의 신앙과 삶

발행 2017년 11월 10일

지은이 이희학
발행인 윤상문
편집부장 권지현
코디네이터 박현수
디자인실장 여수정
디자인 표소영, 박진경
발행처 킹덤북스
등록 제2009- 29호(2009년 10월 19일)
주소 경기도 용인시 기흥구 동백동 622- 2
문의 전화 031- 275- 0196 팩스 031- 275- 0296

ISBN 979-11-5886-105-6 (03230)

Copyright ⓒ 2017 이희학
이 책은 저작권법에 따라 보호받는 저작물이므로 무단전재와 복제를 금지하며,
이 책의 내용의 전부 또는 일부를 이용하려면 반드시 저작권자와 킹덤북스의
서면 동의를 받아야 합니다.

※ 잘못된 책은 구입하신 곳에서 교환하여 드립니다.
※ 책 가격은 표지 뒷면에 있습니다.

 킹덤북스(Kingdom Books)는 문서사역을 통해 하나님의 나라를 확장하고, 한국 교회와 세계 교회를 섬기고자 설립된 출판사입니다.

Q&A로 쉽게 읽는

예언자들의 신앙과 삶

수정개정판

이희학 지음

FAITH AND LIFE OF THE PROPHETS

왕들은 왕궁 안에서 살았던 인물들이지만, 예언자들은 그와는 달리 대부분 일반 백성들과 삶의 희로애락을 함께 했던 자들이다. 그렇기 때문에 예언자들을 통해 얻을 수 있는 신앙적인 교훈은 왕들의 이야기를 할 때와는 달리 훨씬 더 감동적일 때가 많다.

킹덤북스
Kingdom Books

목차

머리말   *6*

제1부
올바른 '예언자' 이해를 위한 예비적 고찰

제1장	예언의 의미와 예언자 칭호	*13*
제2장	예언자들의 종류	*23*
제3장	예언서의 탄생 과정	*34*
제4장	참 예언자와 거짓 예언자	*45*
제5장	예언자 제도의 의미와 역할	*56*

제2부
초기 예언자들: 땅 점유부터 문서 예언자 이전까지

제1장	땅 점유부터 엘리야까지	*71*
	1) 사무엘 2) 나단과 갓 3) 아히야와 스마야	
제2장	엘리야	*103*
제3장	엘리사	*128*

제3부
기원전 8세기 예언자들

제1장	아모스	*143*
제2장	호세아	*166*
제3장	이사야	*180*
제4장	미가	*218*
제5장	기원전 8세기 예언의 특징	*232*

제4부
기원전 7세기 예언자들

제1장	나훔	*245*
제2장	하박국	*257*
제3장	스바냐	*269*
제4장	예레미야	*283*

제5부
기원전 6세기 예언자들

제1장	에스겔	*299*
제2장	오바댜	*312*
제3장	학개	*324*
제4장	스가랴	*336*

제6부
기원전 5세기 이후의 예언자들

제1장	말라기	*351*
제2장	요엘	*364*
제3장	요나	*375*

제7부
예언에서 묵시로: 묵시 문학

예언에서 묵시로: 묵시 문학의 탄생	*399*
묵시: 예언 전승과 지혜 전승의 계승자	*402*
묵시 문학의 특징들	*405*

제8부
말씀의 묵상

제1장	제의(예배)에 대한 예언자들의 태도	*413*
제2장	북 왕국 백성들의 죄악에 대한 고발	*423*
제3장	남 왕국 백성들의 죄악에 대한 고발	*435*

참고문헌	*447*

머리말

필자는 진정으로 한국교회를 사랑한다. 한국교회는 어두웠던 한국의 근현대사에서 가난하고 불쌍한 이 땅의 백성들과 함께 했고, 민족의 고통과 슬픔을 함께 나누었기 때문이다. 하지만 작금의 한국교회를 바라보면 마음이 아프고, 서글퍼진다. 그 이유는 한국교회가 점점 한국 사회로부터 신뢰를 잃고 선한 영향력을 상실해가고 있기 때문이다. 젊은 청년이 기력을 쏟을 수 없다면 그에게 심각한 문제가 있는 것처럼, 한국교회는 아직 젊은 청년이어야 하는데, 그래서 해야 할 사명이 많은데, 병상에 누워있는 환자처럼 보이고 있고 너무나도 빨리 무기력해진 것 같아 속이 쓰린다.

이에 필자는 종종 "왜 한국교회는 복음의 능력을 상실해가고 있는가?"라는 질문을 던지곤 한다. 신학대학에서 구약을 강의하면서, 그리고 성경을 읽고 묵상하는 가운데 필자는 그 해답을 얻을 수 있었다. 그것은 "예언자 정신의 실종"이라고 생각한다. 구약의 역사 속에서 여호와 하나님을 향한 신앙을 병들게 하지 않은 절대적인 효소(酵素)는 예언자들이었다. 부패하고 무능하고 불신앙적인 왕권에 맞서 싸우며 이스라엘 백성들로 하여금 하나님의 품 안에서 살아갈 수 있도록 그들을 사랑으로 인도하고 보호한 자들이 바로 예언자들이었고, 가혹한 핍박과 억압

속에서도 이스라엘 백성들이 하나님을 향한 절대적인 믿음을 놓지 않게 한 것은 올곧은 예언자 정신이었던 것이다.

예언자들은 산 속에 들어가 자신들만의 고유한 공동체를 조직하지 않았다. 예언자들은 세상의 흐름과 무관하게 지내며 홀로 높은 절개를 드러내고 독야청청(獨也靑靑)하며 살지 않았다. 곧 예언자들은 세상을 등진 자들이 아니라, 오히려 세상으로 나온 자들이었다. 예언자들은 당시 권력을 지니고 있던 통치자들의 악행과 불의에 저항하였고, 백성들의 우매함과 어리석음을 일깨우며 하나님의 마음을 이 땅에 선포했던 자들이었다. 예언자들은 하나님의 말씀을 가지고 세상으로 뛰쳐나가 세상을 변화시키고 세상 속에서 하나님의 공의를 실현하려고 몸부림쳤다. 예언자들은 자신들의 부귀영화를 뒤로 하였고, 세상에 뛰어들어 손해를 감수하는 경우가 허다하였다. 그래서 높은 자리에 있는 자들과 많이 가진 자들은 정의와 공의의 잣대를 가지고 세상을 바라보는 예언자들을 싫어했고 멀리하였다. 하지만 그 증오와 경멸의 눈초리가 예언자들을 더욱 강인한 존재로 만들었고, 세상을 향해 더욱 애정과 사랑을 갖게 한 원동력이 되었다.

예언자들은 세상으로 나간 자들이다. 예언자들은 세상을 변화시킨 자들이다. 예언자들은 세상의 빛과 소금이 되어 어두운 세상을 밝히고, 하나님의 공의가 지배하는 세상을 만들기 위해 개인의 행복을 희생한 자들이다. 예언자들은 단순히 미래에 일어날 일을 예고하는 자들이 아니었다. 예언자들은 하나님의 말씀을 받아 앵무새처럼 지저귄 후 세상의 변화에는 주목하지 않은 기계적인 인간들이 아니었다. 예언자들은 자신의 전부를 바쳐 세상의 부패를 방지하려고 노력하였다. 그들은 하나님의 말씀을 세상을 향해 던지기만 한 것이 아니라, 세상 속으로 뛰어 들어가 땀이 피가 되도록 애쓰며 세상을 변화시키려고 헌신한 자들이다.

이러한 예언자들의 신앙과 삶의 모습이 21세기 한국 땅에 구현(具顯)되기를 고대하는 마음으로 이 책을 저술하였다. 이 책을 읽는 자들이 먼저 예언자 정신을 계승하여, 한국교회와 사회를 밝고 건강하게 변화시키기를 기대해 본다. 예언자들은 과거 이스라엘에 한시적으로 태어났다가 사라진 역사 속의 인물들이 아니며, 사진첩 속에서 영웅들로 소개되는 죽어 있는 인물들이 아니다. 예언자들은 살아 있어야 하며, 그들의 위대한 정신과 믿음은 그리스도를 주로 고백하는 우리 모두에게 이어져 내려와야 하는 것이다. 예언자들의 희생적인 삶의 모습을 바라보며 단지 고개를 끄덕일 것이 아니라, 우리의 삶 깊은 곳에 그들의 채취와 흔적이 되살아나야 하는 것이다. 우리는 구약 시대의 예언자처럼 살아야 한다. 아니 우리는 오늘의 예언자가 되어야 한다. 예언자들이 걸어갔던 신앙과 삶의 모습을 배우고 따르는 자들이 많이 생겨날 때 한국의 교회와 사회는 부활하게 될 것이다.

『예언자들의 신앙과 삶』는 2009년도 1년 동안 대전 극동방송(FEBC FM 93.3)에서 "예언자 새로 보기"를 통해 방송된 원고를 중심으로 탄생된 책이다. 필자는 방송을 통해 살아있는 예언자들의 정신을 전달해 보려고 시도하였고, 이 땅에서 살아가고 있는 성실한 그리스도인들이 21세기의 예언자들이 되어 한국교회를 살리고 세상을 밝혀주길 기도하였다. 대전 극동방송은 나에게 두 번째 해산의 고통과 기쁨을 동시에 주었다. 2008년도에는 이미 "열왕열전"을 통해 『유다와 이스라엘 왕들의 이야기』를 낳았기 때문이다. 매주마다 방송을 통해 세상으로 나간 구약의 예언자들의 모습을 책으로 엮은 것이 바로 『예언자들의 신앙과 삶』이다. 바쁘고 지친 생활 가운데서도 방송을 진행할 수 있었던 것은 청취자들이 방송을 통해 전파되는 예언자들의 고귀한 신앙과 삶을 본받아 건강한 한국교회를 재건(再建)하여 주기를 바라는 간절한 마음 때문이었다. 필자에게 용기를 주고 격려한 분은 신중혜 PD와 황기성 장로님이었다. "행복을 여는 아침"을 함께 진행하는 두 분은 가슴이 따뜻한 분들이며, 착하고 선한 마음으로 사람들을 대하는 아름다운 신앙인들이다. 이들을 만난 것은 하나님의 은혜이며 복이다. 두 분은 항상 시간에 쫓겨 다니는 필자를 배려하면서 사랑으로 감싸주셨다. 이 두 분의 협력과 이해와 열린 마음 덕분에 구약의 예언자들의 정신이 되살아나 전파를 탈 수 있었다. 이 자리를 빌려 "예언자 새로 보기"를 애청해 주신 분들에게도 감사하고 싶다. 예언자들의 신앙과 삶을 본받기를 바라는 수많은 청취자들의 후원과 애청 속에 방송을 기쁨으로 진행할 수 있었다. 열성 있는 청취자들은 필자에게 연락하여 방송 원고를 얻을 수 있는지를 물어보기도 하였다. 어떤 이들은 필자의 연구실로 찾아와 신앙상담을 하며 예언자들의 후예(後裔)로 살아가는 길이 무엇인지를 고민하기도 하였다. 청취자들이 보내준 과분한 사랑과 격려가 큰 힘이 되어 지난 1년의 방송을 행복하게 마칠 수 있었다.

감사할 분이 또 있다. 한빛감리교회 최재현 목사님이다. 필자의 신앙에 많은 영향을 주시고, 필자가 추구하는 신학에 영감(靈感)을 불어넣어 주시는 분이다. 필자가 독일 유학을 할 때도 전심으로 후원해 주셨고, 학생들을 가르치는 교수가 되어 활동할 때에도 아낌없이 협력해 주시는 고마우신 목사님이시다. 필자의 책이 나올 때마다 큰 관심을 갖고 세심하게 배려해 주심에 진심으로 감사의 마음을 전한다. 그리고 필자를 낳아주시고 지금까지 하루도 빼놓지 않고 기도해 주시는 부모님께 다시 한 번 깊은 감사를 드린다. 해가 다르게 연로해지는 부모님의 모습을 보면 가슴이 시리도록 아프다. 하나님이 주시는 생명력이 부모님에게 충만하길 기도한다. 장인어른과 장모님의 사랑과 은혜도 잊을 수 없다. 삶의 모범을 보여주시고 든든한 신앙적 후원자가 되어 주심에 진심으로 감사한다. 특히 바쁜 일상으로 가정생활에 충실하지 못한 필자에게 불평 한마디 없이 묵묵히 성숙한 '돕는 배필'의 삶을 살아가고 있는 사랑하는 아내에게 애정어린 감사를 전한다. 대학원생으로 열심히 공부하며 보람찬 미래를 준비하고 있는 큰 딸 수현(秀賢)에게 하나님의 특별한 간섭과 은총이 있기를 기도한다. 관심과 사랑이 자신에게 집중되지 않고 있음에 매일매일 애교어린 불만을 표출하고 있는 작은 딸 수진(秀珍)도 하나님의 무한한 사랑과 인도하심을 경험하길 바란다. 마지막으로 본 도서의 수정개정판을 허락하시고 새롭게 출판해주신 킹덤북스(Kingdom Books) 대표 윤상문 목사님께 심심한 감사의 마음을 표한다.

2017년 10월
목원대학교 도안동 연구실에서
저자 이희학

제 1부

올바른 '예언자' 이해를 위한
예비적 고찰

FAITH AND LIFE OF THE PROPHETS

QA
Faith and Life of the Prophets

제1장 예언의 의미와 예언자 칭호

이 책은 구약 시대에 활동했던 수많은 예언자들의 올곧은 신앙과 그들의 활동을 알아보는 것을 목적으로 한다. 왕들은 왕궁 안에서 살았던 인물들이지만, 예언자들은 그와는 달리 대부분 일반 백성들과 삶의 희로애락을 함께 했던 자들이다. 그렇기 때문에 예언자들을 통해 얻을 수 있는 신앙적인 교훈은 왕들의 이야기를 할 때와는 달리 훨씬 더 감동적일 때가 많다. 예언자들을 개별적으로 살펴보기 전에 먼저 올바른 예언자 이해를 위한 예비적 고찰을 시도해 보기로 하자. 예언의 의미와 예언자 칭호부터 살펴보겠다.

구약 성경 안에서 예언서의 위치

Q. 이스라엘과 유다의 왕들에 대한 이야기는 주로 열왕기서와 역대기서에 기록되어 있는데, 예언자들의 이야기는 주로 어디에서 찾아볼 수 있는가?

A. 질문에 대해 답을 하기에 앞서 먼저 구약 성경의 구조를 이해해야만 한다. 구약 성경은 크게 4부분으로 구분할 수 있다. 첫 번째는, 구약 성경 제일 앞쪽에 등장하는 5권의 책인데, 이 책들을 보통 모세오경이라고 부른다. 모세오경을 우리는 '율법서'라고도 하는데, 10계명을 중심으로 하나님이 주신 율법들을 모아놓은 책이라는 뜻이다. 두 번째는, '역사서'이다(12권). 이스라엘 왕국의 탄생과 흥망성쇠에 대해 기록해 놓은 책들을 말하는데, 여호수아부터 에스라와 느헤미야에 이르는 부분을 말한다. 세 번째는, '지혜서' 혹은 '시가서'라고 부르는 부분으로서 욥기,

시편, 잠언, 전도서, 아가 등의 책을 말한다(5권). 이 부분은 지혜로운 신앙인은 이 땅에서 어떻게 살아가야 하는지에 대해서 시나 격언을 통해 설명해 주고 있는 것이다. 네 번째로, 구약 성경의 마지막 부분에 위치하고 있는 책들인데, 이사야서부터 말라기까지 이르는 부분을 우리는 '예언서'라고 부른다. 이 예언서는 예언자의 이름을 따서 책의 제목을 정한 것이다. 예언서는 다시 대예언서와 소예언서로 구분되는데, 이사야, 예레미야, 에스겔, 이 3권은 대예언서에 속하고, 나머지 호세아에서부터 말라기까지 해당되는 12권을 소예언서라고 부른다. 다니엘서와 예레미야 애가는 예언서에는 속하지만, 대예언서나 소예언서에 포함시키지는 않는다. 대예언서와 소예언서의 구분은 예언자들의 능력에 따라 구분한 것이 아니라, 책의 분량에 따라 분류한 것뿐이다. 예언자들의 말씀은 대부분 이 예언서에 모아져 있지만, 예언서에 없는 예언자들도 있다는 점을 잊어서는 안 된다. 예를 들어, 나단이나 갓, 엘리야와 엘리사 같은 예언자는 예언서를 남기지 않았지만 이스라엘 역사에서 매우 중요한 역할을 담당했던 예언자들이다.

Q. 구약 성경이 총 39권인데, 예언서에 속하는 책이 17권이나 된다. 그렇다면 예언서가 그만큼 중요한 위치를 차지하고 있고, 예언자들의 활동과 역할이 참으로 귀중하다는 뜻이라고 볼 수 있지 않은가?

A. 예언자들은 대부분 살아있을 당시에는 인정받지 못했고 사랑과 존경을 받지 못했다. 예언자들은 온갖 핍박과 멸시를 받으면서도 목숨을 각오하고 하나님의 말씀을 전하였던 자들이라는 점에서 매우 높이 평가받고 있다고 할 수 있다. 그리고 예언자들은 구약 성경의 종교가 단순히 제사종교가 아니라, 고차원적인 윤리와 도덕을 요구하는 종교라는 점을 밝혔다는 점에서도 높게 평가받을 수 있다. 뿐만 아니라, 예언자들

은 하나님이 이스라엘만의 신이거나 가나안 땅에만 갇혀 있는 신이 아니라, 세계의 역사를 지배하시고 세계 열방의 하나님이라는 점을 주창했다는 점에서도 매우 중요한 기여를 했다고 보아야 한다. 예언자들의 공헌 덕택으로 구약의 종교는 보편성을 지닌 세계적인 종교가 될 수 있었고, 오늘 우리가 구약의 하나님을 아바 아버지라고 부를 수 있게 되었다.

'예언자' 용어에 대한 고찰

Q. 구약의 종교가 폐쇄적이고 국수적인 종교로 머물지 않고, 세계의 종교가 되는 데 예언자들의 역할이 매우 중요했음을 위의 설명을 통해서 알 수 있다. '예언자'라는 말은 어떤 뜻을 지니고 있는가?

A. 학자들마다 여러 가지 의견을 내세우고 있지만, 가장 보편적으로 인정받고 있는 주장은 독일의 신학자 예레미야스(J. Jeremias)의 주장이다. 그는 예언자를 의미하는 히브리어 단어 '나비'(נביא)의 어원을 아카드어 '나비움'(nabium)에서 찾고 있는데, 이 단어는 수동형 명사로서 '부름 받은 자'라는 뜻을 지니고 있다. 다시 말하면, 예언자는 하나님으로부터 부르심을 받은 사람을 의미한다는 것이다. 예언자는 스스로 세상의 이치를 깨닫거나 특별한 신비로운 지식을 습득해서 사람들에게 비밀을 알려주는 사람이 아니라, 하나님이 불려주셔서 하나님의 말씀을 세상에 외치는 사명을 받은 자라는 말이다. 여기에 '예언자'의 본질적인 중요성이 있다. '예언자'는 반드시 하나님의 부르심을 받은 자여야 한다는 것이다. 많이 배웠든, 배우지 못했든, 어떤 직업을 가지고 있든 상관없이 하나님이 부르셔서 사명을 받은 사람이 바로 예언자인 것이다.

Q. 우리는 그동안 '예언자'라고 하면 앞으로 일어날 일을 미리 예견하는 사람을 일컫는 것으로 알고 있었다. 올바른 정의라고 볼 수 있는가?

A. 많은 분들이 예언자를 오해하고 있다. 많은 책에서도 예언자를 한문으로 잘못 사용하고 있음을 확인할 수 있다. 예언자의 '예' 자를 한문으로 '미리 예'(豫)자로 사용하는 경우가 있는데, 그것은 예언자에 대한 올바른 이해가 아니다. 예언자의 '예'는 한문으로 '맡길 예'(預)가 되어야 한다. '예언자'는 본질적으로 일어날 미래의 일을 미리 말하는 사람이 아니라, 하나님이 주신 말씀을 맡아서 선포하는 '하나님의 대언자'의 역할을 수행하는 자이다. 하나님이 맡기신 말씀 중에는 현질서의 모순을 비판하는 말씀도 있고, 다가오는 미래의 사건에 대한 말씀도 있을 뿐이다. 하나님이 주신 말씀 속에는 미래를 포함한 현재의 사건들의 의미를 내포하고 있음을 간과해서는 안 된다. 구약의 예언자는 미래의 길흉을 점치는 자들이 아니다. 예언자들의 선포를 미래에 대한 계시에 한정시켜서는 결코 안 된다. 예언자들은 하나님의 부르심을 받고 하나님의 말씀을 선포하는 자들이다. 그들은 과거에 대한 반성적인 탐구를 기초로 현재의 삶의 질서를 깊이 있게 비판하고 다가오는 하나님의 미래를 선포하는 자들인 것이다.

Q. 위의 설명을 통해 그동안 많은 사람들이 갖고 있던 '예언자'에 대한 오해가 풀리는 기회가 되었다. 예언자의 본질은 미래의 일을 미리 선포하는 데 있는 것이 아니라, 하나님이 주신 말씀을 맡아서 선포하는 데 있다는 지적은 예언자를 이해하는 데 매우 중요한 포인트라고 생각한다. 예언과 관련해서 잘못 이해하고 있는 부분이 있다면 어떤 것이 더 있는가?

A. 우리가 신앙생활을 하다 보면, "누구에게서 예언기도를 받았다, 혹은 아무개는 예언기도를 한다"는 말을 들을 때가 있다. 여기서 예언기도라

는 것에도 그 안에는 상당한 오해의 소지를 내포하고 있다. '예언기도'의 내용을 잘 살펴보면, 기도를 받는 사람이 미래에 어떤 직업을 가져야 하는지, 혹은 무엇을 해야 질병에서 벗어날 수 있는지 등에 집중되어 있음을 알 수 있다. 예언기도의 내용과 본질이 샤머니즘적이고 주술적인 경우가 상당히 많이 있다는 것이다. 예언기도의 핵심은 하나님이 무엇을 말씀하고 있느냐에 있어야 한다. 예언기도를 해주는 사람은 반드시 하나님의 말씀을 받아 전달해 주어야 한다. 그런데 많은 경우, 기도하는 사람 개인의 느낌이나 개인의 생각을 주입시키고, 심지어 어떤 경우에는 예언기도를 해주는 자가 거액의 돈을 요구하면서 심각한 문제를 일으키기도 한다. 하나님은 경우에 따라서는 우리의 헌신과 희생을 요구하시기는 하지만, 돈이나 요구하는 그런 저급한 신이 아님을 알아야 한다. 잘못된 예언기도에 현혹되지 않기를 간절히 원한다.

Q. 실제적으로 우리 주변에는 예언기도를 받으러 갔다가 실망하거나 많은 돈을 요구받고는 어찌할지 몰라 당황해하는 사람들이 있다. 예언기도는 기도를 하는 사람이나 기도를 받는 사람 모두에게 주의가 필요하다고 본다. 구약 시대에도 이런 문제들이 발생했는가?
A. 뒤에서 살펴보겠지만, 이스라엘에는 거짓 예언자들이 많이 등장하여 심각한 사회적인 문제들을 야기했다. 어떻게 보면 참 예언자보다 거짓 예언자가 더 많았다고 볼 수도 있다. 그런데 이 거짓 예언자들의 공통점 중에 하나는 백성들을 협박하고 돈을 갈취하며 윤리와 도덕적인 면에서 타락한 삶을 살았다는 것이다. 예언기도는 사람들을 협박하는 무기가 아니다. 하나님은 예언을 통해 사람들을 무서워 떨게 하거나 공포감에 사로잡히도록 하지 않았다. 하나님은 예언을 통해 이스라엘 백성들의 지은 죄를 회개하게 하고, 다가오는 미래를 준비하도록 하셨던 것이

다. 모든 기독교인들은 예언기도라는 이름으로 가장한 거짓된 샤머니즘적 주술행위에 속아 넘어가지 않기를 바란다. 신앙이라는 미명(美名)하에 기독교를 왜곡시키고 많은 사람들을 현혹시키는 잘못된 행태는 분명히 사라져야 할 것이다.

Q. 잘못된 예언기도는 분명 기독교의 신앙을 저급하게 만들 수 있다. 예언에 대한 올바른 이해가 이루어질 수 있기를 바란다. 우리가 일반적으로 생각할 때 예언자의 주요 활동 중에 하나는 미래에 오실 메시아의 탄생을 예고하는 것으로 알고 있다. 이 문제에 대해서도 좀더 자세히 설명해 주시길 바란다.

A. 많은 사람들은 "구약은 오실 메시아에 대해 예언을 하는 책이고, 신약은 오신 메시아에 대해 증언하는 책이다"라고 생각한다. 완전히 틀린 말은 아니지만, 그렇다고 완전히 맞는 말도 아니다. 구약의 일부 예언자들은 분명히 오실 메시아에 대해 예언하였다. 하지만 모든 예언자들이 오실 메시아에 대해 예언을 한 것은 아니다. 예언서들 중에서 메시아의 탄생이나 사역과 관련된 본문은 극히 제한되어 있음을 알아야 한다. 이사야서와 미가서의 일부 본문들(사 7; 9; 11; 53; 미 5장)만이 미래에 오실 메시아에 대해 예고하고 있을 뿐이다. 그러므로 예언자들의 주된 임무가 메시아 선포라고 말하기에는 무리가 있다. 예언자들은 메시아의 탄생뿐만 아니라, 훨씬 더 광범위한 하나님의 활동에 대해 선포하였다. 예언자들이 선포한 구체적인 내용들에 대해서는 차후에 자세히 살펴보도록 하겠다.

'예언자'에 대한 다양한 명칭들

Q. 구약 성경을 읽다보면, 예언자를 선지자로 부르는 곳도 있다. 두 단어의 의

미가 혹시 다른 것인가?

A. 구약 성경에는 예언자를 지칭하는 여러 가지 다양한 단어들이 등장하고 있다. 구약 성경에 가장 많이 등장하고 가장 일반적으로 사용하는 단어가 '예언자'이다. 이 예언자를 영어로는 Prophet이라고 부르는데, 이 단어는 헬라어 '프로페테스'(προφήτης)에서 왔다. 헬라어 '프로페테스'는 '선포하는 사람'을 의미하는데, 이 단어는 히브리어 '나비'(נביא)에서 온 것이다. 우리말 성경에서 이 '나비'는 예언자로도 번역되고 선지자로도 번역되었다. '선지자'(先知者)라는 단어는 다른 사람보다 먼저 깨달아 알고 있는 사람이라는 뜻인데, 위에서 설명했듯이, 예언자란 하나님의 부르심을 받은 자라는 것을 생각해 보면 '선지자'는 예언에 대한 잘못된 이해에서 나온 번역이라 볼 수 있다. 예언자는 남들보다 먼저 깨달았다는 것이 중요한 것이 아니라, 하나님의 부르심을 받았다는 점이 훨씬 본질적인 것이고 중요하다고 할 수 있다.

Q. 그렇다면 '예언자'(나비)에 대한 좀더 구체적으로 설명해 주시길 바란다.

A. '예언자'라는 단어는 구약 성경에서 총 209번 등장하고 있다. 그 중에서 남성형으로 203번, 여성형으로 6번이 사용되었다. 그런데 '예언자'는 실제적으로는 예언 활동을 하지 않은 몇몇 인물들에게도 명예로운 칭호로 붙여 주었다. 예를 들어, 아브라함, 모세, 미리암, 드보라 등은 예언자가 아님에도 불구하고 예언자로 불렸는데, 이들은 모두 이스라엘 역사 초기의 위대한 신앙의 인물들이라는 공통점을 지니고 있다. 어떤 경우에는 거짓 예언자(슥 13:2)와 바알 예언자(왕상 18:19f.)도 '예언자'(나비)라고 불렸다. 더욱이 사울이 하나님의 영의 임재로 인하여 열광주의적인 황홀경에 빠져 예언을 하였을 때 사람들은 그를 '예언자'라고 부르기도 하였다(삼상 10:9-13; 19:23f.). 결국 '예언자'라는 단어는 참 예언

자, 거짓 예언자, 이방 예언자, 명예 예언자 등 모두에게 적용되었고, 가장 광범위하게 사용되었음을 알 수 있다. '예언자'는 이스라엘의 왕정 제도가 시작되던 주전 11세기 말경-10세기 초에 처음으로 등장하였는데, 왕국이 시작되면서는 매우 많은 예언자들이 활동하게 되었다. 학자들은 이 '예언자'가 원래는 가나안의 농경문화를 배경으로 하고 있는 열광주의적 제의와 밀접하게 연관되었던 것으로 보고 있다.

Q. '나비'라는 칭호가 가나안 농경문화의 열광주의적 제의 현상과 연관되어 있다고 했는데, 이 이외에 예언자를 지칭하는 또 다른 단어가 있는가?
A. 우리말 성경에서 '선견자'로 번역된 단어가 있다. 선견자는 히브리어로 '로에'(ראה)라는 단어와 '호제'(חזה)라는 두 개의 단어가 있다. 이 두 단어는 '예언자'라는 단어와는 달리 환상의 체험과 관련되고, 유목민적 전통을 계승하고 있는 것으로 보인다. 사무엘상 9:8절에 의하면, '선견자'는 선지자(예언자)보다 더 오래된 옛날 칭호이다. '선견자'는 어떤 특정 지역에 살면서 무엇인가 삶의 문제로 고민하는 사람들에게 하나님으로부터 해답을 얻어서 제공하던 사람을 부르던 칭호였다. 사무엘(삼상 9:9), 아모스(암 7:12), 갓(삼상 24:11)과 같은 자들이 '선견자'로 불려졌다.

Q. 어쨌든 예언자, 선지자, 선견자는 하나님의 부르심을 받고 왕과 백성들에게 하나님의 말씀을 담대하게 선포한 사람들을 지칭하는 단어들이라는 생각이 든다. 이외에도 예언자를 가리키는 또 다른 명칭들이 있는가?
A. 우리말 성경에 '예언자의 아들' 혹은 '예언자의 아들들'이라는 단어가 등장하고 있다. 이들은 예언자의 육신의 아들을 지칭하는 것이 아니라, 예언자 집단의 일원을 의미한다고 보아야 한다. 엘리사에게는 '예언자의 아들들'이 있었는데, 그들은 특히 실로, 여리고, 길갈, 벧엘 등과 같은 성

소에서 집단생활을 하면서 예언 활동을 하였다(왕하 2:3,5,15; 4:1,38). 열왕기하 2:7에 의하면, 엘리사의 제자 50여 명이 요단 강가에서 엘리야와 엘리사의 대화 장면을 바라보고 있었다. 열왕기상 11:29 이하에 의하면, 솔로몬이 죽은 직후에 르호보암을 반대하고 여로보암을 지지했던 예언자 아히야는 실로에서 집단생활을 하던 예언자 집단의 대표였던 것으로 보인다. 열왕기상 13:11을 통해서 볼 때, 벧엘에 한 늙은 예언자가 살고 있었는데 그에게는 여러 명의 제자들이 있었다. 이 '예언자의 아들들'은 주로 시골에서 살면서 땅을 경작하며 집단생활을 하고, 필요할 때마다 백성들에게 하나님의 말씀을 전달해 주면서 신앙적인 지도를 했던 것으로 보인다.

Q. 위의 설명을 통해서 볼 때, '예언자의 아들들'은 '나비', '로에', '호제'와는 달리 단체 예언자들을 지칭하는 단어임을 알 수 있는데, 그들의 이름은 비록 알려지지는 않았지만 하나님의 부르심을 받고 이스라엘 역사의 한 페이지를 장식했던 훌륭한 신앙인들이었을 것이다. 예언자를 가리키는 또 다른 단어가 있는가?

A. 마지막으로 '하나님의 사람'이라는 단어가 있다. 열왕기상 13:1을 보면, 북 왕국의 창립자 여로보암의 악행을 경고한 익명의 예언자가 '하나님의 사람'으로 불리고 있다. 사무엘상 2:27은 엘리 집안의 멸망을 예언한 사람을 역시 '하나님의 사람'으로 부르고 있다. 열왕기하 1:9-10에 의하면, 북 왕국의 군사들이 엘리야를 '하나님의 사람'이라고 부르고 있다. 그리고 열왕기하 4:7,9,16,21,22,25,40,42은 엘리사를 '하나님의 사람'으로 칭하고 있다. 어쨌든 '하나님의 사람'은 하나님이 보내신 사람이라는 뜻으로 예언자를 부르는 명칭 중에 하나임은 분명하다.

Q. 지금까지 예언자란 누구이며, 예언자를 부르는 명칭들은 어떤 것이 있는가를 중심으로 공부해 보았다. 지금까지의 내용을 정리해 주시길 바란다.

A. 예언자는 이스라엘 역사에서 매우 중요한 역할을 담당했던 신앙인들이었다. 하나님의 부르심을 받은 예언자들은 언제 어디서나 담대하게 하나님이 맡겨주신 말씀을 전했고, 왕과 백성들이 잘못된 길을 걸어가지 않도록 깨어서 그들을 신앙적으로 지도했던 자들이다. 예언자를 부르는 칭호는 매우 다양하게 언급되는데, 예언자, 선견자, 선지자, 예언자의 아들들, 하나님의 사람 등이 모두 하나님의 부르심을 받은 예언자를 부르는 명칭들이다. '예언자'(나비)는 가나안의 황홀경 현상과 관련되는 반면, '선견자'(로에/호제)는 유목민의 환상 현상과 밀접히 연관되어 있다. 하지만 시간이 흐르면서 본래의 서로 다른 배경의 의미는 사라지고 모두 '예언자'(나비)라는 단어로 통일되어 사용되었다. 중요한 것은 이제 모든 기독교인들이 하나님의 부르심을 받아 목숨을 바쳐 순종한 예언자들과 같은 위대한 신앙인들이 되어서 21세기 한국 사회를 살리는 거룩한 씨앗들이 되어야 한다는 것이다. 예언자들의 위대한 신앙의 모습이 오늘 우리 모두에게 동일하게 나타날 수 있기를 간절히 바란다.

제2장 예언자들의 종류

여러 종류의 예언자들

Q. 앞 장에서 살펴보았듯, 예언자는 자신의 철학이나 세계관을 설파했던 사람들이 아니라, 자신의 삶의 현장에서 열심히 일하다가 하나님의 부르심을 받고 하나님의 말씀을 맡아 백성들에게 전달했던 하나님의 대변인들이었다. 이번에 공부할 내용은 어떤 것들인가?

A. 이스라엘에 등장했던 예언자들을 여러 각도에서 살펴보고, 예언자들의 활동과 내용을 기초로 그들을 어떻게 분류할 수 있는지를 논하고자 한다. 예언자들은 부르심을 받기 이전에 다양한 직업을 가지고 있었다. 농부 출신도 있었고, 목자 출신도 있었고, 지혜교사 출신도 있었으며, 심지어는 제사장 가문의 출신도 있었다. 이처럼 다양한 삶의 터전에서 살아가다가 하나님의 부르심을 받고 예언자가 되었지만, 그들의 예언 활동은 매우 다양하게 나타났다. 혼자서 고독하게 예언자의 삶을 살아간 자도 있었고, 예언자 그룹을 만들어 숙식을 함께 하면서 예언 활동을 했던 자들도 있다. 그리고 성전이나 왕궁 등에서도 활동했던 예언자들이 있다. 예언자들의 활동 모습을 참고하여 예언자들을 몇 그룹으로 나누어 볼 수 있다.

단체 예언자들

Q. '예언자'하면 모두 다 개인적으로 왕과 백성들의 잘못을 질타하고 하나님의

심판을 선고하는 자들인 줄 알고 있다. 예언자들을 여러 그룹으로 분류할 수 있다고 했는데, 첫 번째 그룹으로 어떤 예언자들을 소개해 줄 것인가?

A. 여러 예언자 그룹 중 첫 번째로 '단체 예언자들'에 대해 살펴보겠다. 앞서 잠깐 살펴보았듯이, 예언자의 명칭 중에 '예언자의 아들들'이 있는데, 이들은 어떤 유명한 예언자를 따라다니는 일련의 생도들을 말한다. 이 사람들을 우리는 단체 예언자들이라고 부를 수 있다. 이스라엘에 왕국이 도입되던 즈음에 예언자들은 여러 번에 걸쳐 집단으로 등장하고 있는데, 사무엘은 예언자 무리의 수령으로 활동하였다. 사무엘상 19:20을 보면, 다음과 같이 기록되어 있다: "사울이 다윗을 잡으러 전령들을 보냈더니 그들이 선지자 무리가 예언하는 것과 사무엘이 그들의 수령으로 선 것을 볼 때에 하나님의 영이 사울의 전령들에게 임하매 그들도 예언을 한지라." 사무엘을 따랐던 예언자 생도들은 하나님의 신의 임재를 경험하면서 집단적인 황홀경 체험을 했던 것으로 보인다. 그리고 사무엘상 19:24을 보면, 다윗을 잡으러 온 사울은 사무엘과 사무엘을 추종했던 예언자 생도들과 함께 하나님의 영을 경험하고 종일토록 벌거벗은 몸으로 누워서 예언을 하였다. 이런 내용들을 종합해 보면, 단체 예언자들은 엑스타시의 상태에서 하나님과 긴밀한 교제를 했던 것으로 보인다.

Q. 오늘날의 표현을 빌리자면 이스라엘 역사 초기의 단체 예언자들은 입신(入神)의 상태에서 예언 활동을 했다는 것인데, 단체 예언자들의 활동에 대해 소개해 주는 또 다른 본문이 있는가?

A. 단체 예언자들의 특징 중에 하나는 음악과 춤을 동반한 상태에서 황홀경의 체험을 했다는 점이다. 사무엘상 10:5-6을 보면, 사무엘이 사울에게 기름을 부어 왕으로 세운 후에 다음과 같이 말했다: "그 후에 네

가 하나님의 산에 이르리니 그 곳에는 블레셋 사람의 영문이 있느니라 네가 그리로 가서 그 성읍으로 들어갈 때에 선지자의 무리가 산당에서부터 비파와 소고와 저와 수금을 앞세우고 예언하며 내려오는 것을 만날 것이요 네게는 하나님의 영이 크게 임하리니 너도 그들과 함께 예언을 하고 변하여 새 사람이 되리라." 이 구절은 사무엘을 따랐던 단체 예언자들이 여러 가지 악기를 사용하여 흥을 돋우며 예언을 했다는 사실을 알려주고 있는데, 사울도 초기에는 믿음이 좋아서 하나님의 영을 체험하고 입신의 상태에서 예언까지 하던 훌륭한 인물이었음을 알 수 있다. 여러 가지 내용들을 종합해 보면, 사무엘 시대의 집단 예언자들에게는 황홀경을 체험하며 엑스타시의 경지에 들어갔던 것이 가장 큰 특징으로 나타나고 있다. 하지만 이스라엘 역사 초기에 등장했던 이 단체 예언자들은 두드러진 사회적 기능을 갖고 있었던 것으로 보이지는 않는다.

Q. 위의 설명을 통해 황홀경 체험이 사무엘 시대에 활동한 단체 예언자들의 주요 특징임을 알 수 있다. 그렇다면 사무엘 시대 이후에도 단체 예언자들이 등장했는가?

A. 대표적인 예언자 그룹이 엘리사의 제자들이다. 예언자 엘리사는 요단 계곡 중앙지대의 아벨므홀라 출신인데(왕상 19:16), 그는 예언자 집단의 우두머리로 활동하였다. 엘리사를 따르던 예언자 그룹들은 이스라엘의 여러 지역에 모여 살면서 땅을 경작하며 집단생활을 하였던 것으로 보인다(왕하 4:38-41; 6:1-7). 벧엘(왕하 2:3), 여리고(왕하 2:5), 길갈(왕하 4:38), 요단(왕하 6:1-7) 등이 엘리사의 제자들이 살고 있던 대표적인 지역들이다. 이 단체 예언자들의 생활은 대부분 가난하였는데, 그들은 백성들과 함께 생활하면서 바알 종교에 물들지 않고 순수하게 하나님을 섬기기

위해 노력을 다하였다. 그들은 백성들을 신앙적으로 지도하고 필요한 경우에는 기적을 행하고 때로는 정치적인 사건에 깊이 개입하여 하나님의 역사를 이루어 가는 데 일조하였다. 엘리사와 그의 제자들은 악명 높은 오므리 왕조를 무너뜨리고 예후 왕조를 건설하는 데 중요한 공헌을 하기도 했다.

성전 예언자들

Q. 엘리사 시대의 단체 예언자들은 집단생활을 하면서 때로는 제도권 안의 정치적인 세력들에게 하나님이 주신 말씀을 선포하며 비판적인 세력으로 살아갔다는 것을 알 수 있는데, 단체 예언자들 이외에 어떤 예언자들이 존재하는가?

A. 성전 예언자들이라고 불리는 자들이 있다. 이들의 주된 행위가 성전에서의 제의와 밀접하게 연관되기 때문에 성전 예언자라고 부르는 것이다. 이들은 특히 국가 절기 때에 왕국의 건강한 미래를 보증하는 역할을 주로 수행하였다. 예루살렘에서는 제사장 그룹에 종속되어 있었고, 왕궁의 관료 직에 소속되어 있었다. 하지만 성전 제사장과 성전 예언자들의 역할 분담에 대해서는 정확히 알 수는 없다. 성전 예언자들은 현실에 안주하고 국가 권력에 아부하며 살아가는 모습을 많이 보여주었기 때문에 자주 비판의 대상이 되기도 하였다.

Q. 성전 예언자들도 나름대로 하나님의 말씀을 전달하는 자들이었을 텐데, 그들은 어떤 면에서 비판의 대상이 되었는가?

A. 예언자 미가는 예루살렘에서 활동하던 성전 예언자들을 다음과 같이 질타하였다: "시온을 피로, 예루살렘을 죄악으로 건축하는도다 그들

의 우두머리들은 뇌물을 위하여 재판하며 그들의 제사장은 삯을 위하여 교훈하며 그들의 선지자는 돈을 위하여 점을 치면서도 여호와를 의뢰하여 이르기를 여호와께서 우리 중에 계시지 아니하냐 재앙이 우리에게 임하지 아니하리라 하는도다"(미 3:10-11). 미가의 말씀에 따르면, 예루살렘의 성전 예언자들은 돈에 매수되어 예언자로서의 사명을 망각하였고, 그러면서도 하나님이 우리와 함께 계시기 때문에 우리를 심판하시지 않을 것이라고 거짓된 예언을 선포하였다. 예언자는 하나님이 주신 말씀을 정확하게 그대로 전달하는 기능을 담당해야 하는데, 일부 성전 예언자들은 하나님의 말씀을 거짓되게 선포하여 백성들을 혼란에 빠뜨렸던 것이다.

Q. 돈은 모든 사람들에게 필요불가결한 생활 수단이지만, 경우에 따라서는 돈이 일만 악의 뿌리가 된다는 사실을 우리는 너무나 잘 알고 있다. 돈의 노예가 될 때는 하나님이 주신 거룩한 사명을 감당할 수 없는 법인데, 성전 예언자들이 돈을 위하여 점을 쳤다면 그들의 영적인 생명력은 끝난 것이 아닌가? 성전 예언자들에 대해 설명하는 다른 본문은 있는가?

A. 예언자 이사야도 성전 예언자들에 대해 다음과 같이 비판했다: "그리하여도 이들은 포도주로 말미암아 옆 걸음 치며 독주로 말미암아 비틀거리며 제사장과 선지자도 독주로 말미암아 옆 걸음 치며 포도주에 빠지며 독주로 말미암아 비틀거리며 환상을 잘못 풀며 재판할 때에 실수하나니 모든 상에는 토한 것, 더러운 것이 가득하고 깨끗한 곳이 없도다"(사 28:7-8). 이사야는 성전 예언자들이 독주와 포도주에 취해 있다고 비판하였다. 술에 취해 있기 때문에 하나님이 주신 이상을 잘못되게 풀이하고 재판도 제대로 못하고 있다고 신랄하게 비판하고 있는 것이다. 사람이 현실에 지나치게 안주해 버리면, 술로 타락한 삶을 살아가게 된

다. 성전 예언자들도 편안하고 안락한 생활을 보장받아서 살아갔기 때문에 상당히 많은 자들이 술독에 빠져 있었던 것으로 보인다. 술은 인간을 병들게 하고, 정신을 나약하게 하며, 신앙을 파괴시키는 주범이라는 사실을 반드시 기억해야 한다. 잠언은 술 취하지 말라고 자주 경고하고 있는데, 특히 23:29-35은 술 취한 자가 당하는 심각한 삶의 파괴에 대해 아주 정확하게 지적하고 있다.

Q. 성전 예언자들에 대한 비판의 강도가 매우 강력하다는 사실을 알 수 있다. 하나님의 사람은 누구나 돈과 술로부터 자유로워야 한다. 이런 세속적인 것에 얽매이면 어떻게 하나님의 일을 할 수 있겠는가? 성전 예언자들에 대한 비판이 더 있는가?

A. 이번에는 예레미야의 음성을 경청할 필요가 있다: "제사장들은 여호와께서 어디 계시냐 말하지 아니하였으며 율법을 다루는 자들은 나를 알지 못하며 관리들도 나에게 반역하며 선지자들은 바알의 이름으로 예언하고 무익한 것들을 따랐느니라"(렘 2:8). 예레미야는 성전 예언자들에 대해 사형선고를 내리고 있다. 그들은 하나님이 아닌 바알의 이름으로 예언을 행하였다는 것이다. 여기서 바알의 이름으로 예언을 행했다는 것은 참되신 하나님이 아니라, 물질의 풍요와 다산을 약속하는 바알을 사랑하고 바알 종교의 가르침을 따라갔다는 말이다. 예언자들도 사람이기 때문에 아차 하는 순간 잘못된 선택을 하게 되고, 자신도 모르는 사이에 타락한 모습을 보일 수 있다. 성전 예언자들의 믿을 수 없는 모습은 사실 오늘을 살아가는 우리의 모습일 수도 있다는 사실을 명심해야 한다. 우리도 하나님을 좇아간다고 하면서도 세상의 물질과 명예와 욕심을 따라 살고, 하나님의 거룩한 이름을 더럽힐 때가 얼마나 많은가? 풍족한 생활은 자칫 우리의 신앙을 병들게 할 수 있다는 사실을 깨

닫고 언제나 깨어서 기도하는 모든 기독교인들이 되길 바란다.

왕궁 예언자들

Q. 성전 예언자들은 주로 비판의 대상이었던 것 같다. 그들은 성전에서 일하는 특권을 갖고 있었지만, 물질과 술의 노예가 되어 예언자로서의 사명을 제대로 감당하지 못했다. 다음으로는 어떤 예언자들이 있는가?

A. 왕궁 예언자들이 있었다. 혹은 궁중 예언자라고도 부른다. 이들은 왕궁 내에 살면서 특별히 왕을 보필하고 왕정 제도를 안정시키는 것을 1차 목표로 삼았던 자들이다. 왕궁 예언자들은 왕궁에서 발생하는 중대한 사건에 참여하여 하나님의 말씀을 전달하는 임무를 부여받은 자들이다. 예를 들어, 왕위 등극사건, 왕족의 결혼, 국가적인 축제, 전쟁 등의 사건 때에 국가의 안녕과 평안을 지켜주고 불행을 방지하기 위해 노력하는 자들이었다. 그리고 이들은 왕의 정치행위에 대해서도 적극적으로 자문하면서 정치적인 사건에 깊이 개입하였다.

Q. 왕궁 예언자란 한마디로 왕궁에서 믿음으로 왕을 섬기는 자들이라고 요약할 수 있을 것 같은데, 왕궁 예언자들의 활동에 대해 소개해 주시길 바란다.

A. 열왕기상 22장에 보면, 미가야라는 왕궁 예언자가 등장한다. 당시에 아람과 이스라엘 연합군 사이에 전쟁이 일어나게 되었다. 북 왕국의 왕은 아합이었고, 남 왕국의 왕은 여호사밧이었다. 아합은 전쟁이 어떻게 진행될 것인가를 물어보기 위해 처음에는 400명의 예언자들을 불렀다가 나중에는 미가야를 부르게 된다. 미가야는 그 이전에도 여러 번에 걸쳐 왕에게 자문을 해주었던 적이 있었다. 본문 말씀의 내용을 종합해 보면, 아합은 미가야를 매우 싫어했다. 그 이유는 미가야가 시시때때로

왕에게 국가의 전반적인 일들에 대해 비판적인 조언을 해주었기 때문이다. 훌다라는 여자도 왕궁 예언자에 속한다(왕하 22:14-20). 훌다는 남 왕국 왕 요시야가 종교개혁을 실시할 때에 예루살렘에 살고 있었는데, 요시야는 훌다에게 신하들을 보내 종교개혁의 일을 함께 상의하도록 하였다. 훌다는 비록 당시에는 드물게 여자 예언자로 살아갔지만, 요시야 왕이 진행하는 종교개혁에 깊이 개입하여 예루살렘 주민들을 향한 하나님의 무서운 심판의 말씀을 왕에게 전달해 주었고, 유다를 새롭게 하는 일에 앞장섰던 인물이었다고 평가할 수 있다.

Q. 위의 설명을 통해 왕궁 예언자인 미가야와 훌다는 왕에게 무조건 듣기에 좋은 말만 했던 자들이 아니고, 경우에 따라서는 왕에게 날카로운 쓴 소리도 했던 자들이라는 사실을 알게 되었다. 이들 이외에도 왕궁 예언자들이 더 있는가?

A. 구약 성경에는 자세히 등장하지는 않지만 당시에는 많은 왕궁 예언자들이 있었던 것으로 보인다. 그 중에서 우리에게 잘 알려져 있는 또 다른 왕궁 예언자들이 있는데, 다윗시대 때에 활동했던 나단과 갓이라는 인물이다. 나단은 다윗이 무리하게 성전을 건축하려고 할 때에 아직은 때가 아니라는 하나님의 뜻을 전달하고, 다윗 후손에 대한 하나님의 영원한 축복을 선언한 자이다(삼하 7장). 나단은 또한 다윗이 우리아의 아내 밧세바를 범하였을 때에 다윗에게 찾아가 하나님의 무서운 심판의 말씀을 전달하기도 하였다(삼하 12장). 갓은 다윗이 하나님의 뜻을 어기고 이스라엘과 유다의 인구를 조사하였을 때 하나님의 심판 계획을 전달하였던 예언자이다(삼하 24장).

문서 예언자들

Q. 지금까지는 예언자라 하면 모두 같은 예언자로 생각했었는데, 예언자들은 그 기능과 역할에 따라 여러 예언자로 분류되고 있음을 확인할 수 있었다. 그리고 왕궁 예언자들은 성전 예언자들과는 달리 왕에게 비판적 조언자 역할을 수행했다는 사실도 배울 수 있었다. 예언자들을 분류하는 데 있어서 또 다른 명칭을 지닌 예언자들이 있는가?

A. 마지막으로 문서 예언자를 들 수 있다. 앞서 제시한 단체 예언자와 성전 예언자, 그리고 왕궁 예언자들은 예언 활동은 했지만, 자신의 예언의 말씀을 기록한 책을 남기지는 않았다. 하지만 지금 살펴보려는 하는 문서 예언자들은 자신의 이름으로 된 책을 남겼기 때문에 문서 예언자라고 부른다. 예를 들어, 이사야서는 이사야의 예언을 수록한 책이다. 아모스, 호세아, 예레미야와 같은 예언자들도 문서 예언자라고 말할 수 있다. 그렇지만 나단의 예언을 모아놓은 나단서나, 훌다의 예언을 수록한 훌다서와 같은 책들은 따로 존재하지는 않는다. 한마디로 책을 남긴 예언자들을 문서 예언자라고 부르는 것이다.

Q. 그렇다면 자신의 이름으로 된 책을 남긴 문서 예언자들의 특징은 무엇인가?

A. 우선 문서 예언자들은 그 수로 보면 많지 않지만, 이스라엘의 역사에서 가장 중요한 역할을 담당했던 자들이다. 단체 예언자들이나 성전 예언자들, 혹은 궁중 예언자들보다 훨씬 깊게 백성들의 운명과 관련해서 활동하였고, 이스라엘의 왜곡된 사회 구조와 체제를 강력히 비판하였다. 그래서 문서 예언자들의 선포의 내용은 대체적으로 왕과 왕국에 대해 비판적일 수밖에 없었다. 둘째로, 문서 예언자들은 대부분 사회적으

로 아웃사이더의 삶을 살았는데, 일상적인 시민생활로부터 단절된 생활을 하였다. 예를 들어, 아모스는 벧엘에서 추방당하는 아픔을 겪었고, 예레미야는 고독하게 지내며 주변 사람들로부터 박해받으며 살았다. 그리고 창녀 고멜과 결혼했던 호세아는 미친 사람으로 취급당했고, 정상적인 가정을 갖지 못했다. 이런 이유 때문에 문서 예언자들의 역사를 "순교의 역사"(E. Zenger)라고 정의하기도 한다. 그들의 예언은 거부당하기 일쑤였고, 그들의 삶은 고난과 고통의 연속이었다.

Q. 위의 설명을 듣다보니, 여러 예언자 그룹 중 인간적으로 가장 고독하고 처참하게 살아갔던 자들이 문서 예언자들이라는 생각이 든다. 그러나 한편으로는 하나님의 역사를 위해 희생하고 봉사했던 문서 예언자들이야말로 진정한 예언자가 아니었나 싶다. 문서 예언자들이 지닌 다른 특징은 무엇이 있는가?

A. 문서 예언자들의 예언운동은 '말씀의 운동'이었다고 정의할 수 있다. 그들의 예언이 비록 책으로 남겨지기는 했지만, 기본적으로 그들은 하나님의 말씀을 듣고, 선포하고, 전하는 자들이었다. 한마디로 문서 예언자들은 하나님의 말씀에 사로잡힌 자들이었다. 그들은 하나님 말씀의 대리인이고, 전달자이고, 선포자로서의 역할을 하는 하나님의 사자였다. 그들은 역사의 위기 상황에서 갑작스러운 부름을 받고서 등장하여 하나님이 주신 말씀을 선포했던 자들이다. 그러나 하나님이 말씀을 주시지 않으면 예언 활동을 멈추었다. 평생 동안 예언 활동을 한 것이 아니라, 하나님이 말씀을 주시는 경우에 한해서만 활동하였던 것이다. 문서 예언자들은 기적을 연출하는 데 관심이 있었던 것이 아니었고, 오직 하나님의 말씀만을 선포하였다. 엘리야와 엘리사 같은 예언자는 많은 기적을 베풀었던 반면, 문서 예언자들에게서는 기적이 거의 등장하지 않는다. 마지막으로, 문서 예언자들의 활동은 현실적인 신앙의 각성운

동이었다고 말할 수 있다. 그들의 눈은 항상 현재의 불의, 불공정, 부당함을 향하고 있었다. 그들은 현실의 문제점을 개선할 수 있는 사회적인 개혁 프로그램을 제시하기 위해 최선의 노력을 다했던 자들이다. 그러므로 우리는 문서 예언자들을 '공개적인 현실비판가들'이라 할 수 있는 것이다.

지금까지 예언자들의 종류에 대해서 자세히 공부하였다. 구약 성경에 등장하는 예언자들은 그 기능과 역할에 따라서 다양하게 분류될 수 있다는 것을 알게 되었다. 앞으로 성경 본문을 읽을 때 많은 도움이 될 수 있으리라고 생각한다. 전체적으로 예언자들은 하나님의 부르심을 받고 역사에 크고 작은 업적을 남겼는데, 우리 모든 기독교인들도 하나님의 초청에 응답하고 21세기 한국 사회에서 중요한 역할을 감당하는 귀한 일꾼들이 되기를 소망한다.

제3장 예언서의 탄생 과정

예언의 기본 형식과 문체

Q. 앞 장에서는 예언자들의 종류에 대해 살펴보았다. 예언자들은 하나님의 말씀을 전달하는 책임을 갖고 있지만, 그 역할과 기능에 따라 단체 예언자, 성전 예언자, 왕궁 예언자, 문서 예언자 등으로 분류될 수 있다는 것을 알게 되었다. 이번 장에서는 어떤 주제의 내용이 전개될 것인가?

A. 현재 우리가 가지고 있는 예언서가 어떤 과정을 거쳐 탄생하게 되었는가를 살펴보고자 한다. 예언자들이 예언을 선포한 후 그 말씀들이 곧바로 기록된 경우는 별로 없다. 대부분의 선포된 예언의 말씀은 오랜 시간이 지난 후에야 비로소 기록되었는데, 현재의 책으로 만들어지기까지는 상당한 시간이 소요되어야만 했다. 그래서 이번 장에는 예언서가 어떤 과정을 거쳐 탄생하게 되었는가를 중심으로 공부해 보도록 하겠다.

Q. 창세기나 사무엘서와 같이 사건 중심의 본문을 읽을 때는 흥미진진할 때가 많다. 그런데 예언서들을 읽다보면, 본문이 이해가 되지 않는 경우가 너무 많다. 내용도 어렵고 단어도 낯설어 무슨 말을 하려고 하는지 제대로 파악하지 못해 사실 성경을 읽는 재미를 느끼지 못할 때가 많다. 그 원인은 어디에 있는 것인가?

A. 하나님의 말씀인 성경은 인간들이 사용하는 언어로 기록되어 있다. 그런데 이 언어는 형식을 지니고 있다. 그 형식을 전문적인 용어로 문학

장르라고 하는데, 내용을 담고 있는 일종의 포장기술이라고 볼 수 있다. 성경 66권이 모두 하나님의 말씀이고 성경의 모든 저자들이 하나님의 영감을 받아 말씀을 기록했지만, 말씀을 받은 사람의 문학적인 능력과 재능에 따라 하나님이 주신 말씀을 담는 그릇은 차이가 있다. 어떤 경우에는 하나님의 말씀을 산문체로 기록하고, 어떤 경우에는 운문체(시문체)로 수놓는다. 그리고 하나님의 말씀은 다양한 문학 형식으로 표출되는데, 시, 소설, 동화, 비유, 우화, 역사기록, 법조문 등과 같은 문학 형식을 사용하고 있다. 예언서는 거의 대부분이 시의 형식을 취하고 있다. 우리말 성경에서는 예언서가 가지고 있는 시적인 리듬을 맛보기가 어렵지만, 히브리어 성경을 보면 예언자들의 모든 예언의 말씀들이 운문체로 되어 있어 시가 지니고 있는 특성을 한껏 느끼며 읽을 수 있다. 따라서 예언서를 정확히 이해하기 위해서는 히브리어의 운율과 시적인 단어의 의미를 잘 이해해야 하는데, 일반 기독교인들이 그렇게까지 성경을 읽기란 쉽지 않다. 이렇게 예언의 말씀은 축약된 의미를 함축하고 있는 단어를 사용하는 시로 다듬어져 있기 때문에 예언서를 읽고 이해하기가 쉽지 않은 것이다.

Q. 중·고등학교 국어 시간에 시(詩)에 대해 공부했던 기억이 난다. 많은 시를 외워가며 공부하기도 했지만, 시는 산문체로 된 소설에 비해 이해하기가 어려웠다. 시는 매우 짧지만 압축된 특별한 언어로 표현되어 있어서 이해하기가 쉽지가 않았던 것 같다. 예언의 말씀들이 주로 시적인 언어로 기록된 특별한 이유가 있는가?

A. 예언의 말씀들이 시로 만들어진 데는 몇 가지 이유가 있다. 첫째, 이스라엘 사람들은 시를 매우 좋아하고 시를 쉽게 만드는 능력이 있었기 때문이다. 고대 이스라엘 사람들은 사물에 대한 직관 능력이 뛰어나서

그 자리에서 곧바로 시를 만들어내는 데 아무런 어려움이 없었다고 한다. 현대와는 달리 고대에는 시라는 형식이 대중적인 문학 형식이었기 때문에 시로 하나님의 말씀을 전달하는 데 특별한 어려움이 없었고, 일반 백성들도 시로 다듬어진 예언을 이해하는 데 아무런 문제가 없었던 것이다. 둘째, 시라는 문학 형식은 하나님의 말씀을 전달하는 데 있어서 뛰어난 도구가 될 수 있었는데, 그것은 앞에서 말씀드린 대로 축약된 단어를 사용하고 있기 때문이다. 몇 개의 특별한 단어를 사용하여 많은 내용들을 담아낼 수 있다는 것은 고대인들에게 매우 유용한 전달매체가 될 수 있었던 것이다. 셋째, 하나님의 말씀을 구두로 전달하는 데에 시보다 좋은 문학 형식은 없었다는 점이다. 지금처럼 다양한 전달매체가 없던 고대에 구두전달 방식은 거의 유일한 대중적인 전달매체였다고 볼 수 있다. 산문체의 경우에는 너무 많은 내용들을 가지고 있어야 하기 때문에 전달하는 데 분명 한계가 있었다. 고대 이스라엘 사람들은 뛰어난 암기력과 전달능력이 있었다는 것은 여러 방법을 통해 증명되는데, 리듬 있는 시적인 형식은 하나님의 말씀을 요약해서 대중들에게 전달하고 후손들에게 전수하는 데 가장 적합한 도구였다.

Q. 예언의 말씀들은 기본적으로 리듬 있는 시의 형식을 취하고 있다고 했는데, 이외에도 다른 특징적인 요소를 지니고 있는가?

A. 예언서를 주의 깊게 읽어보면, 하나님이 주시는 예언의 말씀은 모두 직접 화법으로 되어 있음을 알 수 있다. 예언의 말씀 앞에는 반드시 "여호와께서 내게 말씀하시기를," 혹은 "여호와의 말씀이 내게 임하여 이르시되," 혹은 "여호와께서 이와 같이 말씀하시되" 등이 언급되고 있다. 예언의 말씀을 주신 분은 다른 신이 아니라, 여호와 하나님이라는 사실을 밝히고 있는 것이다. 예를 들어, 아모스 1:3을 보면, "여호와께서 이

와 같이 말씀하시되 다메섹의 서너 가지 죄로 인하여 내가 그 벌을 돌이키지 아니하리니…"라고 되어 있다. 그 예언의 말씀은 5절까지 계속된다. 6절을 보면 다시 "여호와께서 이와 같이 말씀하시되 가사의 서너 가지 죄로 말미암아 내가 그 벌을 돌이키지 아니하리니…"라고 되어 있다. 9절과 11절과 13절을 보면 계속해서 "여호와께서 이와 같이 말씀하시되…"가 등장하고 있다. 여호와께서 예언의 말씀을 주실 때마다 "여호와께서 이와 같이 말씀하시되…"라는 형식을 사용한 후에 그 다음에 예언의 실질적인 내용을 소개하고 있는데, 하나님이 직접 말씀하시는 형식으로 되어 있다. 이러한 예언 형식은 원래는 고대 근동의 외교 문서나 관공서 문서의 형식에서 유래한 것인데, 고대 근동의 문서들을 보면 "왕이 이와 같이 명령하셨다" 혹은 "어떤 장군이 이처럼 말씀하셨다"라는 형식을 사용하고 있다. 이런 형식을 차용(借用)함으로써 예언자들은 자신들이 하나님의 심부름꾼이라는 것을 알리고, 예언 말씀의 권위를 높이면서, 그 내용이 사실이라는 것을 증명하려 했던 것으로 보인다.

Q. 그동안 예언서를 읽을 때 예언서에 대한 깊은 이해 없이 그저 단편적으로 읽기에 급급했다. 그러나 위의 설명을 통해서 예언이 시작되기 전에는 "하나님이 이처럼 말씀하셨다"와 같은 고정적인 어투가 등장하고, 그 다음에 나오는 예언의 말씀에서는 하나님이 1인칭으로 소개되고 있다는 새로운 사실을 알 수 있다. 앞으로 예언서를 읽게 되면, 훨씬 더 분명하게 하나님의 말씀을 이해할 수 있을 것 같다. 이외에도 예언서가 가지고 있는 또 다른 형식적인 특징이 있는가?

A. 예언서를 자세히 읽어보면, 예언의 말씀은 모두 시적인 문체로 되어 있지만, 앞뒤 문맥에 간혹 시가 아닌 산문체의 문장이 등장하기도 한다. 우리말 성경에서는 정확하게 구분하는 것이 쉽지는 않지만, 예언자가

살고 있던 당시의 시대적 상황이나 예언자가 하나님의 부르심을 받는 소명사건에 대한 보도는 시로 되어 있지 않다. 예를 들어, 이사야 1:1, 호세아 1:1, 아모스 1:1 등은 예언자가 언제 활동했는가를 설명하는 구절들인데, 이 구절들은 운문체가 아니라 산문체로 되어 있다. 이사야 1:1을 읽어보자: "유다 왕 웃시야와 요담과 아하스와 히스기야 시대에 아모스의 아들 이사야가 유다와 예루살렘에 관하여 본 계시라." 이 구절은 이사야가 예언자로 활동한 것은 유다의 4명의 왕이 재임하고 있던 기간이며, 이사야는 유다와 예루살렘에 관한 예언의 말씀을 선포한 예언자라는 사실을 증거하고 있다. 이렇게 예언 자체가 아닌 부분, 즉 예언자에 대한 시대적 설명 부분은 산문체로 기록되어 있다는 것이다. 이사야 2:1은 "아모스의 아들 이사야가 받은 바 유다와 예루살렘에 관한 말씀이라"고 되어 있다. 이 구절도 유다와 예루살렘에 관한 예언을 하나님으로부터 받았다는 상황 설명인데, 역시 산문체로 기술되어 있다. 큰 틀에서 보면 예언서는 산문체와 운문체로 기록되어 있는데, 예언의 실제적인 말씀은 운문체로, 예언자의 시대적 배경 설명이나 소명보도 등은 산문체로 기록되어 있다고 정리할 수 있다.

예언서의 탄생 과정

Q. 예언서는 대부분 운문체로 되어있지만 중간 중간에 등장하는 시대적 배경이나 예언자들의 소명보도 같은 부분은 산문체로 기록되어 있음을 알 수 있다. 그렇다면 예언자들이 선포한 말씀은 어떤 과정을 거쳐 현재의 예언서로 만들어지게 되었는가?

A. 예언서의 탄생 과정은 생각보다 복잡하다. 예언자 자신이 예언을 선포한 후 곧바로 기록한 것은 아니다. 그렇다고 제자들이 예언자들을 뒤

따라 다니며 선포된 말씀을 받아 적은 것도 아니다. 예언자가 하나님으로부터 받은 말씀이 문자로 기록되고 책으로 만들어지기까지는 꽤 오랜 시간이 걸렸다. 예언서의 탄생 과정을 단계별로 살펴보면 다음과 같다.

▶ 첫 번째 단계: 말씀의 수령

Q. 현재의 예언서가 탄생하게 된 첫 번째 단계는 무엇인가?

A. 첫 번째 단계는 하나님 말씀의 수령이다. 즉 예언자가 하나님으로부터 말씀을 듣게 되는 단계를 말한다. 예언자는 하나님의 말씀을 받은 자이다. 예언자는 환상을 통해서 말씀을 받기도 하고, 혹은 환청을 통해 말씀을 듣기도 한다. 에스겔 1:1을 보면, "서른째 해 넷째 달 초닷새에 내가 그발강 가 사로잡힌 자 중에 있을 때에 하늘이 열리며 하나님의 모습이 내게 보이니"라고 기록되어 있다. 에스겔은 이상, 즉 환상을 통해 하나님으로부터 말씀을 받은 것이다. 이사야 1:1도 이사야가 하나님으로부터 이상을 본 것으로 기록되어 있다. 이와는 달리 예레미야 1:2은 예언자 예레미야가 하나님으로부터 '말씀'을 받았다고 설명하고 있다: "아몬의 아들 유다 왕 요시야가 다스린 지 십삼 년에 여호와의 말씀이 예레미야에게 임하였고." 호세아와 아모스의 경우도 예레미야의 경우처럼 하나님의 '말씀'이 예언자에게 임한 것으로 되어 있다. 정리하자면, 일부 예언자들은 환상을 통해 하나님의 이상을 보았고, 일부 예언자들은 환청을 통해 하나님의 말씀을 받은 것이다. 중요한 것은 하나님의 말씀을 받는 것으로부터 예언서의 탄생 과정이 시작된다는 것이다.

▶ 두 번째 단계: 말씀의 선포

Q. 예언서 탄생의 첫 번째 단계는 예언자가 부름을 받은 후에 환상이나 환청

을 통해 하나님의 말씀을 받는 것임을 알았다. 그렇다면 예언서 탄생의 두 번째 단계는 무엇인가?

A. 두 번째 단계는 예언자가 받은 예언의 말씀을 대중들에게 선포하는 것이다. 하나님의 말씀을 받는 것을 하나님과 예언자 사이에 사적으로 일어나는 행위라고 한다면, 말씀을 선포하는 것은 공적으로 진행되는 일이라 할 수 있다. 예언자는 위임받은 말씀을 자신의 신앙과 전통에 기초하여 대중들에게 알려야 한다. 여기에 예언자의 본질적인 사명이 있다. 예언자는 받은 말씀을 제대로 선포해야 하는 기능을 담당하고 있는 자이다. 예언자의 본래적인 임무는 받은 말씀을 남기기 위해 문서로 기록하는 것이 아니다. 예언자는 문필가나 저술가가 아니라, 선포자라고 말할 수 있다. 예언자는 자기 나라의 왕이든, 이방의 왕이든, 일반 백성이든, 제사장이든, 거짓 예언자이든 누구에게든지 하나님의 말씀을 과감하게 선포하는 사람이다. 여기서 우리는 한 가지 중요한 사실에 주목해야 한다. 예언자가 공적으로 하나님으로부터 받은 말씀을 선포할 때에 사용하는 문장이 위에서 살펴본 "여호와께서 이와 같이 말씀하셨다"(כה אמר יהוה / 코 아마르 아도나이)인데, 이 문장은 언제나 완료형으로 선포되었다는 점이다. 이는 하나님이 계획하신 사건은 언제나 성취된다는 뜻을 함축하고 있는 것이다. 즉 예언 선포를 통해 하나님의 말씀은 미리 앞당겨져 선취(先取)된다는 것이다.

Q. 예언서 탄생의 두 번째 과정은 예언의 말씀을 일반 백성들에게 공적으로 선포하는 것임을 알았다. 그 과정을 설명하고 있는 구체적인 성경 본문이 있는가?

A. 얼마든지 찾아볼 수 있다. 그 중에서 몇 가지 예를 들어 보도록 하겠다. 아모스는 원래 남 유다의 드고아 출신이다. 그렇지만 예언 활동은 주

로 북 왕국의 벧엘과 사마리아에서 하였다. 왜냐하면 그가 받은 예언의 내용이 북 왕국의 운명과 관련된 것이었기 때문이다. 아모스는 받은 예언의 말씀을 선포하기 위해 벧엘과 사마리아를 일부러 찾아가 하나님의 심판 계획을 선포하였다. 예언자 이사야도 남 유다가 시리아-에브라임 연합군의 공격을 받고 어려움에 처하게 되었을 때에 아하스 왕을 찾아가 하나님이 주신 임마누엘의 예언을 선포하였다. 이외에도 예언자들은 예언의 내용에 따라 사람들이 많이 모이는 시장이나 광장이나 성문 앞을 찾아가 하나님이 주신 예언의 말씀을 선포하였다. 예언자들은 받은 말씀을 반드시 선포하였다. 그들은 자신에게 불이익이 주어질지 모르는 상황이 펼쳐진다고 할지라도 현실과 타협하지 않고 언제나 과감하고 용기 있게 하나님이 주신 말씀을 선포하는 자들이었다.

Q. 여기서 한 가지 궁금한 것이 있다. 예언자들은 하나님으로부터 받은 말씀 그대로를 외어서 백성들에게 전달한 것인가? 그렇다면 그 많은 말씀들을 어떻게 외울 수 있었는가?

A. 우리가 예언자와 관련해서 오해하지 말아야 하는 부분이 있다. 예언자들은 하나님의 말씀을 받아 단순히 앵무새처럼 떠드는 말씀의 기계적인 전달자가 아니었다는 점이다. 예언자들은 자신들이 서 있는 현재를 분석하고 비판해서 예언을 듣는 대상에게 적합한 옷을 입히는 작업을 한 자들이다. 비록 불가항력적인 힘을 통해 수동적으로 예언을 받았지만, 예언자 개인의 능력과 선택에 따라 예언을 능동적으로 다듬어서 선포하였던 것이다. 하나님으로부터 받은 예언의 말씀을 언제, 어떻게, 어떤 방법으로 선포하는가 하는 문제는 예언자 자신이 해결해야만 했다.

Q. 위의 설명에서 예언자들은 받은 말씀에 옷을 입히는 능동적 참여를 통해 예언의 말씀을 선포하였다고 했는데, 혹시 기적을 베푸는 것과 같이 하나님의 역사 계획을 전달하는 다른 방법은 없었는가?

A. 앞서 설명한 바와 같이, 단체 예언자들에게 기적은 하나님의 뜻을 전하는 중요한 방법 중의 하나였다. 엘리야나 엘리사는 수많은 기적을 행하지 않았는가! 하지만 문서 예언자들에게 기적은 거의 나타나지 않았다. 그들에게 있어서 말씀을 선포하는 것 이외에 다른 한 가지 특별한 방법이 있었는데, 그것은 상징 행위라는 것이다. 예를 들어, 이사야는 벗은 몸과 벗은 발로 3년 동안 예루살렘 거리를 돌아다녔는데, 그것은 애굽과 구스가 앗시리아의 포로로 잡혀갈 것을 암시하는 행위였다(사 20:2-3). 예레미야는 목에 멍에를 매고 다녔는데(렘 27:2), 그것은 유다가 바벨론의 포로가 될 것임을 가시적으로 알려주는 행위였다. 이러한 상징 행위도 예언 선포의 한 방법이었다고 볼 수 있는데, 선포된 예언의 내용이 그대로 실현될 것임을 암시하는 활동적인 행동이었다. 다시 말하면, 예언자들의 상징 행위는 동시대인들을 향해 다가올 미래의 사건을 준비토록 하는 일종의 경고였던 셈이다. 그러므로 상징 행위는 어떤 미래의 사건을 향한 것이지만, 동시에 동시대인들을 향한 현재의 사건이기도 했다.

▶ 세 번째 단계: 말씀의 기록

Q. 예언서 탄생 과정의 두 번째 단계는 말씀의 선포라고 했다. 세 번째 단계는 무엇인가?

A. 세 번째 단계는 말씀의 기록이다. 예언의 말씀은 선포된 직후에 기록된 것은 아니었다. 왜냐하면 예언의 목적이 백성들을 향해 하나님의 말씀을 선포하는 것이었지, 하나님의 말씀을 기록하는 것이 아니었기 때

문이다. 대부분의 예언은 오랜 기간 동안 구두로 전승되다가 역사의 어느 특별한 순간에 기록되었다. 예언자 생존 시 기록된 경우도 있지만, 많은 경우는 예언자 사후에 스승의 말씀을 간직하고 있던 제자들에 의해 기록되었다. 예언이 기록되면서 직유법, 은유법, 비유법과 같은 문학적인 표현법들이 중요한 역할을 담당하게 되었다. 이와 더불어 예언의 말씀은 연대순으로 모아져서 기록된 것은 아니었다. 오히려 구두로 전승되었던 예언들이 역사의 어느 특별한 순간에 기록되고, 그 다음에 주제별로 혹은 내용별로 분류되었다고 보아야 한다. 기록된 예언의 말씀들은 심판 예언들, 구원 예언들, 예루살렘을 향한 예언들, 이방을 향한 예언들, 북 왕국의 멸망을 선포하는 예언들 등으로 분류되어 모아졌던 것이다. 즉 완전한 책의 형태를 갖추지 못하고, 예언의 말씀들이 단편으로 기록되어 있을 뿐이었다.

▶ 네 번째 단계: 말씀의 성장

Q. 구두로 전승되던 예언의 말씀들이 기록되고, 내용과 주제에 따라 분류되어 단편으로 모아진 다음에는 어떤 과정을 거쳤는가?

A. 네 번째 단계는 말씀의 성장 과정이다. 단편으로 모아져 있던 예언에 추가적으로 새로운 예언이 첨가되는 경우를 말한다. 처음 예언 단편집에 누락되었던 예언자의 예언이 새롭게 추가되는 경우도 있고, 주제가 서로 관련된 경우에는 예언자의 제자들이 하나님으로부터 새롭게 받은 예언의 말씀이 기록되어 첨가되기도 했다.

▶ 다섯 번째 단계: 말씀의 최종 편집 과정

Q. 예언서가 탄생하게 된 마지막 다섯 번째 단계는 무엇인가?

A. 기록되고 모아진 예언의 단편들이 하나의 책으로 만들어지는 과정

이다. 독립적이었던 단편들이 연속적인 순서로 묶여지게 되는 과정을 말한다. 물론 연대기적 순서로 편집되지는 않았고, 같은 성격의 예언들이 모아져 편집되었다. 이사야서를 보면, 이사야가 하나님의 부르심을 받은 소명사건이 처음에 위치하지 않고 6장에 가서야 등장하는 것도 그런 이유 때문이다. 그리고 예언이 편집되는 과정에서 대부분 심판 예언은 주로 앞쪽에 위치하게 되었고, 구원 예언은 뒤쪽에 배치되었다. 그래서 우리가 예언서를 읽다보면 심판의 말씀들이 계속 나오다가 구원의 말씀들이 연속해서 등장한다. 예를 들어, 아모스서를 보면, 1:3-5에 다메섹을 향한 심판의 예언, 1:6-8에 가사를 향한 심판의 예언, 1:9-10에 두로에 대한 심판의 예언, 1:11-12에 에돔을 향한 심판의 예언이 계속해서 등장한다. 그리고 뒤쪽에 가서야 비로소 구원의 예언이 등장하는 것이다. 하나님의 궁극적인 역사 계획은 하나님의 백성들을 향한 심판이 아니라, 구원이라는 사실을 전하기 위한 편집도식이라 할 수 있다. 결론적으로, 예언서는 오랜 시간 동안 여러 명의 사람들이 함께 동참하여 만든 책이라 볼 수 있는데, 예언의 말씀을 받고 선포한 예언자, 전승자, 기록자, 편집자 등이 예언서의 공동저자라고 말할 수 있다.

지금까지 예언서가 탄생하기까지의 과정을 다섯 부분으로 나누어 살펴보았다. 그동안 예언서가 만들어진 과정들에 대해 궁금했던 의문들이 많이 해소되는 시간이 되었을 것이다. 하나님의 말씀이 오늘 우리가 가지고 있는 책으로 만들어지기까지는 상당한 시간이 필요했고, 많은 믿음의 사람들의 헌신과 참여가 있었다는 것을 확인할 수 있었다. 이 책을 읽는 독자들도 오늘의 예언자들이 되어서 이 땅에 하나님의 정의가 흐르도록 하기 위해 안내하고, 희생하며, 봉사하는 귀한 일꾼들이 되기를 바란다.

제4장 참 예언자와 거짓 예언자

참 예언자 – 거짓 예언자

Q. 앞 장에서 우리는 예언서의 탄생 과정에 대해 함께 공부하였다. 예언자는 먼저 하나님으로부터 말씀을 받아 그 예언의 말씀을 선포한다. 그리고 어느 정도 시간이 지난 후에 그 예언의 말씀은 기록되는데, 그 단편적인 말씀은 또 다시 추가적인 성장 과정을 거치고 그런 후에 마지막에 한 권의 책으로 편집된다는 사실을 알게 되었다. 이번 장에서는 또 어떤 주제를 가지고 공부할 것인가?

A. 이번 장에서는 참 예언자와 거짓 예언자라는 주제로 공부를 해보고자 한다. 이스라엘에는 상당히 많은 예언자들이 등장했었는데, 그 가운데는 거짓 예언자들도 다수 있었다. 그런데 문제는 이 거짓 예언자들을 구분해 낸다는 것이 매우 어렵다는 점이다. 이스라엘 사람들도 이 거짓 예언자들 때문에 잘못된 판단을 하고, 참 예언자들을 박해하기도 했으며, 어떤 경우에는 예언자들이 죽은 이후에야 비로소 그가 참 예언자라는 사실을 알게 되기도 했다. 그만큼 참 예언자와 거짓 예언자를 구별한다는 것은 쉽지가 않다. 그렇지만 성경이 제시하고 있는 몇 가지 기준을 살펴보면, 어느 정도는 참 예언자와 거짓 예언자를 구별할 수 있다.

Q. 거짓 예언자들은 오늘날에도 어김없이 나타나서 기독교인들을 속이고 세상을 어지럽히고 있다. 그런 면에서 참 예언자와 거짓 예언자의 성경적인 구별 기준을 살펴보는 것은 우리의 바른 신앙 확립을 위해서도 매우 중요한 일일

것이다.

A. 그렇다. 예수님은 거짓 예언자들을 양의 탈을 쓴 늑대라는 말로 그들의 거짓됨을 표현하셨다. 어떤 경우에는 거짓 예언자가 참 예언자보다 더 진짜처럼 보이는 경우가 있다. 그래서 일반 백성들은 거짓 예언자들의 선포에 쉽게 속아 넘어갔다. 더욱이 거짓 예언자들은 자신들의 신분이 탄로 날 것을 우려해 참 예언자들을 박해하고 고소하고 추방하기도 하였다. 빛이 오면 어둠의 그늘이 사라지기 때문에 거짓 예언자들이 참 예언자들을 미워한 것이다. 모든 독자들이 참 예언자의 모습을 본받아서 이 어두운 시대를 밝히는 등불이 되기를 간절히 소망해 본다.

거짓 예언자: 경제적 이득에 종속되어 있는 자

Q. 그럼 이제부터 참 예언자와 거짓 예언자를 구별할 수 있는 기준들을 설명해 주시길 바란다. 첫 번째로 어떤 기준을 제시해 줄 것인가?

A. 구약 시대에 많은 거짓 예언자들이 활동하였기 때문에 성경에는 거짓 예언자들을 경계하는 구절들이 많이 있다. 먼저 미가서 3:5을 읽어 보도록 하자: "내 백성을 유혹하는 선지자는 이에 물 것이 있으면 평강을 외치나 그 입에 무엇을 채워주지 아니하는 자에게는 전쟁을 준비하는도다." 거짓 예언자는 입에 먹을 것을 주면 좋은 말씀을 선포하고, 그렇지 않은 경우에는 저주와 심판의 말씀을 전달한다는 것이다. 다시 말하면, 거짓 예언자는 물질에 예속된 예언 활동을 하고, 참 예언자는 물량적 가치를 초월한 삶을 산다는 것이다. 거짓 예언자들은 예언 활동을 통해 경제적 이득을 취하려고 하는 자들이다. 그들은 하나님의 뜻이 무엇인가에 대해서는 관심이 없다. 오히려 그들의 예언은 사람들로부터 얻어낼 수 있는 경제적인 이득에 의해 결정된다. 그들은 예언 활동에 생계

가 종속되어 있기 때문에 어떤 물질적 대가를 바라고 예언을 하는 자들이다. 즉 거짓 예언자들은 물질적 도움이 된다면 무조건적인 평강과 축복을 외치면서 사람들로부터 인기를 얻어내려 시도했던 자들이다.

Q. 첫 번째 기준은 우리에게도 시사하는 바가 크다고 본다. 예언자가 아니더라도 물질 문제 때문에 시험에 들어 넘어지는 신앙인들이 많은데, 이 첫 번째 기준은 우리에게 물량적 가치를 뛰어넘는 신앙인이 되어야 한다는 교훈을 던져준다. 성경에서도 물질의 유혹에 넘어가 하나님의 사명을 잘 감당하지 못한 인물들이 많지 않은가?

A. 물질은 우리를 풍요롭게 하지만, 물질에 대한 지나친 욕심은 우리를 병들게 한다. 디모데전서 6:10은 "돈을 사랑함이 일만 악의 뿌리가 되나니 이것을 탐내는 자들은 미혹을 받아 믿음에서 떠나 많은 근심으로써 자기를 찔렀도다"라고 경고하고 있다. 또한 독일의 철학자 쇼펜하우어(A. Schopenhauer, 1788-1860)는 "물질에 대한 욕심은 바닷물과 같아서 마실수록 더욱 큰 갈증을 일으킬 뿐"이라고 했다. 성경은 물질 문제 때문에 시험에 들어 사명을 제대로 감당하지 못한 많은 인물들을 소개하고 있다. 에서는 팥죽 한 그릇에 장자권의 직분을 팔아넘기는 어리석음을 범하였다(창 25:27-34). 초대교회 신실한 교인이었던 아나니아와 삽비라는 전 재산을 팔아 하나님께 드리겠다는 믿음의 결단을 보였으나, 결국 물질의 유혹을 이기지 못하고 비극적인 운명을 맞이하고 말았다(행 5:1-11). 물질의 유혹은 모든 신앙인들의 최대 걸림돌이라 할 수 있다. 예수님이 공생애를 시작하실 때 마귀로부터 처음 받았던 시험도 물질의 유혹이었다(마 4:3). 돌을 떡덩이로 만들라는 시험은 소유에 대한 시험이며, 풍요와 번영에 대한 유혹이었던 것이다. 예수님이 받으신 세 가지 시험 중에서 첫 번째 시험이 물질의 유혹이었다는 점은 우리에게 시사하

는 바가 크다고 볼 수 있다. 하나님의 사람으로 쓰임받기 위해 반드시 통과해야 하는 첫 번째 장애물은 물질의 유혹이라는 점을 우리 모두 주지해야 할 것이다.

Q. 우리가 살고 있는 시대의 특징 중에 하나는 물질을 최고의 가치로 두고 있다는 것이다. 높은 학식, 고귀한 인품, 윤리적 성숙함, 국가와 민족을 위한 자기 희생 등이 존경의 기준이 되었던 시대는 사라지고, 오로지 돈과 물질만이 우리가 추구해야 될 최고의 선이 된 것 같아 안타까운 마음 금할 수 없다. 더욱 안타까운 것은 이러한 물질주의적 가치관으로부터 한국교회와 교인들이 결코 자유롭지 못하다는 것인데, 물질의 유혹을 이겨낸 훌륭한 신앙인들이 있다면 소개해 주시길 바란다.

A. 우리가 진정 하나님의 사람으로 거듭나기 위해서는 물질의 모든 유혹을 물리치고 주님을 만나 믿음으로 거듭나야 한다. 성경에 등장하는 믿음의 지도자들은 주님을 만난 후 새로운 인생의 가치관을 가지고 살아갔던 자들이다. 사울은 다메섹 도상에서 주님을 만남으로 자신의 모든 학식과 자랑을 배설물로 여기고, 복음을 전파하는 전도자로서의 삶을 가장 가치 있게 생각하고 헌신하는 삶을 살았다. 의심 많은 도마는 숨어 있던 골방에서 주님을 만난 후에 새로운 전도자가 되어 목숨을 걸고 복음을 전파하다가 순교하였다. 이처럼 주님을 진정으로 만난 자는 누구나 육신의 모든 자랑거리를 무가치한 것으로 생각하고, 어두운 세상을 밝히는 빛이 되려고 결단하였다. 우리 사회와 교회는 점점 물질을 비롯한 온갖 사탄의 유혹 앞에서 무력해지고 있다. 진정으로 주님을 만난 자들은 물질에 대한 지나친 욕심을 버리고, 하나님의 말씀에 바로 서서 세상을 위해 희생하고 헌신하며 살아가는 자들이 되어야 한다.

거짓 예언자: 도덕성의 상실을 촉진시킨 자

Q. 거짓 예언자를 구분하는 첫 번째 기준이 물질 문제라는 것은 우리 모두에게 경고의 말씀으로 와 닿는다. 두 번째 기준은 무엇인가?

A. 두 번째 기준은 윤리와 도덕의 문제이다. 예레미야는 다음과 같이 말했다: "내가 예루살렘 선지자들 가운데도 가증한 일을 보았나니 그들은 간음을 행하며 거짓을 말하며 악을 행하는 자의 손을 강하게 하여 사람으로 그 악에서 돌이킴이 없게 하였은즉 그들은 다 내 앞에서 소돔과 다름이 없고 그 거민은 고모라와 다름이 없느니라"(렘 23:14). 예레미야는 예루살렘에서 활동하는 많은 수의 예언자들이 윤리적인 면에서 타락한 것에 대해 가슴을 치며 통곡했던 것이다. 거짓 예언자들은 한마디로 윤리적으로 타락한 자들이다. 그들은 불의와 악행을 행하고도 양심의 가책을 받지 않으며, 성적으로 타락한 삶을 살면서도 아무런 부끄러움도 느끼지 못한다.

Q. 두 번째 기준도 성적으로 개방된 시대를 살아가는 우리 모두에게 시사하는 바가 크다고 볼 수 있다. 많은 어른들과 청소년들이 지나치게 열려있는 성(性)문화의 노예로 살아가고 있는데, 예레미야의 경고의 말씀을 다시 한 번 가슴 속 깊이 되새겨 볼 필요가 있다. 신앙인들의 윤리적인 삶에 대해 다시 한 번 설명해 주시길 바란다.

A. 레위기 19:2은 "너희는 거룩하라 이는 나 여호와 너희 하나님이 거룩함이니라"고 말씀하고 있다. 모든 기독교인들은 세상의 어떤 사람들보다 거룩한 삶을 살아야 한다. 그것이 하나님의 뜻이기 때문이다. 우리의 몸을 거룩하게 간직해야 하고, 우리의 생각과 마음을 거룩하게 다듬어야 한다. 예배를 드릴 때만 거룩한 모습을 지녀서는 안 된다. 우리의

일상생활의 현장에서도 거룩함의 흔적들이 나타나야 한다. 다시 말하면, '거룩의 생활화'가 이루어져야 한다. 그러므로 우리들은 아무 것이나 먹어서는 안 되며, 아무 것이나 마셔서도 안 되고, 아무 생각이나 행동을 해서는 안 되는 것이다. 언제나 하나님의 말씀에 바로 서서 하나님의 인도하심을 받으며 정결한 삶을 살아야 한다.

거짓 예언자: 하나님의 부르심을 받지 않은 자

Q. 하나님의 사람은 하나님과 세상 사람들 앞에서 부끄럽지 않은 정결한 삶을 살아야 한다는 것은 거듭 강조해도 지나침이 없다. 참 예언자와 거짓 예언자를 구별하는 세 번째 기준은 무엇인가?

A. 세 번째는 하나님의 부르심을 받고 일하는 자인가, 아니면 자신이 스스로 예언자가 되어 예언자 직을 사칭하는 자인가가 판단의 기준이다. 참 예언자는 자신의 의지와는 반대될지라도 하나님이 부르시면 응답하고 일하는 자이다. 반대로 거짓 예언자는 하나님이 부르시지도 않았는데 부르심을 받은 자인 것처럼 위장하는 자이다. 이에 대해 예레미야는 다음과 같이 지적한다: "이 선지자들은 내가 보내지 아니하였어도 달음질하며 내가 그들에게 이르지 아니하였어도 예언하였은즉"(렘 23:21). 결론은 하나님으로부터 부르심을 받은 자만이 참 예언자가 될 수 있다.

Q. 하나님의 부르심을 받은 예언자들의 삶은 분명 달랐을 것이다. 하나님이 우리를 선택해 주시고 구원해 주셨다는 경험을 가지고 있다면, 우리의 신앙생활이 얼마나 든든하고 힘이 나겠는가?

A. 참 예언자들은 분명한 소명체험을 가지고 있었다. 그렇기 때문에 참 예언자들은 그들의 삶이 고달프고 어렵고 심지어는 박해를 받아도 그

모든 것들을 극복할 수 있었던 것이다. 소명을 받은 자는 고난 때문에 넘어지지 않는다. 소명을 받은 자는 거짓된 삶을 살지 않고 하나님이 원하시는 거룩한 삶을 살기 위해 몸부림치게 된다. 그러나 소명을 받지 않은 예언자들은 쉽게 타락의 구렁텅이에 빠지게 되고, 결국 하나님의 영광을 가리는 자가 되는 것이다. 우리들도 하나님의 참된 자녀로서 살아가기 위해서는 하나님과의 영적인 만남의 경험을 가지고 있어야 한다. 이 체험이 없으면 우리의 믿음은 모래성과 같다. 약간의 비바람만 불어도 넘어지고 믿음을 버리는 어리석은 사람이 되고 마는 것이다.

거짓 예언자: 오만과 자만, 방종과 불손의 삶의 태도를 지닌 자

Q. 예언자들의 소명체험 여부는 참으로 중요한 판단 기준이라고 생각한다. 여러분들 모두 하나님과 만나는 귀한 신앙적 체험을 통해서 올곧은 신앙인들이 되기를 바란다. 참 예언자와 거짓 예언자를 구별하는 네 번째 기준은 무엇인가?

A. 네 번째 기준은 일상적인 삶의 태도가 어떠한가에 있다. 거짓 예언자들의 삶의 태도는 오만과 자만, 방종과 불손으로 가득 차 있다. 그들은 백성들을 무시하고 존중하지 않는다. 거짓 예언자들은 백성들을 자기들의 이용 수단으로 생각하지, 하나님의 자녀들로 생각하지 않는다. 예레미야는 거짓 예언자들을 "거짓과 헛된 자만으로 내 백성을 미혹하게 하는 자"(렘 23:32)라고 평가하였다. 예레미야 당시에 하나냐라는 거짓 예언자가 있었다. 하나님이 남 유다를 멸망 계획을 가지고 계시다는 것을 알리기 위해 예레미야는 자신의 목에 멍에를 매고 다녔는데, 하나냐는 그 예레미야의 멍에를 빼앗아 꺾어 버리는 오만한 행동을 하였다 (렘 28:10). 아모스 당시에는 아마샤라는 거짓 예언자가 있었다. 아모스

가 북 왕국의 멸망을 선포하자, 아마샤가 "너는 유다 땅으로 도망하여 가서 거기에서나 떡을 먹으며 거기에서나 예언하라"(암 7:12)고 하며 욕설을 퍼부었다. 거짓 예언자들은 말과 행실에 있어서 하나님의 거룩하심을 나타내지 못하는 자들이다.

거짓 예언자: 성취되지 않은 예언의 선포자

Q. 위의 내용을 통해서 참 하나님의 사람은 진실한 삶의 태도를 지니고 살아가야 한다는 것을 깨닫게 된다. 우리의 삶의 태도를 다시 한 번 점검하는 시간이 되었으면 좋겠다. 거짓 예언자와 참 예언자를 구별하는 다섯 번째 기준은 무엇인가?

A. 다섯 번째는 예언의 성취 여부이다. 거짓 예언자들의 예언은 성취함도 없고 효력도 없다. 신명기 18:22을 읽어보도록 하자: "만일 선지자가 있어 여호와의 이름으로 말한 일에 증험도 없고 성취함도 없으면 이는 여호와께서 말씀하신 것이 아니요 그 선지자가 제 마음대로 한 말이니 너는 그를 두려워하지 말지니라." 선포된 예언이 성취되지 않으면 그 예언은 거짓 예언이라고 보아야 한다. 실제로 왕국시대에 활동했던 거짓 예언자들은 하나님이 유다와 이스라엘을 결코 멸망시키지 않을 것이라며 평화의 메시지만 선포했다. 그러나 하나님은 그들의 예언과는 달리 죄악에 물든 유다와 이스라엘을 멸망시키셨다. 무조건적인 축복의 선포, 그것은 하나님의 말씀이 아닌 것이다. 하나님은 자신의 자녀들을 궁극적으로는 축복해 주시기를 원하지만, 무조건적으로 축복만을 허락하시지는 않는다. 하나님의 백성들이 하나님의 자녀로서의 올바른 삶을 살기를 원하시기 때문이다. 이에 자녀가 바른 길로 가지 못하고 잘못된 방향으로 나아가는 경우에는 채찍으로 징계하시고 풀무 불에 연

단하시는 것이다. 왕국시대 때, 회개를 촉구하면서 회개하지 않으면 하나님이 심판하실 것이라고 외친 심판 예언자들은 백성들로부터 외면을 당하였다. 이스라엘 백성들은 죄를 지적하고 회개를 외치는 예언자들의 음성을 듣기를 원하지 않았다. 하지만 왕국이 멸망을 당한 이후에는 누가 참 예언자이고 누가 거짓 예언자인가를 알게 되었다. 이에 참 예언자들의 예언을 소중히 간직하고 후에 책으로 만들어 후세에 남기게 된 것이다.

거짓 예언자: 하나님의 말씀을 훔치는 자

Q. 이스라엘 백성들만이 아니라 오늘을 살아가는 우리 자신의 신앙을 돌아보아야 할 것이다. 달콤한 축복의 선포에는 귀를 기울이지만, 죄를 지적하고 회개를 촉구하는 말씀에는 무관심할 때가 많지 않은가? 거짓 선지자들의 거짓 예언에 현혹되는 이스라엘 백성들을 교훈삼아 우리의 신앙을 냉정하게 되돌아볼 때이다. 하나님의 말씀은 축복과 심판을 함께 지닌 양날의 칼과 같다는 점을 인식하고 항상 올바른 하나님의 말씀에 귀를 기울여야 한다. 거짓 예언자와 참 예언자를 구별하는 여섯 번째 기준은 무엇인가?

A. 예레미야의 말씀을 다시 한 번 살펴보자: "여호와의 말씀이라 그러므로 보라 서로 내 말을 도둑질하는 선지자들을 내가 치리라 여호와의 말씀이니라 보라 그들이 혀를 놀려 여호와가 말씀하셨다 하는 선지자들을 내가 치리라"(렘 23:30-31). 거짓 예언자들은 자신의 말을 마치 계시를 받은 하나님의 말씀인 것처럼 위장한다. 그들은 거짓된 하나님의 말씀으로 백성들을 위협하고 협박하여 돈을 갈취하고 공포로 몰아넣기도 한다. 한마디로 거짓 예언자들은 하나님의 말씀을 훔치는 자들이다. 우리 주변에서 종종 환상을 보거나 꿈을 꾸고서는 그것이 하나님의 계시

라고 착각해서 신앙의 혼란을 야기하는 자들이 있다. 올바른 신앙체험이 아닐 수 있으니, 언제나 담임 목회자의 지도를 받고 인도함을 받아야 한다.

거짓 예언자: 역사의식의 결여

Q. 그동안 우리나라에 등장했던 이단들을 살펴보면, 그들은 모두 하나님의 말씀을 훔치는 자들이었음을 알 수 있다. 독자들은 언제나 성경을 가까이 함으로써 하나님의 말씀을 훔쳐서 해석하는 이단의 유혹에 넘어가지 않기를 바란다. 거짓 예언자와 참 예언자를 구분하는 또 다른 기준은 무엇인가?

A. 마지막으로 역사의식을 소유하고 있느냐의 문제이다. 거짓 예언자들은 공통적으로 하나님이 이끌어 가시는 역사의 흐름을 읽어내는 데 실패한 자들이다. 다시 말하면, 그들은 시대에 대한 통찰력을 갖고 있지 못했다. 그들은 역사 속에 활동하시는 하나님의 손길을 느끼지 못해서 잘못된 구원의 약속만을 선포함으로써 백성들의 사고와 판단을 마비시키고 말았다. 참 예언자는 언제나 깨어서 하나님의 뜻과 섭리를 깨닫기 위해 노력했던 자들이다. 참 예언자들은 올바른 역사의식을 소유하고 있었고, 자기 시대에 일어나는 불의와 부정의 사건들을 바라보며 자신들의 죄를 깨닫는 새로운 기회로 삼았다. 역사의식의 결여는 예언자의 판단능력을 마비시키고 말았다는 점은 오늘을 살고 있는 우리 기독교인들에게 경고의 메시지로 다가온다. 우리는 이 땅에 발을 디디고 살아가고 있기 때문에 현실 역사에 무관심하거나 이 땅의 역사를 부정해서는 안 된다. 예언자들이 소유했던 냉철한 역사의식을 가지고 이 시대를 향한 무한한 책임감을 느끼고, 우리 시대의 문제를 고민하면서 성경에서 해답을 찾으려고 몸부림치는 자들이 되어야 한다.

거짓 예언자와 참 예언자를 구별하는 데 도움을 주는 본문들에 대한 공부를 통해 우리의 신앙을 점검할 수 있었다. 이스라엘에만 거짓 예언자들이 등장했었던 것이 아니라, 잘못하면 우리들도 거짓 신앙인이 될 수 있다는 사실을 깨닫게 된다. 우리 모두 참 신앙인이 되어 하나님의 나라를 이 땅에 실현시키는 작은 예언자들이 되어야 할 것이다.

제5장 예언자 제도의 의미와 역할

이스라엘의 예언과 고대 근동 예언의 비교

Q. 앞 장에서 우리는 참 예언자와 거짓 예언자를 구분하는 몇 가지 기준들에 대해 공부하였다. 참 예언자들의 삶과 정신을 본받아서 이 땅에서 하나님의 정의를 실천하는 모든 신앙인들이 되길 바란다. 이번에는 공부할 내용은 무엇인가?

A. 두 가지 주제로 말씀을 드리고자 한다. 첫째는 이스라엘의 예언과 고대 근동 예언의 차이점을 비교해 보고자 한다. 둘째는 예언자 제도가 이스라엘에 존재했던 다른 제도들과 어떤 관계를 맺고 있었는가에 대해 살펴보도록 하겠다. 이스라엘이 탄생된 이후에 종교적이고 정치적인 여러 제도들이 탄생하게 되었는데, 예언자 제도는 그 중에 하나이다. 이 예언자 제도가 다른 정치적이고 종교적인 제도들과 어떤 관계에 서 있었는지에 대해서 숙고해 보고자 하려는 것이다.

Q. 그럼 먼저 고대 근동의 예언과 이스라엘의 예언을 비교하여 설명해 주시길 바란다. 고대 근동의 다른 국가들에도 예언자들이 존재했었는가?

A. 그렇다. 구약 성경을 읽어보면 여러 곳에서 고대 근동의 국가에도 예언자들이 존재했었다고 보도하고 있다. 민수기 22-24장은 모압 땅에 살고 있었던 예언자 발람에 대해서 언급하고 있다. 열왕기상 18장은 갈멜 산에서 엘리야가 바알과 아세라 예언자 850명과 싸웠던 사건에 대해 보도하고 있는데, 가나안 땅에 엄청나게 많은 이방 종교의 예언자들

이 있었음을 알 수 있다. 뿐만 아니라, 애굽과 바벨론과 앗시리아의 문헌들을 살펴보면, 그들 국가에도 많은 예언자들이 활동하고 있었음을 알 수 있다.

Q. 고대 근동 국가들에서 활동했던 많은 예언자들 중에서 특별히 소개해 줄 만한 예언자들이 있는가?

A. 유프라테스 강 중류지역에 마리(Mari)라는 도시가 있는데, 기원전 1800-1760년에 바벨론과 쌍벽을 이루었던 커다란 도시국가였다. 이곳에서는 1930년 이래로 약 2만 개의 설형문자 토판이 발견되었다. 그 내용을 보면 바벨론에는 3종류의 예언자들이 활동했었던 것으로 소개되고 있다. 첫째는 apilu(남)/apiltu(여)라고 불리는 자들이 있었는데, '응답자'라는 의미를 지닌 남녀 예언자들을 지칭하는 단어이다. 둘째는 as-sinu라고 불리는 자들인데, 이들은 이스달 여신을 섬기던 집단적 제의 예언자들을 일컫는다. 셋째는 muhhu(남)/muhutu(여)라고 불리는 자들인데, 열광주의적 예언자들을 가리킨다. 이들은 대부분 꿈, 엑스타시, 환상, 환청 등의 계시 경험을 통해 받은 내용을 왕에게 전달하는 역할을 담당했던 자들이었다. 이들은 주로 구원의 예언을 왕에게 알려주었는데, 자신들의 신이 왕과 왕국을 보호하고 축복한다거나 적들과의 전쟁에서 승리를 가져다줄 것이라는 예언을 하였다. 가끔은 왕이 신에게 드리는 제의의 경홀함을 경고하기도 하였다.

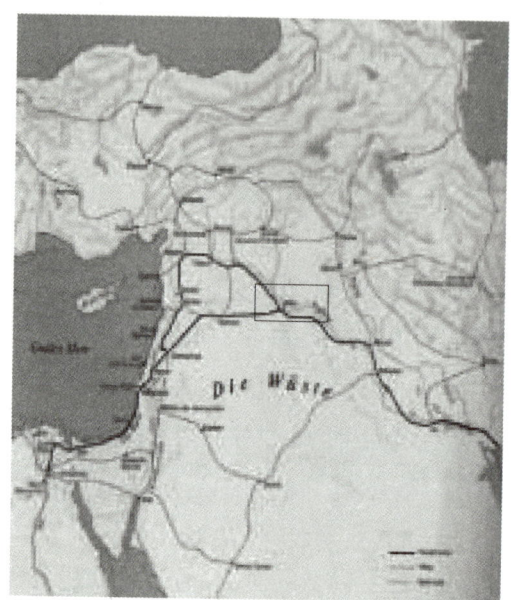
마리의 위치

Q. 이스라엘의 예언자들과 고대 근동의 예언자들의 활동 내용을 서로 비교해 보면, 어떤 점에서 공통점이 발견되고 어떤 점에서 서로 다른가?

A. 두 예언자 그룹 사이에는 공통점과 차이점이 발견된다. 공통점에 대해 먼저 살펴보면, 고대 근동의 예언자들의 역할은 구약 성경에 등장하는 왕궁 예언자 혹은 성전 예언자들의 역할과 매우 흡사하다. 이들은 주로 왕의 건강과 축복, 그리고 왕조의 영원무궁함을 선포하는 자들이었다. 차이점이라면, 구약 성경에 등장하는 문서 예언자들과 같은 비판적인 모습은 고대 근동의 예언자들에게서 거의 찾아볼 수 없다는 점이다. 이것은 두 예언자 그룹의 결정적인 차이점이라고 말할 수 있다. 문서 예언자들은 왕과 왕국에 대해 날카로운 비판의 칼을 휘두르며, 그들의 윤리적인 부도덕성과 악행에 대해 신랄하게 고발하였다. 하지만 고대 근

동의 예언자들에게서는 왕이나 고위 정치인들을 향한 강한 비판의 메시지가 발견되지 않는다. 그들은 단지 제의의 태만이나 부주의함에 대해 경고하고 있을 뿐이다. 고대 근동의 예언자들에게는 왕이나 왕국을 향한 심판의 예언을 조금도 찾아볼 수 없다. 이스라엘의 문서 예언자들의 예언의 핵심은 '백성들의 운명'에 집중되어 있었다면, 고대 근동의 예언자들에게는 '왕의 운명'이 최우선의 관심이었던 것이다. 일반 백성들의 삶의 문제나 사회적 약자들의 권리를 변호하고 대변하는 모습은 고대 근동의 예언자들에게는 조금도 찾아볼 수 없다.

이스라엘의 네 가지 정치·종교 제도들

Q. 고대 근동의 예언자 제도와는 달리 이스라엘의 예언자 제도는 '왕을 위한 제도'가 아니라, 한마디로 '백성들을 위한 제도'였음을 알 수 있다. 그렇다면 역사가 진행되면서 이스라엘 사회 안에 탄생했던 다른 제도들과 비교해 볼 필요가 있는데, 어떤 제도들이 이스라엘에 존재했는가?

A. 신명기 16:18-18:22에 보면, 이스라엘 백성들이 가나안 땅에 들어가기 직전에 모세가 앞으로 탄생하게 될 네 가지 정치·종교 제도들에 대해 설명해 주면서 그 제도들의 역할과 의미에 대해 규정해주고 있다. 이 네 가지 제도에는 사사 제도, 왕정 제도, 제사장 제도, 예언자 제도가 속한다. 이 중에서 사사와 왕은 주로 정치적인 역할을 담당했고, 제사장은 종교적인 역할을 수행했다. 예언자 제도는 정치적인 영역에도 속하면서, 동시에 종교적인 영역에도 해당된다고 말할 수 있다. 왕궁 예언자는 주로 정치적인 활동을 했다고 볼 수 있지만, 성전 예언자는 주로 종교적인 역할을 수행하였다고 보아야 한다. 하지만 문서 예언자는 정치와 종교의 두 영역의 잘못된 점을 심도 있게 비판하였다는 점에서 두 영역에

깊이 발을 들여놓았다고 생각할 수 있다.

▶ 첫 번째 제도: 사사 제도

Q. 네 가지 제도 중에서 먼저 언급되고 있는 사사 제도이다. 이에 대해 간단히 설명해 주시길 바란다.

A. 여기서 말하는 사사 제도는 왕이 존재하지 않던 시대에 재판 업무를 주로 담당했던 소사사와 관련된 제도를 말한다(신 16:18-17:13). 대사사는 이스라엘 백성들이 주변의 여러 국가들과 전쟁을 벌일 때에 전쟁터의 지도자 역할을 수행했던 자들을 일컫는 반면, 소사사는 각 지파의 성에서 법적인 판결 문제를 처리했던 자들이다. 사사 제도는 왕정 제도가 탄생하기 이전에 이스라엘의 법적인 문제를 해결하고 사회적인 안정과 질서를 유지시키는 데 결정적으로 중요한 역할을 수행하였다. 하나님께서는 모세를 통해서 "사사들은 공의로 백성들을 재판하고 사람을 외모로 보지 말고 뇌물을 받지 말라"(신 16:18-19)고 신신당부하고 있다. 한 사회가 건강하게 유지되기 위해서는 공의로운 법의 집행과 판결이 얼마나 중요한가를 알려주는 말씀이라고 볼 수 있다. 사사 제도는 왕정 제도라는 새로운 정치 제도가 사울에 의해서 처음 도입되기 이전에 이스라엘을 지탱해 주었던 든든한 정치적 사회제도였던 셈이다.

Q. 우리가 잘 알고 있는 엘리나 사무엘과 같은 인물이 대표적인 사사이다. 그 이외의 사사들에 대해서도 간단히 소개해 주시길 바란다.

A. 사사기 10:1-5과 12:8-15에는 사사로서 활동했던 자들 중의 일부 명단이 소개되고 있다. 에브라임 산지의 사밀 출신인 돌라(10:1-3), 길르앗 출신인 야일(10:4-5), 베들레헴 출신인 입산(12:8-10), 스불론 출신인 엘론(12:11-12), 에브라임 산지 비라돈 출신인 압돈(12:13-15)은 재판과

판결을 통해 사법적 활동을 했던 소사사들인데, 그들의 활동무대는 공통적으로 에브라임 지역이다. 사사기에는 소개되고 있지 않지만 이들 이외에도 많은 사사들이 활동했었을 것으로 추측해 볼 수 있다.

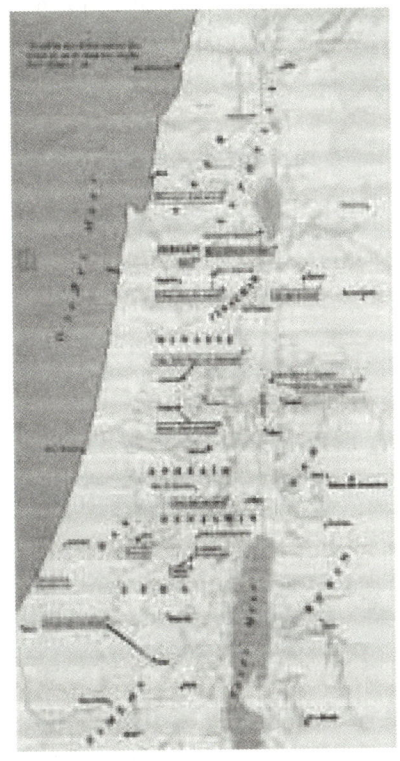

사사들의 활동 지역

▶ 두 번째 제도: 왕정 제도

Q. 위의 설명을 통해서 볼 때, 사사 제도는 왕이라는 중앙정치 권력이 탄생하기 이전에 이스라엘 전체 사회가 분열되지 않고 하나님이 원하시는 사회가 될 수 있도록 이끄는 역할을 감당했던 제도였다고 정리할 수 있겠다. 신명기 본문

이 소개하는 두 번째 제도는 무엇인가?

A. 왕정 제도(신 17:14-20)이다. 네 가지 제도 중에서 가장 늦게 탄생된 것이 바로 왕정 제도이다. 그럼에도 불구하고 두 번째로 언급되고 있는 데는 특별한 이유가 있다. 왕은 사사의 후예로서 하나님의 법에 기초하여 이스라엘의 올바른 정치적 재판가가 되어야 한다는 사실을 강조하기 위해서이다. 이에 왕은 율법서를 평생 동안 옆에 두어 읽고 하나님을 경외하고 율법의 규례를 반드시 지켜야 한다고 당부하고 있는 것이다(신 17:19).

Q. 유다와 이스라엘의 많은 왕들은 모세의 당부를 듣지 않고, 하나님의 품을 떠나 제 갈길로 가고 심지어 하나님의 사람들을 박해하기까지 하지 않았는가?

A. 그것이 바로 왕정 제도의 심각한 문제라고 볼 수 있다. 이스라엘에 왕정 제도가 등장하면서 왕들은 하나님을 무시하고, 백성들 간에 계급 제도가 탄생되었다. 그리고 왕정 제도는 다른 제도들과 심각한 갈등과 마찰을 불러일으키게 되었다. 왕정 제도가 생긴 이후에 사사 제도는 사라지게 되었고, 제사장 제도는 왕권에 종속당하는 상황이 벌어지고 말았다. 사울이 왕이 된 이후에 사무엘과 끊임없이 갈등하였던 사건들을 우리는 잘 알고 있는데, 당시 사무엘은 사사이면서 동시에 제사장의 역할을 수행하고 있었다. 사울은 블레셋 군대와 전쟁을 해야 하는데, 사무엘이 전쟁터에 늦게 도착하게 되자 스스로 희생제사를 집례 했던 적이 있었다(삼상 13장). 이것은 왕이 제사장의 권한을 침범한 사건이라고 볼 수 있다. 사울은 막대한 왕의 권력을 이용하여 제사장의 역할까지 감당해도 된다는 자만과 교만의 유혹에 빠지게 되었던 것이다. 그리고 후에 대부분의 왕들은 예언자들의 말씀을 받아들이지 않았다. 왕정 제도가 바로 서지 못할 때

에 다른 제도들과 갈등하게 되었고, 이스라엘에는 심각한 사회적인 문제가 발생했다. 이스라엘에 도입된 왕정 제도는 다른 제도들과의 관계에서 심각한 사회적인 부작용을 불러일으키고 말았다.

▶ 세 번째 제도: 제사장 제도

Q. 왕정 제도는 이스라엘 역사에서 가장 늦게 발생해서 그 이전에 존재하고 있던 다른 제도들과 충돌이 있었음을 확인할 수 있었다. 그렇다면 이스라엘에서 가장 먼저 생긴 제도는 무엇인가?

A. 제사장 제도이다(신 18:1-8). 이 제도는 모세시대로까지 거슬러 올라간다. 하나님께서는 모세의 형 아론과 그의 아들들을 택하여 하나님을 섬기는 제사장이 되도록 하셨다(출 28:1). 하나님은 그들에게 거룩한 옷을 입게 하시고, 하나님께 드리는 제사를 집례 하도록 특별한 권한을 허락하셨다. 그렇지만 왕정 제도가 탄생하고 왕권이 강화되면서 제사장들은 왕권의 수중에 들어가게 됨으로써 왕이 직접 대제사장을 임명하거나 파면을 하게 되고 제사장들은 왕이 주는 급여를 받게 되면서, 제사장 그룹은 왕권에 완전히 종속되고 말았다. 결국 오랫동안 독자적인 권한을 가지고 있던 제사장들은 왕의 눈치를 보아야 하는 자리로, 즉 왕의 권력에 예속 당하는 위치로 전락하고 말았던 것이다.

▶ 네 번째 제도: 예언자 제도

Q. 제사장 제도는 왕권이 강화되면서 왕권에 복속된 제도가 되고 말았음을 알 수 있다. 그렇다면 이제 네 가지 제도 중 마지막으로 예언자 제도에 대해 설명해 주시길 바란다. 예언자 제도는 이스라엘 역사에서 어떤 의미를 차지하고 있는가?

A. 신명기 18:9-22은 예언자 제도의 역할과 기능에 대해 자세히 언급하

고 있다. 즉 예언자 제도는 백성들을 억압하고 다른 제도들과 심각한 마찰을 일으키는 왕정 제도를 견제하고 통제하고 비판할 수 있는 유일한 세력이 되어야 한다고 규정하고 있다. 다시 말해서, 예언자 제도는 왕정 제도에 대한 비판가로서의 역할을 수행해야 한다는 것이다. 실제로 예언자들은 정치적인 영역에서 왕정 제도의 절대 권력을 제한시키기 위해 목숨을 아끼지 않았고, 사회적인 영역에 있어서는 백성들의 억울함과 무죄함을 풀어주기 위해 악행을 행하는 권력자들을 향해 공개적인 비판의 목소리를 높였다.

Q. 위의 설명을 통해 예언자 제도는 왕정 제도가 절대 권력을 가지고 백성들을 억압하는 것을 막기 위해 공개적인 비판적 기능을 담당하는 것이 주요 역할임을 알 수 있다. 그렇다면 예언자 제도가 왕정 제도를 비판할 수 있는 근거는 어디에 있는가?

A. 중요한 질문이다. 예언자 제도가 왕정 제도를 비판할 수 있었던 근거는 왕정 제도와는 달리 예언자 제도는 하나님이 직접 왕을 견제하기 위해 세우신 제도라는 점이다. 왕정 제도는 이스라엘 백성들이 원해서 만든 제도이다. 신명기 17:14을 보면, "우리 주위의 모든 민족들 같이 우리 위에 왕을 세워야겠다는 생각이 나거든"이라는 구절이 있는데, 이것은 하나님이 왕정 제도를 만들겠다는 의도를 가지고 있었던 것이 아니라는 사실을 전해주고 있다. 실제로 사무엘상 8:4-5을 보면, 이스라엘의 장로들이 사무엘에게 찾아와서 "모든 나라와 같이 우리에게 왕을 세워 우리를 다스리게 하소서"라고 말하였다. 왕정 제도의 출발점은 하나님이 아니었다는 것이다. 그러나 예언자 제도는 하나님이 직접 세우신 제도이다. 신명기 18:15은 "네 하나님 여호와께서 너희 가운데 네 형제 중에서 너를 위하여 나와 같은 선지자 하나를 일으키시리니"라고

전하고 있다. 신명기 18:18도 역시 "내가 그들의 형제 중에서 너와 같은 선지자 하나를 그들을 위하여 일으키고"라고 말씀하고 있다. 이 구절들은 예언자 제도는 하나님께서 모세를 통해 허락하신 중요한 제도라는 것을 증명해 주고 있다. 정리하면, 왕정 제도는 인간이 만든 제도인 반면, 예언자 제도는 하나님이 세우신 제도이다. 그런 이유 때문에 예언자 제도는 하나님의 명령에 따라 왕정 제도를 비판할 수 있었던 것이다.

Q. 우리는 성경을 읽으며 자주 예언자들의 용기와 믿음을 만날 수 있는데, 그러한 모습은 하나님이 자신들을 불러주셨기 때문이라는 자의식에서 나온 것이라고 생각할 수 있다. 하나님께서 예언자 제도를 만드셨지만, 왕들은 대부분 예언자들의 음성을 듣지 않았다. 그럴 경우에는 어떻게 되었는가?

A. 신명기 18:19을 보면, "누구든지 내 이름으로 전하는 내 말을 듣지 아니하는 자는 내게 벌을 받을 것이요"라고 되어 있다. 예언자 제도는 다른 제도들 위에 있기 때문에 다른 제도의 대표자들은 예언자의 외침을 귀담아 듣고 실천해야 한다는 것이다. 그러므로 만일 예언자의 말을 듣지 아니하면, 하나님의 심판을 받게 될 것이라고 경고하고 있다. 예언자는 하나님의 말씀을 받아 왕과 백성들과 제사장들에게 선포하는 자였기 때문에 예언자들의 선포는 예언자 자신의 말이 아니라 하나님의 말씀이었던 것이다. 예언자의 말씀 속에는 하나님의 권능이 내재되어 있었다고 보아야 한다. 따라서 왕도 예언자의 외침을 들어야 하는데, 그것은 예언자의 말씀이 곧 하나님의 말씀이기 때문이다. 예언자 제도는 다른 제도들에 종속되어 있는 제도가 아니다. 예언자 제도는 다른 제도들 "위에" 서 있기 때문에 제도들 간에 충돌과 갈등이 발생하는 경우 중재하고 조정하는 역할까지도 수행해야 했다. 왕조차도 예언자들을 속박할 수 없었다.

Q. 이번 장에서 우리는 예언의 의미와 역할에 대해 공부하였다. 그 내용을 다시 한 번 정리해 주시길 바란다.

A. 예언자들은 오늘의 자리에서(현재) 하나님께서 이스라엘 백성들에게 베풀어 주셨던 과거의 은혜와 심판의 사건을 회상하며(과거), 다가오는 새로운 미래의 세계를 선포하는 자들(미래)이었다고 말할 수 있다. 다시 말하면, 예언자들은 과거에서부터 이어져오는 현재와 대결하면서 현재의 모순과 불의에 대해 비판할 뿐 아니라 현재의 어두운 가면을 벗기고 역사의 방향전환을 시도했던 자들이었다. 이것은 '비판가로서의 예언자의 역할'이라고 볼 수 있다. 예언자들은 이 역할을 수행하면서 백성들의 삶과 신앙생활에 밀접한 관련이 있는 다른 제도들, 즉 사사 제도, 왕정 제도, 제사장 제도들이 잘못된 길로 가지 않고 하나님의 뜻대로 운영될 수 있도록 하나님의 말씀을 받아 전달하고 서로 간의 갈등을 조정하고 중재하는 역할을 수행하였다. 특히 왕들이 절대 권력을 휘두르려고 할 때에 강하게 저항하면서 왕들의 악행에 대해 고발하고 하나님의 심판을 선언했던 자들이다. 예언자들은 한 발 더 나아가서 현재보다는 더 나은 내일이 되도록 하기 위해 정의와 공의가 강같이 흐르는 하나님의 미래를 준비하도록 백성들에게 요청하였다. 예언자들은 그들에게 미래의 역사에 대한 하나님의 꿈과 계획을 선포하고 준비토록 하였던 것이다. 이것은 '미래의 비전가로서의 예언자의 역할'이라고 정리할 수 있다.

예언자들이 이스라엘 역사에서 담당했던 역할은 실로 지대하였다고 볼 수 있다. 예언자들은 출세하고 높은 자리에 올라가 권력과 부를 누리는 그러한 영예로운 자리를 차지하기 위해 몸부림쳤던 자들이 아니었다. 그들은 고난을 당하며 주변 사람들에게 인정을 받지 못하고 때로는 박해를 받으며 살았지만, 시대를 살리고 하나님의 뜻을 실현하기 위해 일생을 헌신했던 '고난 받는 하나님의 종들'이었다고 볼 수 있다. 예언자들에 대해 배우면 배울수록 그들의 올곧은 신앙이 우리의 심금(心琴)을 울린다. 예언자들처럼 한국 사회를 살리고 한국교회를 책임지는 모든 독자들이 되기를 간절히 바란다.

제 2 부

초기 예언자들: 땅 점유부터 문서 예언자 이전까지

FAITH AND LIFE OF THE PROPHETS

QA

Faith and Life of the Prophets

제1장 땅 점유부터 엘리야까지

1) 사무엘(삼상 1-28장)

Q. 지금까지 우리는 이스라엘의 예언과 고대 근동의 예언의 차이점을 살펴보고, 이스라엘 예언자 제도의 의미와 역할에 대해 공부하였다. 이를 통해 우리는 예언자 제도는 특히 왕정 제도의 절대 권력을 견제하고 왕들에 대한 공개적인 비판적 역할을 수행하도록 하기 위해 하나님께서 직접 만드신 제도였다는 사실을 알 수 있었다. 이번에 공부할 주제는 무엇인가?

A. 앞에서는 예언자를 올바르게 이해하기 위해 몇 가지 예비적인 고찰을 시도하였다. 예언의 본질적인 의미가 무엇인지, 예언자들은 그 역할과 기능에 따라 어떻게 분류될 수 있는 것인지, 예언서는 어떤 과정을 거쳐 탄생되었는지, 그리고 참 예언자와 거짓 예언자는 어떻게 구별할 수 있는지 등의 문제를 다루었다. 이제부터는 구체적으로 예언자 한 사람 한 사람을 살펴보면서 그들이 어떤 시대적인 사명을 감당하며 살았는지에 초점을 맞추어보도록 하겠다. 먼저 사무엘부터 시작하도록 하겠다.

Q. 구약 성경에는 많은 예언자들이 등장하고 있는데, 사무엘부터 시작하는 특별한 이유가 있는가? 그 이전에도 예언자로 불렸던 인물들이 있지 않았는가?

A. 사무엘 시대 이전에도 아브라함(창 20:7), 미리암(출 15:20), 모세(신 34:10), 드보라(삿 4:4) 같은 인물들을 예언자로 불렀다. 하지만 성경은 이들이 예언자로서 어떤 구체적인 활동을 했는지에 대해서는 아무 것도

언급하고 있지 않다. 오히려 이들은 이스라엘 역사 초기의 훌륭한 믿음의 지도자들인데, 후대에 그들에게 명예스러운 예언자 칭호를 붙여준 것이라고 보아야 한다. 이스라엘 역사에서 실질적인 예언자로서의 활동은 기원전 11세기에 살았던 사무엘에게서 처음 나타난다. 사무엘은 우리가 잘 알고 있는 대로 이스라엘의 마지막 사사이며 제사장이었다. 또한 예언자로 살았다.

소년 예언자 사무엘: 엘리 가문의 멸망 선포

Q. 사무엘은 주일학교 다닐 때부터 자주 들은 위대한 믿음의 인물 중에 하나이다. 사무엘의 출생에 대해서 간단히 소개해 주시길 바란다.

A. 사무엘의 아버지는 에브라임 지파 출신인 엘가나였고 어머니는 한나였다. 그런데 엘가나는 두 명의 부인이 있었는데, 한나와 브닌나였다. 브닌나에게는 자녀가 있었지만, 한나에게는 자녀가 없었다. 한나와 브닌나의 관계는 별로 좋지 않았다. 사무엘상 1:6은 브닌나가 한나를 심히 격동하여 번민케 하였다고 소개하고 있다. 아마도 브닌나는 자녀가 없었던 한나를 박대하고 몰인정하게 대했던 것 같다. 그래서 한나는 하나님께 통곡하며 기도하면서 자녀를 달라고 애원하였다. 여기서 "통곡했다"(삼상 1:10)는 단어는 한나가 살아가면서 자녀가 없다는 이유로 얼마나 많은 아픔을 겪었는지를 잘 설명해 주고 있다. 한나의 고통 중에 하나님께 드린 기도문을 읽어드리도록 하겠다. "만군의 여호와여 만일 주의 여종의 고통을 돌보시고 나를 기억하사 주의 여종을 잊지 아니하시고 주의 여종에게 아들을 주시면 내가 그의 평생에 그를 여호와께 드리고 삭도를 그의 머리에 대지 아니하겠나이다"(삼상 1:11). 하나님께서는 간절히 부르짖는 한나의 기도를 들어주셨고, 마침내 한나는 아들을 낳

게 되었다. 그 아들의 이름이 "사무엘"인데, 히브리어로 '하나님께서 들으셨다'(God has heard)는 의미를 지닌다. 즉 '하나님께로부터 구해 얻은 (아들)'이라는 의미를 갖고 있다.

Q. 사무엘의 탄생 이야기는 언제 들어도 참으로 감동적이다. 어머니 한나의 간절한 기도로 인해 사무엘은 탄생할 수 있었다. 사무엘은 탄생 이전부터 기도로 준비된 하나님의 자녀라고 생각할 수 있다. 그렇다면 사무엘은 어린 시절을 어떻게 보냈는가?

A. 사무엘은 어린 시절부터 엘리 제사장이 있던 실로 성소에서 봉사하면서 성장하였는데, 어머니 한나가 기도한 대로 하나님께 드려진 인물로 살아갔다. 사무엘은 실로 성소에서 엘리를 도와 예배를 준비하고, 제사장으로서의 기본적인 의무를 익혔다. 그런데 어느 날 사무엘이 하나님의 전에 누워있는데 하나님이 그를 부르셨다. 사무엘상 3:1을 보면, 하나님이 사무엘을 처음 부르셨을 때는 "아이 사무엘"이었다. 여기서 '아이'라는 단어는 히브리어로 '나아르'(נער)인데, 초등학생에서 중학생 정도의 청소년이라고 볼 수 있다. 사무엘은 아직 너무 어려서 하나님의 음성을 3번씩이나 듣고도 그것이 하나님이 부르시는 소리인지를 잘 알지 못했다. 사무엘은 엘리가 부르는 줄로 착각하고 엘리에게로 달려갔다. 3번씩이나 반복되니까 엘리는 하나님께서 사무엘을 부르고 있다고 판단하고, 다시 한 번 부르는 소리가 들리면 "여호와여 말씀하옵소서 주의 종이 듣겠나이다"(삼상 3:9)라고 대답하라고 가르쳐 주었다. 하나님께서 4번째로 사무엘을 부르는 소리가 들렸을 때 사무엘은 대답하였고, 하나님은 그에게 처음으로 하나님의 계획을 알려주셨다. 이것이 바로 소년 사무엘이 하나님의 예언자로 부르심을 받는 사건인데, 이때부터 사무엘은 평생 동안 사사로, 제사장으로, 그리고 예언자로 살았다.

Q. 하나님이 어린 소년 사무엘을 불러 말씀하신 내용은 무엇이었는가?

A. 소년 사무엘이 하나님으로부터 처음 받은 말씀은 무시무시한 내용이었다. 하나님께서 사무엘에게 윤리적으로 타락하고 하나님을 경홀히 여긴 엘리의 집을 영원히 멸망시키겠다고 말씀하신 것이다(삼상 3:12-14). 사무엘은 이 말씀을 듣고 너무 두렵고 떨려서 처음에는 아무에게도 들은 말씀을 전하지 못했다. 그때 엘리 제사장이 하나님이 전해주신 말씀을 조금도 숨김없이 말해 달라고 사무엘에게 요청하게 된다. 그때서야 비로소 사무엘은 하나님의 무서운 계획을 전해줄 수 있게 되었다. 소년 예언자 사무엘이 하나님의 말씀을 전하는 선포자로서의 사명을 잘 감당하게 된 것이다. 사무엘이 예언자로 부르심을 받았을 때는 어린 소년의 때였고, 예언자로서의 사명은 엘리 가문의 몰락을 선포하는 것이었다.

Q. 소년 사무엘에게는 참으로 무거운 사명이었을 것이라고 여겨진다. 실로 성소에서 자기를 돌봐주던 엘리 가문의 멸망을 전달한다는 것은 인간적으로는 참으로 어려운 일이었을 것이다. 그런데 왜 하나님은 엘리 제사장 가문의 멸망을 계획하셨는가?

A. 엘리의 아들들이 하나님께 크게 범죄하였고, 하나님의 사람을 보내 경고하였음에도 회개하지 않았기 때문이다. 엘리에게 두 아들이 있었는데, 그 이름은 홉니와 비느하스였다. 그런데 사무엘상 2:12은 "엘리의 아들들은 행실이 나빠 여호와를 알지 못하더라"고 설명하고 있다. 그들의 구체적인 악행이 그 뒤에 자세히 기록되어 있는데(삼상 2:13-17), 홉니와 비느하스는 하나님께 드리는 제물을 자기들 마음대로 취급하였다. 예를 들어, 백성들이 하나님께 제물을 드리기 위해 고기를 삶고 있으면, 갈고리를 가지고 와서 냄비나 큰 솥이나 가마 속에 있는 고기를 강제로 빼앗아갔다. 그리고 백성들이 제사를 드리기 위해 제물을 태우고 있으

면, 사환들을 시켜 날고기를 빼앗아 가서 그 고기를 먹어버렸다. 엘리의 아들들은 하나님의 제사를 멸시한 것인데, 그들의 죄는 너무 중대하였다(삼상 2:17).

Q. 엘리의 두 아들은 제사장이었음에도 불구하고 그들은 참으로 천인공노할 악행을 했다. 제사장이 어떻게 하나님께 드려지는 제물을 빼앗아서 마음대로 먹을 수가 있는가! 죽기로 작정을 한 것이나 다름없다. 엘리의 두 아들의 또 다른 죄가 있는가?

A. 하나의 죄는 또 다른 죄를 낳는 법이다. 엘리의 두 아들의 죄는 여기서 그치지 않았다. 그들은 성소에서 봉사하는 여인과 동침하는 음행의 죄를 범했다(삼상 2:22). 엘리의 두 아들은 양심이 완전히 마비된 자들이고, 하나님을 모욕한 자들이라고 볼 수 있다. 그들은 하나님의 제사를 멸시하는 죄뿐만 아니라, 하나님의 전에서 일하는 믿음의 사람을 욕보인 파렴치한 자들이었던 것이다.

Q. 두 아들의 죄악 된 모습을 아버지인 엘리도 잘 알고 있었을 텐데, 아들들에 대한 엘리의 태도는 어떠했는가?

A. 사무엘상 2:23을 보면, 엘리보다도 먼저 백성들이 홉니와 비느하스의 범죄의 내용을 알고 있었던 것으로 보인다. 엘리는 백성들로부터 두 아들에 대한 나쁜 소문을 듣고, 그들을 엄하게 꾸짖는다. 엘리가 꾸중한 내용을 들어보도록 하자: "너희가 여호와의 백성으로 범죄하게 하는도다 사람이 사람에게 범죄하면 하나님이 심판하시려니와 만일 사람이 여호와께 범죄하면 누가 그를 위하여 간구하겠느냐"(삼상 2:24-25). 하지만 두 아들은 아버지 엘리의 간곡한 절규에도 듣지 않고, 악행을 그치지 않았다.

Q. 엘리의 두 아들은 하나님 앞에 참으로 악한 자들이다. 백성들이 그들의 악행을 다 알고 있다. 그래서 아버지 엘리 제사장이 그들에게 간곡히 부탁하여 회개하도록 했다. 그럼에도 듣지 않았던 것을 보니, 하나님이 엘리의 가문을 멸망시킬 수밖에 없었을 것이라 생각된다. 사무엘은 그 이후에 어떤 예언자로 살아갔는가?

A. 사무엘상 3:19-20은 사무엘이 일생동안 어떤 예언자로서의 삶을 살았는가에 대해 요약적으로 설명해 주고 있다: "사무엘이 자라매 여호와께서 그와 함께 계셔서 그의 말이 하나도 땅에 떨어지지 않게 하시니 단에서부터 브엘세바까지의 온 이스라엘이 사무엘은 여호와의 선지자로 세우심을 입은 줄을 알았더라." 이 구절은 하나님께서 일생동안 사무엘과 함께 하셨고, 사무엘을 통해 선포되는 모든 말씀이 하나도 빠짐없이 성취되었다는 점을 강조하고 있다. 그리고 단에서부터 브엘세바까지 해당하는 온 이스라엘 백성들은 사무엘이 여호와 하나님의 선지자였다는 사실을 잘 알고 있었다고 전하고 있는데, 여기서 "단에서부터 브엘세바까지"라는 단어는 전 이스라엘의 영토를 대표하는 관습적인 어투에 해당된다. 단은 이스라엘의 최북단 도시이고, 브엘세바는 이스라엘의 최남단 도시이다. 그러니까 우리 표현으로는 "백두부터 한라까지"와 같은 의미를 지니고 있다고 볼 수 있다.

예언자 사무엘: 열광주의적 예언자 무리의 우두머리

Q. 이스라엘의 실질적인 최초의 예언자라고 볼 수 있는 사무엘은 참으로 뛰어난 하나님의 사람이었다고 여겨진다. 사사와 제사장으로서의 역할뿐만 아니라, 예언자로서의 역할도 하나님이 원하시는 대로 올바르게 수행한 모범적인 지도자였다고 볼 수 있다. 사무엘은 장성한 이후에 어떤 예언자적 모습을 지니

고 있었는가?

A. 사무엘서의 몇몇 본문이 사무엘의 예언자적 활동에 대해 소개하고 있다. 대표적인 본문이 사무엘상 10장과 19장이다. 이 본문을 읽어보면, 사무엘은 예언자 집단의 우두머리였다. 그를 따르던 일련의 예언자 무리가 있었다는 말이다. 앞서 이미 살펴보았듯이, 사무엘과 함께 한 무리들을 우리는 집단 예언자라고 부른다. 그들의 예언 활동은 열광주의적인 음악과 밀접한 관련을 맺고 있었다. 사무엘상 10:5을 보면, 사무엘과 함께 한 예언자 무리들은 비파와 소고와 저와 수금을 앞세우고 예언하며 산에서 내려오고 있었다. 그들은 하나님의 영이 임재하게 될 때에 뜨거운 영적인 체험을 하였는데, 옷을 벗고 땅에 쓰러져 하루 종일 벌거벗은 몸으로 누워있었다. 그들은 완전히 영적인 황홀경에 빠져 하나님과 교통하는 자들이었다고 보아야 한다. 중요한 것은 하나님의 영을 경험한 후에는 완전히 새사람이 되었다는 것이다. 이들의 예언 활동에 있어서 가장 중요한 것은 하나님의 영의 체험이었다. 이러한 영적인 체험을 통해 예언자들은 하나님이 주시는 계시를 받았고, 용감하고 담대하게 세상에 나가 하나님의 뜻을 실천하며 살아갈 수 있었던 것이다.

예언자 사무엘: 왕정 제도에 대한 부정적인 생각의 소유자

Q. 사무엘을 따랐던 예언자 무리의 특징이 음악과 악기를 동반한 열정적인 예배를 통해 뜨거운 신앙을 체험하는 것이라고 했는데, 예언자 사무엘이 정치 사회적으로 담당했던 중요한 역할은 무엇인가?

A. 사무엘이 수행했던 중요한 과제 중에 하나가 이스라엘에 처음으로 왕정 제도를 도입하여, 그 토대를 마련하는 것이었다. 사무엘은 사사 제도와 왕정 제도의 다리를 놓았던 과도기적 인물이라고 평가할 수 있다.

이스라엘의 장로들이 사무엘을 찾아와 주변의 국가들처럼 왕정 제도를 도입할 수 있도록 허락해달라고 요청하였을 때에 처음에 사무엘은 동의하지 않았다(삼상 8:4-9). 그러나 장로들이 끈질기게 왕정 제도의 도입을 간청하자, 하나님께 물어본 다음에 어쩔 수 없이 허락해 주었다. 이스라엘 장로들이 왕정 제도를 도입하려고 했을 때에 하나님은 기뻐하시지 않았다. 왜냐하면 왕정 제도는 하나님을 왕으로 모시는 제도가 아니라, 인간을 왕으로 섬기는 제도이기 때문이다. 하나님은 장로들의 요청을 듣고 사무엘에게 "그들이 나를 버린 것"(삼상 8:7)이라고 한탄까지 하셨다. 그리고 하나님은 사무엘에게 이스라엘이 왕정 제도를 만드는 것을 허락해 주되, 그들에게 엄히 경계하고 왕정 제도로 인해 발생하는 피해를 최소화하기 위해 "왕의 제도"를 알려주라고 명령하셨다. 사무엘은 이스라엘이 왕정 제도를 도입하는 것을 결코 좋아하지 않았지만, 하나님의 명령에 따라 "왕의 제도"를 만들어 공포하게 된다.

Q. 사무엘은 왕정 수립에 동의할 수 없었지만 하나님의 명령에 절대적으로 순종하는 모습을 보인 것을 보면, 참으로 훌륭한 하나님의 일꾼이라고 생각한다. 우리의 신앙을 돌아보면, 하나님이 우리에게 무엇인가 말씀을 하셔도 내가 손해를 보거나 이해가 되지 않으면 순종하지 않을 때가 얼마나 많은가? 사무엘이 만든 "왕의 제도"의 내용을 소개해 주시길 바란다.

A. 이스라엘에 왕정 제도가 도입되면 왕들이 절대 권력을 추구하여 타락하게 되고, 결국은 하나님을 버리게 될 것을 우려해, 하나님은 사무엘로 하여금 왕정 제도의 문제점을 소개하고 왕들을 경계하는 "왕의 제도"를 만들게 하셨다. 이 왕의 제도는 사무엘상 8:10-18에 소개되어 있는데, 이스라엘 백성들이 왕에 대한 환상을 갖지 못하도록 이방 국가들의 왕정 제도의 부작용을 설명하면서 왕이 등장함으로 인해 발생하는

부정적인 영향을 지적하고 있다. 그 내용은 몇 가지로 정리될 수 있다. 첫째로, 왕은 백성들의 아들들을 강제로 징집해서 왕의 밭을 갈게 하거나 전쟁에 동원하게 될 것이라고 경고하고 있다. 왕은 자신의 보위를 지키고 왕국의 영토를 확장시키기 위해 많은 군사들을 필요로 할 것이고, 그 일을 위해 결국은 백성들의 젊은이들이 희생을 당하게 될 것이라고 한다. 둘째로, 왕은 왕궁에서 요리하고 향료를 만들고 떡을 굽는 일을 위해 백성들의 딸들을 강제로 취하게 될 것이라고 말하고 있다. 사무엘은 왕정 제도가 도입되면 이방의 국가들처럼 이스라엘에서도 젊고 어린 소녀들이 왕궁에 갇혀 노동하는 시녀로 전락할 수밖에 없을 것이라는 점을 미리 알고 있었던 것이다. 셋째로, 왕은 백성들로부터 많은 세금을 거두어들여 풍요롭고 사치스러운 삶을 누리려고 할 것이라고 사무엘은 안타까워하고 있다. 왕궁이 화려할수록 많은 세금을 필요로 할 것이고 그만큼 백성들은 착취를 당해야만 하는 것이다. 내용적으로 볼 때 "왕의 제도"는 왕정 제도를 요구한 장로들에게 왕정 제도의 폐해를 알려주는 일종의 예언자적 경고의 메시지라 할 수 있다.

Q. 사무엘은 왕정 제도의 도입으로 인해 발생하게 되는 부정적인 결과를 미리 알고 있었다. 그러나 사무엘의 경고에도 불구하고 장로들은 이방 국가들과 같이 결국 이스라엘에 왕정 제도를 도입하지 않았는가?

A. 이스라엘 장로들은 참으로 어리석은 존재이다. 하나님과 사무엘이 기뻐하시지 않았음에도 불구하고 왕정 제도를 도입하고 말았다. 이것을 미리 알고 있었던 사무엘은 후에 너희가 너희 택한 왕으로 인하여 부르짖되 그 날에는 여호와께서 너희에게 응답하지 아니할 것이라고 말했다. 하지만 백성들은 사무엘의 말을 듣기를 거절하고, "우리도 다른 나라들 같이 되어 우리의 왕이 우리를 다스리며 우리 앞에 나가서 우리의

싸움을 싸워야 할 것이니이다"(삼상 8:20)라고 응수한다. 이 구절의 말씀을 보면, 이스라엘 백성들은 하나님의 자녀로서 살아가는 것에 대해 감사하지 못했고, 주변의 국가들처럼 인간이 다스리는 왕국을 건설하게 되면 강대국이 될 것으로 착각을 하였다는 생각이 든다.

Q. 하나님이 기뻐하시지 않음에도 왕정 제도를 도입한 이스라엘 백성들과 장로들의 모습 속에서 하나님 앞에서 불순종하는 우리 자신들의 자화상을 발견한다. 때때로 우리는 욕심 때문에 하나님의 인도하심을 거절하고 내 맘대로 행동하는 경우가 얼마나 많은가!

A. 사무엘이 말하려 했던 것은 이스라엘이 살 수 있는 길은 오직 하나님의 통치를 받아야 한다는 것이었다. 인간적인 생각으로는 강력한 왕이 등장하면 이스라엘이 잘 살 수 있을 것 같지만, 그 생각은 결코 올바른 신앙의 자세가 아니라는 것이다. 실제로 이스라엘이 강력한 국력을 가지게 되었을 때는 영웅적인 인간이 왕이 되었을 때라기보다는 연약한 자라도 하나님만을 절대적으로 믿고 신뢰하였을 때이다. 이스라엘에서 가장 위대한 왕은 다윗이었는데, 본래 그는 양을 치던 하찮은 목동이 아니었던가! 즉 목동이었던 다윗을 하나님께서 들어 사용하심으로 인해 위대한 왕이 되었던 것이지, 결코 다윗이 그럴 만한 자격을 갖추었기 때문에 왕이 된 것은 아니었다. 사무엘은 바로 이스라엘 백성들이 왕정 제도를 도입하게 되면 하나님을 의지하기보다는 인간인 왕을 더 많이 의지하게 될 것을 염려하였던 것이다. 이에 사무엘은 일생동안 이스라엘 최초의 왕인 사울이 하나님의 품을 떠나 인간적인 선택을 할 때마다 그를 찾아가 쓴 소리를 하였던 것이다.

지금까지 사무엘에 대해 살펴보았다. 사무엘은 훌륭한 사사이고 제사장이며 예언자였다. 모든 독자들도 사무엘과 같이 하나님만을 의지하는 자들이 되어서 멋진 믿음의 인생을 살아가기를 바란다.

2) 나단과 갓(삼하 7; 12; 24; 왕상 1-2장)

Q. 앞에서는 이스라엘의 위대한 믿음의 지도자 중에 하나였던 사무엘에 대해 공부하였다. 사무엘은 훌륭한 사사였고, 제사장이었다. 그리고 어렸을 때에 예언자로 부르심을 받아 하나님이 펼쳐나가시는 역사의 한 페이지를 장식했던 멋진 일꾼이었다는 점을 다시 한 번 인식하는 계기가 되었다. 이번에는 누구에 대해 설명해 주실 것인가?

A. 나단과 갓이라는 두 명의 예언자를 소개하도록 하겠다. 나단과 갓은 다윗시대에 살았던 기원전 10세기의 인물들인데, 왕궁 안에서 왕을 보좌하며 예언 활동을 했기 때문에 왕궁 예언자로 분류되고 있다. 구약성경은 나단과 갓의 활약상에 대해 사무엘처럼 자세하게 보도하고 있는 것은 아니지만, 이들은 다윗이 통치하고 있던 기간 동안에 매우 중요한 역할을 감당했던 왕궁 예언자들로 평가받고 있다. 따라서 이번에는 다윗시대에 활약했던 대표적인 왕궁 예언자라 할 수 있는 나단과 갓에 대해 살펴보는 것도 큰 의의가 있다고 본다.

나단: 다윗 왕조를 향한 하나님의 영원한 축복을 선포한 예언자(삼하 7장)

Q. 그럼 먼저 나단을 살펴보도록 하자. 나단이 누구인지에 대해 설명해 주시길 바란다.

A. 사무엘의 경우에는 그의 부모나 그의 탄생의 배경 등과 같이 족보나 예언자가 되기 이전의 개인적인 생활에 대한 자세한 설명이 기술되어

있다. 하지만 나단의 경우는 다르다. 구약 성경은 나단의 배경에 대해 아무런 소개도 하지 않는다. 그의 부모가 누구인지, 그가 예언자로 등장하기 이전에 어떤 삶을 살았는지, 그리고 그의 고향이 어디인지 등에 대해 구약 성경은 침묵하고 있다. 여러 가지 상황을 종합해 볼 때 나단은 예루살렘 출신일 가능성이 많다고 학자들은 추측하고 있을 뿐이다. 그렇지만 정확한 것은 알 수 없다. 나단에 대해 처음 언급하는 곳은 사무엘하 7장인데, 다윗이 예루살렘을 정복하고 사울 시대 때에 잃어버렸던 법궤를 옮긴 다음에 나단이 처음 왕궁 예언자로 등장하고 있다.

Q. 나단이 사무엘하 7장에 처음 등장하고 있다고 했는데, 그렇다면 나단은 그 이전에는 예언자로서 활동을 전혀 하지 않았다는 것인가?
A. 그렇지 않다고 보아야 한다. 나단의 등장은 갑작스러운 것이기는 하지만, 사무엘하 7장을 읽어보면 다윗은 그 이전부터 나단을 잘 알고 있었던 것으로 보인다. 본문은 다윗이 정치적으로 이스라엘을 어느 정도 안정시킨 후에 하나님의 법궤를 위해 성전을 건축하려고 하는데 하나님의 뜻이 무엇인지를 나단에게 알아봐 달라고 부탁하는 장면으로 시작하고 있다. 이때 다윗과 나단의 대화는 서로 이미 잘 알고 있는 사이임을 전제하고 있다. 그러므로 나단은 언제부터인지는 정확히 알 수 없지만, 오래 전부터 다윗의 왕궁에서 예언자로서의 역할을 수행하고 있었을 것으로 추측해 볼 수 있다.

Q. 사무엘하 7장에서 나단이 다윗에게 전해준 하나님의 말씀은 무엇인가?
A. 처음에 다윗이 나단에게 부탁했던 것은 하나님의 성전을 건축해서 법궤를 그곳에 안치하려고 하는데, 하나님의 뜻이 무엇인지를 물어봐 달라고 요청했던 것이다. 그런데 하나님께서 나단을 통해 주신 말씀은

성전 건축을 허락하지 않겠다는 것이었다. 그 대신에 성전은 다윗의 아들인 솔로몬이 건축할 수 있도록 해주겠다고 말씀하셨다. 그런 후에 하나님께서는 나단을 통해 다윗을 향한 축복의 말씀을 전해 주셨다. 그것은 하나님은 다윗의 아름다운 믿음의 모습을 보시고 다윗의 왕위를 견고하게 해주실 뿐만 아니라, 다윗의 자손이 영원히 왕위를 계승할 수 있도록 축복해 주시겠다는 놀라운 내용이었다.

Q. 하나님께서 나단을 통해 선포해 주신 축복의 말씀을 좀더 구체적으로 소개해 주시길 바란다.

A. 다윗은 왕위에 올라 이스라엘을 통치하고 있었지만, 사실은 아직 왕권이 확실하게 안정되었던 것은 아니었다. 다시 말하면, 다윗은 사울의 뒤를 이어 왕위에 올랐지만 자연스러운 계승절차를 통해 등극한 것이 아니었기 때문에 남과 북의 갈등은 어느 정도 남아 있었다. 특히 베냐민 지파 사람들은 여전히 다윗에 대해 좋지 않은 감정을 지니고 있었다. 이런 상황에서 영원히 다윗 왕조를 축복해 주시겠다는 하나님의 말씀은 다윗에게 엄청나게 큰 위로의 말씀이 될 수 있었다. 나단을 통해 주신 하나님의 말씀은 사무엘하 7:8-16에 소개되고 있다. 내용이 너무 길어서 다 살펴볼 수는 없고, 그 중에서 핵심적인 내용만 읽어보도록 하겠다: "…네 수한이 차서 네 조상들과 함께 누울 때에 내가 네 몸에서 날 네 씨를 네 뒤에 세워 그의 나라를 견고하게 하리라 그는 내 이름을 위하여 집을 건축할 것이요 나는 그의 나라 왕위를 영원히 견고하게 하리라 나는 그에게 아버지가 되고 그는 내게 아들이 되리니 그가 만일 죄를 범하면 내가 사람의 매와 인생의 채찍으로 징계하려니와 내가 네 앞에서 물러나게 한 사울에게서 내 은총을 빼앗은 것처럼 그에게서 빼앗지는 아니하리라 네 집과 네 나라가 내 앞에서 영원히 보존되고

네 왕위가 영원히 견고하리라 하셨다 하라." 이 말씀은 굉장한 내용을 담고 있다. 하나님께서 다윗 후손의 아버지가 되고 다윗 후손의 왕들은 영원히 하나님의 아들이 될 것이라는 선언은 하나님께서 다윗을 얼마나 크게 축복해 주시려고 했는지를 잘 알려주는 내용이다.

Q. 하나님께서는 언제나 믿음으로 살아가려고 노력했던 다윗을 잊지 않으시고 그를 크게 축복해 주셨다는 것을 알 수 있다. 다윗이 참으로 부럽다는 생각이 든다. 무엇보다 온갖 고난 속에서도 하나님을 의지하며 살았던 다윗의 위대한 믿음을 본받았으면 좋겠다. 다윗을 향한 하나님의 축복의 내용이 그대로 이루어졌는가?

A. 하나님의 말씀대로 다윗이 죽을 때까지 주변 국가들은 감히 이스라엘을 침범할 수 없었다. 그리고 다윗의 아들 솔로몬이 하나님의 성전을 건축하게 되었고, 남과 북이 분열된 이후에도 북 왕국에서는 왕위를 찬탈하려는 암살과 군사 정변이 빈번하게 발생했지만, 남 왕국 유다에서는 다윗의 후손들이 끝까지 왕위를 지킬 수가 있었다. 하나님의 말씀 중에 중요한 내용이 한 가지 있는데, 만일 다윗의 아들이 죄를 범하면 사람 막대기와 인생 채찍으로 징계는 하지만 사울처럼 은총을 빼앗지는 않겠다는 것이다. 실제로 솔로몬이나 그 후손들이 하나님께 죄를 범해도 사울처럼 왕위를 무너뜨리지는 않으셨다. 하나님은 유다 왕국이 존재할 때까지 끝까지 약속을 지켜주셨다.

Q. 이 모든 축복의 출발은 다윗의 믿음 때문이라고 볼 수 있다. 다윗 한 사람의 철저한 믿음이 다윗의 후손 전체를 복되게 한 것이 아닌가! 우리 모두 다윗처럼 하나님의 축복을 심는 믿음의 사람이 되었으면 좋겠다. 다윗의 믿음에 대해 다시 한 번 간단히 설명해 주시길 바란다.

A. 아브라함으로 잠깐 거슬러 올라가 보자. 아브라함의 믿음을 보시고 하나님은 그를 "복의 근원"이 되게 해 주셨다(창 12:2). 아브라함은 아들 이삭보다 하나님을 더 사랑하지 않았는가! 다윗도 아브라함처럼 굳건한 믿음을 소유한 신앙인이었다. 다윗은 언제나 하나님의 뜻을 물어보며 살았다. 한번은 다윗이 자신을 죽이려는 사울로 인해 잠깐 블레셋으로 도망가 도피생활을 한 적이 있었다. 그런데 그 사이에 사울이 전쟁에서 죽임을 당했다는 소식을 들었다. 그때 다윗은 사울이 죽었다고 기뻐한 것이 아니라, 먼저 하나님께 자신이 어떻게 행해야 할지를 물어보는 믿음의 모습을 보였다(삼하 2:1). 이처럼 다윗은 철저히 하나님의 뜻을 구하는 자였다. 우리는 사무엘하 7장을 통해서도 다윗의 믿음의 깊이를 확인할 수 있는데, 하나님의 축복의 말씀이 끝나자 다윗은 하나님께 감사의 기도를 올려드린다(삼하 7:18-29). 다윗은 하나님께 감사할 줄 아는 신앙인이었던 것이다. 예수님께서 10사람의 문둥병자를 고쳐주신 사건에서도 알 수 있듯이, 감사하며 살아간다는 것이 결코 쉽지 않은 일임에도 불구하고, 다윗은 하나님의 축복을 받은 후에는 지체치 않고 감사기도 드리는 것을 잊지 않았다.

나단: 다윗의 잘못을 질책한 예언자(삼하 12장)

Q. 나단의 첫 번째 등장은 다윗 왕조를 향한 하나님의 축복을 선언하는 자리였다는 것을 지금까지 살펴보았다. 나단이 등장하는 두 번째 장면은 어떤 것인가?

A. 나단이 등장한 두 번째 자리, 역시 다윗과의 만남의 자리였다. 하지만 이번에는 첫 번째 만남과는 전혀 다른 성격의 자리였다. 나단은 다윗과 처음 만난 자리에서는 축복을 선포하였지만, 두 번째 자리에서는 책

망과 질책의 말씀을 선포하였다. 예언자가 왕을 비판했다는 것은 매우 놀랄 만한 사건이다. 고대 근동의 국가들과 비교해 볼 때, 예언자가 왕을 비판하는 경우는 어느 곳에서도 찾아볼 수 없다. 오직 이스라엘의 경우에서만 예언자가 왕의 잘못을 꾸짖는 상황이 벌어지는데, 나단은 다윗의 잘못된 행동을 강하게 질책하였다.

Q. 나단은 다윗의 어떠한 행위를 책망하였는가? 구체적으로 설명해 주시길 바란다.

A. 나단이 다윗을 질책하는 내용은 사무엘하 12장에 등장하는데, 다윗의 잘못은 바로 앞 장인 사무엘하 10-11장에 소개되어 있다. 당시 이스라엘은 암몬과 전쟁 중에 있었는데, 비가 오지 않는 건기에 전쟁이 발발하였다. 이스라엘에서 건기는 대략 6월부터 10월에 해당하는 기간으로, 이때는 매우 덥기는 하지만 비가 오지 않아 전쟁을 하기에는 오히려 좋은 날씨였다. 비가 오는 우기는 대략 10월말부터 다음해 5월경까지로 볼 수 있는데, 오늘날에도 이 시기가 되면, 통행이 불가능한 도로들이 대거 속출할 정도로 엄청난 양의 비가 퍼붓는다. 그래서 암몬과 이스라엘의 전쟁은 비가 오지 않는 무더운 건기에 일어난 것이다. 군인들이 전쟁터에서 전쟁을 하던 무더운 어느 날 저녁, 다윗은 예루살렘 왕궁에서 시원한 밤공기를 맞으며 산책을 하다가 운명적인 장면을 목격하였다. 왕궁에서 바라보이는 아래쪽의 어느 한 집에서 목욕하는 아름다운 한 여자를 보게 된 것이다. 그 여자가 바로 헷 사람 우리아의 아내 밧세바였다. 결국 다윗은 그 여인의 아름다움에 매료되어 자신의 왕궁으로 그 여인을 불러 사랑을 나누게 된다. 그런데 문제는 그 여인에게 남편이 있었던 것이다. 알고 보니, 그 남편은 암몬과의 전쟁에 참여하고 있었다. 이에 다윗은 우리아를 왕궁으로 불렀다가 다시 전쟁터로 보내면서

요압 장군에게 편지를 썼는데, 우리아를 전쟁터 제일 앞쪽으로 보내 죽게 내버려 두라는 내용이었다. 얼마나 무서운 명령인가? 자신의 군인을 의도적으로 죽이기 위해 전쟁의 한복판에 내몬 것이 아닌가! 결국 다윗은 여인에 대한 탐욕 때문에 한 가정을 파괴시키고, 우리아라는 충성된 군인을 간접 살해하는 엄청난 죄를 범하고 말았다.

Q. 다윗은 참으로 어리석은 죄를 범하였다. 하나님으로부터 엄청난 축복을 받아 이스라엘 최고의 자리에까지 올라갔음에도, 다윗은 어떻게 이처럼 엄청난 음란과 살인의 죄를 범할 수 있었는가! 잘 이해가 되지 않는다. 설명해 주시길 바란다.

A. 인간이 가장 쉽게 넘어질 수 있는 것이 물질과 이성의 유혹이 아닌가 싶다. 다윗은 모든 것을 가졌지만, 이성의 유혹 앞에 너무나도 쉽게 무릎을 꿇고 말았다. 이 사건은 우리에게도 시사하는 바가 크다. 믿음의 사람들도 깨어 있지 않으면 언제든지 유혹의 길에서 벗어나지 못하는 법이다. 앞서 살펴보았듯이, 다윗은 믿음이 없었던 사람이 아니다. 대단한 믿음을 소유하고 있던 자였다. 그럼에도 다윗이 이성의 유혹에 쉽게 넘어갔다는 것은 모든 사람이 다 이러한 유혹에 쉽게 넘어갈 수 있다는 사실을 보여주는 하나의 예라고 볼 수 있다. 그런데 여기서 우리가 주목해서 보아야 할 것은, 하나의 죄는 또 다른 범죄를 낳는다는 사실이다. 다윗은 밧세바와의 사건을 은폐하기 위해 지능적이고 계획적으로 그의 남편을 살해하도록 지시했다. 얼마나 큰 죄악인가! 믿음의 사람도 한순간 잘못된 시험에 넘어져서 하나님의 영광을 가리고, 자신의 인생에 있어서 치명적인 오점을 남길 수 있다는 사실을 꼭 기억해야 할 것이다.

Q. 나단은 밧세바를 범하고 그녀의 남편 우리아를 죽인 다윗을 향해 무엇이라

고 질책하였는가?

A. 나단은 비유를 들어 다윗의 죄악을 고발하는 방법을 사용하였다. 왕의 잘못을 직접적으로 지적하지 않고 비유적으로 설명하는 방법을 '사법 비유'(judicial parable)라고 부른다. 왕이 잘못을 했을 경우 그를 재판할 상위 재판제도가 없기 때문에 신하들은 적절한 비유를 들어 왕의 잘못을 비유적으로 지적하는 것이다. 왕은 신하들의 비유를 듣고 비유에 등장하는 사람들에 대한 사법적인 판단을 먼저 내리게 되는데, 신하들은 왕의 잘못의 경중을 일깨우기 위한 목적으로 자주 이러한 비유를 사용하였다. 나단은 다윗에게 찾아가서 부자와 가난한 자의 비유를 들려주었다. 즉 부자에게 한 손님이 찾아왔을 때에 자신의 양과 소를 아끼고 가난한 자가 소유하고 있는 양 새끼를 빼앗아 손님을 접대하였다는 내용의 이야기이다. 그 이야기를 들은 다윗은 크게 진노하였고, "이 일을 행한 그 사람은 마땅히 죽을 자라 그가 불쌍히 여기지 아니하고 이런 일을 행하였으니 그 양 새끼를 네 배나 갚아 주어야 하리라"(삼하 12:5-6)고 명령하였다. 여기서 4배가 언급되고 있는 것은 출애굽기 22:1에 근거하고 있다: "사람이 소나 양을 도둑질하여 잡거나 팔면 그는 소 한 마리에 소 다섯 마리로 갚고 양 한 마리에 양 네 마리로 갚을지니라." 이러한 다윗의 말에 나단은 "왕이시여! 당신이 바로 그 나쁜 부자입니다"라고 왕을 향해 호통을 쳤다. 하나님께서 목동이었던 다윗을 높이 들어 쓰셔서 이스라엘 최고의 주권자가 되게 해주셨는데, 어찌하여 불쌍하고 가난한 한 백성의 가정을 깨뜨리고 남편을 악의적으로 죽이는 악행을 범했느냐고 다윗을 향해 강하게 질타했던 것이다.

Q. **나단이 말한 부자와 가난한 자의 비유를 들은 다윗이, 그 부자의 행동에 대해 진노한 모습을 보였기 때문에 다윗은 자신의 행위가 하나님 앞에 범죄한**

행위임을 부인하지 못했을 텐데, 다윗은 나단의 이러한 질책에 대해 어떤 반응을 보였는가?

A. 나단의 비유의 질책을 들은 다윗은 자신이 하나님 앞에 얼마나 큰 죄를 범한 것인가를 깨닫게 된다. 이에 다윗은 자신의 잘못을 즉시 인정하고 하나님께 자신의 죄를 고하며 회개하는 모습을 보였다. 여기에서 우리는 다윗의 위대한 신앙의 모습을 발견할 수 있는데, 다윗은 예언자의 말씀을 듣고 즉각적으로 자신의 죄를 시인하였다는 점이다. 이러한 다윗의 행동은 결코 쉬운 것이 아니라는 점을 인식할 필요가 있다. 한 나라의 왕이 자신의 죄를 공개적으로 시인하고 용서를 구한다는 것은 결코 쉬운 일이 아니다. 그런데 더욱 중요한 것은 하나님은 무조건적으로 다윗의 죄를 용서해 준 것이 아니었다는 사실이다. 하나님은 다윗과 밧세바와의 사이에서 태어난 아이를 거두어 가셨다. 하나님은 다윗에게 값싼 은혜를 주신 것이 아니라, 정말로 값비싼 은혜를 주셨다는 점을 우리는 반드시 기억해야 한다.

나단: 솔로몬 왕권 수립에 공헌한 예언자(왕상 1-2장)

Q. 다윗은 하나님 앞에 자신의 죄를 회개함으로써 하나님으로부터 죄 용서를 받았지만, 다윗은 아이를 잃는 슬픔을 당하고 말았다. 다윗의 실수는 참으로 안타깝다. 나단이 등장하는 곳이 또 있는가?

A. 나단은 열왕기상 1-2장에 한 번 더 등장하는데, 다윗의 말년에 왕위 계승 투쟁이 일어나는 상황이었다. 다윗이 늙게 되자 후계자 문제가 대두되었다. 그때 왕궁 안에서는 의견이 두 가지로 갈라졌다. 다윗의 4번째 아들인 아도니야를 따르는 무리와 10번째 아들인 솔로몬을 따르는 무리가 생기게 된 것이다. 제사장 아비아달과 군대장군 요압은 아도니

야 편에 섰고, 제사장 사독과 예언자 나단과 군대장군 브나야는 솔로몬 편에 섰다. 왕위계승 문제를 두고 두 그룹 사이에 심각한 갈등이 발생하였는데, 하나님께서는 결국 솔로몬을 다윗의 왕위계승자로 선택해 주셨다. 나단은 왕궁 내에서 일어난 파벌 싸움을 잘 정리하고 솔로몬이 왕위에 등극할 수 있도록 협력하고 토대를 마련한 예언자였던 것이다.

갓: 이스라엘에 임할 온역을 선포한 예언자(삼하 24장)

Q. 다윗 시대에 또 한 명의 왕궁 예언자로서 갓이 활동했음을 서두의 설명을 통해 알게 되었다. 갓에 대해 설명해 주시길 바란다.

A. 나단처럼 갓의 경우에도 그의 가족이나 배경이 거의 알려져 있지 않다. 다만 우리가 성경을 통해 갓에 대해 확실히 알 수 있는 것은, 갓도 다윗시대에 활동했던 예언자라는 사실뿐이다. 다윗은 자신의 왕국이 튼튼히 서게 되면서 교만에 빠지게 되어 이스라엘 인구를 조사하기에 이른다. 인구 조사를 한다는 것은 전쟁을 할 수 있는 젊은 남자들이 얼마나 되는가를 알아보기 위한 의도가 숨어 있었다. 그러나 하나님은 다윗의 숨은 계략을 모르실 리가 없었다. 하나님은 다윗이 하나님을 의지하지 않고, 백성들의 숫자에 의지해서 전쟁을 할 것을 우려해 그의 교만을 질책하셨다. 이어 갓을 통해 하나님은 다윗의 교만을 심판하시기로 작정했다는 것을 알리셨다. 하나님은 이스라엘 전역에 온역을 보내 다윗의 교만을 경고하신다. 그러자 갓은 다윗에게 하나님께 제단을 쌓고 번제와 화목제를 드릴 것을 권면하였다. 이에 다윗은 갓의 지시를 받아들여 하나님께 예배를 드리게 된다. 결국 하나님은 다윗의 기도를 들어주셔서 이스라엘에 임하던 재앙을 멈추어 주셨다.

지금까지 다윗 시대에 활동했던 나단과 갓, 두 명의 왕궁 예언자에 대해 공부하였다. 왕궁 예언자라고 하더라도 그들은 왕 앞에 나아갈 때에 목숨을 걸고 나갔을 것이다. 즉 나단과 갓은 왕에게 아부하며 자신의 자리를 지키는 데 연연한 욕심이 많은 자들이 전혀 아니었다. 그들은 어느 자리에 서 있든지 하나님의 말씀을 전하는 데 최선의 노력을 다했던 예언자들이었다. 그래서 하나님은 그들을 역사의 도구로 사용하셨다. 이 글을 읽는 독자들은 나단과 갓의 믿음을 본받아 하나님의 신실한 사명자로서의 삶에 충실한 자들이 되기를 바란다.

3) 아히야와 스마야(왕상 11:29-40; 12:21-24; 대하 12:1-12)

Q. 위에서 우리는 다윗 시대 때에 왕궁 예언자로 활동했던 두 명의 예언자, 나단과 갓에 대해 공부하였다. 이를 통해 우리는 이 두 명의 예언자는 비록 왕궁 안에서 살았지만 왕에게 아부하거나 권력 앞에 무력한 모습을 보인 그러한 굴욕적인 예언자가 아니라, 왕 앞에서도 당당하게 하나님의 말씀을 전하는 올곧은 예언자로서의 모습을 보여주었다는 사실을 확인할 수 있었다. 이번에 공부할 예언자는 누구인가?

A. 아히야와 스마야에 대해 살펴도록 하겠다. 이 두 명의 예언자는 거의 동시대에 활동했던 인물들로 볼 수 있는데, 솔로몬과 그의 아들 르호보암이 통치하던 즈음에 활동했던 예언자들이다. 솔로몬 시대에는 이스라엘이 부유했지만, 그가 죽은 직후에는 이스라엘이 남 왕국과 북 왕국으로 분열되는 어려운 상황을 맞고 말았다. 이때는 정치, 사회적으로 매우 혼란한 시기였는데, 아히야와 스마야는 동요하던 백성들에게 하나님의 계획을 전함으로써 그들을 안정시키고 하나님의 인도하심을 받을 수 있도록 권면했다는 점에서 매우 중요한 시대적 역할을 감당했던 자들

이라고 평가할 수 있다.

아히야: 여로보암 반란에 동참한 예언자

Q. 아히야와 스마야가 활동하던 시대는 왕국이 분열되던 혼란한 시기였다고 했는데, 당시의 시대적 상황에 대해 좀더 구체적으로 설명해 주시길 바란다.

A. 당시의 시대적 상황을 이해하기 위해서는 솔로몬의 시대에 대해 먼저 살펴보아야 한다. 솔로몬이 통치하던 때는 이스라엘 역사상 가장 번영했던 시기였다. 가장 넓은 영토를 차지하고 있었고, 정치적으로도 가장 활발한 국제외교를 펼쳤던 시기였다. 국제 무역도 매우 활발했기 때문에 경제적으로도 가장 부유하던 시기였다. 그러나 솔로몬이 주변 나라의 수많은 공주들과 정략적인 결혼을 하게 되면서 이스라엘에는 심각한 신앙적 문제들이 발생하기 시작했다. 공주들마다 자신들이 고향에서 섬기던 이방 신들을 가지고 예루살렘으로 옮겨왔기 때문에 예루살렘에는 다양한 종교들이 혼합되어 있었다. 더욱이 솔로몬은 건축과 토목 공사를 하면서 백성들에게 막대한 세금을 거두어 들였고, 심각할 정도로 백성들의 노동력을 착취하였다. 이로 인해 백성들은 솔로몬에 대해 강한 반발심을 갖게 되었고, 결국에는 여로보암을 중심으로 반란까지 일어나는 상황이 되었다.

Q. 솔로몬이 백성들을 억압하고 많은 세금을 부과하고 이방 종교를 용인하는 상황 가운데 여로보암의 반란이 일어나게 되었다고 했는데, 이 반란과 예언자 아히야는 어떤 관련성이 있는지 설명해 주시길 바란다.

A. 우리 성경에는 여로보암의 반란 사건이 솔로몬의 통치에 관한 언급 중 가장 뒷부분에 위치하고 있지만(왕상 11:26-40), 역사적으로 여로보

암의 반란은 솔로몬 재위 중반기(재위 20년경)에 일어난 것으로 추측하고 있다. 그때 솔로몬은 애굽의 바로의 딸을 위한 궁을 건축하고 있었고, 동시에 예루살렘 남동쪽 언덕 위에 위치한 다윗 성과 북동쪽을 향하는 볼록한 지역 사이의 굽은 만곡(彎曲)을 채우는 공사를 하고 있었다. 그래서 많은 노동력을 필요로 하게 되었는데, 여로보암은 거기서 요셉 지파가 맡은 운송 노역을 감독하고 있었다. 여로보암은 자신에게 맡

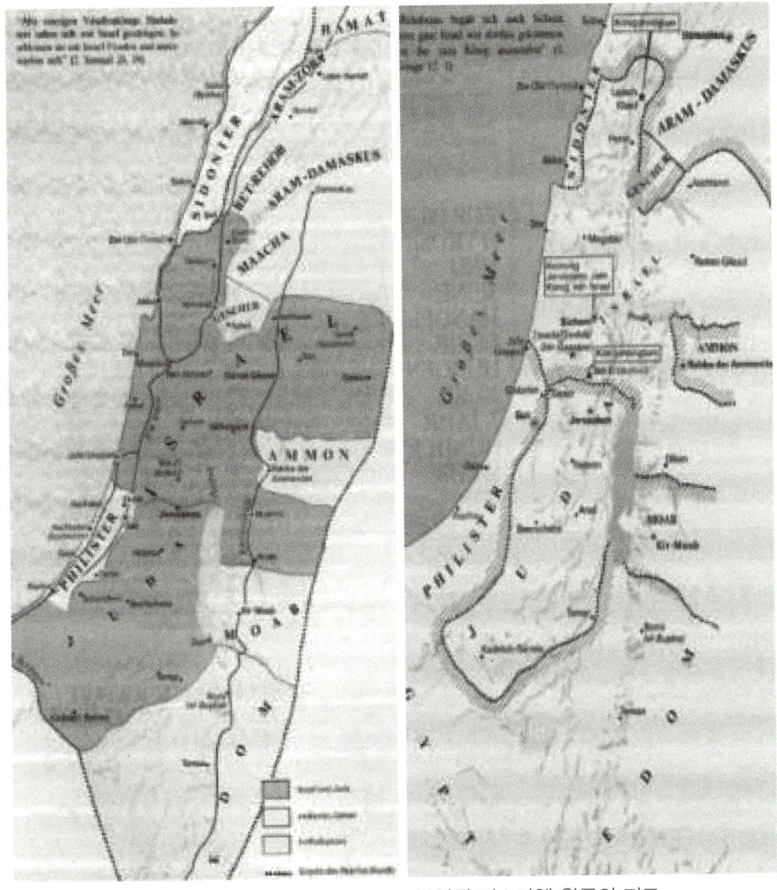

솔로몬 시대의 영토　　　　분열된 이스라엘 왕국의 지도

겨진 직무에 충실하다가 착취당하는 불쌍한 백성들을 향해 동정심을 느끼고 반역을 시도하게 되었다. 여로보암이 반란을 일으켰을 때에 아히야는 적극적으로 그를 후원하고 반란에 협조했던 인물이다.

Q. 잘 이해가 가지 않는 부분이 있다. 왜 아히야는 솔로몬 왕에게 반란을 일으킨 여로보암을 적극적으로 지지하고, 심지어는 그 반란에 협조까지 하게 되었는가?

A. 예언자 아히야는 하나님께서 솔로몬을 버리고 새로운 역사 계획을 준비하고 계시다는 점을 알고 있었기 때문이다. 솔로몬은 하나님의 축복을 받고 왕위에 올랐지만, 시간이 갈수록 교만하고 타락한 모습을 보였다. 더 이상 솔로몬에게서 신실한 믿음을 찾아볼 수 없었고, 정치를 종교보다 우선하는 정책을 펼치므로 하나님으로부터 신용을 잃게 되었다. 정치적으로 안정되고 경제적으로 부유해지는 순간 솔로몬은 하나님을 버린 것이다. 사실 이러한 솔로몬의 모습 속에 우리 자신의 불신앙적인 모습이 투영되어 있다는 점을 잊지 말아야 한다. 어렵고 문제 있을 때는 하나님을 향해 울부짖다가 문제가 해결되고 출세하고 부유해지면, 신앙적으로 나태해지고 점점 더 하나님으로부터 멀어져가는 경우가 있다. 솔로몬이 바로 그런 경우에 해당된다고 볼 수 있다. 처음 왕이 되었을 때는 불안하고 긴장되었기 때문에 일천번제를 드리는 믿음도 있었고 백성들을 올바르게 재판하기 위해 하나님께 지혜를 구하는 겸손함이 있었지만, 시간이 흘러 왕권이 안정되면서 솔로몬은 점점 하나님으로부터 멀어져갔다. 그래서 하나님은 솔로몬을 버리고 이스라엘 왕국을 분리할 계획을 세우시게 된 것이다.

Q. 아히야가 여로보암의 반란에 협조하였다고 말씀을 하셨는데, 그 이외에 여

로보암을 도운 세력은 누가 있는가?

A. 솔로몬의 억압정책과 종교 혼합정책에 반기를 든 백성들은 생각보다 많았다. 특히 전통적인 여호와 종교에 뿌리를 내리고 있던 경건한 신앙인들은 솔로몬이 이방 신들을 위한 성소들을 건축하는 모습을 보고 절망하였다. 여호와 하나님을 위해 아름다운 성전을 건축했던 솔로몬이 어떻게 이방 신들을 위한 제단을 허락할 수 있는가에 대해 이해할 수 없었던 것이다. 아히야를 소개할 때 "실로(Silo) 사람 선지자 아히야"(왕상 11:29)라고 기록하고 있는데, 이것은 아히야가 단순히 개인적으로 활동하는 예언자가 아니라 실로에서 활동하는 예언자 집단의 우두머리라는 것을 의미한다. 다시 말하면, 아히야를 추종했던 많은 경건한 신앙인들이 모두 여로보암의 반란을 지지했다는 것을 암시한다. 실로에 살고 있던 믿음의 사람들은 솔로몬의 친 가나안적인 종교정책에 불만을 품고, 하나님의 뜻에 따라 아히야와 행동을 같이했던 것이다. 그러므로 여로보암은 보수적인 여호와 종교 전통의 대변자 역할을 수행했던 것이고, 그의 반란은 여호와 신앙의 정체성을 상실한 솔로몬 왕국에 대한 종교적 저항의 성격을 갖게 되었던 것이다. 여로보암의 반란은 정치적 저항운동이면서, 동시에 종교적 저항운동이었다고 평가할 수 있다.

아히야: 새 의복을 입고 열 조각을 찢어 여로보암에게 건네 줌

Q. 하나님은 타락한 솔로몬을 버리고 새로운 역사를 준비시키기 위해 여로보암을 선택하였다. 여로보암과 아히야가 어떻게 만나게 되었는지에 대해 설명해 주시길 바란다.

A. 여로보암은 힘이 센 용사였고, 매우 부지런한 사람이었다. 그러므로 솔로몬의 눈에 띄어 감독자의 위치에까지 임명되었다. 어느 날 여로보

암이 예루살렘에서 밖으로 나가다가 길에서 아히야를 만나게 된다. 정확히 말하면, 예언자 아히야가 하나님의 말씀을 여로보암에게 전달하기 위해 그를 기다렸다고 보아야 할 것이다. 주변에는 아무도 없었고 오직 두 사람만 있었다. 하나님께서는 아히야가 하나님의 비밀스러운 계획을 여로보암에게 잘 전달할 수 있도록 주변의 분위기를 만들어 주신 것이다. 우리가 여기서 한 가지 간과하지 말아야 할 것이 있는데, 열왕기상 11:29을 주의 깊게 읽을 필요가 있다: "그 즈음에 여로보암이 예루살렘에서 나갈 때에 실로 사람 선지자 아히야가 길에서 그를 만나니 아히야가 새 의복을 입었고 그 두 사람만 들에 있었더라." 이 구절을 보면, 아히야가 여로보암을 만날 때에 새 의복을 입었다고 되어 있다. 본문이 "새 의복"이라는 단어를 강조하는 데는 특별한 이유가 있다.

Q. 아히야가 여로보암을 만날 때에 그냥 단순하게 옷을 입지 않고 "새 의복"을 입은 이유가 궁금해진다. 어떤 특별한 이유가 있는 것인가?

A. 아히야가 여로보암을 만난 것은 하나님의 뜻을 전달하기 위해서이다. 그 과정에서 그가 새 의복을 입은 것은 일종의 예언자적 상징 행위라고 볼 수 있다. 이미 앞서 예언자의 상징 행위에 대해 살펴보았듯이, 예언자들은 하나님의 말씀을 전달할 때에 입으로 선포하는 경우도 있지만 경우에 따라서는 예언자의 상징적인 행동을 통해 하나님의 말씀을 전하는 경우가 있다. 이스라엘 백성들이 포로로 잡혀갈 것을 전달하기 위해 목에 멍에를 매거나 벌거벗고 예루살렘 거리를 걸어 다니는 행위는 일종의 상징 행위라고 말할 수 있다. 그와 같이 아히야가 새 의복을 입은 것도 역시 하나님의 계획을 전하는 일종의 상징 행위이다. 여로보암을 통해 시작되는 하나님의 새로운 역사가 새로운 매개체를 통해 강하게 암시되고 있는 것이다. 하나님은 종종 새로운 매개체로 자신의

새로운 역사의 시작을 알리셨다. 다윗이 바알레유다에 있던 법궤를 예루살렘으로 운반할 때에 '새' 수레를 사용하였다(삼하 6:3). 여기서 새로운 수레는 다윗의 신앙적 열심과 헌신으로 잃어버렸던 법궤가 예루살렘으로 운반되는 새로운 역사를 시작하게 되었음을 시사하는 것이다. 하나님의 임재와 보호를 상징하는 법궤가 예루살렘에 안치됨으로 이 도시는 하나님이 선택하신 새로운 거룩한 도시가 될 수 있었다는 말이다. 그리고 예언자 엘리사는 물이 좋지 않은 여리고의 한 샘물을 고치기 위해 '새' 그릇에 소금을 담아오라고 명령하였는데(왕하 2:20), 이것도 역시 하나님의 기적을 통해 여리고를 새로운 풍요의 도시로 만들겠다는 것을 의미하고 있다.

Q. 아히야가 '새' 의복을 입고 여로보암을 만났다는 대목은 그동안 성경을 읽으면서도 그다지 주의 깊게 보지 않았던 내용이다. 이 단어 속에 하나님의 새로운 역사 계획이 암시되어 있다는 것을 생각하니 앞으로 성경을 읽을 때는 좀더 깊이 있게 읽어야 되겠다는 각오를 다지게 된다. 아히야가 새 의복을 입고 행한 구체적인 행동은 무엇인가?

A. 아히야는 자신의 옷을 12조각으로 나눈 다음에 그 중에서 10조각을 여로보암에게 주었다. 그리고 아히야는 여로보암에게 하나님의 말씀을 선포하였다: "너는 열 조각을 가지라 이스라엘의 하나님 여호와의 말씀이 내가 이 나라를 솔로몬의 손에서 찢어 빼앗아 열 지파를 네게 주고"(왕상 11:31). 아히야는 하나님께서 솔로몬의 악행 때문에 12지파 중에서 북쪽 지역에 있는 10지파를 여로보암에게 허락하고 새로운 왕국을 건설하도록 계획을 세웠다는 말씀을 선포하였다. 정리하자면, 아히야는 솔로몬 왕국의 분열과 북 왕국의 건설은 정당한 것이며, 그것은 하나님의 역사 계획에 따른 것임을 밝힌 예언자라고 평가할 수 있다.

Q. 아히야의 예언에 따르면, 10지파는 북 왕국에 속하게 되고 나머지 2지파는 남 왕국에 남게 된다는 것인데, 남 왕국에 남게 된 2지파는 어떤 지파인가?

A. 두 지파가 어느 지파인가에 대해서는 학자들 사이에 논란이 많다. 유다와 시므온 지파라고 보는 경우도 있지만, 유다 지파와 베냐민 지파를 가리킨다고 보아야 한다. 열왕기상 12:21에 보면, 솔로몬의 아들 르호보암은 여로보암과 싸우기 위해 군대를 모집하였는데 유다 지파와 베냐민 지파 사람들이 합세하였던 것을 볼 수 있다. 베냐민 지파의 영토가 처음에는 모두 남 왕국에 속한 것은 아니지만, 왕국시대 후기에 와서는 대부분 남 왕국의 영토에 편입되었다. 그러므로 두 지파는 유다와 베냐민 지파라고 보아야 한다.

솔로몬의 자기 교만과 우상 숭배: 하나님의 새로운 역사 계획의 원인

Q. 솔로몬을 향한 하나님의 심판은 매우 무섭다는 생각이 든다. 엄청난 축복을 통해 솔로몬 왕국을 강대국으로 만들어주신 하나님께서 심판을 통해 왕국을 두 동강이 나게 만드신 것을 보면 그만큼 솔로몬에 대한 하나님의 진노가 컸다는 것을 알 수 있다. 아히야는 이러한 하나님의 심판 이유에 대해 무엇이라고 설명하는가?

A. 예언자 아히야는 하나님이 10지파를 들어 새로운 북 왕국을 건설하시게 된 이유에 대해 다음과 같이 설명하고 있다: "이는 그들이 나를 버리고 시돈 사람의 여신 아스다롯과 모압의 신 그모스와 암몬 자손의 신 밀곰을 경배하며 그의 아버지 다윗이 행함 같지 아니하여 내 길로 행하지 아니하며 나 보기에 정직한 일과 내 법도와 내 율례를 행하지 아니함이니라"(왕상 11:33). 이 말씀은 하나님께서 왜 북 왕국의 건설을 허락하셨는가를 잘 설명해주고 있다. 먼저 솔로몬이 하나님을 버렸

기 때문이라는 것이다. 여기서 "버렸다"(עזב)는 단어는 "자유롭게 놔두다, 뒤에 놓아두다"라는 의미를 갖고 있다. 솔로몬이 하나님의 가르침이나 간섭을 받지 않고 하나님을 뒤편에 버려두고 자기 마음대로 생활하였다는 것이다. 솔로몬이 여러 신을 숭배하고 하나님의 법도를 실천하지 않게 된 것은 결국은 하나님을 버린 결과일 뿐이다. 하나님을 자기 생각의 뒤편에 놔두고, 자기 행동의 뒤편에 놔두었기 때문에 솔로몬은 말년에 불행한 삶을 살았다. 이것이 바로 자기 교만이다. 권력을 가지게 되고, 많은 재산을 소유하게 되면, 또 많은 지식을 습득하게 되면 하나님을 자기의 삶에서 뒤편에 무가치한 존재로 방치하는 경우가 있는데, 이것은 바로 하나님을 버리는 자기 교만의 모습이라고 볼 수 있다.

Q. 하나님 앞에서의 자기 교만, 이것은 타락의 시작이며 심판의 원인이라고 볼 수 있다. 하나님의 품을 떠나 살아가려는 솔로몬의 잘못된 생각은 우상 숭배로 이어지게 되었고, 그는 결국 하나님의 법도와 율례를 행하지 않는 악한 왕이 되고 만 것이다. 그런데 한 가지 궁금한 것이 있다. 하나님께서는 왜 솔로몬이 살아있을 때는 심판하시지 않고, 그가 죽은 후에야 심판을 하신 것인가?
A. 예언자 아히야가 이 질문에 대한 답을 주고 있다. 아히야는 솔로몬의 아버지 다윗이 하나님의 명령과 법도를 철저히 지켰기 때문에 솔로몬이 살아있는 동안에는 하나님이 심판을 하시지 않았다고 설명하고 있다. 그런데 아히야가 이러한 설명을 하는 근본적인 이유는 다른 데에 있었다. 새로운 북 왕국의 왕으로 등극하는 여로보암은 절대로 하나님의 법도와 율례를 지켜야 한다는 것이다. 아히야는 여로보암에게 다음과 같이 하나님의 말씀을 선포하였다: "네가 만일 내가 명령한 모든 일에 순종하고 내 길로 행하며 내 눈에 합당한 일을 하며 내 종 다윗이 행함 같이 내 율례와 명령을 지키면 내가 너와 함께 있어 내가 다윗을 위하

여 세운 것 같이 너를 위하여 견고한 집을 세우고 이스라엘을 네게 주리라"(왕상 11:38). 즉 아히야가 이 말씀을 전해준 것은 사실은 여로보암을 경고하기 위해서이다. 하나님께서 여로보암에게 10지파를 주었지만, 그가 하나님의 말씀대로 준행하지 않으면 언제든지 동일하게 심판의 칼날을 받게 될 것임을 알려주기 위함인 것이다. 하지만 여로보암도 후에 아히야의 이 경고의 메시지를 잊어버리고, 벧엘과 단에 금송아지 상을 건립함으로써 하나님의 무서운 심판을 받고 말았다.

스마야: 남 왕국과 북 왕국의 전쟁을 막은 예언자

Q. 인간은 참으로 어리석은 존재이다. 솔로몬과 여로보암만 어리석은 삶을 산 것이 아니라, 우리도 시시때때로 어리석은 선택을 할 때가 많다. 모든 독자들도 깨어서 기도하면서 하나님을 버리는 어리석은 존재가 되지 않기를 간절히 바란다. 이제 주제를 좀 바꾸어서 스마야에 대해서도 살펴보았으면 한다. 그는 어떤 역할을 수행한 예언자인가?

A. 스마야는 아히야보다는 약간 늦은 시기에 등장했지만, 시대적으로는 거의 차이가 나지 않는다. 솔로몬이 죽고 여로보암이 북 왕국을 건설하자 남 왕국의 왕이 된 르호보암이 북 왕국을 공격하기로 결정했다. 르호보암은 전쟁을 하려고 유다와 베냐민 지파에서 군대를 모았는데, 18만 명이나 되었다. 르호보암은 이 군사로 북 왕국을 정복해서 다시 하나의 통일된 왕국으로 만들려고 했던 것이다. 그런 위기일발의 상황에 스마야가 하나님의 말씀을 받아 왕과 백성들에게 "너희는 (전쟁하러) 올라가지 말라 너희 형제 이스라엘 자손과 싸우지 말고 각기 집으로 돌아가라"(왕상 12:24)고 선포하였다. 그리고 북 왕국의 건설은 하나님께로부터 난 계획이라는 사실을 전달해 주었다. 스마야의 예언 선포를 들은

백성들은 전쟁을 포기하고 각기 집으로 돌아갔다. 만일 백성들이 스마야의 말씀을 듣지 않고 전쟁을 했다면, 피비린내 나는 동족상잔의 비극이 발생했을 것이다. 일촉즉발의 전쟁의 위기 상황에서 스마야는 목숨을 건 예언 활동을 통해 남 왕국과 북 왕국 사이의 전쟁을 막는 역할을 감당했다.

Q. 르호보암의 전쟁 준비는 아마도 보복적 성격이 강했던 것으로 보인다. 북 왕국의 건립은 다윗 왕조로부터 이탈하겠다는 뜻이고 예루살렘으로부터 벗어나겠다는 선언인 셈인데, 르호보암이 그것을 두고만 보지는 않았을 것이다. 어쨌든 스마야의 선포를 통해 긴박한 전쟁의 위기에서 벗어날 수 있게 되었으니, 그의 역할이 참으로 중요했다고 생각한다. 스마야에 대해 소개하는 또 다른 구절이 있는가?

A. 사실 스마야는 남 유다에 잘 알려지지 않은 예언자이다. 스마야는 열왕기서에 더 이상 등장하지는 않는다. 하지만 역대하 11:1-4과 12:1-12에 다시 등장한다. 역대하 11:1-4은 열왕기서의 이야기를 반복하고 있기 때문에 중요하지 않지만, 역대하 12:1-12에서는 또 한 번 중요한 역할을 담당하는 예언자로 등장한다. 르호보암 시대에 애굽의 왕 시삭이 남 왕국을 공격하는 일이 있었다. 그때 예언자 스마야가 등장하여 왕과 지도자들에게 시삭의 공격은 교만한 남 왕국을 향한 하나님의 심판임을 알려준다. 이 말씀을 들은 왕과 지도자들은 회개하고 겸손한 모습을 보이게 되는데, 이로 인하여 남 왕국은 시삭의 공격으로부터 완전히 점령당하지 않고 일부 보물만을 빼앗기게 된다. 스마야의 예언 활동이 성공을 거둔 결과인 것이다. 이처럼 스마야는 성경에 단 두 번 언급되고 있지만, 그의 예언 활동은 피비린내 나는 전쟁의 위기에서 조국을 구하고, 하나님 앞에서 다시 겸손한 삶을 살게 하는 데 참으로 중차대

한 역할을 감당했다고 평가할 수 있다.

지금까지 아히야와 스마야, 두 예언자에 대해 공부하였다. 두 예언자 모두 크게 알려지지 않은 인물들이지만, 하나님의 명령에 순종하며 말씀을 전하는 일에 부지런한 자들이었다. 우리는 앞에서 주지한 사실을 통해 그들은 역사의 혼란기에 등장하여 하나님의 역사 계획을 전하고, 이스라엘 백성들로 하여금 하나님의 명령에 순종하도록 하는 데 큰 역할을 담당했던 위대한 믿음의 사람들임을 알 수 있다. 우리 모두 교만하지 말고 이름도 없이 빛도 없이 오직 주님의 영광만을 위해 살아갔던 예언자들의 발자취를 따라가는 복된 삶을 살아가는 자들이 되길 간절히 바란다.

제2장 엘리야 _ 열왕기상 17장–열왕기하 1장

엘리야: 요단 동편 길르앗 출신의 예언자

Q. 앞 장에서는 솔로몬과 르호보암 시대에 활동했던 두 명의 예언자, 아히야와 스마야의 활동에 대해 살펴보았다. 이 두 예언자가 살았던 시대는 이스라엘이 남과 북으로 분열되던 혼란한 시기였는데, 두 예언자는 그러한 어려운 환경 속에서도 언제나 하나님의 뜻을 찾기 위해 노력했던 신앙의 인물들이었음을 알 수 있다. 이번에 공부할 예언자는 어떤 예언자인가?

A. 앞서 살펴본 아히야와 스마야는 기원전 10세기의 예언자들이었다. 이번에는 기원전 9세기에 활동한 유명한 예언자 엘리야에 대해 공부해 보고자 한다. 신앙생활을 오래하신 분들은 엘리야에 대해 기본적으로는 알고 있는 내용이 많을 것이라고 생각한다. 엘리야의 활동 중 가장 대표적인 것이 갈멜 산 위에서 바알과 아세라 선지자 850명과 싸운 사건인데, 이 사건을 중심으로 엘리야의 예언 활동을 살펴보자.

Q. 우리가 한 인물을 잘 이해하기 위해서는 먼저 그가 어느 곳에서 태어나서 어떤 배경 속에서 성장했는지를 알아야 하는데, 그런 측면에서 엘리야의 고향은 어디이고 그의 가정형편은 어떠했는가?

A. 열왕기상 17장에 따르면, 엘리야는 북 왕국 사람이고, 요단 동편의 북쪽 지역에 위치한 길르앗 지방의 디셉 사람이다. 다시 말하면, 엘리야는 사마리아와 같은 북 왕국의 대도시 출신이 아니라, 변방에 위치한 시골 출신이라는 것이다. 그리고 엘리야는 자신의 땅을 소유하지 못한 가

난한 소작농 계층의 사람이었다. 한마디로 엘리야의 출신 배경은 좋지 못했다고 볼 수 있다. 엘리야는 이스라엘 사회의 엘리트 계층에 속한 사람도 아니었고, 부자로 살아갔던 사람도 아니었으며, 배움이 많았던 사람도 아니었던 것으로 추측할 수 있다. 성경은 엘리야의 가족에 대해서는 아무런 언급을 하고 있지 않은데, 그것은 엘리아에게 자랑하고 내놓을 만한 특별한 배경이 없었다는 증거가 아니겠는가?

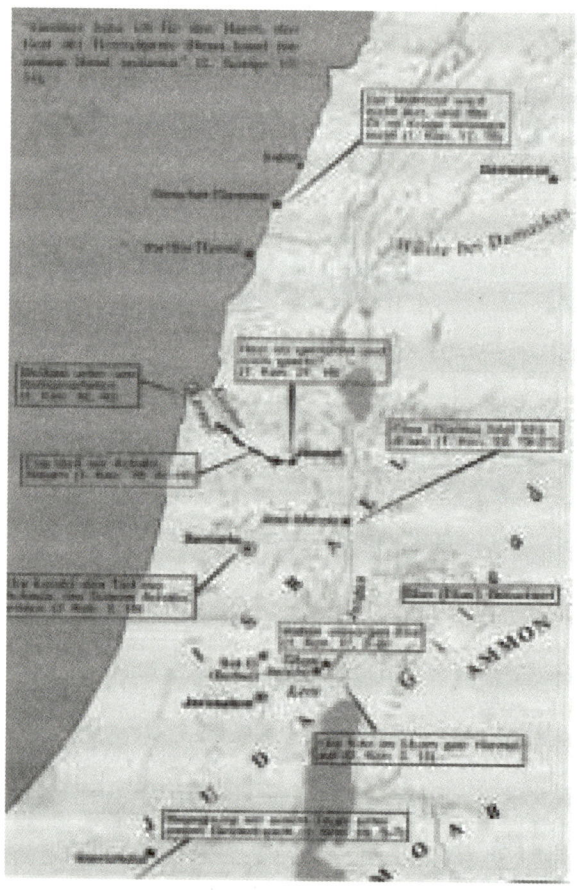

엘리야의 활동 무대

Q. 엘리야의 출신 배경이 좋았던 것은 아니라고 했는데, 그렇다면 엘리야가 어떻게 예언자가 되었는가에 대해 설명해 주시길 바란다.

A. '엘리야'(אליהו)라는 이름은 '여호와는 하나님이시다'라는 뜻을 지니고 있다. 우리는 이 이름을 통해 성경에는 소개되고 있지 않지만, 그의 부모는 소작농으로 가난하게 살면서도 돈독한 신앙을 소유한 자였을 것이라고 추측해 볼 수 있다. 엘리야는 그의 이름이 의미하는 바대로 평생 동안 온갖 어려움 속에서도 여호와만을 하나님으로 섬기고 살았던 위대한 신앙인이었다. 당시는 바알 숭배가 만연했던 시대였는데, 엘리야는 바알에 무릎을 꿇지 않고 끝까지 믿음을 지킨 신앙인이었다. 엘리야는 배우지 못하고 가난하게 살았지만 이처럼 오직 여호와 하나님만을 섬기며 살았던 자였기 때문에 하나님께서 그를 선택하셔서 예언자로 삼아주시고, 꼭 필요한 시대적 사명을 맡기신 것이라고 볼 수 있다. 엘리야의 예언 활동을 통해 우리는 하나님께서 사람을 선택하시는 기준을 다시 한 번 깨달을 수 있게 된다. 하나님은 잘나고, 부자이고, 많이 배운 자를 무조건 선택하시는 것이 아니라, 그 중심에 진정으로 하나님을 사랑하는 신앙이 있느냐를 가장 중요하게 보시는 분이시다. 가난한 자도, 배우지 못한 자도 하나님의 일꾼이 될 수 있다는 것은 우리 모두에게 엄청난 축복인 것이다.

엘리야: 바알 신앙이 충만했던 아합 시대의 예언자

Q. 성경에 등장하는 하나님의 사람들을 보면 좋은 집안 출신에 많이 배운 자들도 있지만, 사실 엘리야처럼 가난하고 배우지 못한 자들도 있다. 하나님의 선택 기준은 외적인 것이 아니라는 사실을 명심하고, 언제나 하나님을 가까이 모시고 살아가는 신앙인들이 되기 바란다. 이제 주제를 좀 바꾸어서 엘리야가

예언자로서 데뷔했던 시대적 상황에 대해 설명해 주시길 바란다.

A. 엘리야가 등장할 당시 북 왕국을 통치하고 있던 왕은 아합(기원전 870-851)이었다. 아합은 북 왕국에 바알 종교를 활성화시킨 왕이었다. 우리가 잘 알고 있는 바와 같이, 아합의 부인은 두로의 왕이었던 잇도바알(Ittobaal)의 딸인 이세벨이다. 아합의 아버지인 오므리가 자신의 아들과 이세벨을 정략적으로 결혼시킨 것이다. 두로는 당시에 지중해의 해상권을 독점하고 있던 경제 강국이었기 때문에 두 사람을 결혼시킴으로써 북 왕국과 두로를 가까운 나라로 만들려고 했던 것이다. 당시에 두로는 오늘날의 스페인 지역까지 진출해서 그곳에 식민지를 개척할 정도로 지중해를 지배하고 있었다. 문제는 이세벨이 열렬한 바알 숭배자였다는 점이다. 이세벨은 북 왕국으로 시집을 와서 수도였던 사마리아를 비롯해 전국에 바알 성소를 건축하고, 북 왕국의 백성들로 하여금 바알을 섬기도록 장려하는 정책을 펴도록 했다. 왕실이 앞장서서 바알 종교를 장려하자, 백성들도 자연스럽게 바알을 섬기게 되었다. 백성들은 아마도 당시에 경제적으로 잘 살았던 두로가 바알을 섬기고 있었기 때문에 자신들도 바알을 숭배하면 그들처럼 잘 살 수 있게 될 것이라는 막연한 기대감으로 쉽게 바알 종교를 받아들였을 것이다. 이러한 가운데 아합은 바알 종교를 정식으로 북 왕국의 국가 종교로 인정하였다. 뿐만 아니라 이세벨은 하나님을 믿는 예언자들을 찾아내서 죽이기까지 하였다(왕상 18:13). 상황이 이렇다 보니, 그동안 여호와를 믿던 백성들은 현저하게 줄어들게 되었고, 북 왕국에서는 바알 종교의 제사장들과 예언자들이 핵심적인 역할을 수행하는 상황이 벌어지게 되었다. 여호와 종교는 핍박을 받고 하나님을 믿는 사람들은 숨죽이고 숨어 지내야 하는 상황이 바로 엘리야가 등장했던 시대적 배경이다.

Q. 엘리야가 살았던 때는 참 신앙인들이 박해를 받는 불행한 시대였다. 엘리야를 제외한 다른 신앙인들은 어디로 숨은 것인가?

A. 아합이 통치하던 시대에 궁내대신이었던 오바댜라는 인물이 있었다. 그는 아합의 신하이기는 했지만, 하나님을 경외하는 자였다(왕상 18:3). 오바댜는 이세벨이 하나님의 사람들을 박해할 때에 비밀리에 100명의 예언자들을 굴에 숨겨주고, 그들에게 떡과 물을 가져다주었던 인물이다. 오바댜는 자신의 목숨을 걸고 예언자들을 보호해 주고, 그들이 이세벨의 칼을 피할 수 있도록 은혜를 베풀어준 사람이다. 이런 내용을 보면, 아합과 이세벨이 많은 경건한 신앙인들을 박해하였지만 그러한 상황 가운데서도 목숨을 걸고 신앙을 지킨 참으로 훌륭한 신앙인들이 많이 있었음을 알 수 있다. 하나님의 역사는 이렇게 죽음을 각오한 믿음의 사람들에 의해 진행되었던 것이다.

Q. 오바댜의 영웅적인 이야기를 들으니 나치 점령기 때에 폴란드에서 유대인들에게 피난처를 제공해 주었던 오스카 쉰들러(Oskar Schindler, 1908.4.28 –1974.10.9)가 생각난다. 바알 종교에 의해서 여호와 하나님을 믿는 신앙이 극도로 위협을 받아야 하는 시대에 오바댜는 믿음으로 놀라운 일을 해내었다. 그런데 무엇보다 이와 같은 살벌한 상황 가운데서도 엘리야는 두려워하지 않고 아합과 이세벨 앞에 용감무쌍하게 등장하였다. 그렇다면 엘리야의 첫 번째 예언 활동의 내용은 무엇인가?

A. 열왕기상 17-18장에 엘리야가 예언자로서 활동했던 첫 번째 사역의 내용이 자세히 소개되어 있다. 하나님은 우상 숭배가 가득한 북 왕국에 비를 주시지 않았는데, 가뭄이라는 하나님의 심판 사건과 갈멜 산에서 바알과 아세라 선지자 850명과 대결투를 벌인 사건이 밀접하게 연관되어 등장하고 있다. 가뭄은 대략 3년 6개월 정도 지속되었다. 그 기간 동

안 비가 오지 않았다는 것은 엄청난 국가적인 재난이 발생했다는 것이다. 우리나라에 3년 6개월 동안 비가 오지 않았을 경우를 상상해 보라. 이로 인해 생각할 수 없는 엄청난 문제들이 야기될 것이다. 북 왕국에서도 굶어죽는 사람들이 생기게 될 정도였다. 그런데 여기서 한 가지 언급하고 넘어가야 할 내용이 있다. 우리는 일반적으로 북 왕국에 3년 6개월 동안 비가 오지 않았다고 말하는데, 흥미로운 것은 구약 성경 본문에는 그렇게 언급되고 있지 않다는 것이다. 열왕기상 17:1에 의하면 북 왕국에는 "수 년 동안" 비가 오지 않았고, 18:1에서는 비가 내리지 않은 지 "제3년에" 여호와의 말씀이 엘리야에게 임했다고 되어 있다. 정확하게 3년 6개월이라고 명시되어 있지는 않다. 3년 6개월이라는 정확한 수치는 신약 성경에 가서야 발견된다. 누가복음 4:25을 보면 엘리야 시대의 가뭄에 대해 다음과 같이 보도하고 있다: "내가 참으로 너희에게 이르노니 엘리야 시대에 하늘이 삼 년 육 개월 간 닫히어 온 땅에 큰 흉년이 들었을 때에 이스라엘에 많은 과부가 있었으되." 그리고 야고보서 5:17-18에도 엘리야 시대에 발생한 가뭄에 대해 언급하고 있다: "엘리야는 우리와 성정이 같은 사람이로되 그가 비가 오지 않기를 간절히 기도한즉 삼 년 육 개월 동안 땅에 비가 오지 아니하고 다시 기도한즉 하늘이 비를 주고 땅이 열매를 내었느니라."

Q. 그동안 습관적으로 엘리야 시대에 비가 오지 않은 기간을 3년 6개월이라고 생각했었는데, 구체적인 수치가 구약 성경이 아니라 신약 성경에 나온다는 사실이 매우 흥미롭다. 신약 성경에서 3년 6개월을 강조하게 된 특별한 이유가 있는가?

A. 구약 성경에서는 몇 년 몇 개월 동안 비가 오지 않았는지 정확하게 기록하는 것이 별로 의미가 없다고 보아서 대략적으로 "수 년 동안", 혹

은 "제3년에"라는 표현을 사용했던 것으로 보인다. 하지만 신약 성경에서는 정확하게 그 기간을 밝히는 것이 중요했기 때문에 "3년 6개월"이라는 기간을 밝힌 것이다. "3년 6개월"은 이스라엘에서 중요한 의미를 지닌 7년의 절반이다. 이스라엘에서 7년째는 안식년이고, 7일째는 안식일이다. 그리고 7년 안식년이 7번 지나면 희년이 된다. 그러므로 7은 축복과 안식과 쉼을 상징하지만, 7의 절반인 3.5는 불행을 상징하고 있다. 3.5를 1년으로 계산하면 6개월이 되는 것이다. 그러므로 비가 오지 않은 3년 6개월은 하나님의 정당한 심판의 기간을 꽉 채운 것이고, 북 왕국 백성들의 죄악이 얼마나 극에 달했었는지를 정확히 표현할 수 있는 기간이 되는 것이다. 구약 시대에서 신약 시대로 넘어가는 시기를 일반적으로 '신구약 중간기'라고 칭하는데, 이 기간에 묵시문학이 많이 탄생하게 되었다. 구약의 다니엘서가 대표적이다. 신약 시대에 이르러서는 요한계시록이 묵시문학으로 기록되었다. 다니엘서를 비롯한 묵시문학에서는 숫자가 지닌 상징성이 매우 중요하게 간주된다. 그래서 다니엘서에서는 3년 6개월을 "한 때와 두 때와 반 때"(단 7:25; 12:7; 계 12:14)라고 표현하기도 하였고, "이레의 절반"(단 9:27)이라고도 말하였다. 그리고 3년 6개월 동안을 달 수로 계산해서 "42달"(계 11:2; 13:5)이라고도 하고, 날 수로 계산해서 "2300주야"(단 8:14)로도 표현하였다. 이 모든 표현들은 하나님이 심판하시는 불행의 기간을 상징하는 묵시문학적 시간을 의미한다.

갈멜산의 엘리야: 바알과 아세라 선지자 850명과 싸워 이긴 능력의 예언자

Q. 위의 설명을 듣고 보니, 신약 성경에서 왜 정확하게 3년 6개월이라는 표현을 사용했는지 이해할 수 있다. 이제 갈멜 산 위에서 엘리야가 바알과 아세라 선지자 850명과 대결했던 유명한 사건에 대해 살펴볼 순서가 된 것 같다. 그

대결의 원인과 배경에 대해 설명해 주시길 바란다.

A. 북 왕국에 가뭄이 든 지 3년 6개월이 지난 후에 하나님의 말씀이 엘리야에게 임했는데, 아합에게 가서 하나님이 이제 비를 내려주실 것이라고 전하라는 내용이었다. 엘리야는 아합을 만나 하나님의 계획을 알려주고, 하나님과 바알 중에서 누가 진짜 신인지 갈멜 산에서 대결하자고 요청했다. 이에 아합이 전국에 흩어져 있던 바알 선지자 450명과 아세라 선지자 400명을 불러 모으면서, 이들과 엘리야와의 종교적인 대결투가 벌어지게 되었다. 바알과 아세라 선지자 850명이 먼저 송아지를 잡아 각을 떠 나무 위에 올려놓고는 아침부터 정오에 이르기까지 바알의 이름을 부르며 제물을 태워달라고 기도했다. 하지만 바알은 참 신이 아니었기 때문에 불이 내려와 그 제물을 태울 수 없었다. 그러자 바알과 아세라 선지자들은 자신들의 몸을 칼과 창으로 상하게 하면서까지 더욱 세차게 기도하기 시작했다. 그러나 그것도 역시 아무런 소용이 없었다.

Q. 바알은 참 신이 아니었기 때문에 850명의 예언자들이 아무리 큰소리로 외쳐도 응답을 받을 수 없었던 것은 당연하다. 다음으로는 엘리야가 하나님께 기도해야 하는 순서가 되었는데, 엘리야의 기도는 어떻게 응답되었는가?

A. 엘리야의 기도에 대해 알아보기 전에 먼저 살펴보아야 할 내용이 있다. 엘리야는 바알과 아세라 선지자들과 대결하기 전에 먼저 백성들에게 "너희가 어느 때까지 둘 사이에서 머뭇머뭇 하려느냐 여호와가 만일 하나님이면 그를 따르고 바알이 만일 하나님이면 그를 따를지니라"(왕상 18:21)라고 요청한 부분이다. 엘리야의 요청을 들은 백성들은 한마디도 대답하지 않았다. 이 구절을 한 번 더 주의 깊게 읽을 필요가 있다. 엘리야의 심각한 질문에 백성들은 침묵하였다. 엘리야와 850명의 이방 선

바알   아세라   아세라

아세라   아세라   아세라

제2부 초기 예언자들: 땅 점유부터 문서 예언자 이전까지

지자들이 신앙적인 문제로 극한 대결을 해야 하는 상황에서 어느 누구도 엘리야의 편에 서지 않았다. 그들은 단지 방관자였고 구경꾼이었을 뿐이다. 우리는 이 본문 말씀을 읽으면서 우리 자신들의 신앙을 점검해 볼 필요가 있다. "우리들도 우리 삶의 주변에서 일어나는 영적인 전쟁에서 하나님 편에 서지 못하고 방관자 같은 태도를 취하며 살아가고 있는 것은 아닌가"하는 자성을 할 필요가 있다. 하나님은 오늘도 우리에게 분명한 신앙적인 태도와 입장을 가지고 살아가기를 원하신다. 하지만 우리는 나약한 믿음과 두려움 때문에 하나님의 정의 편에 서지 못하고, 현실과 적당히 타협하면서 눈치를 보며 머뭇거리고 살아갈 때가 있다. 엘리야의 외침은 오늘도 우리에게 향하고 있다는 사실을 기억해야 한다: "너희가 어느 때까지 불의와 정의, 하나님과 세상, 둘 사이에서 머뭇머뭇 하려느냐 여호와가 만일 하나님이면 그를 좇고 바알이나 재물이나 세상이 만일 하나님이면 그를 따를지니라." 이 엘리야의 외침 소리가 우리의 신앙을 다시 한 번 돌아보게 하는 하나님의 음성으로 들려지길 바래본다. 우리가 이 세상에서 머뭇거리며 살아서는 불의와 우상 숭배와 싸워 승리할 수 없기 때문이다.

Q. 모든 독자들은 하나님과 바알 사이에서 머뭇거리며 살지 말라는 엘리야의 간절한 호소를 마음속 깊이 새기며 살아갈 수 있기를 바란다. 백성들 중 어느 누구도 나서서 엘리야 편에 서주지 않았다. 엘리야는 참으로 외롭게 홀로 하나님 앞으로 나아가야 했다. 이러한 상황에서 엘리야는 어떻게 하나님께 기도했는가?

A. 엘리야는 참으로 담대한 신앙인이었다. 혼자였지만 모든 바알 숭배자들과 맞서 싸운 용기 있는 예언자였다. 엘리야는 우상 숭배자들과 어떻게 싸워야 승리할 수 있는지를 알고 있었다. 엘리야는 먼저 무너진 여

호와의 제단을 수축하였다(왕상 18:30). 12지파를 상징하는 12개의 돌을 취하고 여호와의 이름을 의지하면서 그 돌로 제단을 쌓았다. "무너진 여호와의 제단을 쌓는 모습," 그것은 엘리야의 기도의 출발점이었고, 엘리야의 기도가 하나님께 상달될 수 있었던 근본적인 이유였다고 볼 수 있다. 이러한 엘리야의 모습은 우리가 성공을 바라고 위대한 꿈을 꾸기 이전에 먼저 무너진 믿음의 제단을 수축해야 한다는 점을 가르쳐 주고 있다. 우리는 거친 세상에 살면서, 또 세상의 수많은 유혹을 받으면서 우리가 가꾸어 놓았던 믿음의 모습이 여러 가지 모양으로 훼손을 입을 수 있다. 그러므로 하나님께 나아가면서 세속적인 욕심과 유혹으로 인해 무너져버린 믿음의 제단을 올바르게 복구하는 모습이 전제되어야 한다. 더럽고 추한 모습으로 하나님의 축복만을 간구하는 이기적인 신앙이 아니라, 올바른 제단을 수축함으로 정결하고 온전한 믿음으로 하나님께 나아가는 겸손한 모습이 있어야 한다. 점점 세상의 유혹이 관영한 이 시대에 아름다운 믿음의 제단이 붕괴되지 않도록 최선을 다해 신앙생활을 하는 성도들이 될 수 있기를 간절히 바란다.

갈멜 산: 여호와 신앙의 부흥 출발지

Q. 한 가지 궁금한 것이 있다. "엘리야가 바알과 아세라 선지자 850명과 싸운 장소가 왜 하필이면 갈멜 산인가?" 당시 수도는 사마리아였는데, 왜 사마리아가 아닌 갈멜 산에서 신앙의 대결투가 벌어진 것인가?

A. 엘리야가 왜 갈멜 산에서 바알과 아세라 선지자들과 싸우게 되었는가에 대해서 성경은 아무런 언급도 하고 있지 않다. 이에 대해 알트(A. Alt)라는 학자의 설득력 있는 견해를 여기서 잠깐 소개하고자 한다. 그의 견해에 따르면, 갈멜 산은 원래 이스라엘의 땅에 속해 있었지만 아합

과 이세벨의 결혼을 계기로 두로 사람들에게 양도된 상태에 있었다. 그런 이유로 갈멜 산 위에 있던 여호와를 위한 제단은 바알 종교의 숭배자들에 의해 심하게 파괴되었고, 갈멜 산은 이세벨의 고향 사람들인 두로 사람들이 차지하게 되었다는 것이다. 그래서 갈멜 산에서의 대결은 단순히 엘리야가 바알과 아세라 선지자들과 대결하였다는 의미만을 지니고 있는 것이 아니다. 갈멜 산은 북 왕국이 계속해서 두로의 종교적인 영향을 받고 바알을 숭배할 것이냐, 아니면 두로에 대한 종교적인 예속에서 벗어나 새롭게 여호와 하나님을 섬길 것이냐를 결정할 중요한 상징적인 장소가 된다. 하나님은 북 왕국이 두로 사람들의 종교적인 영향력에서 벗어나 옛날의 진실한 믿음으로 돌아가기를 원하셨기 때문에 아합이 여호와 하나님 신앙과 맞바꾼 갈멜 산에서 누가 참된 신인가를 보여주시기를 원하셨던 것이다.

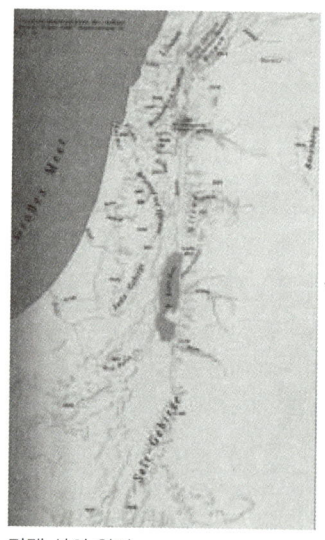

갈멜 산의 위치

Q. 그동안 왜 갈멜 산에서 엘리야가 대결투를 벌였는지가 궁금했었는데, 이제 그 궁금증이 해소되었다. 갈멜 산에 대한 이야기가 나왔으니 이 산에 대한 좀 더 자세한 설명을 해주시길 바란다.

A. 갈멜 산은 이스라엘의 북서부에 길게 뻗어 있는 산인데, 예로부터 신성한 산으로 간주되었다. 기원전 16세기의 이집트 문헌을 보면 갈멜 산은 "거룩한 산"으로 칭해지고 있음을 알 수 있다. 산 전체는 주로 석회암으로 이루어져 있는데, 북서쪽에서 남동쪽으로 지중해 해안선을 따라 약 26km에 걸쳐 뻗어 있다. 산의 지중해 쪽 끝부분인 갈멜 봉우리는 거의 지중해까지 뻗어 있고, 가장 높은 봉우리는 해발 546m에 이르고 있다. 갈멜이라는 산의 이름은 히브리어 '케렘'(כרם)이라는 단어에서 유래하였는데, '케렘'은 포도밭 혹은 과수원을 의미한다. 그만큼 갈멜 산이 옛적부터 비옥했다는 것인데, 지금도 갈멜 산에 가보시면 굉장히 많은 나무들이 자라고 있음을 확인할 수 있다. 중세시대에 와서는 많은 수도자들이 고행을 하는 장소로 유명해졌는데, 1150년에는 로마 가톨릭의 수도회인 '카르멜회'가 창설되기도 했다. 이 카르멜 수도원은 엘리야가 제단을 쌓았던 장소 근처에 위치하고 있다. 남서쪽 경사면에는 많은 동굴들이 있는데, 그곳에서는 석기시대에 살았을 것으로 추정되는 인간의 유골들이 발견되기도 하였다.

Q. 갈멜 산에 관한 역사적 의미까지 설명을 들으니, 엘리야의 위대한 승리가 지니고 있는 신앙적인 의미를 더욱 잘 이해할 수 있게 되었다. 이제 엘리야가 무너진 제단을 수축하고 제단을 쌓았다는 이야기로 다시 돌아가 보기로 하자. 제단을 쌓은 후 엘리야는 어떻게 하였는가?

A. 엘리야는 하나님께서 그의 기도를 들으시고 어떻게 응답하시는지를 확실하게 보여주기 위해 제단을 쌓은 후에 그 주변에 깊은 도랑을 만들

었다(왕상 18:32). 그리고 제단 위에 나무를 올려놓고 송아지의 각을 떠서 다시 그 위에 올려놓았다. 그런 후에 물통 네 개에다가 물을 채우게 해서 번제물과 나무 위에 부으라고 하였는데, 세 번이나 그 행위를 반복하게 했다. 얼마나 물이 많았던지 물이 제단 아래로 흘러내리고 도랑에도 물이 가득할 정도가 되었다. 보통 불로는 제물을 태울 수 없을 정도로 많은 물을 제단 위에 부었다는 것이다. 엘리야가 백성들과 이방 선지자들에게 하나님의 위대한 능력을 확실하게 보여주기 위해 얼마나 많은 노력을 했는지를 알 수 있는 대목이다.

엘리야의 기도: '여호와의 불'이 임하여 모든 제물을 불태운 기도

Q. 이제 마음이 흥분되기 시작한다. 엘리야의 위대한 승리의 모습을 기대해 보기로 하자. 엘리야가 만든 제단은 바알과 아세라 선지자들이 쌓은 제단과 확실히 비교가 된다. 그들은 제물에 한 방울의 물도 붓지 않았지만, 전혀 바알은 제물을 태우지 못했다. 하지만 엘리야의 경우에는 제물에 많은 물을 부었기 때문에 보통 불로는 태울 수 없는 상황이었다. 엘리야는 참으로 큰 믿음의 소유자임에 분명하다. 엘리야는 제단에 물을 붓고 하나님께 무엇이라고 기도하였는가?

A. 엘리야가 기도를 드린 시간은 "저녁 소제 드릴 때"(왕상 18:36)였다. 이때는 대략 지금의 오후 3시경에 해당된다. 다행히도 엘리야의 간절한 기도가 성경에 직접 인용되어 있는데, 기도의 내용을 살펴보도록 하자:
"아브라함과 이삭과 이스라엘의 하나님 여호와여 주께서 이스라엘 중에서 하나님이신 것과 내가 주의 종인 것과 내가 주의 말씀대로 이 모든 일을 행하는 것을 오늘 알게 하옵소서 여호와여 내게 응답하옵소서 내게 응답하옵소서 이 백성에게 주 여호와는 하나님이신 것과 주는 그들의 마음을 되돌이키심을 알게 하옵소서"(왕상 18:36-37). 하나님을 향한 엘리야의 기도가 얼마나 간절한지, 그리고 그의 믿음이 얼마나 대단했는가를 알 수 있는 기도의 내용이다. "내게 응답하옵소서"가 두 번씩이나 언급되고 있는데, 엘리야가 얼마나 간절히 기도하였는지를 잘 알 수 있는 말이다.

Q. 엘리야는 하나님이 살아계시다는 것을 증명해 달라고 간절하게 기도를 하였는데, 그 기도의 결과는 어떠했는가?

A. 엘리야의 간절한 기도는 하나님을 감동시켰다. 기도를 마치자 하늘에서 '여호와의 불'이 임했는데, 그 불은 번제물과 나무와 돌과 흙을 태우고 도랑에 있던 모든 물까지 핥아버렸다(왕상 18:38). 불의 위력이 얼마나 강력했었는지를 알 수 있다. 하나님의 불이 임한 것은 하나님의 능력이 인간의 어떤 행위보다도 위대한 것이었음을 증명하는 사건이었다. 하늘에서 내려온 불은 제물만을 태운 것이 아니었다. 이중 삼중으로 불에 타지 않도록 해 놓은 모든 방해물들을 제거하고, 도랑에 있던 물을 태우고 돌과 흙까지 태울 정도가 되었으니 그 광경을 목격했던 자들은 모두 놀라지 않을 수 없었다. 사실 무(無)의 상태에서 하늘과 땅을 창조하신 하나님께서 제물과 물을 태워버리는 것은 그리 대수로운 것도 아닐 것이다. 인간 편에서는 기적이지만, 하나님 편에서는 평범한 사건에 불과한 것이다. 갈멜 산에서 발생했던 이 위대한 광경을 머릿속으로 상상해 보라. 이 얼마나 멋지고 감격적인 일인가! 우리는 이 사건을 과거 갈멜 산에서 일어났던 교훈적인 옛 이야기로 생각하지 말아야 한다. 하나님은 살아계셔서 오늘도 얼마든지 위대한 모습을 보여주실 수 있는 분임을 잊지 말아야 한다. 우리는 요즘 정치, 경제, 사회, 이 모든 분야에서 어려운 시대를 살아가고 있지만, 위대하신 하나님을 믿으며 그분을

신뢰하는 멋있는 신앙인들이 되기를 바란다. 엘리야의 하나님은 곧 우리의 하나님이시다.

Q. 아멘이다. 책을 읽는 모든 독자들은 엘리야의 기도를 들어주신 하나님의 응답을 기억하며 힘을 얻고 용기 있게 살아가길 바란다. 하나님은 오늘도 살아계셔서 우리의 기도를 듣고 계시는 분이시다. 문제는 우리의 믿음이다. 하나님의 능력을 신뢰하고 전진하는 믿음의 용사들이 되길 바란다. '여호와의 불'이 임하여 번제물과 물을 완전히 태워버리는 놀라운 일이 있은 이후에는 어떤 일이 일어났는가?

A. 두 가지 사건이 발생하였다. 첫 번째는 그 자리에 있던 모든 백성들에게서 놀라운 반응이 일어났다. 성경말씀은 다음과 같이 백성들의 반응을 묘사하고 있다: "모든 백성이 보고 엎드려 말하되 여호와 그는 하나님이시로다 여호와 그는 하나님이시로다"(왕상 18:39). '여호와의 불'이 임하는 장면을 목격한 백성들은 하나님에 대한 두려움에 사로잡혀 무릎을 꿇고 엎드렸다. 그리고 그들은 불을 내린 여호와가 참된 신이라는 사실을 시인하게 되었다. 백성들이 엎드렸다는 것은 하나님께 항복하고, 더 이상 바알을 섬기지 않을 것이며, 여호와만이 참된 주가 되신다는 것을 고백했다는 것을 의미한다. 또 하나의 사건은 엘리야가 바알과 아세라 선지자들을 잡아서 기손 시내로 데리고 가서 그곳에서 그들을 살해하는 일이 발생한 것이다. 우리를 섬뜩하게 하는 장면이다. 엘리야가 너무 잔인한 행동을 한 것이 아닌가 하는 생각이 들 수도 있다. 하지만 당시에는 그것이 절대적으로 필요했던 조처였다는 점을 인식할 필요가 있다. 제사를 통해 신의 응답을 기다리는 대결에서 패배한 자는 죽임을 당하게 되어 있었던 것이 당시의 일반적인 관례였다. 만일에 엘리야가 패배하였다면, 그가 죽임을 당해야만 했던 상황이라는 점을 기억할 필

요가 있다. 엘리야는 우상 숭배로 더럽혀지고 이방 선지자들로 가득 찬 북 왕국을 정화시켜야 하는 사명을 갖고 있었다. 그러므로 그 땅을 오염시키는 일체의 요소들을 제거하는 일이 절대적으로 필요했던 것이다. 하지만 이방 선지자들을 향한 집단적인 살해는 갈멜 산 위에서가 아니라, 산 아래에 있는 기손 시내에서 실행되었다. 이처럼 하나님은 때로는 무섭게 심판하시는 분임을 명심해야 한다. 이스라엘을 방문해서 갈멜 산에 오르게 되면 산 정상에 칼을 들고 있는 무서운 엘리야의 상을 만날 수 있는데, 그것은 바로 이방 선지자를 살해한 엘리야의 모습을 보여 주려고 하는 것이다.

갈멜 산의 엘리야 상

엘리야의 기도: 가뭄을 그치게 한 능력의 기도

Q. 갈멜 산에서의 대결투는 엘리야의 승리로 끝이 났다. 문제는 가뭄이 그치

고 비가 내려야 엘리야와 하나님의 완전한 승리가 되는 것이다. 이 문제는 어떻게 되었는가?

A. 엘리야는 아합에게 "올라가서 먹고 마시소서 큰 비의 소리가 있나이다"고 말하였는데(왕상 18:41), 여기서 한 가지 흥미로운 것은 엘리야가 아합에게 "먹고 마시소서"라고 말했다는 점이다. 이 말은 아합을 조롱하기 위한 것이 아니다. 왕을 비롯한 북 왕국의 백성들은 3년 6개월 동안 비가 오지 않았기 때문에 금식하며 지냈음을 시사하는 것이다. 물론 그들은 여호와께 금식하며 기도한 것이 아니라, 바알 신이 비를 내려 주시기를 원하며 금식하였다. 아합을 내려 보낸 엘리야는 갈멜 산 꼭대기로 올라가 하나님께 다시 간절히 기도하였다. 엘리야는 땅에 꿇어 엎드리고 얼굴을 무릎 사이에 넣고 기도하였다. 이러한 모습은 엘리야가 승리에 도취된 교만한 자의 모습이 아닌, 겸손한 자의 모습을 보였다는 것을 의미하며, 비가 내리도록 하기 위해 집중해서 기도했다는 것을 말해준다. 우리는 여기서 엘리야의 신앙적인 자세를 배워야 한다. 혼자서 바알과 아세라 선지자 850명을 물리쳤지만 엘리야는 조금도 교만하지 않았다. 책을 읽는 모든 독자들은 엘리야의 이런 겸손의 신앙을 배울 수 있기를 간절히 바란다. 교만은 패망의 선봉이라고 했다. 교만은 결국 우리를 넘어지게 만든다. 겸손한 엘리야의 간절한 기도는 다시 한 번 기적을 일으켰다. 구름 한 점 없던 하늘에 구름이 일어났고 하늘이 캄캄해지면서 큰 비가 쏟아지기 시작했다. 드디어 북 왕국에 비가 내리기 시작한 것이다. 이로 인해 3년 6개월 동안의 큰 가뭄이 해결될 수 있었다.

Q. 갈멜 산에서의 사건은 참으로 우리를 신명나게 만든다. 엘리야의 승리는 우리를 흥분시키기도 하고 두려운 마음을 갖게 하기도 한다. 이 사건의 신앙적인 의미를 다시 한 번 정리해 주시길 바란다.

A. 갈멜 산에서 있었던 사건은 북 왕국 백성들에게 매우 중요한 분기점이 되었다. 왜냐하면 그때까지 많은 백성들은 하늘을 주관하며 비를 내리게 하는 신은 바알이라고 믿고 있었기 때문이다. 엘리야의 활약을 통해 북 왕국 백성들이 갖고 있었던 잘못된 신앙을 완전히 깨뜨릴 수 있었다는 점은 매우 중요하다. 물론 아합과 이세벨이 회개하고 하나님께 돌아오지는 않았다. 하지만 갈멜 산에서 일어난 사건을 목격한 백성들은 이제 천지를 주관하시고, 비를 그치게도 하시고, 비를 내리게도 하시는 분은 바알이 아니라 여호와 하나님이라는 사실을 깨닫게 되었다. 엘리야 한 사람의 신앙적인 헌신과 용기가 참으로 엄청난 결과를 가져온 것이다. 이 책을 읽는 모든 기독교인 한 사람 한 사람이 엘리야처럼 살면서 선한 믿음의 영향력을 주변에 행사하며 살아갈 수 있기를 간절히 바란다.

호렙 산의 엘리야: 여호와 신앙의 철저한 회복을 간구한 예언자

Q. 갈멜 산에서의 대결투는 살아계신 하나님이 증거 되는 현장이 되었다. 그렇다면 이때 바알을 숭배하던 왕비 이세벨은 어떤 태도를 취하였는가?

A. 이세벨은 갈멜 산 제단 위에 하나님의 불이 임하여 제물과 모든 물을 태워버리는 멋진 장면을 직접적으로 보지 못했다. 아합은 갈멜 산에 있었지만, 이세벨은 왕궁에 있었기 때문이다. 이세벨은 아합으로부터 엘리야가 쌓은 제단의 제물이 불태워졌다는 것과 그 결과 바알과 아세라 선지자 850명이 살해당했다는 소식을 전해 듣게 되었다(왕하 19:1). 이에 화가 난 이세벨은 엘리야에게 사자를 보내 다음날 그를 죽이겠다는 협박을 하기에 이른다. 이를 통해서 볼 때, 이세벨이 얼마나 악한 여인이었는지, 그리고 하나님의 사람들을 얼마나 극악무도하게 박해한 자

였는지를 알 수 있다. 하나님의 살아계심이 확실하게 증명이 되었음에도 불구하고 불신앙과 분노에 사로잡힌 이세벨은 오히려 엘리야에게 악한 행동을 하려고 했다.

Q. 이세벨은 참으로 악녀의 화신(化神)이라는 생각이 든다. 어떻게 그렇게 악독할 수가 있는가? 그녀가 엘리야를 죽이겠다고 공언하였으므로 엘리야도 그 사실을 들어 알고 있었을 것이다. 자신을 죽이려는 이세벨의 결단을 알게 된 엘리야는 어떤 행동을 취했는가?

A. 이세벨의 계획을 알게 된 엘리야는 일단 자신의 몸을 피하기 위해 유다의 남부 사막 지역에 있는 브엘세바로 도망을 가게 된다. 우리는 여기서 북 왕국에 살던 엘리야가 왜 유다의 최남단 지역에 위치한 브엘세바라는 도시로 도망을 가게 되었는가를 생각할 필요가 있다. 브엘세바는 '맹세의 우물'이라는 뜻을 지니고 있는데, 이곳은 아브라함과 이삭과 야곱과 관련된 도시이다. 믿음의 조상인 아브라함은 이곳에서 그랄 왕 아비멜렉과 계약을 맺은 적이 있고(창 21:32), 이삭과 야곱은 이곳에 거주하면서 하나님을 만나기도 하였다(창 28; 46장). 브엘세바는 이스라엘의 3명의 족장들의 삶과 신앙이 묻어 있는 도시였다는 점이 매우 중요하다. 엘리야는 아합과 이세벨로 인하여 북 왕국에 바알 종교가 성행하고 여호와 신앙이 사라져 버린 것이 안타까워 3명의 족장들의 신앙의 흔적들이 살아 숨 쉬는 브엘세바를 방문한 것이라고 볼 수 있다. 엘리야는 그곳에서 한편으로는 족장들이 소유했던 위대한 믿음의 모습들을 되새겨보고, 다른 한편으로는 족장들을 향해 베풀어 주신 하나님의 은혜와 사랑을 다시 한 번 경험하고자 하였을 것으로 보인다.

브엘세바의 위치

Q. 엘리야가 브엘세바로 몸을 피한 것은 신앙을 재충전하고자 하는 특별한 이유가 있었다는 것을 알 수 있다. 엘리야는 과연 그곳에서 계획한 대로 믿음에 입각한 힘과 용기를 얻을 수 있었는가?

A. 처음에는 그렇지 않았다. 엘리야는 위대한 예언자였지만, 그도 인간인지라 지치고 낙심한 모습을 보였다. 그래서 광야에 있는 한 로템 나무 아래에서 죽고 싶다고 하나님에게 하소연하였다. 백성들과 왕 앞에서 목숨을 걸고 담대하게 하나님의 말씀을 전했던 엘리야였지만, 그에게도 인간적인 고독과 두려움이 찾아왔던 것이다. 우리는 엘리야의 이런 모

습 속에서 인간적으로 연약한 전도자의 모습을 발견할 수 있다. 어떤 때는 열심과 헌신으로 무장하여 두려움 없이 전진하다가도, 또 어떤 때는 갑자기 실망과 두려움이 찾아와 무력감에 빠질 때가 있는 것이다. 이럴 때일수록 우리는 넘어지면 안 된다. 엘리야처럼 신앙적인 몸부림을 해야 한다. 엘리야는 믿음의 조상들의 고향을 찾아 갔고, 하나님께 기도하며 은혜를 간구했다. 이때 하나님은 엘리야에게 천사를 보내서 먹을 것을 주시고, 믿음의 용기를 불어넣어 주셨다. 이에 힘을 얻은 엘리야는 다시 일어날 수 있었다.

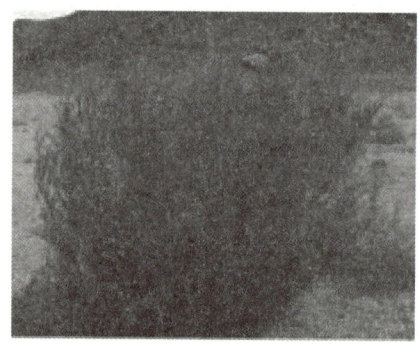
로뎀나무

Q. 하나님의 사람에게도 인간적인 외로움과 고독감이 찾아올 수 있다는 것을 명심할 필요가 있다. 하지만 이러한 것들을 신앙적인 노력으로 잘 극복했던 엘리야의 모습은 우리 모든 신앙인의 귀감이 된다. 하나님의 은혜로 다시 일어난 엘리야는 어떤 행동을 하였는가?

A. 엘리야는 천사를 통해 공급된 숯불에 구운 떡과 물 한 병을 마시고 다시 일어났다. 그리고는 40일 밤낮을 걸어 하나님의 산 호렙으로 갔다 (왕상 19:8). 우리는 여기서 엘리야가 왜 40일이라는 오랜 시간을 걸어서

호렙 산으로 가게 되었는지를 질문해야 한다. 호렙 산은 어떤 산인가? 호렙 산은 모세가 하나님을 만난 곳인데, 하나님은 그곳에서 처음으로 자신을 계시하셨다(출 3장). 그리고 하나님은 이 산에서 출애굽한 이스라엘과 언약을 체결하셨고, 10계명을 비롯한 많은 율법을 수여하셨다. 엘리야는 이러한 역사적인 신앙의 경험을 갖고 있는 호렙 산을 의도적으로 방문한 것이다. 엘리야는 바알 종교로 더렵혀진 이스라엘 백성들의 신앙이 하나님을 처음 만났을 때의 그 모습으로 돌아가야 한다는 사실을 깨달았던 것이다. 엘리야는 바알 신앙으로 인해 변질되어 버린 여호와 신앙이 회복되어 이스라엘 선조들의 신앙으로 돌아가야 한다는 사실을 강조하기 위해서 40일을 걸려 호렙 산을 찾아갔던 것이다.

시내 산

엘리야: 나봇의 포도원을 빼앗은 아합과 이세벨을 질타한 예언자

Q. 엘리야는 인간적인 외로움과 고독감 속에서도 하나님을 향한 절대적인 믿음을 잃지 않았던 예언자였다고 생각한다. 브엘세바와 호렙 산에서 조상들의

믿음의 모습을 다시 한 번 경험하고 돌아온 엘리야는 어떤 예언 활동을 하게 되었는가?

A. 얼마 후에 엘리야는 포도원 주인 나봇을 죽이고 그의 포도원을 강제로 빼앗은 아합과 이세벨을 찾아가 하나님의 심판의 말씀을 전하였다 (왕상 21장). 나봇이 이스르엘에 포도원을 하나 갖고 있었는데, 그 포도원은 아합의 궁 바로 옆에 있었다. 아합은 자신의 궁 옆에 있는 나봇의 그 포도원을 구입하고 싶었다. 하지만 나봇은 그 포도원은 조상으로부터 물려받은 땅이기 때문에 함부로 매매할 수가 없다고 거부하였다. 그러자 이세벨은 그 포도원을 차지하기 위해 신하들을 시켜 거짓 증인을 세우게 해 나봇을 죽이기에 이른다. 이에 엘리야는 아합과 이세벨을 찾아가 하나님의 무서운 심판의 말씀을 전한다.

Q. 나봇이 아합과 이세벨에게 자신의 포도원은 조상으로부터 물려받은 땅이기 때문에 팔 수 없다고 한 말은 언뜻 듣기에는 잘 이해가 가지 않는 말이다. 조상으로부터 땅을 물려받았다고 하더라도 매매할 수 있는 것이 아닌가?

A. 나봇이 조상으로부터 물려받은 땅을 파는 것을 거부한 것을 단순히 부동산 매매 행위 정도로 이해하면 안 된다. 나봇의 행위에는 중요한 신앙적인 교훈이 숨어 있다. 하나님은 이스라엘 사람들이 땅을 매매의 수단으로 삼는 행위를 근본적으로 허락하지 않았다. 왜냐하면 가나안 땅은 하나님의 것이기 때문이다. 하나님은 출애굽한 이스라엘 지파들에게, 그리고 각각의 씨족과 가족에게 가나안 땅을 골고루 분배해 주셨다. 그리고 땅은 이스라엘 사람들이 부를 축적하는 수단으로 삼아서는 결코 안 된다고 경고하셨다. 나봇이 포도원을 지키려고 한 것은 땅의 주인은 하나님이며, 하나님의 것을 내 마음대로 돈을 받고 팔 수가 없다고 생각했기 때문이다. 이러한 나봇의 생각과 행동은 지극히 신앙적인 모

습이다. 이와는 반대로 억지로 땅을 빼앗은 아합과 이세벨의 행동은 여호와 종교의 전통 질서를 파괴하는 불신앙인의 모습이다. 그들은 신앙의 기초도 모르는 자들이었고, 돈과 지위를 이용해서 신앙을 더럽힌 이방 종교의 숭배자들이던 것이다.

엘리야: 질병의 치유를 위해 이방 신을 의지한 아하시야를 비판한 예언자

Q. 위의 설명을 통해 엘리야가 나봇의 포도원을 빼앗은 아합과 이세벨을 비판한 데에는 신앙적인 이유가 있었던 것임을 알 수 있다. 엘리야의 활동에 대해 우리가 더 알아야 할 것들이 있는가?

A. 열왕기하 1장은 아합의 아들인 아하시야가 질병에 걸렸을 때 자신의 질병을 치료받기 위해 신하들을 시켜 에그론의 신 바알세붑에게 물어본 사건에 대해 보도하고 있다. 엘리야는 아하시야가 자신의 질병과 고난에 대해 이방 신에게 호소한 사건을 여호와 하나님을 향한 명백한 불신앙이요 죄악으로 보았다. 엘리야는 모든 질병의 치유는 오직 여호와 하나님에게서만 가능하다고 외친 자이다.

지금까지 위대한 예언자 엘리야에 대해 공부하였다. 엘리야는 바알 종교가 부흥하여 여호와 신앙이 극도로 위협받고 있던 시대에 홀연히 일어나서 살아계신 하나님을 증거하고, 여호와 하나님의 놀라운 능력을 전파한 예언자였다. 우리 모든 신앙인들도 엘리야처럼 믿음의 확신을 가지고 이 땅에서 위대한 하나님의 능력을 전파하며 살아가는 자들이 되기를 간절히 바란다.

제3장 엘리사 _ 열왕기하 2-13장

신약 성경에서의 엘리야

Q. 앞 장에서 엘리야에 대해 공부하였다. 엘리야의 위대한 믿음의 능력이 우리에게도 나타나기를 기대해 본다. 이번 장에서는 어떤 예언자에 대해 공부할 것인가?

A. 앞 장에서 엘리야의 예언 활동에 대해 비교적 자세하게 살펴보았다. 사실 엘리야는 구약의 많은 예언자들 중에서 가장 대표적인 인물이라 할 수 있다. 마태복음 17장에 나오는 변화 산 이야기를 보면, 변화 산에 예수님과 함께 두 명의 인물이 더 등장하는데, 모세와 엘리야이다. 모세는 구약의 율법을 상징하고 있고, 엘리야는 구약의 예언자들을 대표하고 있다고 볼 수 있다. 그만큼 엘리야는 이스라엘 사람들이 존경하는 위대한 예언자에 속하고 있는 것이다. 여기서는 엘리야에 대해 좀더 살펴본 후에 엘리야의 제자이면서 역시 예언자로서 특별한 사명을 감당했던 엘리사에 대해 공부해 보고자 한다.

Q. 엘리야가 구약 시대 예언자들을 대표하는 자라고 했는데, 혹시 신약에 엘리야에 대해 말하는 구절이 또 있는가?

A. 예수님께서 가이사랴 빌립보 지방을 방문하셨을 때에 제자들에게 사람들이 인자(人子)를 누구라고 말하느냐고 물어보신 적이 있다(마 16:13). 그때 어떤 제자는 예수님을 세례 요한이라고 하고, 어떤 제자는 엘리야라 하기도 하고, 또 어떤 제자는 예레미야라고 답했다. 그만큼 엘

리야는 예수님이 살았던 신약 시대에 이르기까지 유명한 예언자로 알려져 있었던 것이다. 더구나 엘리야는 죽지 않고 하늘로 승천하였기 때문에 메시야가 오기 전에 엘리야가 이 땅에 먼저 와서 사람들을 회개시킬 것으로 사람들은 알고 있었다(말 4:5-6). 물론 소문과는 달리 예수님은 엘리야가 아니었지만, 유대인들은 예수님께서 선포하시는 말씀과 그의 초자연적인 기적과 병 고치는 사역 등을 보고서는 예수님을 하늘로 올라갔던 엘리야가 다시 내려온 것으로 믿었던 것이다.

엘리야의 승천과 제자 엘리사

Q. 엘리야는 죽지 않고 하늘로 승천한 예언자라고 하는데, 그 내용에 대해서도 설명해 주시길 바란다.

A. 구약 성경은 죽지 않고 하늘로 승천한 두 사람을 소개하고 있다. 한 사람은 평생 동안 하나님과 동행하는 삶을 살았던 에녹이고(창 5:21-24), 두 번째가 예언자 엘리야이다. 하나님은 엘리야가 자신의 사명을 잘 감당하자 때가 되었을 때에 그를 하늘로 데리고 가실 것을 작정하셨다. 엘리야는 자신의 제자인 엘리사와 엘리사의 제자 50명이 보는 앞에서 하나님이 보내신 회리바람을 타고 하늘로 올라갔다(왕하 2:1-11). 엘리야가 하늘로 올라간 장소는 여리고 성 근처에 있는 요단 강가였다. 필자는 몇 년 전에 엘리야가 승천했다고 추정되는 "엘리야 승천 언덕"이라는 곳을 방문한 적이 있었다. 참으로 감격적인 순간이었고, 가슴이 뭉클하였다. "엘리야처럼 충실한 하나님의 종으로 살아갈 수만 있다면 얼마나 좋을까"하는 생각도 해 보았다.

엘리야 승천 언덕

Q. 엘리사는 자신의 스승인 엘리야가 하늘로 승천하는 모습을 직접 목격하였다. 그렇다면 엘리야가 승천하기 직전에 제자인 엘리사에게 특별히 당부한 말씀이 있는가?

A. 엘리야는 평생 동안 북 왕국에 널리 유행하고 있던 바알 종교와 피나는 싸움을 하였고, 백성들로 하여금 유일하신 여호와 하나님만을 섬길 것을 외친 예언자였다. 엘리야는 자신의 제자인 엘리사도 바알 종교와 맞서 싸울 수 있는 능력을 소유하길 바라고 있었을 것이다. 엘리야는 승천하기 직전에 엘리사에게 "내가 네게 어떻게 할지를 구하라"(왕하 2:9)라고 말했다. 그때 엘리사는 주저하지 않고 엘리야가 갖고 있던 영감의 갑절을 요청하였다. 갑절의 영감을 갖게 된 엘리사는 후에 바알 종교의 추종자들과 용감하게 싸울 수 있었고, 이 영감에 의존해서 구약의 모든 예언자들 중에서 가장 많은 기적을 행한 인물이 될 수 있었다.

Q. 위의 설명을 통해 엘리사가 예언자들 중에서 가장 많은 기적을 행한 예언자임을 알 수 있다. 그렇다면 엘리사는 주로 어떤 예언 활동을 했는가?.

A. 엘리사의 예언 활동은 크게 두 부분으로 나눌 수 있다. 첫째는, 기적을 일으킨 예언 사역이다. 많은 본문에서 엘리사는 기적을 일으키는 사람으로 등장한다. 심지어 엘리사는 죽은 아이도 살리는 기적을 베풀었다. 한마디로 엘리사는 기적을 일으키는 카리스마적인 예언자였다. 둘째는, 북 왕국의 파란만장한 역사와 관련되어 활동한 예언 사역이다. 엘리사는 바알 종교를 신봉하던 오므리 왕조를 몰아내고 예후 왕조가 들어서는 데 중요한 역할을 감당하였다. 엘리사는 북 왕국의 정치에도 깊이 관여해서 왕과 온 백성들이 하나님을 온전히 섬기도록 하는 데 앞장섰다.

엘리사의 기적: 여리고의 물을 정화시킴

Q. 엘리사의 활동 중에 한 부분이 기적을 행하는 역할임을 알 수 있다. 그가 가장 처음에 행한 기적은 무엇인가?

A. 엘리사의 첫 번째 사역은 여리고의 샘물을 정화시키는 것이었다. 여리고는 아름다운 도시인데, 물이 좋지 않아 농사가 잘 되지 않고 과실이 잘 열리지를 못했다. 그래서 그 성의 사람들이 엘리사에게 찾아와서 좋지 않은 물 때문에 살기가 어렵다고 하소연했다(왕하 2:19). 그때 엘리사는 새 그릇에 소금을 담아오라고 말한다. 그리고 그 새 소금을 물의 근원에 던지고 물을 근본적으로 고쳐주었다. 그 이후부터는 여리고의 토산물이 잘 익게 되었고, 도시가 풍성한 결실을 맺는 아름다운 도시가 되었다. 지금도 여리고를 가보면 도시가 얼마나 풍요롭고 아름다운지를 알 수 있다. 그리고 여리고에는 유명한 삭개오 뽕나무도 있다. 키가 작았

던 세리장 삭개오가 여리고를 지나가시는 예수님을 보기 위해 뽕나무 위로 올라간 일이 있는데(눅 19:1-10), 지금도 마을 입구에 그 뽕나무가 있는 것을 볼 수 있다. 우리 성경에는 뽕나무라고 번역되어 있지만, 실제로는 돌 무화과나무로 사람들이 올라갈 수 있는 커다란 나무이다.

엘리사 샘물

여리고 뽕나무

Q. 여리고는 구약과 신약의 흔적이 남아 있는 역사의 도시라고 평가할 수 있다. 특히 그리고 출애굽했던 이스라엘 백성들이 요단 강을 건너 처음 들어갔던 도시가 여리고가 아닌가! 여호수아가 백성들과 함께 7일 동안 성 주위를 돌았을 때에 하나님의 도우심 가운데 기적적으로 무너뜨린 성이 바로 여리고인데, 여리고 성에 대해 조금 더 소개해 달라.

A. 요단 강 서쪽에 자리 잡고 있는 여리고는 세계에 존재하는 가장 오래된 도시(古都)중에 하나이다. 학자들의 견해에 따르면, 기원전 9000년경부터 도시가 존재했었고 사람들이 거주하기 시작했다고 한다. 여리고의 여러 장소에서 고고학적 유물들이 발견되었는데, 당시에 대략 2,000-3,000명 정도의 주민이 살았던 도시로 추측되고 있다. 기원전 4000년경 가나안의 다른 도시 국가들처럼 여리고도 도시 국가의 면모를 갖추기 시작했고, 성곽 도시의 형태를 취하기 시작했다고 한다. 그 이후 여

러 차례에 걸쳐 성벽이 개축되었고, 출애굽한 이스라엘 백성들이 여리고 성을 공격할 당시는 난공불락의 성으로 알려질 정도로 견고한 이중 성곽을 보유하고 있었다. 유명한 헤롯 대왕은 여리고에 겨울 궁전을 세우기도 하였는데, 기원전 4년에 그곳에서 죽음을 맞이했다고 전해진다. 1950-1951년에 여리고에서 헤롯 시대의 유적들이 발굴되었는데, 그중에서 헤롯 궁전이 가장 아름답고 웅장한 모습을 띄고 있다고 한다.

엘리사의 기적: 과부의 마르지 않는 기름병

Q. 여리고는 참으로 오래된 도시이고, 구약과 신약 시대에 일어난 중요한 사건들과 밀접한 관련이 있는 유서 깊은 도시라는 사실을 알 수 있다. 이제 다시 엘리사 이야기로 돌아가 보자. 앞서 살펴본 내용을 통해 엘리사는 가장 많은 기적을 일으킨 예언자임을 알 수 있다. 이에 대한 몇 가지 예를 들어 주시길 바란다.

A. 열왕기하 3-8장에 엘리사의 기적적인 행위들이 비교적 자세히 소개되고 있다. 엘리사는 "기적의 예언자"라고 부를 수 있을 정도로 많은 기적을 행하였다. 그 중에서 몇 가지만 간단히 소개해 보고자 한다. 엘리사가 한 과부의 가난의 문제를 해결해 준 사건이 있었다(왕하 4:1-7). 엘리사를 따르던 생도 중에 하나가 젊은 나이에 죽는 사건이 발생하였다. 유족으로는 부인과 두 아들이 남아 있었고, 남편은 많은 빚을 남긴 채 죽고 말았다. 채무자들이 찾아와서 그 과부와 두 아들을 심하게 괴롭혔고, 심지어는 그들을 종으로 삼으려고까지 하였다. 그러자 과부는 엘리사를 찾아와 자신의 처지를 한탄하며 현재 자신이 겪고 있는 어려운 사정을 엘리사에게 털어놓았다. 그 과부의 이야기를 들은 엘리사는 측은지심이 생겨 과부와 두 아들을 도와주기로 결심을 하게 되는데, 집에

남아 있는 기름병을 가져오고 이웃들에게서 빈 그릇을 빌려올 것을 요구하였다. 엘리사는 그 모든 그릇에 기름을 가득 채워주는 기적을 행하였고, 과부는 그 기름을 팔아 모든 빚을 청산할 수 있었다. 남는 기름으로는 과부가 가정의 생활을 영위할 수 있도록 도움을 주었다.

Q. 엘리사를 추종했던 예언자 생도의 가정을 보살핀 이야기는 엘리사의 따뜻한 마음을 읽을 수 있는 진면목이다. 계속해서 기름을 만들어 내는 기적을 통해서 불쌍한 과부의 가정을 회복케 한 엘리사의 예언 활동에 대해 살펴보았는데, 이 기적의 이야기는 엘리사 당시의 예언자들의 생활 모습의 한 단면을 보여주고 있다는 생각이 든다. 당시 예언자들의 생활 모습은 어떠했는가?

A. 엘리사 당시의 예언자들은 크게 두 부류가 있었던 것으로 보인다. 한 부류는 집단 공동생활을 하면서 삶의 모든 문제들을 공동의 책임을 가지고 해결했던 사람들이다. 열왕기하 4:38-44에 소개되고 있는 길갈의 예언자들은 수도원의 공동체 생활처럼 식사와 노동을 함께 했던 것으로 보인다. 경제적인 문제도 공동체 구성원들이 함께 해결했었을 것이다. 또 다른 부류는 각자가 경제적 문제를 해결하면서 독립적인 생활을 했던 사람들이다. 이들에게는 결혼도 허락되었고, 자녀를 낳는 것도 용인되었다. 그렇지만 예언자들 대부분은 돈을 버는 활동에 종사하지 않았기 때문에 경제적인 부담을 안고 생활하면서 가난에 허덕였던 것 같다.

Q. 한 가지 의문이 든다. 왜 예언자들의 생도들은 재물을 모으는 일에 열중하지 않고 가난하게 살았는가 하는 점이다. 예언 활동을 하면서 동시에 경제 활동에 종사하면 되는 것이 아닌가?

A. 당시의 시대적 상황을 조금 더 상세히 알 필요가 있다. 엘리사가 살

고 있던 시대는 오므리 왕조의 통치기간이었는데, 바알 종교의 최고 부흥기였다. 엘리야가 바알과 아세라 선지자 850명과 싸워 이겼지만, 왕권이 여전히 바알 숭배를 장려하고 있던 상황이었다. 그러므로 세상적으로 출세하고 성공하기 위해서는 상당 부분 현실과 타협해야만 했고, 바알 숭배와 무관한 삶을 살 수는 없었다. 그런 이유 때문에 여호와 하나님을 믿는 신앙에 삶의 최우선 가치를 두었던 예언자 생도들은 세상에서의 성공과 출세를 포기하고, 경제적인 가난을 자초(自招)하며 살았던 것이다. 죽은 생도의 가정도 그 때문에 많은 빚을 지고, 생활에 곤란을 당할 수밖에 없었던 것이다.

엘리사의 기적: 수넴 여인 아들의 탄생과 소생

Q. 경제적 가난을 무릅쓰고 신앙의 지조를 지키려고 했던 예언자들의 믿음이 부럽다. 엘리사가 행한 또 다른 기적적인 사건은 어떤 것이 있는가?

A. 엘리사는 수넴이라는 지역을 자주 방문해서 하나님의 말씀을 전달하곤 했는데, 그 지역에 엘리사가 찾아갈 때마다 그를 환대하고 음식을 제공해 주던 한 여인이 살고 있었다(왕하 4:8-37). 그 여인은 "귀한 여인"이라 소개되고 있는데, 재산이 많고 사회적인 신분이 높은 여인이라는 뜻이다. 이 수넴 여인은 엘리사가 편안하게 체류할 수 있도록 방을 새로 만들어 주고, 침상과 책상과 의자와 촛대까지 마련해 주었다. 심지어 엘리사가 머무는 윗방과 자신들의 가족들이 살고 있는 방들 사이에 벽을 설치해서 거룩한 하나님의 사람의 사생활이 침해받지 않도록 세심한 부분까지 신경을 기울였다. 이러한 행동들은 이 수넴 여인이 얼마나 엘리사를 극진히 섬겼는지를 알 수 있게 하는 대목이다. 수넴 여인은 하나님의 사람을 진심으로 대접한 믿음의 사람이었다고 할 수 있다.

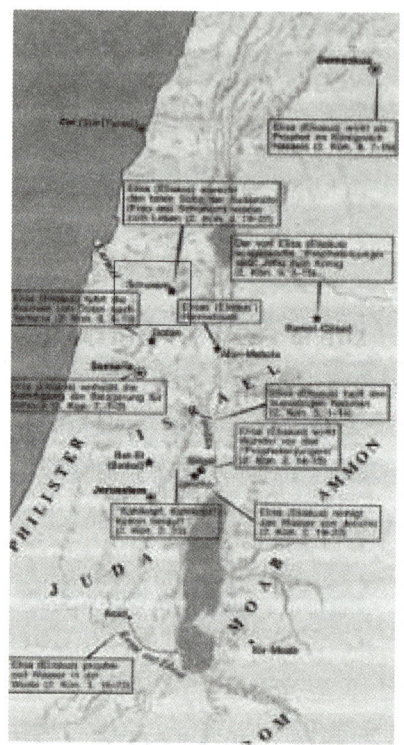

수넴의 위치

Q. 수넴 여인은 이곳저곳을 다니면서 하나님의 말씀을 전하며 나그네처럼 살아가는 예언자 엘리사를 극진히 돌봐준 헌신적인 여인이었다는 생각이 든다. 수넴 여인은 하나님께서 엘리사를 위해 예비해 놓은 천사와 같은 존재였다고 볼 수 있는데, 믿음이 좋은 이 여인의 가정 형편은 어떠했는가?

A. 여인의 남편은 세상에서 출세한 사람이었다. 그녀의 남편은 많은 재산을 가지고 있었는데, 군인들을 위한 식량과 장비를 책임지는 군대장관이라는 높은 위치에 있던 사람이다. 남편의 믿음에 대해서 성경은 구체적으로 설명을 하고 있지 않지만, 엘리사를 받아들일 믿음의 자세를

갖추고 있었던 것으로 보인다. 수넴 여인이 엘리사를 모실 방을 준비하기 위해 남편과 상의할 때에 남편은 부인의 일에 반대하지 않았던 것을 볼 수 있다. 그런데 이 화목한 가정에 한 가지 문제가 있었는데, 그것은 자녀가 없었다는 것이다. 고대 이스라엘 사회는 가부장적 전통을 중시하던 사회였기 때문에 자식이 없다는 것은 어머니로서 큰 모욕이며 치욕이었다. 그래서 구약 성경을 보면, 자녀가 없는 여성에게 가장 큰 축복은 아이를 낳는 것이었다. 사라(창 18:9-15), 리브가(창 25:19-25), 삼손의 어머니(삿 13장), 한나(삼상 1장)와 같은 여주인공들은 처음에는 자녀가 없었지만, 나중에는 결국 하나님의 은혜와 축복 속에 자녀를 낳게 된다는 드라마틱한 이야기의 주인공이 된 것을 볼 수 있다.

Q. 수넴 여인에게 자녀가 없다는 사실을 알고 엘리사는 어떤 반응을 보였는가?

A. 엘리사는 그 사실을 알고 여인이 잉태하여 1년 후에 아들을 낳게 될 것이라는 기적적인 축복의 예언을 해주었다. 엘리사의 예언대로 1년 후에 아이가 태어났고, 아이는 몇 년 동안 잘 성장을 했다. 아이의 아버지는 "너는 내 머리야 내 머리야"(왕하 4:19)라고 할 정도로 아들을 매우 사랑스러워했다. 그런데 예기치 않게 이 아이가 갑자기 죽고 말았다. 아이가 죽었을 즈음에 엘리사는 수넴에 있지 않았고 갈멜 산에 있었다. 당황한 수넴 여인은 15km 떨어져 있는 갈멜 산까지 한걸음에 달려가서 엘리사의 발을 끌어안고, 아이가 죽은 사실을 알리고 도움을 요청하였다. 이에 엘리사는 수넴으로 돌아가 여호와께 간절히 기도하여 그 아이를 살려주었다. 과거 엘리야도 사르밧 과부의 아들을 살려준 적이 있었는데(왕상 17:17-24), 엘리야의 제자인 엘리사도 죽은 아이를 살리는 능력의 기적을 베풀었던 것을 볼 수 있다.

Q. 엘리사가 수넴 여인의 죽은 아이를 살리는 위대한 기적을 베풀었음을 알 수 있다. 이외에도 엘리사가 행한 또 다른 기적들을 간단히 소개해 주시길 바란다.

A. 열왕기하 4-6장을 보면 하나님의 능력을 받은 예언자 엘리사가 행한 여러 가지 기적들을 소개해 주고 있다. 길갈에 흉년이 들어 선지자의 생도들이 함께 모여 큰 솥에 국을 끓여 먹으려고 했는데, 그 안에 독초가 들어 있어서 먹을 수 없게 된 적이 있었다. 이에 엘리사는 능력으로 그 독을 제거해서 가난하고 불쌍한 제자들의 민생고를 해결해 준 적이 있다. 그리고 엘리사는 보리떡 20개로 100명을 먹이기도 했다. 또한 엘리사가 문둥병에 걸린 아람의 군대장관 나아만을 고쳐준 기적은 익히 잘 알려진 이야기이다. 후에 엘리사의 제자들이 많아져 요단으로 거처를 옮기게 되었는데, 그곳에서 나무를 하던 한 제자가 도끼를 물에 빠뜨린 적이 있었다. 그런데 그 도끼는 빌려온 것이기에 제자가 발을 동동 구르고 있자, 엘리사가 신비한 능력으로 도끼를 물 위로 떠오르게 하여 문제를 해결해 주기도 했다. 엘리사의 예언 활동의 주요 부분은 신앙을 잃지 않기 위해 바알 종교가 만연한 사회를 등지고 소외되고 가난하게 살아가는 믿음의 사람들에게 기적적인 방법을 통해 삶의 용기와 희망을 주려고 했던 것이라고 정리할 수 있다.

엘리사: 예후 정권 탄생의 기여자

Q. 앞의 내용을 통해서 볼 때, 엘리사는 하나님이 주신 능력을 자신을 위해서가 아니라, 믿음의 사람들을 위해 사용했다는 것을 알 수 있다. 엘리사의 예언 활동의 또 다른 특징은 무엇이 있는가?

A. 엘리사는 바알 종교에 저항해서 여호와 하나님을 믿는 올곧은 신앙

을 간직한 사람들을 격려하고 기적적인 사건들을 통해 그들의 극빈한 삶의 문제를 해결해 주었을 뿐만 아니라, 정치에도 깊숙이 개입해서 바알을 숭배하는 오므리 정권을 무너뜨리는 데 큰 공헌을 하였다. 특히 믿음의 사람이었던 예후를 도와서 그가 새로운 왕이 될 수 있도록 큰 힘을 제공해 주었는데, 엘리사는 하나님께서 예후를 북 왕국의 새로운 왕으로 선택하셨다는 사실을 사람들에게 알리고 그에게 기름을 붓고 왕으로 등극하도록 하였다(왕하 9:1-13).

지금까지 예언자 엘리사에 대해 공부하였다. 엘리사는 바알 종교가 성행하는 시대에 신실한 여호와 신앙을 고수하려고 결단한 사람들을 책임진 영적 지도자였고, 민족의 장래를 걱정하며 믿음의 사람이 국가의 최고 책임자가 될 수 있도록 온 힘을 다해 헌신했던 "역동적인 예언자"였다고 평가할 수 있다. 엘리사의 고귀한 신앙이 오늘 우리의 신앙으로 계승될 수 있도록 가치 있는 기독교적 역사의식을 가지고 살아가는 위대한 신앙인들이 되기를 간절히 바란다.

제 3 부

기원전 8세기 예언자들

FAITH AND LIFE OF THE PROPHETS

QA
FAITH AND LIFE OF THE PROPHETS

제1장 **아모스** _ 아모스 1-9장

아모스: 최초의 문서 예언자

Q. 앞서 살펴본 바와 같이 엘리사는 구약의 예언자들 중에서 가장 많은 기적을 베풀고, 잘못된 정치에도 개입해 구조적인 모순을 개선하려고 노력했던 훌륭한 신앙인이었다는 것을 알 수 있다. 이번에 살펴볼 예언자는 누구인가?

A. 엘리야와 엘리사는 기원전 9세기에 활동했던 대표적인 예언자들이다. 이제부터는 기원전 8세기에 등장했던 4명의 예언자들을 설명을 하려고 한다. 아모스, 호세아, 이사야, 미가가 대표적인 기원전 8세기의 예언자들에 속한다. 이들 중에서 먼저 아모스에 대해 살펴보고자 한다.

Q. 아모스, 호세아, 이사야, 미가가 기원전 8세기에 활동했던 대표적인 예언자들이라고 했는데, 그중에서 아모스를 먼저 살펴보고자 하는 특별한 이유가 있는가?

A. 기원전 8세기 예언자들 중에서 아모스가 가장 이른 시기에 활동했다고 볼 수 있다. 아모스는 대략 기원전 760년경에 예언자로 부르심을 받고 10여 년 동안 예언자로서의 삶을 살았던 것으로 추정된다. 그리고 아모스는 최초의 문서 예언자라는 별명을 갖고 있다. 문서 예언자란 자신의 예언이 문서로 기록되고 자신의 이름으로 책 제목이 나온 경우를 말한다. 다시 말하면, 앞서 본 바와 같이 엘리야나 엘리사도 예언자로 활동했고 하나님의 말씀을 선포했지만, 그들이 선포한 예언의 말씀이 수집되어서 엘리야서나 엘리사서로 만들어진 것은 아니다. 하지만 아모

스의 경우에는 그의 예언이 모아져서 아모스서라는 독립된 책으로 만들어졌다. 그래서 아모스를 최초의 문서 예언자라고 부른다. 이런 이유들 때문에 4명의 예언자들 중에서 아모스를 먼저 살펴보려고 한다.

Q. 그렇다면 먼저 인간 아모스에 대해 살펴보자. 그의 고향은 어디인가?

A. 아모스의 고향은 드고아이다(암 1:1). 그곳은 예루살렘에서 남쪽으로 18km 떨어진 유대 사막에 위치하고 있었다. 이 지역은 농경지와 스텝 지역의 경계에 놓여 있었고, 해발 830m의 높은 위치에 자리를 잡고 있었다. 그런데 아모스는 특이하게도 예언자로서의 활동을 북 왕국에서 하였다. 다시 말하면, 아모스는 남쪽 지역 출신이지만 하나님의 부르심을 받고 북쪽 지역에서 활동한 예언자였다. 그런 면에서 아모스는 좀 특별한 예언자라고 할 수 있다. 그의 이름 아모스(עמוס)는 '짐을 진 자'를 뜻한다.

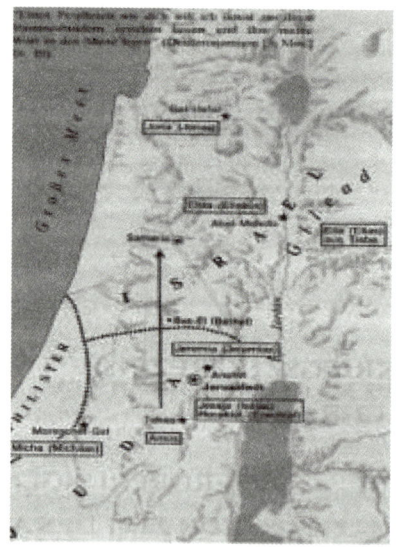

기원전 8세기 예언자들의 활동무대

아모스: 드고아 출신의 목자, 뽕나무 배양자

Q. 아모스는 남쪽이 고향이면서도 북쪽에서 활동했다. 하나님께서 그에게 특별한 사명을 부여해주셨기 때문일 것이다. 아모스의 특별한 예언자적 사명은 뒤에서 살펴보고자 한다. 아모스의 직업은 무엇이었는가?

A. 예언자로 부르심을 받기 전에 아모스는 양을 치던 목자였으며, 뽕나무를 재배하던 농사꾼이었다(암 1:1; 7:14). 여기서 보충 설명을 해야 할 것 같다. 우리 개역성경에는 아모스를 "뽕나무를 재배하는 자"라고 소개하고 있다. 그러나 여기에 소개된 뽕나무는 원래 누에고치에게 밥으로 주는 그런 뽕나무가 아니라 지중해 연안이 주 서식지인 돌 무화과를 가리킨다. 돌 무화과는 뽕나무과에 속하는 나무로서 잎이 넓은 활엽관목이다. 그 잎은 보통 손가락 모양으로 세 갈래로 갈라져 있고 주로 가축의 사료로 활용된다. 아모스가 "뽕나무를 재배하는 자"로 소개되고 있는 것은 그가 몇 그루의 뽕나무를 재배하는 자가 아니라, 거대한 뽕나무 농장의 소유자라는 뜻을 포함하고 있다고 보아야 한다. 그리고 아모스는 '목자'라고 하는데, 히브리어로 '노케드'(נֹקֵד)라는 단어가 사용되었다. 이 단어는 구약에서 단 두 번 언급되었는데, 열왕기하 3:4에 한 번 더 등장한다: "모압 왕 메사는 양을 치는 자라 새끼 양 10만의 털과 숫양 10만 마리의 털을 이스라엘 왕에게 바치더니." 이 구절을 참고해보면, 목자로 번역된 '노케드'는 몇 마리의 양을 치는 가난한 목자가 아니라 대규모의 가축을 소유한 자를 가리키는 것으로 이해해야 한다.

Q. 설명을 듣고 나니, 아모스는 가난한 소작농 출신이 아니라, 나름대로 많은 재산을 소유하고 있었던 상류층 출신이라는 생각이 든다. 그렇다면 아모스는 부유하고 안정된 생활을 포기하고 예언자로서 부르심을 받은 자로 이해해도

되는가?

A. 그렇다. 아모스는 분명히 많은 가축과 넓은 토지를 소유하고 있던 드고아 지역의 유지였고, 상당한 교육을 받은 지식인이었을 것이다. 아모스는 남 왕국에서 상당한 부를 소유한 자로서 편안한 삶이 보장된 위치에 있었지만, 하나님의 부르심을 받고 북 왕국으로 올라가 고난 받는 예언자로서의 사명을 감당한 자였다. 어떤 사람들은 아모스의 부친의 이름이 소개되어 있지 않고 그가 목자라는 신분을 갖고 있기 때문에 아모스를 하층 계급에 속한 사람으로 간주하기도 한다. 하지만 그것은 올바른 견해가 아니다. 12명의 소예언자들 중에서 7명은 부친의 이름이 언급되고 있지 않다. 즉 아모스뿐만 아니라 미가, 오바댜, 나훔, 하박국, 학개, 말라기의 경우 그들의 부친의 이름이 전혀 소개되지 않는다. 하지만 이들이 모두 사회적으로 낮은 신분 출신의 예언자들이라고 할 수 없다. 부친의 이름이 언급된다고 해서 상류 계급에 속한 자이고, 부친의 이름이 소개되지 않는다고 해서 비천한 하층 계급 출신이라고 단순하게 분류할 수는 없다. 위에서 설명한 것처럼 아모스는 넓은 토지를 소유했던 부자였고, 많은 양떼를 기르던 목자였던 것으로 보아야 한다. 아모스는 이렇게 편안하고 안락한 삶을 보장받았으나, 하나님의 부르심에 응답하고 북 왕국을 향한 하나님의 심판 계획을 선포하기 위해 자신의 기득권을 모두 포기했던 위대한 결단의 사람이었다.

Q. 아모스는 자신의 모든 사회적 특권을 포기하고 예언자로서의 삶을 살았다. 편안한 삶을 포기하고 하나님의 부르심을 받아 예언자로 활동한 아모스의 결단이 위대해 보인다. 그가 부자이며 상류층 출신이었다는 점은 예언자로서의 활동에 어떤 의미가 있는 것인가?

A. 아모스가 상류층 출신이었다는 점은 그가 상당한 자의식을 소유하

고 있었고, 당시의 국제 정세의 흐름에 대한 나름대로의 통찰력을 가지고 있었다는 말이다. 아모스는 먹고 살기 바빠서 주변을 바라볼 수 없는 상황 가운데 살아가던 자가 아니라, 당시의 경제적 상황과 정치, 사회적 문제 등을 파악하고 있던 엘리트였다. 그리고 아모스가 자신의 농장을 가지고 있었다는 것은 그가 직업적 예언자가 아니라, 경제적으로 독립된 생활을 할 수 있었던 예언자였음을 의미한다. 아모스는 돈을 벌기 위해 예언 활동을 해야만 하는 자가 아니었기 때문에 하나님이 전해주신 말씀을 가감없이 자신 있게 선포할 수 있었다.

아모스의 시대적 배경: 정치적 안정과 경제적 부흥

Q. 한 인물을 정확히 파악하기 위해서는 그가 살았던 시대를 잘 이해해야 하는데, 아모스가 살았던 당시의 시대적 배경은 어떠했는가?

A. 아모스가 활동했던 시대는 북 왕국의 마지막 전성기로서 여로보암 2세(기원전 786-745)의 통치 후반기였다. 여로보암 2세가 다스리던 40여 년 동안은 팔레스틴 주변에 전쟁이 멈추고 국제적인 평화가 지속되고 있었기 때문에 당시의 북 왕국은 정치적으로 상당히 안정되어 있었고, 경제적으로는 큰 부흥을 이루고 있었다. 북 왕국의 잃어버린 영토도 모두 회복되어 다메섹을 다시 차지하였고, 하맛 어귀에서부터 아라바 바다(사해)에 이르기까지 넓은 영토를 소유할 수 있게 되었다(왕하 14:23-29). 국가 간의 전쟁이 멈추게 되면서 그 어느 때보다 국제 무역이 활발해졌고, 북 왕국은 육로와 해상에서 활발한 무역 활동을 할 수 있었다. 그 결과 북 왕국에는 포도주와 곡식을 팔아 엄청난 재산을 증식시킨 큰 부자가 나타났고, 많은 소작농들을 거느리고 넓은 토지를 소유한 대지주들이 등장하였다. 일부 계층의 사람들은 사치스러운 여름 별장과

겨울 별장을 건축하고, 그 안에 고가의 상아제품으로 장식한 침상을 놓을 정도였다(암 3:15; 6:4).

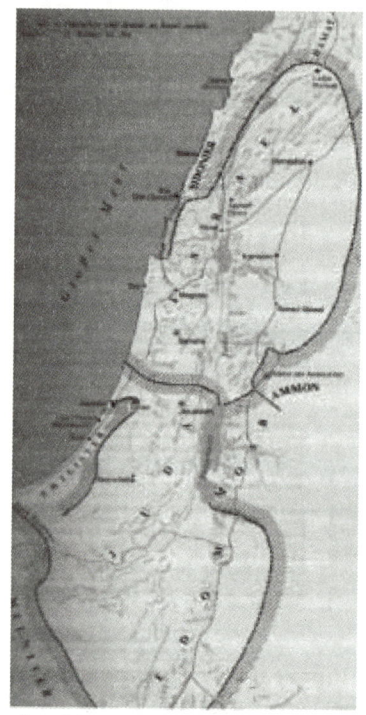

여로보암 2세 시대의 지도

Q. 국제적인 평화관계가 형성되면서 북 왕국은 국제 무역을 자유롭게 할 수 있었고 일부 상류 계층에 속한 자들은 엄청난 부의 혜택을 누리게 되었는데, 그렇다면 이러한 북 왕국에 상당한 사회적 갈등이 초래되지는 않았는가?

A. 그렇다. 정치적이고 경제적인 안정과 부흥에도 불구하고 심각한 사회적인 문제가 발생하였는데, 그 어느 때보다 빈부 격차가 심화되어 북 왕국의 사회 구조가 이원화되었다. 경제 부흥은 오히려 많은 백성들에게

상대적 빈곤을 초래하였고, 농민들의 심한 부채로 인한 토지 집중화 현상은 많은 소작농의 생성과 대지주의 등장을 재촉하였다. 이에 따라 상류층과 하류층 사이에는 갈등과 반목이 생성되었고, 전통적인 '평등'의 균형은 깨지고 말았다. 더 나아가 가진 자들은 부에 대한 갈증으로 인해 가난한 자들을 더욱 착취하는 지경에까지 이르렀다(암 2:6-7). 가난한 자들은 법의 보호를 받지 못하고, 심지어는 적은 채무 때문에 온 가족이 노예로 팔려가는 경우도 발생하였다(암 2:6; 8:6). 정리하자면, 아모스 당시의 북 왕국은 외관상으로는 풍요롭고 화려한 경제 구조를 가진 것처럼 보이지만, 사회 내적으로는 불의와 악행과 도덕적 타락이 만연해 있었다고 볼 수 있다. 그리고 국제 무역을 통한 경제적 혜택은 일부 고위층과 부유층에만 집중되었고, 가난하고 낮은 신분의 사람들은 아무런 도움을 받을 수 없었다. 예언자 아모스의 예언의 핵심은 바로 경제적, 사법적 혜택이 모든 백성들에게 공평하게 분배되지 않았다는 것을 고발하는 것이었다. 이런 점 때문에 아모스를 "정의의 예언자"라고 부른다.

아모스의 시대적 배경: 부의 불균형과 사법 제도의 타락

Q. 설명을 듣고 나니, 아모스 당시의 부의 불균형과 계층 간의 사회적인 갈등이 심각했었다는 생각이 든다. 좀더 구체적인 설명을 해 주시길 바란다.

A. 고고학적인 예를 들어 설명을 하면 훨씬 더 이해가 잘 될 수 있을 것이다. 프랑스의 드보(R. de Vaux)라는 학자는 디르사라는 도시를 발굴하였는데, 부자들의 집과 가난한 자들의 거주지가 도시의 서로 다른 지역에 위치하고 있고 그 규모와 건축 재료에 뚜렷한 차이가 있다는 사실을 확인하였다. 부자들의 집은 가난한 자들의 집보다 2배 정도 큰 규모

로 건축되었고 잘 다듬어진 돌을 가지고 두 줄로 튼튼하게 기초 공사를 시행하였지만, 반대로 가난한 자들의 집은 깨진 돌을 가지고 대충 한 줄로 기초 공사를 했었다는 것이 드러났다. 이러한 거주지의 구별은 신분 차별이 북 왕국의 사회 깊은 곳까지 뿌리내리고 있었고, 전통적인 평등주의 이상이 완전히 붕괴되었음을 시사하는 것이라고 볼 수 있다.

Q. 한 사회의 계층 간의 갈등이 심각할 때에는 사회를 지탱해 주는 법이 주요한 역할을 감당해 주어야 하는데, 당시 북 왕국의 사법 제도의 상황은 어떠했는가? 백성들이 사법부를 믿고 신뢰할 수 있었는가?

A. 고대 이스라엘의 재판은 주로 사람들이 많이 모이는 성문에서 이루어졌다. 사실 가난하고 힘없는 사람들이 믿고 의지할 곳은 사법부이다. 공정하고 깨끗한 재판이 이루어질 때야 비로소 그 사회는 건강하고 부강한 나라가 될 수 있는 것이다. 하지만 아모스 당시의 북 왕국의 사법부는 엄청나게 타락한 모습을 보여주었다. 재판관들은 돈의 노예가 되어서 억울한 약자들의 하소연을 들어주지 않고, 뇌물을 받고 권력층과 부유층의 대변인 역할을 수행하는 하수인으로 전락하고 말았다(암 5:10-12). 소송 당사자의 사회적 신분과 경제적 형편에 따라 재판의 판결이 달라지는 정의롭지 못한 상황이 전개된 것이다. 사법부는 권력자나 대지주 같은 정치 사회적 실권자에 의해 좌지우지 되어서 기원전 8세기 북 왕국의 사회를 지탱할 힘을 상실하고 말았다. 사법부에 의해 자행되는 신분 차별은 공정한 재판을 불가능하게 만들었고, 공의의 장소가 되어야 하는 성문은 오히려 가난하고 불쌍한 자들이 억울하게 굴복당하는 불의의 장소가 되었다.

Q. 가난한 자들은 재판관에게 뇌물을 바칠 수 없었기 때문에 어떤 법적인 보

호를 얻어낸다는 것이 불가능했었을 것이다. 참으로 안타까운 시대적 상황이라는 생각이 든다. 공의로워야 하는 재판관들이 부자와 권력자들에게 어이없이 무너져 내린 이유는 어디에 있는가?

A. 앞서 엘리야 때에 설명한 것처럼 기원전 9세기에는 아합과 같은 왕권의 공격이 사법권을 무력화시켰다(왕상 21장). 나봇의 포도원을 강제로 빼앗을 수 있었던 자는 왕밖에 없었다. 그러나 한 세기가 지난 기원전 8세기에 이르러서는 권력을 쥐고 있는 사회의 상류층들과 대규모 토지 소유자들까지도 권력과 뇌물을 무기로 전통적인 사법 제도를 파괴시키는 일에 앞장서는 상황이 되었다. 그만큼 아모스 당시의 북 왕국의 사회는 계층 간의 갈등이 심각해지고, 계층 간의 빈부의 격차가 심화되었다. 이뿐만 아니라 일반 백성들은 뇌물을 받고 거짓 증인으로 나서고, 돈을 벌 수 있는 일이라면 무엇이든지 분별하지 않고 달려드는 총체적인 타락의 모습을 보이게 되었다. 기원전 8세기에 들어서 경제가 크게 부흥되면서 백성들은 돈의 위력을 알게 되었고, 돈 앞에 모든 계층의 백성들이 무릎을 꿇는 서글픈 현실이 되고 말았다. 우리는 사법적 권위의 타락을 지적한 아모스의 비판적 지적을 소수의 불경건한 상류층과 일부 몰인정한 부자들을 향한 고발로 단정해서는 안 된다. 뇌물로 재판관을 매수하고 몇 푼 안 되는 채무 때문에 가난한 자들을 노예로 팔아버리는 일은 결코 드문 일이 아니었다. 이런 일들은 경제 발전의 이익을 모든 백성들에게 균등하게 배분하지 못하여 일어난 사회 구조적 모순의 필연적 결과라고 볼 수 있다.

아모스의 시대적 배경: 전통적인 공동체적 유대 관계의 붕괴

Q. 아모스 당시의 시대적 배경에 관한 이야기를 들으면서 오늘날 우리 사회에

그늘져 있는 어두운 면들이 떠오른다. 오늘날 우리 사회를 돌아보면, 사회 곳곳에 부조리한 면들이 너무 많다는 것을 확인할 수 있다. 우리 기독교인들이 깨어서 기도하면서 우리 사회를 더욱 밝고 공의로운 사회로 만들기 위해 노력해야 한다. 어려운 시대적 환경을 극복하기 위해서는 무엇보다도 가족들이 화목하고 하나가 되는 일이 중요한데, 아모스 당시는 어떠했는가?

A. 상업의 발달로 많은 대지주들이 탄생하고 소작농이 증가되면서 가족들 간의 연대감은 약화되었고, 전통적인 공동체적 유대 관계에 현저한 변화가 일어났다. 많은 백성들이 토지를 빼앗겨서 경제적 곤란을 당해야만 했고, 토지를 잃은 사람들은 고향을 떠나 도시로 몰려들면서 개인주의가 확대되는 현상이 일어났다. 가난한 자들은 생존을 위해서 조상으로부터 물려받은 토지와 고향과 가족을 버리고 도시로 삶의 터전을 옮겨가야 했지만 대부분은 도시의 가난한 일용 노동자로 살아가야만 했다. 이렇게 극빈의 생활에서 벗어나지 못한 자들에게서 가족 간의 끈끈한 유대감과 공동체적 유대 관계를 기대하기란 매우 어려웠다. 빈익빈 부익부 현상이 극명하게 드러나기 시작한 기원전 8세기 중반에 이르러 이스라엘의 전통적인 대가족 제도는 특히 도시에서는 상당 부분 느슨해지고 말았다.

Q. 참으로 안타까운 일이다. 가족의 힘이 얼마나 대단한가! 어려울수록 가족들의 협력과 친족들의 협조가 필수적인데, 아모스 당시의 사회적 분위기는 그렇지 못했던 것 같다. 하지만 전통적인 사회 질서가 완전히 붕괴된 것은 아니지 않은가?

A. 아모스 당시의 심각한 사회적인 상황을 설명하기 위해서는 이스라엘에 존재했던 "고엘 제도"라는 것에 대해 살펴볼 필요가 있다. '고엘'이라는 단어는 구속자라는 뜻이다. 고엘 제도라는 것은 지파 구성원 중

의 누군가가 극심한 가난이나 갚을 수 없는 빚 때문에 어쩔 수 없이 조상으로부터 물려받은 토지를 팔게 되었을 경우 '고엘'(구속자)로 나선 가까운 친족 중 하나에게 이를 되돌려 살 수 있는 특별한 권리를 부여하는 제도를 말한다(레 25:25-28). 이 제도의 본래 취지는 땅은 하나님께 속한 것이고 하나님께서 조상들에게 분배한 것이기 때문에 땅은 부를 축적하는 수단이 되어서는 안 된다는 것에 있다. 그래서 어떤 사람이 너무 가난하여 어쩔 수 없이 땅을 팔았다고 하더라도 가까운 친척이 물질적인 여유가 되면 다시 그 땅을 찾아올 수 있는 매입의 우선권을 부여하도록 하는 제도를 시행하였던 것이다. 구속자의 서열은 친형제-삼촌-사촌의 순으로 이동하게 되어 있다(레 25:48-49).

Q. 이스라엘에는 참으로 대단한 제도가 존재하고 있었다고 생각한다. 이스라엘에서 실제로 이 고엘 제도가 실행되었는가? 아니면 이상적으로 만들어 놓기만 한 제도였는가?

A. 성경 여러 곳에 이 고엘 제도가 등장한다. 예언자 예레미야는 숙부인 살룸의 아들 하나멜이 찾아와서 자신이 소유한 토지를 매입해 달라는 부탁을 하자 매입의 우선권을 행사한 적이 있다(렘 32:6-9). 룻기를 보면, 좀더 구체적으로 친족 구속자의 순서적 계보가 역사적으로 실행되었다는 증거를 확인할 수 있다(룻 2:20; 3:12; 4:1-9). 룻은 보아스에게 구속자 역할을 요구하였지만, 그보다 더 가까운 친족에게 룻의 구속자 역할이 주어지게 되었다는 내용이 소개되고 있다. 어쨌든 구속자의 의무는 잃어버린 조상의 토지에 대한 친족의 소유권을 되찾는 일임을 알 수 있다. 그리고 중요한 것은 되돌려 구입한 토지는 돈을 지불한 친족에게 돌아가는 것이 아니라, 그 토지의 원래 소유주에게 돌아가도록 되어 있다는 점이다. 이렇게 함으로써 대가족이나 지파간의 연대감을 증명해 보

일 수 있었다.

Q. 그러니까 "고엘 제도"는 가난한 친족을 돕는 행위이고 친족적 유대감을 극대화시키는 일이었다고 볼 수 있다. 그렇다면 아모스 시대에는 이 제도가 제대로 시행이 안 되었는가?

A. 그렇다. 이 제도가 철저히 악용된 것이다. 부유한 사람들이 가난한 친족들의 토지를 합법적으로 매입하고 자신의 재산을 증대시키는 수단이 되고 말았다. 되돌려 구입한 토지가 원래의 주인인 가난한 친족들에게 되돌아가지 않았던 것이다. 아모스가 살았던 기원전 8세기 중반에 이르러서는 어려운 경제적 여건에 처해있는 친족을 위해 가까운 친족이 자신의 책임을 성실하게 수행하는 것을 더 이상 기대할 수 없는 삭막한 시대가 되고 만 것이다.

Q. 지금까지 아모스가 살았던 당시의 시대적 배경에 대해 살펴보았다. 이제 예언자로서의 아모스의 활약상을 알아보기로 하자. 아모스는 남 왕국의 드고아 출신이지만 북 왕국에서 활동했다. 주로 어느 도시에서 예언 활동을 했는가?

A. 아모스서의 여러 본문들을 참고해 보면, 아모스는 주로 북 왕국의 두 도시에서 활동했던 것으로 보인다. 정치적이고 사회적인 예언은 북 왕국의 수도인 사마리아에서 선포하였고(암 4:1; 6:1), 제의적이고 종교적인 예언은 주로 북 왕국의 중앙 성소인 벧엘에서 행했다고 볼 수 있다(암 7:10). 사마리아는 오므리(기원전 881-870) 시대 이후에 북 왕국의 정치적인 중심지가 되었던 반면, 벧엘은 여로보암 1세(기원전 926-906)가 북 왕국을 건설하면서 만든 북 왕국의 국가 성소였다(왕상 12장). 아모스는 여로보암 2세의 죽음을 선포하고 북 왕국의 멸망을 선포했다는 이

유로 벧엘의 제사장 아마샤에 의해 반란을 일으킨 자로 고발당하고 결국은 고향으로 쫓겨나게 된다. 아모스는 북 왕국을 향한 하나님의 무서운 심판 계획을 선포하였는데, 이스라엘 역사상 최초로 왕국의 멸망을 선포한 예언자라고 평가할 수 있다. 남 왕국 사람이 북 왕국에 와서 왕의 죽음과 왕국의 멸망을 외쳤으니, 북 왕국의 입장에서 보면 아모스는 북 왕국 사회를 혼란시킨 국가 반역자였던 셈이다.

예언자 아모스의 사회 비판

Q. 북 왕국은 두려움으로 가득 찬 미래를 맞이해야 한다고 선포했으니, 아모스를 "심판 예언자"라고 말할 수 있을 것 같다. 그렇다면 이제 아모스의 예언을 구체적으로 살펴보기로 하자. 어느 내용부터 설명해 주실 것인가?

A. 아모스는 임박한 북 왕국의 멸망을 알린 예언자인데, 그의 예언 선포 중에 가장 두드러지는 것은 북 왕국에 만연한 사회적 불의에 대해 비판한 내용이다. 아모스의 예언의 핵심은 두 단어로 요약될 수 있다. 즉 '미쉬파트'(משפט/공의)와 '체다카'(צדקה/의)이다. '미쉬파트'란 백성들이 살아가는 데 필요한 제도적인 공정한 질서를 의미하고, '체다카'는 미쉬파트를 지향하기 위해 필요한 이웃을 향한 호의적인 삶의 태도를 가리킨다. 아모스는 북 왕국이 멸망을 당할 수밖에 없는 근본적인 원인은 바로 백성들이 하나님이 원하시는 사회 정의와 공의를 실현하지 않고, 사회적인 악행과 불의를 행했기 때문이라고 생각했던 것이다.

Q. 아모스가 불의한 북 왕국 사회를 비판한 내용 중에 가장 첫 번째로 지적한 내용은 무엇인가?

A. 아모스는 먼저 정치적인 측면에서 북 왕국 지도자들의 죄에 대해 고

발하였다(암 3:12,15; 6:4-5). 아모스는 향락에 빠져 있는 사마리아 상류층에 대해 강하게 비판하였고, 정치 지도자들의 사치스러운 생활에 대해 탄식하였다. 뿐만 아니라 사마리아에 살고 있는 상류 계층의 부인들이 백성들을 학대하면서 방탕한 삶을 살아가는 것에 대해 강력히 경고하였다. 이와 관련된 구절 중에서 한 곳만 읽어보도록 하겠다: "사마리아의 산에 거하는 바산의 암소들아 이 말을 들으라 너희는 힘없는 자를 학대하며 가난한 자를 압제하며 가장에게 이르기를 술을 가져다가 우리로 마시게 하라 하는도다 주 여호와께서 자기의 거룩함을 두고 맹세하시되 때가 너희에게 이를지라 사람이 갈고리로 너희를 끌어가며 낚시로 너희의 남은 자들도 그리하리라 너희가 성 무너진 데를 통하여 각기 앞으로 바로 나가서 하르몬에 던져지리라 여호와의 말씀이니라"(암 4:1-3). 여기서 '바산의 암소들'은 당시에 북 왕국에서 가장 질 좋은 품종의 암소를 말하는데, 바산은 헤르몬 산과 길르앗 산지 사이에 있는 요르단 동편 지역을 가리킨다. 이곳은 비옥한 목초지로 널리 알려져 있고(렘 50:19; 미 7:14), 살찐 소들이 사육되는 곳으로 유명하다(신 32:14; 겔 39:18). 그런데 여기서 '바산의 암소들'이란 살이 찌고 사치스럽고 방탕한 사마리아의 귀부인들을 조롱조로 지칭하고 있다고 보아야 한다. 아모스는 정치 지도자들과 부인들의 사치와 방탕이 북 왕국 멸망의 주요 원인이 되었다고 선포한다. 이것은 오늘을 살고 있는 우리 모두에게도 시사하는 바가 크다고 본다.

Q. 지도자들의 사치와 방탕은 한 사회를 무너뜨리는 결정적인 요소임에 틀림없다. 아모스의 사회 비판의 두 번째 주제는 무엇인가?
A. 아모스는 두 번째로 사회 윤리적인 차원의 예언을 선포하였는데, 성적인 타락에 대해 신랄하게 비판하였다. 아모스 2:7은 당시 북 왕국 백

성들의 도덕적 윤리 의식이 얼마나 심하게 마비되어 있었는지를 보여주고 있다: "… 아버지와 아들이 한 젊은 여인에게 다녀서 내 거룩한 이름을 더럽히며." 이 구절은 아버지와 아들이 한 여자와 성 관계를 맺었다는 것을 고발하는 것인데, 아모스 당시의 성 윤리 내지는 가정 윤리가 얼마나 타락했는지를 보여주는 말씀이다.

Q. 우리는 과거 여러 나라의 역사를 통해서 성 윤리의 타락은 한 국가를 패망시키는 결정적인 요인이 될 수 있다는 사실을 익히 알고 있다. 아모스 당시의 북 왕국은 참으로 성적인 타락의 정도가 심각할 정도였다. 아모스가 외친 세 번째 사회 비판의 주제는 무엇인가?

A. 세 번째 주제는 경제적 측면의 예언이었는데, 가난한 자들을 착취하는 부자들의 비인간적 행위를 고발하는 내용이다. 아모스는 가진 자들이 가난한 자들의 인권을 유린하는 것에 대해 분노하였다. 부자들은 채무자들의 인권을 완전히 무시하고, 온갖 방법을 동원하여 그들을 억압하였다. 아모스 2:6-8은 당시 북 왕국 사회의 파멸적인 상황을 잘 보여주고 있다: "여호와께서 이와 같이 말씀하시되 이스라엘의 서너 가지 죄로 말미암아 내가 그 벌을 돌이키지 아니하리니 이는 그들이 은을 받고 의인을 팔며 신 한 켤레를 받고 가난한 자를 팔며 힘없는 자의 머리를 티끌 먼지 속에 발로 밟고 연약한 자의 길을 굽게 하며 … 모든 제단 옆에서 전당 잡은 옷 위에 누우며 그들의 신전에서 벌금으로 얻은 포도주를 마심이니라." 부자들은 신 한 켤레 값밖에 안 되는 아주 적은 빚을 가지고 가난한 자들을 노예로 삼기도 하고, 가난한 자의 머리에 있는 티끌까지 탐내는 몰인정한 사람들이었다고 고발한다.

Q. 우리는 아모스의 예언을 통해 당시에 하나님의 법이 얼마나 왜곡되었는지

를 확인할 수 있었다. 가난한 이웃을 착취하는 것은 분명 하나님이 세우신 사회질서를 어지럽히는 악한 행동임에 틀림없다. 아모스의 또 다른 사회 비판의 주제는 무엇인가?

A. 아모스는 네 번째로 법적인 차원에서의 예언을 선포하였는데, 재판에서의 정의의 파괴에 대해 비판하였다. 강자는 법의 힘을 이용해서 부당한 세금을 거두어 들여 호화스러운 집과 포도원을 짓는데 사용하였다. 반면에 무거운 세금을 이기지 못한 가난한 자들은 노예의 신분으로 전락하고 말았다. 그리고 불의한 재판관들은 부자들의 뇌물을 받고 재판에서의 판결을 왜곡하였다. 재판이 이루어지는 성문은 힘있는 자들과 가진 자들의 탐욕을 채우는 부정한 장소로 변질되었던 것이다. 아모스 5:11-12은 당시의 사법부의 타락의 정도가 얼마나 극심했었는지를 잘 보여주고 있다: "너희가 힘없는 자를 밟고 그에게서 밀의 부당한 세를 거두었은즉 너희가 비록 다듬은 돌로 집을 건축하였으나 거기 거주하지 못할 것이요 아름다운 포도원을 가꾸었으나 그 포도주를 마시지 못하리라 너희의 허물이 많고 죄악이 무거움을 내가 아노라 너희는 의인을 학대하며 뇌물을 받고 성문에서 가난한 자를 억울하게 하는 자로다." 아모스는 하나님께서 북 왕국 백성들이 행한 사회적인 불의에 대해 결코 용서하시지 않을 것임을 분명히 선포하고 있다.

아모스의 제의 비판

Q. 아모스를 "정의의 예언자"라고 부르는 이유를 이제 알 수 있을 것 같다. 아모스는 정말로 북 왕국이 하나님의 공의가 강같이 흐르는 사회가 되기를 간절히 원했다. 그래서 사회악에 대해 결코 중립적인 입장을 취하지 않으시는 하나님의 메세지를 선포했다. 아모스가 선포한 예언의 다른 주제에 대해서도 설

명해 주시길 바란다.

A. 아모스의 예언에는 북 왕국의 사회적 불의에 대한 고발이 전면에 부각되어 있다. 그래서 아모스서를 읽어보면 전반적으로 하나님의 법 의지를 짓밟는 불의한 부자와 상류층들에 대한 고발이 주된 내용임을 알 수 있다. 하지만 아모스서를 좀더 자세히 살펴보면, 백성들이 드리는 잘못된 제의에 대해서도 강력히 비판하고 있음을 확인할 수 있다. 아모스는 하나님의 법을 어기고 사회적인 불의와 악행을 범하는 자들이 드리는 희생제사를 하나님께서는 결코 받지 않을 것임을 경고하고 있다. 아모스가 이렇게 희생제사를 비판한 것은 제의 자체를 부정하려는 의도가 있었던 것이 아니라, 상류층 사람들이 드리는 제의가 가난한 자들을 향한 착취와 폭력에 근거하고 있었기 때문이다. 그러니까 엄밀히 말하면, 아모스의 제의 비판은 사회 비판 의식으로부터 비롯된 것이라고 말할 수 있다.

Q. 아모스는 참으로 과감한 사람이라는 생각이 든다. 당시에 하나님께 제의를 드리는 것은 이스라엘 사람들에게 있어서 가장 중요한 일에 속하는 일이었다. 이러한 상황임에도 불구하고 아모스가 제의를 비판하였다는 것은 아모스가 대단한 용기를 가진 자였다는 것을 알 수 있다. 아모스가 제의와 관련해서 외쳤던 핵심적인 내용은 무엇인가?

A. 아모스는 일종의 제의 개혁가였다. 아모스는 외적이고 형식적인 예배를 거부하였고, 철저하고도 근본적으로 하나님의 법을 준수하며 드리는 예배를 원했다. 다른 말로 표현하면, 아모스는 순종이 제사보다 낫다고 주장한 것이다. 하나님의 법을 무시하고 자기 마음대로 살아가면서 드리는 예배는 무익한 것이다. 그래서 그는 올바른 제의란 일상의 삶에서 하나님의 뜻을 실천하며 살아가는 것임을 강조하였다. 이런 이유

때문에 어떤 학자들은 아모스는 제사 종교를 거부하고 윤리 종교를 창시한 사람이라고까지 평가하고 있다. 하지만 아모스가 외쳤던 것은 제사 행위 자체를 폐기해야 한다는 것은 아니었다. 올바른 제사란 진실한 마음으로 하나님을 찾고 하나님의 뜻을 이 땅에 실현하며 살아가는 것이라는 점을 주창했던 것이다.

Q. 그렇다면 아모스가 제의와 관련해서 선포한 말씀을 예를 들어 설명해 주시길 바란다.

A. 두 곳을 살펴보도록 하겠다. 먼저 5:21-24을 읽어보자: "내가 너희 절기들을 미워하여 멸시하며 너희 성회들을 기뻐하지 아니하나니 너희가 내게 번제나 소제를 드릴지라도 내가 받지 아니할 것이요 너희 살진 희생의 화목제도 내가 돌아보지 아니하리라 네 노랫소리를 내 앞에서 그칠지어다 네 비파 소리도 내가 듣지 아니하리라 오직 정의를 물 같이, 공의를 마르지 않는 강 같이 흐르게 할지어다." 하나님께서는 아모스를 통해 매우 무서운 말씀을 전해주고 있음을 알 수 있다. 하나님은 백성들이 특별 절기 때나 모임 때에 여러 종류의 제물을 바쳐도 받지 않겠다고 하신다. 아무리 제물을 많이 바치고 예배를 드려도 하나님이 받지 않겠다는데, 얼마나 두렵고 떨리는 말씀인가! 아모스는 하나님께서 원하시는 것은 정기적이고 형식적인 예배가 아니라, 하나님의 공의로운 법을 물 같이 하수 같이 이 땅에 흐르게 하는 것임을 분명히 전하고 있다. 아모스는 형식주의에 빠져 있던 당시의 백성들에게 제사의 본질적인 요소를 추구할 것을 명령하였다. 아모스의 이러한 제의 비판은 오늘 기독교인들에게도 동일하게 향하고 있는 경고의 말씀이라고 생각한다. 정해 놓은 시간과 요일이 되어 예배에 참석하는 행위가 중요한 것이 아니라, 우리의 깊은 내면에서부터 진실로 하나님을 만나려는 의지가 있어

야 하고 더 나아가서는 예배를 드리는 마음으로 이 땅에서 거룩하고 진실하게 살아가야 한다는 점을 기억해야만 한다. 다시 말하면, "일상의 예배"가 필요한 것이다.

Q. 좋은 지적이다. "일상의 예배"야말로 아모스가 외쳤던 참된 예배 정신이라고 생각한다. 교회에 들어갈 때만 기독교인이 아니라, 일상의 삶의 터전에서 예배를 드린다는 생각을 가지고 살아가는 것이 정말로 필요하다고 생각한다. 아모스가 잘못된 제의에 대해 지적하는 또 다른 구절은 무엇인가?

A. 5:4-6을 읽어 보도록 하자. "여호와께서 이스라엘 족속에게 이와 같이 말씀하시기를 너희는 나를 찾으라 그리하면 살리라 벧엘을 찾지 말며 길갈로 들어가지 말며 브엘세바로도 나아가지 말라 길갈은 반드시 사로잡히겠고 벧엘은 비참하게 될 것임이라 하셨나니 너희는 여호와를 찾으라 그리하면 살리라 그렇지 않으면 그가 불 같이 요셉의 집에 임하여 멸하시리니 벧엘에서 그 불들을 끌 자가 없으리라." 이 구절을 보면 벧엘과 길갈과 브엘세바라는 세 개의 도시들이 등장한다. 이 도시들은 이스라엘의 신앙 전통이 살아 숨 쉬는 곳들이다. 벧엘은 족장 야곱과 관련되며(창 28장), 길갈은 출애굽한 이스라엘이 약속의 땅에 들어간 후에 처음으로 진을 친 곳이다(수 3장). 그리고 브엘세바는 이스라엘의 가장 남쪽에 위치하고 있는 도시로 족장 이삭이 하나님을 만나고 제단을 쌓은 곳이다(창 26:23-25). 아모스는 벧엘과 길갈과 브엘세바 같은 신앙의 전통이 살아있는 도시를 찾아가서 예배를 드리는 것이 중요한 것이 아니라, 어느 곳에서 예배를 드린다고 하더라도 진실한 마음으로 하나님을 만나는 것이 가장 중요하다는 사실을 강조하고 있다. 족장들의 신앙의 흔적과 출애굽의 감격이 있던 바로 그 장소에서 예배를 드린다고 할지라도 사치와 향락과 방탕과 불의를 여전히 행하며 살아간다면 그 예

배는 무익하다는 것이다.

무조건적인 구원 사상에 대한 거부

Q. 아모스는 죄악이 만연한 북 왕국 사회를 향해 직격탄을 날리고 있다는 생각이 든다. 하지만 아모스의 외침은 우리에게 신앙생활의 정답을 알려주고 있다는 점을 잊어버리지 말자. 아모스의 또 다른 선포의 내용은 어떤 것들이 있는가?

A. 신앙생활을 오래하다 보면 자신도 모르게 매너리즘(mannerism)에 빠져 틀에 박힌 일정한 방식이나 태도를 취해서 신선미와 독창성을 잃게 되는데, 우리 신앙인들은 항상 깨어 있어 역동적인 모습을 갖추며 살아야 한다. 아모스는 이런 신앙의 매너리즘을 비판하였다. 이와 관련된 다른 본문을 한 군데 더 찾아보도록 하자. 5:18을 읽어보자: "화 있을진저 여호와의 날을 사모하는 자여 너희가 어찌하여 여호와의 날을 사모하느냐 그 날은 어두움이요 빛이 아니라." 여기에 "여호와의 날"이라는 표현이 등장하는데, 원래 이 날은 하나님께서 특별히 활동하여서 이스라엘에게 구원을 베풀어 주시는 날을 지칭하는 관용적인 어법에 속한다.

Q. 그렇다면 "여호와의 날"이라는 단어가 가지고 있는 기본적인 의미가 있을 텐데, 이에 대해 설명해 주시길 바란다.

A. 이스라엘 사람들은 외국의 군대가 침범하거나 자연재해가 일어나 고난을 당하게 되는 때에도 "여호와의 날"이 임하면 모든 환난과 어려움이 해소된다고 생각하였다. 그래서 이스라엘 백성들은 "여호와의 날"에는 하나님이 이방 민족들을 심판하시고 멸망시키시는 날로 보았다. 하

지만 아모스는 이러한 기대를 포기하라고 외치고 있다. 회개가 없고 뉘우침이 없이는 구원을 베푸는 "여호와의 날"이 결코 도래하지 않을 것이라고 경고하고 있다. 하나님께서 이스라엘 백성들에게 무조건적인 구원을 베푸는 날은 존재하지 않으며, 오히려 그날에 이스라엘 백성들은 재난을 당하고 어둠과 죽음의 경험을 하게 될 것이라는 점을 외치고 있다. 아모스는 그동안 이스라엘을 "위하여"(for) 이방 백성들과 싸웠던 하나님께서 이제는 그 반대로 엄청난 악행을 하며 살아가는 이스라엘에게 "대항해서"(against) 싸우시는 분이 되었다고 말하고 있다. 아모스는 "여호와의 날"의 개념을 뒤집고 있는데, 그만큼 북 왕국 백성들의 죄악에 대해 하나님께서 분노하고 있다는 것이다.

아모스 예언의 특징

Q. 이제 아모스 예언의 특징이 무엇인지 설명해 주시길 바란다.

A. 두 가지 차원에서 설명하도록 하겠다. 첫째, 아모스는 이스라엘 예언 역사상 처음으로 국가의 멸망을 선포한 예언자라는 점이다. 아모스 이전의 어떤 예언자도 국가의 멸망을 외친 예언자는 없었다. 아모스는 불의한 개인이나 특정 계층에 대한 심판이 아니라 북 왕국 전체의 멸망을 선포하였는데, 하나님이 선택하신 이스라엘 왕국의 멸망을 선포한 것은 완전히 새로운 역사 이해였다. 다시 말하면, 북 왕국의 멸망은 지배층의 사회적인 불의와 악행에 대한 하나님의 심판의 결과라는 것이다. 아모스는 심판자로 다가오시는 하나님의 계획을 선포한 예언자였다. 아모스는 하나님이 세우신 이스라엘 왕국도 멸망시키실 수 있다는 점을 분명히 밝히고 있다. 그러므로 우리는 그를 "새로운 예언의 선구자"(R. Smend)라고 평가할 수 있다.

Q. 아모스는 죄악에 대해서는 반드시 심판하시는 무서운 하나님에 대해 주로 선포했다는 생각이 든다. 아모스 예언의 두 번째 특징은 무엇인가?

A. 둘째, 아모스는 하나님이 무조건적으로 이스라엘 편에 서 있을 것이라는 전통적인 사상을 부정했다. 하나님은 죄악으로 물든 북 왕국의 존속을 더 이상 보증하시는 분이 아니라는 것이다. 3:2은 다음과 같이 말한다: "내가 땅의 모든 가운데 너희만 알았나니 그러므로 내가 너희 모든 죄악을 너희에게 보응하리라 하셨나니." 하나님은 열방의 죄악도 심판하시지만, 북 왕국의 죄악은 더 크게 심판하실 것이라는 말씀이다. 왜냐하면 하나님은 이스라엘을 다른 민족들보다 더 신뢰했고 그들을 선택했기 때문이다. 아모스의 예언은 전통적인 선택사상 내지는 선민사상과 대결하고 있다고 볼 수 있다. 하나님은 이스라엘을 출애굽 시키고 그들에게 큰 기대를 했었는데 이스라엘은 하나님을 반역하고 죄악에 물든 삶을 살았다. 그래서 하나님은 더욱 큰 실망을 하고 결국은 그들을 심판하시기로 작정하셨다는 것이다. 아모스는 이스라엘의 구원의 역사를 보편적 개념으로 바꾸었고, 출애굽 전통을 상대화시켰다. 그는 이스라엘 역사의 뿌리가 되는 출애굽 사건은 이제 더 이상 이스라엘의 특권이 될 수 없다고 외쳤다. 왜냐하면 하나님은 이스라엘만을 애굽에서 이끌어내신 것이 아니라 아람 사람을 길에서, 그리고 블레셋 사람을 갑돌(Crete)에서 인도해 내신 분이시기 때문이다(암 9:7). 정리하면, 하나님은 이스라엘 민족만의 하나님이 아니라, 세계의 역사를 이끌어 가시는 보편적 세계 역사의 하나님이 되신다는 새로운 사상을 외친 예언자가 바로 아모스였던 것이다.

지금까지 기원전 8세기의 첫 번째 예언자이며 최초의 문서 예언자인 아모스에 대해 공부하였다. 아모스의 예언을 배우고 나니, 이제 아모스서를 조금은 더 잘 이해할 수 있을 것 같다. 특별히 아모스는 하나님이 무조건적으로 구원을 보증하시는 분이 아니라, 이스라엘은 하나님의 공의와 정의를 실현해야만 살 수 있다고 외친 말씀은 우리 모든 믿는 사람들이 새롭게 곱씹어야 하는 귀한 메시지임에 틀림없다. 하나님은 우리를 선택하셨기 때문에 우리에게 더욱 큰 기대를 하고 계시다는 사실을 깨닫고 겸손히 하나님의 말씀에 순종하며 살아가는 모든 성도들이 되기를 간절히 바란다.

제2장 **호세아** _ 호세아 1-14장

북 왕국 출신의 유일한 문서 예언자

Q. 앞 장에서는 "정의의 예언자" 아모스에 대해 공부하였다. 아모스는 하나님의 부르심을 받고 북 왕국으로 올라가서 사회적인 불의와 악행에 사로잡혀 있던 북쪽 백성들에게 하나님의 무서운 심판을 선포한 예언자였다는 사실을 배울 수 있었다. 이번에 공부할 예언자는 어떤 예언자인가?

A. 이 장에서는 연대적으로 아모스보다 약간 뒤늦게 활동한 호세아에 대해 알아볼 것이다. 호세아 1:1을 보면, 호세아가 활동했던 연대에 대해 다음과 같이 언급하고 있다: "웃시야와 요담과 아하스와 히스기야가 이어 유다 왕이 된 시대 곧 요아스의 아들 여로보암이 이스라엘 왕이 된 시대에 브에리의 아들 호세아에게 임한 여호와의 말씀이라." 이 구절을 살펴보면, 호세아가 살았던 당시에 남 왕국은 4명의 왕이 통치하였고, 북 왕국의 경우는 여로보암 2세가 왕위에 있었다고 소개하고 있다. 이 연대기적인 상황을 정리하면, 호세아는 대략 기원전 750-725년 사이에 예언 활동을 했던 것으로 계산할 수 있다. 즉 호세아는 여로보암 2세 통치 말기에 등장해서 북 왕국이 멸망하기 직전까지 활동한 예언자라고 추정해 볼 수 있다.

Q. 앞서 살펴본 아모스는 남 왕국 출신이면서 북 왕국에서 활동한 특별한 이력을 가지고 있었다. 그렇다면 호세아는 어떠한가? 호세아는 남 왕국 출신인가 북 왕국 출신인가?

A. 호세아는 북 왕국 출신이다. 호세아는 북 왕국에서 출생해서 북 왕국에서 활동한 유일한 문서 예언자이다. 엘리야나 엘리사도 북 왕국 출신이지만, 그들은 자신의 예언을 책으로 남긴 문서 예언자는 아니다. 그러므로 호세아가 처음이며 마지막으로 북 왕국 출신의 유일한 문서 예언자라고 말할 수 있다. 호세아 이후에는 곧 북 왕국이 멸망을 당했기 때문에 더 이상 북 왕국 출신의 문서 예언자가 나타날 수 없었다.

Q. 한 가지 궁금한 것이 있다. 호세아가 북 왕국 출신인데, 호세아 1:1에 남 왕국의 왕들이 소개되고 있는 이유는 무엇인가?

A. 아주 날카로운 질문이다. 호세아가 북 왕국에서 태어나 북 왕국에서 활동한 예언자임에도 그를 소개할 때에 남 왕국의 왕들을 언급하고 있는 것은 호세아서가 나중에 남 왕국에서 최종적으로 책으로 편집되어 탄생되었다는 것을 시사한다. 호세아의 제자들은 북 왕국이 멸망하자 남 왕국으로 도피하여, 남쪽에서 호세아의 예언을 총 정리해서 책으로 만들었을 것이다. 그러므로 호세아가 살았던 당시의 남쪽의 왕들을 소개해 줌으로써 남쪽 백성들에게 호세아의 활동 연대를 훨씬 더 쉽게 이해할 수 있도록 해 준 것이라고 볼 수 있다.

Q. 호세아의 예언 활동을 구체적으로 살펴보기 전에 먼저 인간 호세아에 대해 살펴보고자 한다. 호세아의 고향과 그의 가족에 대해 소개해 주시길 바란다.

A. 아모스의 경우와는 달리 성경은 호세아의 고향에 대해서는 아무런 언급을 하고 있지 않다. 호세아(הושע)라는 이름은 매우 신앙적인 의미를 지닌 것으로, '여호와께서 구원하셨다'라는 뜻을 지니고 있다. 그리고 호세아의 부친의 이름은 브에리(בארי)인데, '나의 우물'이라는 뜻이

다. 호세아의 부인은 잘 알고 있다시피, 고멜이라는 여인이다. 그런데 일반적으로는 고멜을 창녀라고 생각하는데, 오늘날의 창녀와는 다르다는 점을 인식할 필요가 있다. 고멜은 돈을 받고 몸을 파는 그러한 직업적 창녀가 아니라, 바알을 숭배하는 산당에서 거룩한 의식에 참여하면서 남신(男神)을 대신하는 바알 종교의 제사장과 성적 관계를 맺는 산당 매춘녀라고 보아야 한다. 바알 종교에서는 그러한 매춘 의식이 매우 널리 퍼져 있었는데, 특히 결혼을 앞둔 여인들을 "준비된 처녀들"이라고 부르며 의무적으로 매춘 의식에 참여시켰다.

Q. 호세아의 부인은 한마디로 열렬한 바알 숭배자였다는 것을 알 수 있다. 그런데 호세아는 어떻게 고멜과 결혼해서 자녀를 낳을 수 있었는가?

A. 호세아는 하나님의 명령에 따라 고멜과 결혼을 하게 되고 3명의 자녀를 낳았다. 그런데 호세아의 결혼에는 깊은 신앙적인 뜻이 들어 있음을 알아야 한다. 고멜과의 결혼은 북 왕국의 백성들이 고멜처럼 하나님을 버리고 바알 종교에 깊이 빠져 있음에도 하나님은 호세아가 고멜을 용서하고 품은 것처럼 이스라엘 백성들을 받아들이고 용납할 것이니, 이스라엘 백성들은 회개하고 바알에서 떠나 하나님께로 돌아오라는 신앙적인 메시지를 담고 있다. 호세아는 2남 1녀를 두었는데, 자녀들의 이름은 이스르엘, 로루하마, 로암미이다. 뒤에 이 이름들에 대하여 좀더 자세한 설명이 이어지겠지만, 한마디로 말해 이 자녀들의 이름은 모두 하나님의 역사 계획과 관련된 상징적인 의미를 지니고 있다.

호세아의 시대적 배경

Q. 호세아의 예언을 잘 이해하기 위해서는 그가 살았던 당시의 시대적 배경을

알아야 한다. 앞서 설명했다시피, 호세아는 아모스보다 약간 후대에 등장한 예언자이다. 그렇다면 호세아 시대의 정치적 상황은 어떠했는가?

A. 앞서 밝힌 대로, 호세아의 활동 시기를 대략적으로 기원전 750-725년 사이라고 추정할 때, 이 시기는 여로보암 2세가 죽으면서 북 왕국이 큰 혼란의 소용돌이에 휘말려 들어가는 때였다. 이 시기에는 앗시리아의 팽창이 시작되어 군사적 침략을 당해야만 했기 때문에 북 왕국은 큰 위협과 고통을 받아야만 했다. 여로보암 2세(기원전 786-746) 통치기간 동안에 평화는 완전히 사라져 버렸고, 북 왕국의 정치와 사회는 불안정한 상황을 맞이했다. 여로보암 2세 이후에도 6명의 왕들이 등장을 하게 되는데, 그중에서 4명이 암살당하는 매우 혼란스러운 시대였다(호 7:7). 또한 기원전 734-732년에는 일명 "시리아-에브라임 전쟁"이 발발했는데, 이 전쟁은 북 왕국과 시리아가 연합해 남 왕국에 공격을 가했으나, 결국은 앗시리아의 침략을 받게 된다. 이 전쟁으로 인해 북 왕국 백성들은 극심한 고통 중에 살아가야만 했다(호 5:8-6:5; 8:7-10). 이처럼 호세아는 북 왕국에 도래했던 평화의 시기가 그치고 어지럽고 혼란한 시대에 예언 활동을 한 예언자였다.

시리아-에브라임 전쟁

앗시리아 군대

앗시리아 군인들의 포로에 대한 고문

아쉬다롯 주민을 포로로 잡아가는 앗시리아 군대

앗시리아의 공성퇴로 공격하는 모습

Q. 호세아의 예언 활동의 시작은 평화와 번영의 시기인 여로보암 2세 시대이기는 하지만, 그의 대부분의 예언 활동은 연속적인 왕들의 암살 사건이 발생하고 앗시리아의 침략을 받은 혼란한 시기였다. 그렇다면 당시의 사회적, 종교적 상황은 어떠했는가?

A. 앗시리아와의 전쟁으로 인해 북 왕국은 경제 상황이 극도로 악화되었고 민심이 흉흉해졌다. 사회 정의는 붕괴되고, 경제적 불평등은 심화되었다. 관료들의 부정부패는 극에 달했고, 많은 백성들은 도적들이 되거나 폭력을 일삼는 사람들이 되었다. 그리고 사회 구조의 근본적인 변화가 일어나 지파 간의 연대감은 약화되고, "하나님의 백성"이라는 거룩한 자의식은 찾아보기 어려운 사회가 되었다. 종교적으로는 바알 종교가 더욱 성행하여 사회 전반에 걸쳐 영향력을 행사하였다. 백성들의 언어와 의복과 건축 등에도 바알 종교가 영향을 미쳤고, 모든 삶의 영역에 바알 종교가 뿌리를 내렸다. 이에 따라 여호와 종교는 점점 힘을 잃기 시작하였고, 가나안 제의와의 혼합이 두드러지게 나타났다. 백성들은 바알 종교의 숭배 장소인 산당에 가서 여호와 하나님께 예배를 드리

는 일도 빈번하게 발생하였다. 또 백성들은 하나님을 믿으면서도 상수리나무와 참나무 같은 신적인 능력과 신비한 힘이 있다고 믿었던 나무들 밑에서 행음을 일삼았다(호 4:11-14). 왜냐하면 이 나무들이 축복과 다산의 능력을 소유하고 있다고 생각했기 때문이다. 특히 상수리나무(אלה)와 참나무(אלון)는 이들 나무에 신의 이름을 집어넣어 부를 정도로 거룩한 나무들로 여겨졌다. 종교지도자들은 바알 종교의 영향을 받아 성도덕의 붕괴를 초래하는데 앞장섰고(호 4:6-10), 많은 거짓 예언자들이 등장하여 낙관주의적 신탁을 선포하였으며 전혀 시대를 분별하지 못하고 예언 활동을 하고 있었다. 예언자 호세아는 바알 종교화되고 타락한 여호와 종교를 바라보며 이스라엘의 암울한 미래를 개탄해야만 했다. 결국 호세아는 이런 시대적 상황 가운데서 예언자로 부름을 받고, 바알리즘과의 투쟁에 나섰다고 볼 수 있다.

Q. 호세아는 아모스 뒤를 이어 등장했지만, 시대적 배경은 완전히 다른 상황이 되었던 것 같다. 그렇다면 호세아는 북 왕국의 어느 도시에서 예언 활동을 하였는가?

A. 호세아의 활동 무대는 주로 수도 사마리아와 벧엘과 길갈이었던 것으로 보인다. 사마리아에서는 정치적인 예언을 했을 것이고, 제의에 대한 예언은 국가 성소가 있던 벧엘과 길갈에서 주로 선포하였을 것이라는 추측이 가능하다. 호세아가 선포한 예언의 내용들을 종합해 보면, 호세아는 가나안의 제의를 극심히 반대하던 레위 전통에 서 있었으며, 예언자 그룹의 우두머리였을 것으로 보인다(H. W. Wolff). 호세아의 예언들은 그를 따르던 많은 제자들에 의해 잘 보존되어, 후에 북 왕국이 멸망당한 이후 남쪽에서 현재의 책으로 편집된 것으로 보여진다.

호세아 예언의 내용: 바알 숭배에 대한 비판

Q. 이제 구체적으로 호세아가 선포한 예언의 내용을 살펴보기로 하자. 아모스는 북 왕국 사회의 구조적인 모순과 불의를 비판했던 "정의의 예언자"라고 앞서 설명한 바 있다. 그렇다면 호세아는 주로 어떤 내용의 예언을 선포하였는가?

A. 호세아는 엘리야와 엘리사의 예언 전통을 계승하여 북 왕국 백성들이 가나안 종교인 바알 숭배에 빠져 있는 것을 질책하였다. 한마디로 호세아는 이스라엘의 종교와 문화가 가나안화 되는 것에 반대하고, 바알 종교와 투쟁한 예언자이다. 이런 점에서 아모스 예언과 근본적인 차이점을 발견할 수 있다. 아모스가 주로 사회 정의를 부르짖으며 가난한 자들의 대변인 역할을 수행했다면, 호세아는 바알 종교와 완전히 구별된 올바른 예배를 하나님께 드릴 것을 주창하였다고 볼 수 있다. 호세아는 아모스와는 달리 사회 구조적 모순으로 인해 억압받고 고난당하는 자들의 인권에 대해서는 상대적으로 적은 관심을 보이고 있는 반면에, 가나안의 바알 종교로 인해 변질된 여호와 종교의 회복에 대해서는 그의 모든 열정을 가지고 부르짖었다. 호세아 예언의 핵심 단어는 "행음하다/음란하다"(זנה)라는 단어인데, 호세아서에 총 19번이나 등장하고 있다. 중요한 본문인 1:2을 읽어보도록 하자: "여호와께서 처음 호세아에게 말씀하실 때 여호와께서 호세아에게 이르시되 너는 가서 음란한 여자를 맞이하여 음란한 자식들을 낳으라 이 나라가 여호와를 떠나 크게 음란함이니라." 여기에 보면 '음란'이라는 단어와 '행음'이라는 단어가 반복해서 등장하는데, 히브리어로는 동일한 단어이다. 이 "행음하다/음란하다"라는 단어는 가나안의 바알 종교에 유혹당한 이스라엘 백성들의 믿음의 상태를 비유적으로 표현한 것인데, 이스라엘이 음란한 여인

처럼 그들의 남편과 같은 여호와 하나님을 배반하고 다른 신(바알)에게 사랑을 고백하였음을 나타내고 있다.

Q. 하나님께서는 호세아에게 "음란한 여인"과 결혼할 것을 명하셨다. 그렇다면 고멜은 윤리적으로 방탕하고 타락한 여인이 아니라, 바알 종교를 숭배하는 여인이라는 말인가?

A. 그렇다. 앞서 살펴본 대로 고멜은 바알을 숭배하는 여인으로 가나안의 산당에서 일하던 거룩한 매춘녀였을 것으로 보인다. 그러므로 호세아의 결혼 생활은 일종의 살아있는 예언과도 같았다고 볼 수 있다. 그의 결혼 생활과 가정생활은 과거와 현재의 북 왕국 백성들의 신앙 상태를 암시하는 일종의 상징 행위였다. 호세아가 고멜과 결혼한 것은 여호와를 배반하고 바알을 숭배하는 당시 이스라엘 백성들의 종교적 생활을 고발하는 행위였던 것이다. 호세아는 3명의 자녀들을 낳았는데, 그들의 이름은 이스라엘의 운명과 관련되었다. 첫째 아들의 이름은 이스르엘인데, 하나님께서 이스르엘 골짜기에서 배교한 이스라엘을 꺾을 것이라는 뜻을 함축하고 있다(호 1:4-5). 둘째는 딸로서 그녀의 이름은 로루하마이다(호 1:6). 이 딸의 이름은 긍휼히 여김을 받지 못한다는 뜻을 지니고 있는데, 바알을 숭배하는 이스라엘을 향한 하나님의 심판 계획을 암시하고 있다. 셋째는 로암미라는 아들인데, 하나님을 버리고 바알을 따라간 이스라엘은 이제 더 이상 하나님의 백성이 아니라는 뜻이다(호 1:9). 호세아는 깨어진 하나님과 이스라엘의 관계를 자신의 결혼 생활을 통해 보여주었고, 하나님의 분노와 배신감을 그의 자녀들의 상징적인 이름을 통해 알려준 것이다.

호세아 예언의 내용: 다가오는 북 왕국의 멸망 선포

Q. 호세아 자녀들의 이름은 좀 특별한 의미를 지니고 있는 것 같다. 정상적인 이름들이 아니라 특별히 하나님의 역사 계획을 내포한 의미를 지니고 있는 것을 볼 수 있는데, 호세아도 아모스처럼 북 왕국을 향한 하나님의 심판을 선포하려고 했는가?

A. 그렇다. 호세아 역시 아모스처럼 북 왕국을 향한 하나님의 심판 계획을 선포하였다. 아모스는 북 왕국의 심판은 이스라엘이 하나님의 정의를 버리고 사회적인 불의와 악행을 일삼았기 때문이라고 선포하였다면, 이와는 달리 호세아는 이스라엘이 여호와 하나님을 배신하고 바알을 숭배하였기 때문에 멸망을 당하게 된 것이라고 보았다는 점이다. 다시 말하면, 아모스는 북 왕국 멸망의 원인을 사회적 측면에 초점을 맞춘 반면, 호세아는 북 왕국의 종교적 문제에 더 큰 의미를 부여하고 있는 것이다. 그리고 호세아는 아모스에 비해 훨씬 적극적으로 백성들의 회개를 요청하였다. 백성들의 우상 숭배가 너무 극심하여 하나님의 심판을 받을 수밖에 없지만, 진심으로 회개하고 하나님께 돌아오면 살 수 있다는 점을 강조하였다(호 3:5; 12:6; 14:1). 12:6을 읽어보도록 하자: "그런즉 너의 하나님께로 돌아와서 인애와 정의를 지키며 항상 너의 하나님을 바랄지니라." 하나님은 죄와 우상 숭배에 대해 심판하시지만, 회개하고 돌아와 하나님의 공의를 지키며 하나님을 바라보면 다시 회복될 수 있는 가능성이 있다는 점을 선포하고 있음을 알 수 있다. 호세아는 구원은 오직 하나님께만 있으니 하나님만을 믿고 의지하며 살아갈 것을 외치고 있는 것이다: "나는 네 하나님 여호와라 나 밖에 네가 다른 신을 알지 말 것이라 나 외에는 구원자가 없느니라"(호 13:4).

호세아 예언의 특징

Q. 우리 모든 기독교인들은 호세아의 외침을 경청할 필요가 있다고 본다. 어떠한 죄인도 하나님을 찾고 하나님께로 돌아오면 다시 살 수 있다는 귀한 복음의 진리를 깨달을 수 있기를 바란다. 호세아는 이스라엘이 다시 살기 위해 회개할 것을 강조하였는데, 좀더 구체적으로 회개 후에 어떤 삶을 살 것을 요청하였는가?

A. 질문의 핵심은 4:1-2에서 찾을 수 있다: "이스라엘 자손들아 여호와의 말씀을 들으라 여호와께서 이 땅 주민과 논쟁하시나니 이 땅에는 진실도 없고 인애도 없고 하나님을 아는 지식도 없고 오직 저주와 속임과 살인과 도둑질과 간음뿐이요 포악하여 피가 피를 뒤이음이라." 여기에 몇 가지 중요한 단어들이 등장하고 있는데, 우리 모든 기독교인들이 귀담아 들어 삶에 적용해야 하는 내용들이 들어 있다. 본문에는 이스라엘 사람들이 제대로 준행하지 못한 3가지 대표적인 죄가 언급되고 있다. 첫째는 이스라엘 땅에는 진실이 없었다는 것이다. '진실'이란 사람들과의 관계성을 규정하는 단어인데, 한 사람이 타인을 믿을 수 있는 무조건적인 신뢰성을 말한다. 백성들 개개인이 이기적인 욕심과 욕망 때문에 서로를 믿지 못하는 관계가 형성되었다는 것이다. 둘째는 '인애'인데, 이 단어는 호세아서에 6번이나 등장한다(호 2:19; 4:1; 6:4,6; 10:12; 12:6). 이 단어의 주어가 하나님일 때는 인간을 향한 하나님의 사랑을 의미하고, 인간이 주어가 될 때는 인간 상호간의 사랑을 가리킨다. 호세아는 인간 상호간의 사랑을 하나님을 향한 사랑의 응답으로 보았다. 다시 말하면, 하나님을 향해 진실한 삶의 태도를 보이기 위해서는 타인을 향한 사랑을 실천해야 하며, 그것이 바로 하나님과의 내적인 진실한 관계를 지속하는 것임을 말하고 있는 것이다. 즉 이웃을 사랑하는 것이 하나님을

사랑하는 방법이 된다는 것이다. 이스라엘 땅에는 인애가 없었다. 셋째는 호세아는 이스라엘 백성들이 '하나님을 아는 지식'을 갖고 있지 못해 망하게 되었다고 지적한다. 즉 하나님에 대한 올바른 지식을 갖고 있지 못해 여호와 하나님을 버리고 바알 숭배를 하게 된 것이라는 점을 강조한다.

Q. 사랑과 진실, 그리고 하나님과의 올바른 관계가 더욱 필요한 시대에 호세아의 선포는 욕심과 이기심으로 살아가고 있는 우리 현대인들의 잘못된 삶의 태도를 정확하게 지적해 주고 있다고 본다. 호세아는 이스라엘이 "저주와 사위와 살인과 투절과 간음"이 만연한 사회라고 경고했는데, 이 내용들은 십계명과 어떤 관련성이 있는가?

A. 아주 정확하게 지적하였다. 저주는 십계명에 속하지 않지만, 나머지는 십계명에 속한 것들이다. '속임'은 거짓증거 하지 말라는 9계명을 의미하며, '살인'은 살인하지 말라는 6계명과 관련된다. 그리고 '도둑질'은 도둑질하지 말라는 8계명을 가리키며, '간음'은 간음하지 말라는 7계명에 해당된다. 십계명 중에서 5-10계명은 인간들 상호간의 삶의 문제를 다루고 있는데, 호세아는 하나님을 올바르게 섬기는 신앙인은 이 두 번째 돌 판의 내용들을 진심으로 지켜야 한다는 사실을 특별히 강조한 것이라고 볼 수 있다.

Q. 호세아는 특별히 하나님과의 올바른 관계, 그리고 인간 상호간의 진실한 관계를 강조하였던 예언자라는 생각이 든다. 호세아의 예언에서 찾아볼 수 있는 또 다른 특징은 무엇인가?

A. 자세한 설명은 어렵겠지만, 호세아의 독특한 역사 이해에 대해 좀더 알아보기를 원한다. 호세아는 이스라엘을 향한 하나님의 사랑의 시작

을 출애굽 사건이라고 보았는데, 호세아의 예언 선포의 뿌리는 출애굽 전승이라고 말할 수 있다(호 2:15; 11:1; 12:9; 13:4). 호세아는 하나님은 애굽 땅에서부터 이스라엘의 하나님이셨고, 광야 시절에는 이스라엘이 비교적 순수한 사랑을 간직하고 있었다는 것을 강조하였다. 하지만 이스라엘이 가나안 땅에 들어가서는 다른 남자를 따라간 부정한 여인처럼 하나님을 버리고 바알을 좇아갔다는 것이다. 가나안 땅의 입주 사건은 바알로의 타락의 시발점이었는데, 이스라엘은 약속된 땅의 문턱을 밟는 순간부터 하나님을 버리기 시작했다고 한다(호 9:10). 왕국이 건립되면서부터 왕은 백성들의 올바른 지도자로서 하나님을 온전히 섬기도록 이끄는 자가 되어야 함에도 오히려 백성이 바알 종교에 빠지도록 이끈 유혹자가 되었다고 보고 있다. 그래서 호세아는 왕국 탄생에 대해 매우 부정적으로 생각했는데, 모든 예언자들 중에서 가장 날카로운 왕국 비판자였다고 평가할 수 있다. 심지어 사울의 고향인 기브아는 범죄의 장소로 낙인찍혔고(호 9:9; 10:9), 길갈에서 사울이 왕으로 등극한 사건을 '악'으로 규정하였다(호 9:15). 이렇게 호세아가 왕국을 부정적으로 본 이유는 왕제도의 출발이 지극히 인간적인 동기에서 비롯되었기 때문이다: "그들이 왕들을 세웠으나 내게서 난 것이 아니며 그들이 지도자들을 세웠으나 내가 모르는 바이며 그들이 또 그 은, 금으로 자기를 위하여 우상을 만들었나니 결국은 파괴되고 말리라"(호 8:4). 호세아는 북 왕국의 왕들이 하나님을 제대로 섬기지 못하고, 오히려 앞장서서 우상들을 섬긴 것에 대해 강력히 비판하고 있다.

지금까지 예언자 호세아에 대해 공부하였다. 호세아는 우상 숭배에 빠져 있는 이스라엘 백성들을 질책하고 하나님의 심판을 선포한 예언자였다. 가나안에 들어와서 왕국을 세우고 풍족하게 살아가면서 바알을 섬기는 것보다는 좀 가난하고 불편하더라도 애굽이나 광야에서처럼 바알의 유혹을 받지 않고 오직 하나님과만 상대하며 살아갔던 때를 흠모하였던 예언자가 호세아였다는 생각이 든다. 오늘을 살고 있는 우리 모든 성도들도 물질의 풍요 때문에 죄를 짓지 말고 오직 하나님만을 바라보며 겸손히 살아가기를 바란다.

제3장 이사야 _ 이사야 1-66장; 열왕기하 18:13-20:19

세 부분으로 구성된 이사야서

Q. 앞 장에서는 예언자 호세아에 대해 공부하였다. 호세아는 북 왕국 출신의 유일한 문서 예언자였고, 특히 바알 숭배에 빠져 있는 북 왕국 백성들에게 회개하고 돌아와서 여호와 하나님을 진심으로 섬길 것을 외친 예언자였다는 것을 알 수 있었다. 이번에 공부할 예언자는 누구인가?

A. 예언자 이사야에 대해 알아보고자 한다. 이사야의 예언을 모아놓은 이사야서를 보면, 66장으로 구성되어 있다. 상당히 방대한 분량이다. 아모스서가 9장, 호세아서가 14장으로 되어 있는 것과 비교해 보면, 이사야서는 매우 많은 분량을 차지한다. 그래서 학자들은 아모스서와 호세아서를 중심으로 비교적 적은 분량의 12권의 예언서들을 소예언서라고 부르고, 이사야서와 예레미야서와 에스겔서처럼 분량이 많은 3권의 예언서를 대예언서라고 부른다. 방대한 분량의 이사야서는 3부로 구성되어 있다. 제1부는 1-39장이고, 제2부는 40-55장, 그리고 제3부는 56-66장이다. 각각은 서로 다른 주제와 내용으로 구성되어 있는데, 먼저 1부의 내용을 살펴보기로 하자.

이사야서의 구조

Q. 이사야서 제1부(1-39장)는 어떻게 구성되어 있는가?

A. 이사야서 제1부(1-39장)는 독특한 구조를 가지고 있다. 중간 중간에

특별한 표제어들을 등장시키고 있다. 예를 들어, 1:1은 이사야서 전체의 제목으로 이사야가 활동했던 시대적 배경과 그의 예언 활동의 성격을 규정해 주고 있는데, "유다 왕 웃시야와 요담과 아하스와 히스기야 시대에 아모스의 아들 이사야가 유다와 예루살렘에 관하여 본 계시"라고 되어 있다. 이 구절에 따르면, 이사야는 유다 왕 4명이 통치하는 동안 예언자로 살았고, 대략 기원전 740년부터 활동을 시작해서 기원전 701년 경에 예언자로서의 사명을 마쳤다. 그리고 이 구절에는 이사야가 예언을 주로 어떻게 받았는지를 설명하는 중요한 힌트가 언급되어 있는데, 그것은 "계시"라는 단어이다. 이 단어는 이사야서 전체의 특징을 요약하고 있다고 볼 수 있다. 이사야는 이상 혹은 환상의 체험을 통해 하나님으로부터 예언을 받았다는 것이다. 우리가 이사야 6장에서 알 수 있듯이 이사야는 실제로 예루살렘 성전에서 환상을 통해 하나님을 보았고, 그의 부정한 입술이 치유되는 신앙적인 체험을 하였다.

Q. 앞서 언급한 것처럼, 이사야는 '계시'를 통해 하나님의 말씀을 받은 예언자이다. 구체적으로 어떤 말씀을 받았는가?

A. 이사야가 하나님으로부터 받은 말씀은 몇 개의 표제어를 통해 주제별로 나누어 편집되어 있다. 2:1을 보면 "아모스의 아들 이사야가 받은 바 유다와 예루살렘에 관한 말씀이라"고 되어 있는데, 유다와 예루살렘을 향한 하나님의 계획에 관한 말씀이 12장까지 계속되고 있다. 유다와 예루살렘은 앗시리아의 침략을 받게 되지만, 하나님의 은혜와 은총 속에 구원을 받게 된다는 내용이다. 그리고 13-23장은 다른 주제의 내용을 담고 있는데, 바벨론을 비롯한 열방을 향한 하나님의 심판 계획을 선포하고 있다. 좀더 세부적으로 살펴보면, 13-14장은 바벨론에 대한 경고의 말씀이며, 15-16장은 모압에 대한 경고의 말씀이다. 이어서

17-18장은 다메섹에 대한, 그리고 19-20장은 애굽에 관한 경고의 말씀을 다루고 있으며, 21-23장은 바벨론, 두마, 아라비아, 두로 등에 관한 경고의 말씀을 담고 있다. 그러니까 이사야가 유다 주변의 열방들에 대해서 받은 경고의 말씀들이 13-23장에 모아져 있다고 볼 수 있다. 24-27장은 일명 "이사야 묵시록"이라고 하는데, 마지막 심판 날에 일어날 우주사적인 현상을 강렬한 언어로 묘사하고 있다.

Q. "묵시록"하면 다니엘서나 신약의 요한계시록을 떠올릴 것이다. 땅이 황폐화되고 태양과 달과 별이 빛을 잃고 죽은 자가 살아나는 등의 무시무시한 종말론적 사건들이 일어난다. 이 묵시록은 다음 기회에 공부하기로 하자. 계속 이어서 이사야서 뒷부분은 어떤 내용들로 구성되어 있는가?

A. 28-35장은 여러 곳에서 "화 있을찐저"라는 탄식의 말로 시작되고 있는데(28:1; 29:1,15; 30:1; 31:1; 33:1), 일종의 재앙의 말씀이라고 볼 수 있다. 교만하고 의롭지 못한 자들에게 임하는 하나님의 심판에 대해 선포하고 있다. 마지막 부분인 36-39장은 독특한 성격을 지니고 있는데, 이 부분은 이사야가 받은 예언이 아니라 이사야와 관련된 역사적 사건들을 기록하고 있다. 특히 3가지 사건을 소개하고 있는데, 기원전 701년에 앗시리아의 산헤립이 유다와 예루살렘을 침공했던 사건(36-37장), 히스기야가 병이 들어 죽게 되었다가 고침받은 사건(37장), 그리고 바벨론 왕 므로닥발라단이 보낸 사절단이 예루살렘을 방문한 사건(38장)이 언급되어 있다. 이 3가지 내용들은 열왕기하 18:13-20:19에도 거의 동일하게 소개되어 있다. 그런데 이 부분에서 주목할 점은 기원전 8세기에 활동한 4명의 예언자, 즉 아모스, 호세아, 이사야, 미가 등 이들 중에서 오직 이사야만이 열왕기서에 등장하고 있다는 점이다. 그러나 그 이유에 대해서는 아직 밝혀진 것이 없다.

인간 이사야

Q. 예언자 이사야에 대해 살펴보기 전에 먼저 인간 이사야에 대해 먼저 알아보았으면 한다. 그의 출신 성분은 어떠했는가?

A. 이사야는 다른 예언자들과 비교해 볼 때, 확연히 다른 점이 있다. 이사야는 상당히 높은 사회적 신분을 소유하고 있었던 자로 보인다. 귀족 출신의 궁중의 고급 관료였거나(G. Fohrer), 아니면 왕실의 자녀들을 교육하는 예루살렘의 지혜학교 교사였을 것으로 추측된다(O. Kaiser). 왜냐하면 이사야의 예언에는 인간에 대한 폭넓은 지식이 함축되어 있고, 논리적 설득력이 강하며, 다양한 지혜 문학적 표상들이 들어 있기 때문이다. 어쨌든 이사야는 왕실과 매우 밀접한 관계를 유지하고 있던 것으로 보이는데, 일반 백성의 신분이 아니었다는 것은 분명하다. 다시 말해, 이사야는 예언자가 되기 이전에 정치적으로 상당히 높은 위치에 있었음은 물론이고, 이에 수반되는 경제적, 사회적 지위를 향유했던 사람이었다. 하지만 이사야는 하나님의 부르심을 받고 고난 받는 예언자가 되었는데, 위경에 속하는 『이사야의 순교』라는 책에 의하면 이사야는 최악의 유다 왕 므낫세(기원전 696-641)에게 순교를 당한 것으로 소개되고 있다. 많은 사람들은 히브리서 11:37에 언급된 대로 이사야가 "톱으로 켜는 죽임"을 당한 인물로 생각하고 있다.

Q. 이사야는 자신이 정치적, 경제적, 사회적으로 누리던 모든 것들을 포기하면서까지 하나님의 부르심에 응답하여 예언자의 삶을 살았고, 결국 순교로서 하나님께 헌신한 모습을 보였다. 이런 이사야를 통해서 그저 편안한 삶과 세상에서의 성공만을 추구하며 살아가는 우리의 삶의 모습을 다시 한 번 돌아보게 한다. 그렇다면 이즈음에 이사야의 가족관계가 궁금해진다. 그의 가족관계

는 어떠했는가?

A. 이사야의 아버지는 아모스이다. 하지만 예언자 아모스와는 아무런 관계가 없는 사람으로 동명이인이다. 아버지가 어떤 사람이었는가에 대해서는 더 이상 알 수 없다. 여러 가지 상황을 고려할 때 이사야는 예루살렘 출신으로서 그의 모든 예언 활동의 무대는 예루살렘이었다. 그런데 여기서 주목되는 부분은 이사야의 부인도 예언자였다는 점이다. 이사야서는 이사야의 부인의 예언 활동에 대해서 자세히 소개하고 있지 않지만, 이사야는 자신의 부인을 여예언자라고 언급하고 있다. 우리말 성경 이사야 8:3을 보면, "내가 내 아내를 가까이 하매 그가 임신하여 아들을 낳은지라"라고 기술하고 있다. 그런데 우리말 성경의 "내 아내"가 히브리어 성경에서는 "여자 예언자"로 되어 있다. 그리고 이사야는 두 명의 아들을 낳았다. 첫째 아들의 이름은 스알야숩이고, 둘째 아들의 이름은 마헬살랄하스바스이다. 이 두 아들의 이름은 하나님의 역사 계획과 관련된 상징적 의미를 지니고 있다. '스알야숩'은 '남은 자가 돌아오리라'라는 뜻인데(사 7:3), 기원전 734년에 북 왕국과 시리아가 남 유다를 침공하지만 성공을 거두지 못하고 잡혀갔던 백성들이 돌아올 것이라는 사실을 암시하고 있다. 또 다른 아들의 이름 '마헬살랄하스바스'는 직역하면 '신속하게 노략질하고 서둘러 전리품을 취하라'는 뜻이다(사 8:3). 이 이름은 이스라엘이나 고대 근동에서 흔히 발견할 수 없는 특이한 이름인데, 유다를 공격해 오는 시리아와 에브라임의 동맹군이 매우 빠른 시기에 앗시리아에 의해 패퇴하게 될 것임을 알리는 이름이다. 실제로 시리아와 북 왕국 에브라임의 군대는 앗시리아의 왕 디글랏빌레셀 3세(기원전 745-727)와의 전쟁에서 심각한 패배를 당하였는데, 이 전쟁으로 인해 시리아는 패망하였고 북 왕국 이스라엘은 봉신국이 되고 말았다. '마헬살랄하스바스'라는 이사야의 두 번째 아들의 이름은 유다

왕국을 위협하던 군사적인 위험들이 곧바로 사라질 것이라는 위로의 이름이었던 셈이다.

시대적 배경

Q. 이사야는 부부가 예언자였고, 두 자녀는 하나님의 역사 계획과 관련된 이름을 지니고 있었음을 알게 되었다. 이제 이사야가 살았던 시대의 역사적 상황에 대해 설명해 주시길 바란다.

A. 이사야는 대략 40년이라는 오랜 기간 동안 예언 활동을 했기 때문에 그가 살았던 시대적 배경을 한마디로 요약하기는 어렵다. 두 부분으로 정리해서 살펴보면, 하나는 이사야가 활동 초기에는 사회 정의를 예언의 주제로 삼았다는 것인데, 그는 아모스처럼 사회적인 불평등의 문제를 비판하고 국내 정치적인 법과 공의를 대변하였다(사 2-5장). 그만큼 당시는 빈익빈 부익부 현상이 심화되어서 중산층과 하층민의 생활이 매우 빈궁했던 상황이었다. 이사야의 활동 초기는 대체적으로 유다의 부조리한 사회 구조에 대해 비판하는 시기였다고 볼 수 있다. 다른 한편으로 상당히 많은 이사야의 예언은 국제 정치적이고 외교적인 문제와 관련되는데, 이 예언들은 주로 이사야의 활동 중반기와 후반기에 행해졌다고 볼 수 있다. 이사야가 활동하였을 당시에 유다는 세 가지의 중요한 국제 외교적 사건을 경험하였다. 좀더 구체적으로 살펴보면, 이사야의 예언은 시리아-에브라임 전쟁(기원전 734-732, 사 7-9장), 아스돗의 주도 하에 일어났던 반(反) 앗시리아 동맹사건(기원전 713-711, 사 10-23장), 그리고 산헤립의 침공으로 인한 예루살렘 포위 사건(기원전 705-701, 사 28-32; 36-39장)과 밀접히 관련되어 있다. 이사야는 유다가 전쟁의 소용돌이에 휩싸여 있을 때 예언 활동을 하면서, 유다 왕에

게 외국의 군사력에 의존하지 말고 전적으로 하나님만을 의지할 것을 강하게 권면하였다. 이사야는 특히 시리아-에브라임 전쟁 때에 유다 왕 아하스에게 하나님을 절대적으로 믿고 의지할 것을 요구했으며(사 7:9), 기원전 701년경 앗시리아의 산헤립이 침공했을 때에는 유다 왕 히스기야에게 다시 한 번 전적으로 하나님만을 믿을 것을 강력하게 주장했다: "주 여호와 이스라엘의 거룩하신 이가 이같이 말씀하시되 너희가 돌이켜 조용히 있어야 구원을 얻을 것이요 잠잠하고 신뢰하여야 힘을 얻을 것이거늘 …"(사 30:15). 이사야는 유다가 다른 나라들과 전쟁을 하게 될 때에 결단코 이방 국가의 힘을 빌려 국가를 지키려고 하지 말고, 하나님만을 절대적으로 신뢰해야 살 수 있다는 사실을 거듭 강조하였던 예언자였다.

이사야의 소명

Q. 앞서 언급했듯이, 이사야는 초기 몇 년간을 제외하면 대부분 유다가 전쟁의 소용돌이에 휩싸여 있던 상황 가운데서 예언 활동을 했다. 이사야가 예언자로서 부르심을 받게 된 상황에 대해 설명해 주시길 바란다.

A. 우리가 잘 알고 있는 대로, 이사야서 6장은 이사야의 소명을 다루고 있는 본문이다. 이사야서 6장은 이사야가 웃시야 왕이 죽던 해에 하나님으로부터 예언자로 부르심을 받았다고 소개하고 있다. 이사야의 소명을 보도하는 6:1-4을 읽어보도록 하자: "웃시야 왕이 죽던 해에 내가 본즉 주께서 높이 들린 보좌에 앉으셨는데 그의 옷자락은 성전에 가득하였고 스랍들이 모시고 섰는데 각기 여섯 날개가 있어 그 둘로는 자기의 얼굴을 가리었고 그 둘로는 자기의 발을 가리었고 그 둘로는 날며 서로 불러 이르되 거룩하다 거룩하다 거룩하다 만군의 여호와여 그의 영광

이 온 땅에 충만하도다 하더라 이같이 화답하는 자의 소리로 말미암아 문지방의 터가 요동하며 성전에 연기가 충만한지라." 이사야는 예루살렘 성전에서 예배를 드리던 중에 환상을 보았는데, 하나님께서 예루살렘 성전 위에서 장엄한 모습으로 보좌에 앉아계신 장면을 목격할 때 두려움을 불러일으키는 하나님의 음성을 듣게 된다.

Q. 이와 같이 이사야는 예언자로 부르심을 받게 되었을 때에 특별한 신앙적 체험을 하였다. 다른 예언자들도 이러한 부르심의 체험을 하였는가?

A. 참 예언자라고 평가할 수 있는 모든 예언자들은 공통적으로 하나님으로부터 부르심을 받았다. 하나님과의 인격적인 만남이 없는 예언자는 모두 거짓 예언자이다. 그만큼 이 부르심의 체험은 너무도 중요하다. 예언자들이 예언 활동을 하면서 겪게 되는 모든 고난과 아픔을 견딜 수 있었던 것은 바로 이 부르심의 경험 때문이다. 하나님이 죄 많고 부족한 자신을 불러주셨다는 감격과 기쁨이 예언자로서의 사명을 감당할 수 있도록 하는 영적 자산인 것이다. 우리 신앙인들도 마찬가지이다. 하나님과의 특별한 만남의 경험이 있는 자는 세상을 살아가면서 만나게 되는 여러 가지 고난의 과정을 견딜 수 있지만, 그렇지 못한 경우에는 시련이 왔을 때에 쉽게 넘어지고 낙심하게 된다. 그러므로 우리는 기도를 통해, 찬양을 통해, 그리고 말씀을 통해 하나님이 부르시는 음성을 듣고 하나님의 초청에 응답하는 귀중한 경험을 해야 한다.

Q. 이사야는 예루살렘 성전에서 예배를 드리다가 하나님을 새롭게 만났다고 말씀하셨는데, 이사야가 경험한 하나님은 어떤 분이었는가?

A. 이사야는 특별히 "거룩하신 하나님"을 경험하였다. 이사야는 천상의 스랍들이 "거룩하다 거룩하다 거룩하다"라고 외치는 음성을 듣게 된다.

여기서 "거룩하다"가 세 번 반복되고 있는 것은 하나님의 '지고한 거룩성'을 가리킨다. 하나님은 인간과는 완전히 다른 절대적 초월성을 지닌 존재이며, 이 세상에 존재하는 어떤 것과 비교할 수 없는 전적인 타자(他者)라는 것이다. 그러므로 인간이 하나님 앞에 서게 되면, 죄인임을 고백할 수밖에 없고 두렵고 떨리는 경험을 하지 않을 수 없다(사 8:13). 이사야는 인간은 죄인이고 하나님은 거룩하신 분이라는 것을 그 어떤 예언자들보다 자주 선포했다. '하나님은 거룩하신 분이다'라는 사고는 이사야 예언의 핵심인데, 이사야서에서 24번이나 등장하고 있다. 우리가 은혜를 받고 나면 하나님 앞에서 죄인임을 고백하고 철저히 무릎 끓고 회개하는 것은 바로 하나님의 거룩성 때문이다.

Q. 이사야는 성전에서 하나님의 거룩성을 경험하면서 예언자로 부름을 받았다고 설명해 주셨는데, 이사야는 어떤 고백을 하게 되었는가?

A. 이사야는 거룩하신 하나님의 부르심을 받고 다음과 같이 고백하였다: "그 때에 내가 말하되 화로다 나여 망하게 되었도다 나는 입술이 부정한 사람이요 입술이 부정한 백성 중에 거주하면서 만군의 여호와이신 왕을 뵈었음이로다 하였더라"(사 6:5). 이사야는 자신이 입으로 많은 죄를 지은 죄인이며 입술이 부정한 사람이라는 사실을 철저히 회개하였다. 우리도 이사야처럼 입으로 얼마나 많은 죄를 범하며 살아가고 있는가. 우리가 하나님의 일꾼으로 거듭나기 위해서는 이사야의 이런 고백이 우리 모두에게도 동일하게 있어야 한다. 이사야의 고백을 들은 하나님은 스랍들을 시켜 성전의 뜨거운 숯으로 그의 입술에 갖다 대고 악을 제하여 주시면서 "네 악이 제하여졌고 네 죄가 사하여졌느니라"(사 6:7)고 말씀하셨다. 우리는 여기서 매우 귀중한 신앙적인 교훈을 발견할 수 있다. 이사야는 예언자로 부르심을 받으면서 부정한 입술이 깨끗해

지는 귀한 영적인 경험을 하였다. 우리 모든 신앙인들은 하나님의 부르심을 받고 응답하면서 이사야와 같은 귀한 신앙적 경험을 해야 한다. 하나님 앞에서 부정한 입술을 고침 받는 귀한 경험을 통해 우리는 새로운 사명자로서 살아갈 수 있는 것이다. 불평하며 원망하며 살던 옛 언어 대신에 하나님께 감사하며 찬양하는 새 언어로 무장해야 한다.

"거룩하신 하나님"의 체험

Q. 그렇다. 우리 모든 성도들은 하나님을 만난 후에는 세상의 부정한 언어를 버리고 하나님을 찬양하는 새 언어를 사용해야 한다. 우리의 입술은 이제 더 이상 죄를 짓는 도구가 아니라, 하나님께 영광 돌리는 거룩한 도구가 되어야 한다. 이사야처럼 부정한 입술을 치료함 받고 하나님의 귀한 일꾼들로 사용되기를 간절히 바란다. 이제부터 이사야가 외친 말씀들을 살펴보기로 하자. 다른 예언자들과 달리 이사야 예언의 주요 특징이라고 말할 수 있는 내용은 무엇인가?

A. 아모스는 '공의의 하나님'을 외치고, 호세아는 '사랑의 하나님'을 선포했다면, 이사야는 '거룩하신 하나님'을 설파했다. 이사야가 경험하고 외친 하나님은 거룩하신 분이다. 하나님은 거룩하심 그 자체이며, 온 땅에는 하나님의 거룩함이 가득하며, 하나님은 그 거룩함으로 세계를 통치하고 지배하시는 분이시다. 이사야 6:3은 다음과 같이 하나님에 대해 선포하고 있다: "거룩하다 거룩하다 거룩하다 만군의 여호와여 그의 영광이 온 땅에 충만하도다." 이사야가 이렇게 하나님의 거룩하심에 대해 강조하는 이유가 있다. 그것은 모든 인간들은 하나님의 거룩하심 앞에서 죄인임을 고백하고, 좀더 거룩한 하나님의 자녀로 살아가야 한다는 것이다. 이와 관련해서 레위기 19:2의 말씀을 인용해보도록 하겠다:

"너희는 거룩하라 이는 나 여호와 너희 하나님이 거룩함이니라." 우리 모든 인간들은 하나님이 거룩하신 것처럼 세상과 구분된 거룩한 존재로 살아가야 한다. 이것이 하나님의 자녀의 본분이며 귀중한 사명이라는 것이다. 책을 읽는 모든 독자들은 이사야가 경험한 하나님의 거룩하심을 깨닫고, 우리의 삶의 현장에서 그 거룩을 나타내 보이며 정결한 삶을 살아가길 소망한다.

Q. 신실한 신앙인이라면 '거룩하신 하나님' 앞에서 철저히 자신의 죄성을 인정하고 반성할 수 있어야 한다. 이사야는 거룩하신 하나님을 만난 후에 자신의 죄악을 고백했을 텐데, 그에게 어떠한 삶의 변화가 일어났는가?

A. 하나님은 참으로 섬세하신 분이시다. 하나님은 성전에 찾아온 이사야를 만나셔서 그의 죄를 용서하신 후에 예언자로 불러주셨다. 여기서 우리는 한 가지 중요한 사실을 깨달아야만 한다. 이사야는 거룩하신 하나님과의 인격적이고 신앙적인 만남을 가진 이후에야 비로소 하나님의 일꾼으로 활동하기 시작했다는 점이다. 이것은 오늘을 살고 있는 모든 신앙인들에게 시사하는 바가 크다. 하나님의 일을 하기 위해 결단하는 모든 자들은 먼저 하나님과의 진지한 만남과 죄 용서함의 경험을 해야만 한다. 그렇지 않은 경우에는 삯군 목자가 되기 쉬우며, 약간의 어려움만 와도 포기하고 뒤로 후퇴하는 어리석은 신앙인이 되고 만다. 참 예언자들은 예언자로 활동하기 이전에 모두 하나님과의 만남이 우선적으로 이루어졌다. 우리는 교회에 몇 년 다니면 직분을 받게 되고, 경우에 따라서는 교회의 한 부서에서 일하는 사명자가 될 수 있다. 하지만 중요한 것은 이사야처럼 먼저 거룩하신 하나님 앞에서 완전히 무릎을 꿇는 귀중한 경험을 해야만 한다. 그래야만 시련을 이길 수 있으며, 고난 중에도 기뻐할 수 있는 법이다. 오늘날 한국교회가 침체되어 있다고들 많이

이야기하는데, 모든 교인들이 하나님과의 올바른 인격적인 만남을 갖게 된다면 문제는 해결될 수 있으리라고 생각한다. 하나님을 진정으로 경험한 자는 삶의 위기 앞에서도 결코 흔들리지 않는 신앙으로 살아갈 수 있기 때문이다.

하나님이여! 나를 보내소서!

Q. 이사야는 성전에서 거룩하신 하나님을 만나는 귀중한 경험을 하였기 때문에 고난과 핍박을 받아도 흔들리지 않는 예언자가 되었다. 하나님을 만난 이후에, 이사야에게 어떤 삶의 변화가 일어나게 되었는가?

A. 이사야는 거룩하신 하나님과의 만남이 있은 후에 하나님의 음성을 듣게 된다. 하나님께서 이사야에게 다음과 같이 말씀하셨다: "내가 누구를 보내며 누가 우리를 위해 갈꼬?"(사 6:8) 이 음성을 들은 이사야는 주저하지 않고 "내가 여기 있나이다. 나를 보내소서"라고 대답한다. 우리는 여기서 이사야의 순수하고도 열정적인 믿음의 모습을 발견할 수 있다. 하나님의 소명(召命), 즉 부르심에는 반드시 사명(使命)이 따르는 법인데, 이사야의 사명은 하나님의 말씀을 가지고 세상에 나가 전파하는 것이었다. 이사야는 하나님의 부르심을 받고 아무런 주저함도 없이 즉각적으로 하나님의 초청에 응답하는 귀한 신앙의 모습을 보여주었다. 이사야는 참으로 훌륭한 믿음의 사람이다. 이사야는 앞뒤를 계산하면서 이해 타산적으로 행동하는 약삭빠른 사람도 아니었고, 더더군다나 자신이 예언자로 응답하게 되면 자신에게 어떤 어려움과 고난이 닥쳐올 것인가를 모르는 어리석은 인간도 아니었다. 그럼에도 이사야는 정말로 순수하게 하나님의 초청에 즉각적으로 응답하고 결단한 위대한 신앙인이었다. 이러한 이사야의 믿음의 결단이 그를 위대한 예언자로 우뚝 설

수 있도록 해 주었다. 뒤에서 다시 살펴보겠지만, 무엇보다 메시아의 탄생을 예고하는 특권을 지닌 예언자가 될 수 있게 해 주었다.

메시아의 탄생 예언

Q. 우리 모든 성도들도 이사야처럼 하나님의 부르심에 응답하는 순수한 신앙인들이 되어서 "하나님, 내가 여기 있나이다 나를 보내소서"라고 응답할 수 있기를 바란다. 그래서 세상에서 빛과 소금의 역할을 잘 감당하는 성도들이 되어야 할 것이다. 조금 전에 이사야는 메시아의 탄생을 예언하는 특권을 가지고 있었다고 말씀하셨는데, 이제 그 내용에 대해서 설명해 주시길 바란다.

A. 이사야는 다윗의 후손에게서 메시아가 탄생할 것임을 선포한 최초의 예언자이다. 7:14을 보면 다음과 같다: "그러므로 주께서 친히 징조를 너희에게 주실 것이라 보라 처녀가 잉태하여 아들을 낳을 것이요 그의 이름을 임마누엘이라 하리라." 이 말씀은 마태복음 1:23에 예수님의 탄생과 관련해서 인용되어 있기 때문에 많은 기독교인들이 잘 알고 있는 말씀이다. 특히 성탄절 때에 어린아이들이 자주 암송하기도 하고, 목사님의 설교에도 자주 언급되고 있는 말씀이기도 하다. 하나님께서는 우리와 함께 하시고 우리를 사랑하시기 때문에 임마누엘 되시는 예수 그리스도를 이 땅에 보내신 것이다. 하나님께서 우리와 함께 하신다는 것은 얼마나 큰 축복이며 위로인가. 하나님께서는 이사야를 통해 처음으로 이 땅에 우리와 함께 하시는 메시아를 보내주신다고 선포하셨다.

Q. 이사야는 참으로 귀한 위로의 메시지를 선포한 예언자이다. 메시아의 탄생을 예고한 본문이 7:14절 이외에도 또 있는가?

A. 이사야 9:6-7을 읽어보자: "이는 한 아기가 우리에게 났고 한 아들을

우리에게 주신바 되었는데, 그의 어깨에는 정사를 메었고 그의 이름을 기묘자라, 모사라, 전능하신 하나님이라, 영존하시는 아버지라, 평강의 왕이라 할 것임이라 그 정사와 평강의 더함이 무궁하며 또 다윗의 왕좌와 그의 나라에 군림하여 그 나라를 굳게 세우고 지금 이후 영원히 정의와 공의로 그것을 보존하실 것이라 만군의 여호와의 열심이 이를 이루시리라." 여기에서는 메시아의 별칭이 5가지로 소개되었다. '기묘자'란 인간이 예측할 수 없는 불가사이한 일을 계획하시는 분이란 뜻이고, '모사'란 계획을 세운 일이 반드시 성취되도록 하시는 분이라는 뜻이다. '전능하신 하나님'이란 메시아의 능력을 나타내는 이름이고, '영존하시는 아버지'란 메시아가 정의롭게 영원히 세계를 통치하실 것임을 나타내고 있다. '평강의 왕'은 메시아가 세계에 완전한 평화를 가져다주시는 분임을 강조하는 이름이다.

Q. 메시아를 나타내는 5개의 이름의 뜻을 들으니 예수님께서 유대 땅 베들레헴에 탄생하셨을 때에 천사들이 "지극히 높은 곳에서는 하나님께 영광이요 땅에서는 하나님이 기뻐하신 사람들 중에 평화로다"(눅 2:14)라고 노래한 이유를 알 수 있다. 이사야가 선포한 메시아 탄생의 예언에 대해 한 곳만 더 설명해 주시길 바란다.

A. 이사야 11:1-9에 이새의 줄기에서 태어나게 될 메시아가 미래에 이룩하게 될 평화의 나라에 대해 자세히 설명하고 있다: "이새의 줄기에서 한 싹이 나며 그 뿌리에서 한 가지가 나서 결실할 것이요 그의 위에 여호와의 영 곧 지혜와 총명의 영이요 모략과 재능의 영이요 지식과 여호와를 경외하는 영이 강림하시리니 그가 여호와를 경외함으로 즐거움을 삼을 것이며 그의 눈에 보이는 대로 심판하지 아니하며 그의 귀에 들리는 대로 판단하지 아니하며 공의로 가난한 자를 심판하며 정직

으로 세상의 겸손한 자를 판단할 것이며 그의 입의 막대기로 세상을 치며 그의 입술의 기운으로 악인을 죽일 것이며 공의로 그의 허리띠를 삼으며 성실로 그의 몸의 띠를 삼으리라 그 때에 이리가 어린 양과 함께 살며 표범이 어린 염소와 함께 누우며 송아지와 어린 사자와 살찐 짐승이 함께 있어 어린 아이에게 끌리며 암소와 곰이 함께 먹으며 그것들의 새끼가 함께 엎드리며 사자가 소처럼 풀을 먹을 것이며 젖 먹는 아이가 독사의 구멍에서 장난하며 젖 뗀 어린 아이가 독사의 굴에 손을 넣을 것이라 내 거룩한 산 모든 곳에서 해 됨도 없고 상함도 없을 것이니 이는 물이 바다를 덮음같이 여호와를 아는 지식이 세상에 충만할 것임이니라." 이 구절은 메시아가 다스리는 나라에 대해 설명하고 있다. 이새의 줄기, 곧 다윗의 후손에게서 태어날 메시아가 다스리는 나라는 공의와 정의가 지배하는 나라가 될 것이며, 인간과 동물 사이에 평화가 회복되는 놀라운 축복의 나라가 될 것임을 선포하고 있다.

시온 예루살렘의 보호 선포

Q. 메시아가 통치하는 나라는 평화와 정의가 흐르는 우주적인 국가라는 설명이다. 독사 굴에 어린아이가 손을 넣고 장난을 쳐도 아무런 상함이 없고 사자와 송아지가 함께 있어도 살육이 일어나지 않는 평화스러운 나라가 도래하길 기대한다. 복음성가를 통해서도 자주 불렀던 내용이기도 하다. 이제 이사야가 선포한 또 다른 예언의 내용에 대해 소개해 주시길 바란다.

A. 이사야는 주변의 여러 국가들의 침략에도 불구하고 하나님께서 예루살렘을 굳게 붙잡아 주셔서 그 성이 결코 정복되지 않을 것임을 선포하였다. 예루살렘은 하나님이 선택하시고 거주하시는 도시이기 때문에 하나님은 치명적인 위험 속에서도 그 도시를 보호해 주실 것이라고 이

사야는 예언하였다(사 31:4-5). 시온 예루살렘은 하나님의 거룩한 거주지이며 하나님의 현현의 장소이기 때문에 유다를 위협하는 앗시리아나 아람이나 북 왕국의 침략에 결코 무너지지 않을 것이라고 이사야는 굳게 믿었다. 시온 예루살렘은 믿을 수 있는 안전한 곳이라는 말이다. 이사야는 시온 예루살렘은 하나님의 역사의 중심지이며, 세계 모든 백성들이 순례하는 도시가 될 것이라 선포하고 있다(2:2-4). 이사야는 왕과 백성들에게 하나님이 시온 예루살렘을 굳게 지켜주실 것이니 하나님만을 굳게 믿고 신뢰하라고 신신당부하였다. 7:4에 보면, 이사야는 왕 아하스에게 다음과 같이 말하였다: "너는 삼가며 조용하라 르신과 아람과 르말리야의 아들이 심히 노할지라도 이들은 연기 나는 두 부지깽이 그루터기에 불과하니 두려워하지 말며 낙심하지 말라." 그리고 7:8-9에서는 다음과 같이 선포하였다: "대저 아람의 머리는 다메섹이요 다메섹의 머리는 르신이며 육십오년 내에 에브라임이 패망하여 다시는 나라를 이루지 못할 것이며 에브라임의 머리는 사마리아요 사마리아의 머리는 르말리야의 아들이니라 만일 너희가 굳게 믿지 아니하면 너희는 굳게 서지 못하리라 하시니라." 이사야는 왕과 백성들에게 주변의 환경에 두려워하지 말고 전능하신 하나님을 굳게 믿고 신뢰할 것을 요구하고 있다. 책을 읽는 모든 독자들도 이사야의 말씀에 귀를 기울여서 믿음으로 주변의 모든 어려운 환경을 이기고, 하나님만을 신뢰하는 군건한 믿음으로 이 세상에서 승리하는 귀한 신앙인들이 되길 바란다.

Q. 이사야의 예언대로 예루살렘은 실제로 앗시리아나 아람이나 북 왕국의 침략을 받고도 안전하였는가?

A. 기원전 734-732년에 아람과 북 왕국의 연합군이 남 유다를 공격해 왔으나 이사야의 예언대로 성공을 거두지 못했다. 오히려 이 전쟁으로

인해 아람은 멸망을 당하였고, 영토는 앗시리아의 주로 편입되었으며, 아람의 왕 르신은 죽임을 당하고 말았다. 그리고 북 왕국은 길르앗과 갈릴리 지역을 앗시리아에 빼앗기고, 북 왕국의 왕 베가는 죽임을 당했다. 기원전 701년에는 앗시리아의 산헤립이 예루살렘과 남 유다를 공격해 왔는데, 남 유다의 대부분의 도시들은 앗시리아 군대에 의해 유린을 당했다. 하지만 예루살렘만은 정복을 당하지 않았다. 열왕기하 19:35에 예루살렘이 구원받은 기적적인 사건에 대해 다음과 같이 설명하고 있다: "이 밤에 여호와의 사자가 나와서 앗수르 진영에서 군사 185,000명을 친지라 아침에 일찍이 일어나보니 다 송장이 되었더라." 하나님께서는 이사야를 통해 선포하신 말씀처럼 앗시리아의 엄청난 군사적인 침공에서도 인간이 상상할 수 없는 놀라운 방법으로 예루살렘을 보호해 주셨고, 구원의 기쁨을 허락하셨다.

Q. 예루살렘과 유다 백성들은 앗시리아의 침공에서도 정복당하지 않은 예루살렘을 바라보면서 하나님의 살아계심을 경험하였을 것이라고 생각한다. 그들이 어떤 반응을 보였는가를 알려주는 본문이 혹시 남아 있는가?

A. 기원전 701년에 예루살렘이 정복되지 않은 사건이 있은 이후에 특별히 예루살렘을 보호하시는 하나님의 능력에 대해 찬양하는 여러 시편들이 만들어졌는데, 대표적인 시편이 46편과 48편이다: "하나님은 우리의 피난처시요 힘이시니 환난 중에 만날 큰 도움이시라 그러므로 땅이 변하든지 산이 흔들려 바다 가운데 빠지든지 바닷물이 솟아나고 뛰놀든지 그것이 넘침으로 산이 흔들릴지라도 우리는 두려워 아니하리로다 … 이르시기를 너희는 가만히 있어 내가 하나님 됨을 알지어다 내가 뭇 나라 중에서 높임을 받으리라 하시도다(시 46:1-3,10)." 이 구절은 어떤 위기 상황에서도 하나님은 우리의 안전한 피난처가 되신다고 노

래하고 있는데, 앗시리아의 침공 속에서도 예루살렘을 보호하신 하나님의 능력을 회상하며 지은 내용이라고 말할 수 있다. 시편 48편도 비슷한 내용을 보이고 있다: "여호와는 위대하시니 우리 하나님의 성, 거룩한 산에서 극진히 찬송 받으시리로다 터가 높고 아름다워 온 세계가 즐거워함이여 큰 왕의 성 곧 북방에 있는 시온 산이 그러하도다(시 48:1-2)." 이 구절은 하나님이 선택하신 거룩한 시온성 예루살렘은 터가 높아 안전하고, 아름다운 도성이기에 온 세계 백성의 기쁨이 될 것이라고 노래하고 있다.

하나님의 공의와 정의, 올바른 제의의 실천 요구

Q. 이사야는 하나님의 도시, 예루살렘이 역사의 소용돌이 속에서도 보호받고 구원받을 것에 대해 선포한 예언자라는 사실을 알 수 있다. 메시아 탄생의 예언이나 예루살렘의 안전에 대한 예언은 아모스나 호세아와는 다른 예언의 내용이라고 생각한다. 하지만 비슷한 시대에 활동했던 아모스나 호세아와 공통적인 예언의 내용도 있을 것 같은데 그것은 무엇인가?

A. 하나님의 공의를 외치고 올바른 제의를 강조한 것은 아모스나 호세아의 예언과 공통분모가 될 수 있다. 이사야는 하나님의 공의로운 법질서가 파괴된 유다 사회에 대해 크게 질책하였다. 특히 이사야는 활동 초기에 하나님의 법을 어기면서 가난하고 힘없는 자들을 핍박하는 사람들을 향해 하나님의 심판을 선포하였다(1:17,23; 10:2). 그는 아모스에 비해 정치와 사회의 더 깊은 구조적인 모순을 비판하였다고 볼 수 있는데, 법을 집행하는 다양한 계층의 사람들을 향해 하나님의 공의와 정의를 실천할 것을 요구하였다. 예를 들어, 사사들(1:26; 3:2), 관원들(1:10; 3:6f.; 22:3), 관할하는 자(3:12), 국고를 맡은 자(22:15), 궁을 맡은 자(22:15),

방백들(1:23; 3:3,14), 후견인(9:5; 22:21)과 같이 유다 사회를 책임지고 있는 다양한 그룹의 책임자들에게 하나님의 법을 파괴하지 말 것을 강력히 주문하였다. 다시 말하면, 그들에게 사회적인 연대 책임을 강조한 것이라고 볼 수 있다. 이사야는 사회를 이끌어 가는 여러 계층의 지도자들이 책임 의식을 가지고 올바르게 살아갈 때에 그 사회가 진정으로 건강할 수 있다는 사실을 지적해 주고 있다. 하나님의 공의에 대해 말한 대표적인 구절 한 곳만 살펴보도록 하겠다. 이사야 5:1-7을 일명 "포도원의 노래"라고 부르는데, 그 내용을 보면 하나님이 원하신 것은 공평과 정의라는 최상품의 포도인데 정작 유다 사람들이 맺은 열매는 포학과 울부짖음과 같은 들포도를 맺었다고 한탄하고 있다. 마지막 7절만 읽어 보도록 하자: "무릇 만군의 여호와의 포도원은 이스라엘 족속이요 그가 기뻐하시는 나무는 유다 사람이라 그들에게 정의를 바라셨더니 도리어 포학이요 그들에게 공의를 바라셨더니 도리어 부르짖음이었도다." 이사야는 이 "포도원의 노래"를 통해 정의롭게 살지 못하는 하나님의 백성들의 삶의 모습에 대해 비유적으로 비판하고 있다.

Q. 이사야는 힘있는 자들의 사회적인 불의와 오만함에 대해 "포도원의 노래"를 통해 신랄하게 고발하였다고 할 수 있는데, 하나님께 올바르게 제의를 드리라고 외친 내용에 대해서도 소개해 주시길 바란다.

A. 가장 유명한 구절은 이사야 1:10-17이다. 이사야는 유다 백성들을 타락한 소돔과 고모라의 백성들에게 비유하고 있다: "너희 소돔의 관원들아 여호와의 말씀을 들을지어다 너희 고모라의 백성아 우리 하나님의 법에 귀를 기울일지어다 여호와께서 말씀하시되 너희의 무수한 제물이 내게 무엇이 유익하뇨 나는 수양의 번제와 살진 짐승의 기름에 배불렀고 나는 수송아지나 어린 양이나 숫염소의 피를 기뻐하지 아니하

노라 너희가 내 앞에 보이러 오니 그것을 누가 너희에게 요구하였느냐 내 마당만 밟을 뿐이니라 헛된 제물을 다시 가져오지 말라 분향은 내가 가증히 여기는 바요 월삭과 안식일과 대회로 모이는 것도 그러하니 성회와 아울러 악을 행하는 것을 내가 견디지 못하겠노라 내 마음이 너희의 월삭과 정한 절기를 싫어하나니 그것이 내게 무거운 짐이라 내가 지기에 곤비하였느니라 너희가 손을 펼 때에 내가 내 눈을 너희에게서 가리고 너희가 많이 기도할지라도 내가 듣지 아니하리니 이는 너희의 손에 피가 가득함이라 너희는 스스로 씻으며 스스로 깨끗하게 하여 내 목전에서 너희 악한 행실을 버리고 행악을 그치고 선행을 배우며 공의를 구하며 학대받는 자를 도와주며 고아를 위하여 신원하며 과부를 위하여 변호하라 하셨느니라." 이사야는 이 본문에서 형식적인 예배와 종교적인 매너리즘에 빠져 있는 자들을 향해 무서운 경고를 하고 있는데, 이러한 이사야의 절규는 오늘 우리 신앙인들이 마음속에 깊이 새겨야 하는 귀중한 말씀이라고 생각한다. 하나님이 원하시는 것은 감격과 감동이 없이 단순히 예배에 참여하거나 형식적으로 제물을 드리는 행위가 아니라, 진심으로 하나님을 사랑하고 선행을 행하며 하나님의 법을 실천하며 살아가는 것이라는 사실을 이사야는 지적하고 있다. 다시 말하면, 이사야는 하나님의 백성들에게 "일상의 예배"를 드리라고 외친 것이다. 성전 안에서 뿐만 아니라 성전 밖에서도 하나님을 사랑하는 증거를 보이라는 말씀인데, 이는 우리 모든 신앙인들이 하나님의 백성으로서 반드시 기억하고 실천해야 하는 내용이다.

이사야서 제2부(40-55장)

Q. 지금까지 이사야서 제1부(1-39장)의 구체적인 내용을 살펴보았다. 이사야

는 성전에서 거룩하신 하나님을 만난 후에 예언자로 부름을 받았고, 예언자들 중에서 처음으로 다윗의 후손 중에서 메시아가 탄생할 것을 외친 예언자라는 사실을 알 수 있다. 그리고 이사야는 하나님이 특별히 선택하신 예루살렘을 보호하실 것이니 하나님만을 굳게 믿고 신뢰하라고 외쳤고, 일상의 삶에서 하나님의 법을 공의롭게 실천하며 살아가는 것이 참된 예배의 출발이라는 점을 강조한 예언자였음을 또한 깨달을 수 있다. 이사야의 외침을 오늘의 삶에 실천하며 살아가는 모든 성도들이 되기를 바란다. 이제 이사야서 제2부(40-55장)[1]로 넘어가보자. 이 부분의 중심적인 내용은 무엇인가?

A. 이제 곧 하나님의 구원의 역사가 펼쳐질 것이니 이스라엘 백성들은 주변에서 펼쳐지는 어려운 상황에 낙심하지 말고 희망과 기대를 가지고 하나님의 위대한 활동의 순간을 기대하라는 내용이다. 제2부는 가까이서 다가오는 하나님의 구원을 선포하고 있는 것이다.

Q. 이사야서 제2부(40-55장)는 예루살렘과 이스라엘 백성들을 향한 하나님의 구원 계획을 선포하고 있다. 그렇다면 이러한 예언을 담고 있는 본문은 어떤 특징을 보이고 있는가?

A. 두 가지 면에서 이야기해 보도록 하겠다. 첫째로, 문학적인 면에서 이사야서 제2부는 다른 예언서들과는 다른 중요한 특징을 지니고 있다.

---

1 일부 학자들은 이사야 40-55장의 16장을 "제2이사야"(Deutero-Isaiah)라고 부른다. 이사야 40-55장의 저자를 제2이사야라고 부른 것은 꽤 오래 전의 일이다. 1892년 독일의 신학자 둠(B. Duhm)이라는 사람이 처음으로 제2이사야라는 명칭을 사용하기 시작했다. 제2이사야라는 명칭은 이사야 1-39장의 저자와 구분하기 위해서 편의상 그렇게 부르는 것인데, 쉽게 말하면 두 번째 이사야(Second Isaiah)란 뜻이다. 제1이사야는 기원전 8세기 남 유다의 예루살렘에서 살았던 예언자인 반면에, 제2이사야는 그보다 200여 년 후에 바벨론에서 포로로 살아가던 예언자를 가리킨다. 그의 이름이 정확히 알려져 있지 않고, 그의 예언이 제1이사야의 예언 뒤쪽에 붙어 있기 때문에 그를 제2이사야라고 부른다는 것이다. 이렇게 칭하는 데는 몇 가지 이유들이 있다. 주제와 역사적 배경, 그리고 문체 면에서 이사야 40-55장은 앞에 위치하고 있는 이사야 1-39장과는 근본적으로 다르다는 것이다. 1-39장은 기원전 8세기에 예루살렘에서 활동했던 예언자 이사야의 예언으로 구성되어 있는 반면, 40-55장은 기원전 6세기 바벨론 포로기가 끝나갈 즈음에 활동했던 익명의 예언자의 예언과 밀접히 관련되고 있다고 한다. 그리고 1-39장에 등장하는 유다의 적군은 앗시리아인데, 40-55장에 등장하는 이스라엘의 적군은 바벨론이라는 것이다.

이사야는 곳곳에서 지혜교사처럼 논쟁술을 통하여 유다 백성들에게 하나님의 무한한 능력을 설명하고 확신시키고자 노력하였다는 점이 두드러지게 나타나고 있다. 그래서 이사야의 문장들은 유창한 연설문과 같고 매우 공격적이고 논쟁적이며 지극히 수사적인 문체를 보이고 있다. 예를 들어, 이사야 40:21-24를 읽어보도록 하자: "너희가 알지 못하였느냐 너희가 듣지 못하였느냐 태초부터 너희에게 전하지 아니하였느냐 땅의 기초가 창조될 때부터 너희가 깨닫지 못하였느냐 그는 둥근 땅 위에 앉으시나니 땅에 사는 사람들은 메뚜기 같으니라 그가 하늘을 차일 같이 펴셨으며 거주할 천막 같이 치셨고 귀인들을 폐하시며 세상의 사사들을 헛되게 하시나니 그들은 겨우 심기고 겨우 뿌려졌으며 그 줄기가 겨우 땅에 뿌리를 박자 곧 하나님이 입김을 부시니 그들은 말라 회오리바람에 불려 가는 초개 같도다." 이 본문의 문체는 상당히 도전적이고 도발적이고, 반박 연설문의 형식을 취하고 있다. 전통적인 예언의 선포양식은 전혀 사용하지 않고 있다. 특히 의문문을 자주 사용하고 있음을 확인할 수 있다. 이러한 문학적인 형식은 지혜교사들이 학생들에게 철학적인 질문을 던져 스스로 대답을 찾아보도록 하려는 고도의 지혜 문학적 대화 기술에 속하는 것이다. 이사야는 이러한 수사적인 어법을 통해 하나님은 고난에 처한 이스라엘 백성들에게 위대한 능력을 베푸실 수 있는 분이라는 사실을 분명하고 자신 있게 선포하였다.

Q. 무엇보다 이사야는 탁월한 수사적 기술을 가지고 하나님의 말씀을 유다 백성들에게 설득력 있게 선포했다는 사실을 확인할 수 있다. 이사야서 제2부가 갖는 두 번째 특징은 무엇인가?

A. 둘째로, 내용적인 면에서 이사야서 제2부는 다른 예언서들과 다른 면을 보이고 있다. 대부분의 예언서들은 이스라엘과 주변의 백성들의

죄를 고발하며 하나님의 심판을 선포하고 있는 반면, 이사야서 제2부는 이스라엘의 죄는 용서되었고 자신의 백성을 향한 하나님의 선하심이 다시 확립되었다고 선포하고 있다(사 49:1-50:11). 그는 하나님의 정의로운 심판을 통해 이스라엘이 정화되었기 때문에 이제 곧 하나님께서 이스라엘 백성들에게 구원의 감격적인 기쁨을 선물로 주실 것이며, 시온 예루살렘은 다시 하나님의 백성들의 거주지가 될 것임을 확신하고 있다(사 52:1-12; 54:1-55:9). 이사야서 제2부에서 하나님은 심판자로 고백되지 않고, 오히려 하나님은 창조주이시며, 구원자이시고, 해방자라고 찬양되고 있음을 알 수 있다. 이사야는 이스라엘 백성들의 시련과 시험의 기간은 끝이 났고, 구원이 준비되었음을 노래하고 있다(사 40:12-31; 41:1-29; 43:1-44:5). 여호와 하나님은 거짓 신들에 대하여 승리하실 것이라고 기뻐하고 있다(사 44:24-45:25). 한마디로 요약하면, 이사야서 제2부는 구원의 희망을 노래하고 있다고 볼 수 있다.

이사야서 제2부의 주요 메시지: 역사의 유일한 주이신 하나님

Q. 앞서 설명했듯이, 이사야서 제2부는 다른 예언서에서 등장하지 않는 독특한 문학적인 어법을 통해 다가오는 구원의 기쁜 소식을 전해주고 있다. 이제 이사야서 제2부가 선포하고 있는 주요 메시지들에 대해 소개해 주시길 바란다.

A. 이사야서 제2부는 여러 가지 주제를 담고 있다. 첫째로, 이사야서 제2부는 역사의 어두운 암흑기에 하나님은 어떤 일을 행하실 것인가에 대해 말하고 있다. 이사야서 제2부는 다른 예언서들과는 달리 인간의 윤리적 계명에 대해 거의 언급하고 있지 않다. 예를 들어, 인간이 하나님께 어떻게 예배를 드려야 하는지, 이웃에 대해 어떤 계명을 실천하며 살아야 하는지 등에 대해서는 관심이 없다. 이사야서 제2부는 오히려

세계사적 전환기의 한복판에서 우리가 믿는 하나님은 어떤 일을 행하실 것인가를 소개하는데 집중하고 있다. 다시 말하면, 이사야서 제2부는 하나님의 본성과 하나님의 속성에 초점을 맞추어 예언을 선포하고 있다고 볼 수 있다. 이사야서 제2부는 하나님은 모든 것의 유일한 주님이시며, 모든 열방의 하나님이라고 선포하고 있다. 이사야 45:22을 보면, "땅의 모든 끝이여 내게로 돌이켜 구원을 받으라 나는 하나님이라 다른 이가 없느니라"고 말씀하고 있다. 이사야서 제2부는 역사를 이끌어가는 유일한 신은 여호와 하나님이라는 유일신 사상을 담대하게 선포하고 있다.

Q. 이사야는 참으로 용기 있는 예언자라고 말할 수 있을 것 같다. 고난과 환란의 현장에서 자신이 믿는 하나님이 역사의 유일한 주라고 선포한다는 것은 결코 쉽지 않았을 텐데, 이와 관련된 구절을 좀더 소개해 주시길 바란다.
A. 이사야서 제2부의 주요한 선포 중에 하나는 이방 신들을 조롱하는 구절들인데, 이 구절들은 "누가 참 신인가?"의 문제를 변증하고 있다고 볼 수 있다. 이 질문에 대해 이사야서 제2부는 여호와 하나님만이 참된 신이며, 바벨론의 잡다한 신들을 포함한 모든 신들은 절대로 역사를 주관하는 능력이 없는 헛된 신들이라고 단언하고 있다. 예언자 이사야는 철저히 이방의 다신 사상과 싸우고 있는데, 세계를 창조하시고 역사를 주관하시는 분은 오직 여호와 한 분뿐임을 외치고 있다. 이사야 44:24은 다음과 같이 선포한다: "네 구속자요 모태에서 너를 지은 나 여호와가 이같이 말하노라 나는 만물을 지은 여호와라 홀로 하늘을 폈으며 나와 함께 한 자 없이 땅을 펼쳤고." 이사야 40-55장을 읽다보면 하나님은 천지를 창조하신 분이라는 내용이 자주 등장하는 것을 발견할 수 있다. 이것은 바로 여호와 하나님은 무능하신 분이 아니라 이방의 수많

은 신들을 능가하는 유일하신 참신이라는 것을 강조하려는 이유 때문이다. 독자들이 이 사실을 염두에 두고 이사야서 40-55장을 읽게 된다면 훨씬 더 은혜가 넘치리라 여겨진다. 이사야는 그 어떤 예언자들보다도 자주 이방 신들의 무익함을 조롱하였는데, 이방의 신들은 모두 무익한 것들이고 사람들이 만들어 놓은 나무 조각과 돌덩이에 불과한 것이라는 사실을 지적하고 있다. 아주 멋진 표현이 있어 소개해 본다: "벨은 엎드러졌고 느보는 구부러졌도다 그들의 우상들은 짐승과 가축에게 실렸으니 너희가 떠메고 다니던 그것들이 피곤한 짐승의 무거운 짐이 되었도다"(사 46:1). 여기서 벨은 마르둑 신을 지칭하는데, 기후와 전쟁과 창조의 신을 상징한다. 느보는 마르둑의 아들인데, 천문학과 과학의 신으로 숭배되던 신의 이름이다. 이사야가 이 모든 바벨론의 신들은 움직이거나 활동하지 못하는 무능한 신들이고, 결국은 짐승들에게 실려 가야만 하는 헛된 신들이라고 멋지게 조롱하고 있음을 볼 수 있다.

 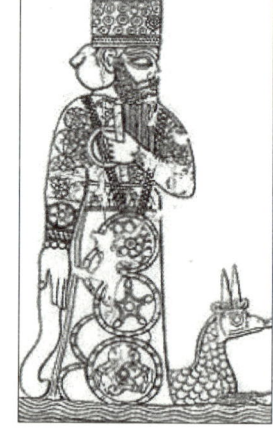

마르둑 신상

이방의 왕 고레스는 하나님의 역사의 도구

Q. 이방의 침략과 핍박을 받으면서도 세계 역사의 유일한 주인은 여호와 하나님이라고 선포한다는 것은 대단한 용기와 믿음이 요구되었을 것이다. 이제 이사야서 제2부의 두 번째 주요 메시지는 무엇인가 설명해 주시길 바란다.

A. 둘째로, 이사야서 제2부는 하나님께서 미래에 이방의 왕 고레스를 선택하여 역사의 도구로 사용하시겠다고 선언하였다는 점이다. 이사야는 하나님께서 후에 바벨론을 붕괴시키고 역사의 새로운 전환을 가져올 것이며 자신의 백성인 이스라엘에게 해방과 구원의 기쁜 소식을 전하기 위해 고레스를 일으킬 것이라고 예언하고 있다. 이사야는 여러 곳에서 고레스를 하나님이 선택하신 시대적인 일꾼으로 표현하고 있는데, 두 곳에서 직접적으로 고레스라는 이름을 거명하고 있다. 한 곳은 이사야 44:28이고, 다른 한 곳은 이사야 45:1이다. 먼저 이사야 44:28을 살펴보자: "고레스에 대하여는 이르기를 내 목자라 그가 나의 모든 기쁨을 성취하리라 하며 예루살렘에 대하여는 이르기를 중건되리라 하며 성전에 대하여는 네 기초가 놓여지리라 하는 자니라." 이 구절에서 이사야는 고레스를 하나님의 목자라고 표현하고 있다. 목자라는 단어는 매우 고귀한 표현인데, 구약에서 왕을 목자로 비유하는 것은 매우 드물다. 본문 이외에 사무엘하 5:2이 왕을 목자로 표현하고 있는데, 여기서는 다윗을 이스라엘의 목자로 언급하고 있다. 이렇게 다윗이나 고레스를 목자로 비유하고 있는 것은 그들이 하나님의 전권을 위임받은 대리자라는 뜻을 지니고 있기 때문이다. 하지만 구약에서는 오히려 여호와 하나님을 목자로 비유하고 있는 곳이 훨씬 많다(시 28:9; 80:1). 대표적인 구절이 바로 시편 23:1이다: "여호와는 나의 목자시니 내게 부족함이 없으리로다." 이사야 44:28에서 고레스를 목자로 비유한 것은 하나님께

서 고레스를 그만큼 주요한 인물로 크게 세웠음을 의미하는 것이라고 보아야 한다.

Q. 이스라엘의 왕도 아닌 이방의 왕 고레스를 '목자'라고 표현하고 있는 것은 매우 놀라운 일이다. 이사야가 보기에 고레스는 참으로 역사의 전환기에 중요한 역할을 감당할 하나님의 심부름꾼이라는 것이다. 고레스를 언급하는 또 다른 구절은 어디인가?

A. 이사야 45:1이다: "여호와께서 그의 기름 부음을 받은 고레스에게 이같이 말씀하시되 내가 그의 오른손을 붙들고 그 앞에 열국을 항복하게 하며 내가 왕들의 허리를 풀어 그 앞에 문들을 열고 성문들이 닫히지 못하게 하리라." 이 구절에서 고레스는 더욱 고귀한 명칭을 얻게 된다. 고레스가 '하나님의 기름 부음을 받은 자'라는 것이다. 그는 하나님의 목자이며, 더 나아가서는 하나님의 특별한 선택을 받은 인물이라는 것이다. 이스라엘의 왕이 아니라 이방의 왕 중에서 하나님의 기름 부음을 받은 자라는 칭호를 받은 자는 고레스가 유일하다. 여호와 하나님이 고레스의 오른손을 붙들고 계시다고 했는데, 오른손은 특별한 의미를 지니고 있다. 오른손은 왕권 위임을 상징하는 단어이기 때문이다. 하나님은 세계 역사의 사명을 감당시키기 위해 고레스를 새로운 세계의 왕으로 선택하여, 후에 포로로 잡혀 있을 그의 백성을 해방시키기 위해 그를 지명하여 부르실 것이다. 이사야는 45:2-3에서 고레스가 세계적인 대제국 바벨론을 물리칠 수 있었던 것은 왕 자신의 능력 때문이 아니라, 여호와 하나님의 놀라운 능력 때문이라는 점을 분명히 밝히고 있다: "내가 너보다 앞서 가서 험한 곳을 평탄하게 하며 놋문을 쳐서 부수며 쇠빗장을 꺾고 네게 흑암 중의 보화와 은밀한 곳에 숨은 재물을 주어 네 이름을 부르는 자가 나 여호와 이스라엘의 하나님인 줄을 네가 알게 하리라."

구원과 해방의 새로운 역사의 시작

Q. 고레스는 세계사의 현장에 우연히 등장할 왕이 아니라, 하나님의 역사의 한 페이지를 장식하기 위한 하나님의 도구가 될 것이라고 한다. 이사야서 제2부의 또 다른 메시지의 내용은 무엇인가?

A. 셋째로, 이사야의 새로운 역사 해석이다. 이사야는 하나님으로부터 받은 이스라엘의 징계는 완전히 끝이 났다고 보았다. 이스라엘은 여전히 하나님의 백성이며, 하나님은 그들의 죄를 용서해 주셨다고 선언하였다. 이사야서 제2부의 첫 문장은 다음과 같이 시작되고 있다: "너희의 하나님이 이르시되 너희는 위로하라 내 백성을 위로하라 너희는 예루살렘의 마음에 닿도록 말하며 그것에게 외치라 그 노역의 때가 끝났고 그 죄악이 사함을 받았느니라 그의 모든 죄로 말미암아 여호와의 손에서 벌을 배나 받았느니라 할지니라 하시니라"(사 40:1-2). 일부 예언자들은 이스라엘이 겪고 있는 고난은 그들의 죄로 인한 마땅한 결과였으며, 그 심판은 하나님의 때가 되기 전까지 계속된다고 외쳤다. 하지만 이사야는 그 모든 심판은 과거지사일 뿐이라고 외쳤다. 그런 이유 때문에 이사야는 다른 예언자들과는 달리 백성들의 죄악을 드러내고 그들의 악행을 고발하는 태도를 취하지 않았다. 오히려 이사야는 이스라엘 백성들이 그들을 해방시킬 수 있는 위대한 하나님의 능력을 믿지 못한다고 책망하고 있다.

Q. 이사야는 역사에 대한 놀라운 통찰력을 소유하고 있다고 볼 수 있다. 심판의 역사가 끝났고 희망의 역사가 새롭게 시작된다는 것을 알리는 구절들에 대해 소개해 주시길 바란다.

A. 이스라엘은 여전히 선택받은 하나님의 백성이며, 하나님의 자녀라는

사실을 강조하는 대표적인 구절이 41:8-10이다: "그러나 나의 종 너 이스라엘아 내가 택한 야곱아 나의 벗 아브라함의 자손아 내가 땅 끝에서부터 너를 붙들며 땅 모퉁이에서부터 너를 부르고 네게 이르기를 너는 나의 종이라 내가 너를 택하고 싫어하여 버리지 아니하였다 하였노라 두려워하지 말라 내가 너와 함께 함이라 놀라지 말라 나는 네 하나님이 됨이라 내가 너를 굳세게 하리라 참으로 너를 도와주리라 참으로 나의 의로운 오른손으로 너를 붙들리라." 이 구절을 보면, 이사야가 특별히 강조하는 단어들이 있음을 알 수 있다. 하나님은 이스라엘을 향해 "너는 나의 종"이고, "나는 너를 선택하였다"라는 사실을 두 번씩 반복하고 있다. 하나님은 결코 이스라엘을 버리지 않았다는 것이다. 더 나아가 이사야는 이스라엘이 아브라함의 자손이라는 사실을 회상시킴으로써 하나님은 결코 이스라엘을 버리지 않으셨다는 사실을 분명히 하고 있다. 그리고 "내가 너와 함께 하겠다"라는 구절은 하나님께서 위대한 지도자들이었던 모세와 여호수아와 기드온과 예레미야에게 하셨던 위로의 말씀인데(출 3:12; 수 1:9; 삿 6:16; 렘 1:8), 이제 곧 이스라엘 백성들이 고난과 고통에서 자유함을 받게 될 것임을 암시하는 구절이라고 볼 수 있다.

Q. 이사야의 예언의 내용을 듣다보니 힘과 용기가 생기고 기쁨이 흘러넘친다. 그만큼 다른 예언자들의 선포와는 상당히 다른 밝은 면을 볼 수 있기 때문이다. 이스라엘 백성들에게 희망을 주는 또 다른 구절에 대해서도 말씀해 주시길 바란다.

A. 앞서 언급했듯이, 이사야서 제2부는 이스라엘 백성들이 범한 죄의 고발이나 하나님의 심판에 대해 말하지 않고, 역사의 회복과 이스라엘의 해방에 대해 감격적으로 선포하고 있다. 그래서 이사야서 제2부는 전체적으로 밝고 희망찬 내용들로 가득 차 있다. 이사야는 하나님께서

잠깐 동안만 이스라엘을 심판하신 것뿐이니, 이스라엘은 이제 기쁨과 소망을 가질 것을 권면하고 있다. 이사야 54:7-8을 읽어보도록 하자: "내가 잠시 너를 버렸으나 큰 긍휼로 너를 모을 것이요 내가 넘치는 진노로 내 얼굴을 네게서 잠시 가렸으나 영원한 자비로 너를 긍휼히 여기리라 네 구속자 여호와께서 말씀하셨느니라." 여기서 보면, '잠시'라는 단어가 두 번 반복되고, 이와 대비되는 단어인 '영원'이라는 단어가 등장하고 있음도 발견할 수 있다. 하나님의 속성은 죄인 된 인간을 영원히 미워하고 심판하려는 것이 아니라, 우리의 죄를 용서하시고 사랑하시고 구속하시려는 것임을 다시 한 번 확인할 수 있는 대목이다. 본문은 하나님이 우리의 구속자라고 말하고 있다. 이사야는 자주 이 구속자라는 단어를 사용하고 있는데, 하나님은 우리의 죄악을 용서하시고 우리를 보살펴 주시는 참으로 좋으신 분이라는 사실을 거듭해서 강조하고 있다. 좋으신 하나님께서는 이제 곧 광야를 가로지르는 큰 길을 준비해 주셔서 백성들이 고향 땅으로 승리의 행진을 하게 될 것이라고 선포하고 있다: "외치는 자의 소리여 이르되 너희는 광야에서 여호와의 길을 예비하라 사막에서 우리 하나님의 대로를 평탄케 하라"(사 40:3). 이사야는 여호와께서 이스라엘을 고향 땅으로 돌려보낼 것이며, 예루살렘은 영광 중에 재건될 것임을 확신하고 있다.

'여호와의 종의 노래'(사 42:1-4; 49:1-6; 50:4-9; 52:13-53:12)

Q. 설명을 듣고 보니 이제 이사야 40-55장을 읽고 묵상하는 데 어려움이 없을 것 같다. 본문의 배경을 아는 것이 성경을 이해하는 데 얼마나 중요한 가를 다시 한 번 깨달을 수 있다. 마지막으로 이사야서 제2부의 주요 메시지를 정리해 주시길 바란다.

A. 지금까지 살펴본 내용들 이외에 공통적인 내용을 지닌 4개의 본문이 산발적으로 흩어져 있는데(사 42:1-4; 49:1-6; 50:4-9; 52:13-53:12), 이 본문들을 학자들은 전문적인 용어로 '고난 받는 여호와의 종의 노래'(the Songs of the Suffering Servants of the Lord)라고 칭하였다. 이 네 개의 본문 안에 '종'이라는 단어는 6번 사용되는데, 이 본문을 잘 이해하기 위해서는 두 가지 질문에 답해야 한다. 하나는, "이 고난 받는 여호와의 종이 누구인가?"이며, 다른 하나는 "이 고난 받는 종의 임무가 무엇인가?" 하는 것이다. 이 고난 받는 종을 예언자 한 개인으로 보는 경우도 있고, 이스라엘이라는 집단으로 해석하기도 한다. 하지만 신약의 복음서에서는 다르게 해석하였다. 우리가 먼저 잘 알고 있는 본문 하나를 읽어보도록 하자: "그는 실로 우리의 질고를 지고 우리의 슬픔을 당하였거늘 우리는 생각하기를 그는 징벌을 받아 하나님께 맞으며 고난을 당한다 하였노라 그가 찔림은 우리의 허물 때문이요 그가 상함은 우리의 죄악 때문이라 그가 징계를 받으므로 우리는 평화를 누리고 그가 채찍에 맞으므로 우리는 나음을 받았도다 우리는 다 양 같아서 그릇 행하여 각기 제 길로 갔거늘 여호와께서는 우리 모두의 죄악을 그에게 담당시키셨도다"(사 53:4-6). 후대에 초대 기독교 교회는 이 고난 받는 종은 다른 이가 아니라 메시아, 즉 예수 그리스도를 가리키는 것으로 해석하였고, 그의 임무는 세상의 모든 죄악을 십자가에서 담당하는 것이라고 설명했다(마 8:17).

이사야서 제3부(56-66장)의 구조와 특징

Q. 지금까지 이사야서 제2부에 대해 공부하였다. 이사야는 역사의 흐름에 대한 올바른 통찰력을 가지고 세계의 역사를 이끌어 가시는 분은 유일하신 하나

님이라는 사실을 전파한 예언자였다는 사실을 배울 수 있다. 책을 읽고 있는 모든 독자들도 이사야처럼 흔들리지 않는 믿음 위에 우뚝 서서 주변의 사람들에게 희망과 기쁨을 주는 귀한 신앙인들이 되길 바란다. 이제 이사야서 제3부 (56-66장)를 공부해 보도록 하자. 이사야서 제3부가 앞의 두 부분과 차이점이 있다면 소개해 주시길 바란다.

A. 이사야서 제3부는 우선 모세 율법의 내용을 강조하고 있는데, 특별히 안식일이 거룩하게 지켜져야 한다는 사실을 선포하고 있다(사 56:1-8). 그리고 백성들의 죄에 대한 고발과 심판을 취급하고 있다. 이사야서 제3부는 모든 백성들이 하나님 앞에서 정결한 삶을 살아야 하고, 거짓말하고 속이고 도둑질하는 잘못된 삶에 대해서는 회개해야 할 것을 촉구하고 있다. 당시 이스라엘 사회에 널리 퍼져 있던 우상 숭배와 혼합 종교가 심각한 문제를 야기했다. 더구나 외국인들이 증가되면서 이방 신의 숭배 문제는 더욱 복잡한 문제가 되었는데, 시간이 지나면서 많은 이스라엘 사람들은 이방 신의 유혹에 넘어가 윤리적인 타락과 신앙적인 타락을 하게 되었다. 이방 여인과 결혼하기 위해 유대인 부인과 이혼하는 문제가 중요한 사회적인 이슈가 되었고, 십일조를 드리고 예배에 참여하는 일에 게으른 모습을 보이게 된 것이다. 이러한 복잡하고 심각한 시대적 배경 속에서 이사야는 이스라엘 백성들을 신앙적으로 격려하고 하나님의 말씀을 중심으로 일치단결시키려 노력하였으며, 하나님의 거룩한 백성으로 거듭날 수 있도록 그들의 우매함을 깨우쳤다.

Q. 이제 이사야서 제3부의 전체적인 구조와 구체적인 내용에 대해 소개해 주시길 바란다.

A. 이사야 56-66장은 이스라엘 공동체가 당하고 있던 사회적이고 신앙적인 갈등의 문제를 배경으로 하고 있다. 그래서 이사야 56-66장은

하나의 통일성 있는 모습을 보이기보다는 작은 말씀의 모음집의 성격을 지니고 있다. 하지만 전체로 보면, 이사야 56-66장은 심판과 구원의 메시지가 서로 혼합되어 있는데, 크게 다섯 부분으로 나눌 수 있다. 첫 번째 부분(56-58장)은 자기 이익만을 챙기는 백성들의 지도자들과 이방신들을 숭배하는 자들을 향한 거칠고도 날카로운 심판 예언들이다. 두 번째 부분(59장)은 백성들이 탄식하면서 하나님께 자신들의 죄를 고백하는 내용으로 구성되어 있다. 대표적인 구절 한 곳만 읽어보도록 하겠다: "우리의 허물이 주의 앞에 심히 많으며 우리의 죄가 우리를 쳐서 증언하오니 이는 우리의 허물이 우리와 함께 있음이니라 우리의 죄악을 우리가 아나이다 우리가 여호와를 배반하고 속였으며 우리 하나님을 따르는 데에서 돌이켜 포악과 패역을 말하며 거짓말을 마음에 잉태하여 낳으니 정의가 뒤로 물리침이 되고 공의가 멀리 섰으며 성실이 거리에 엎드러지고 정직이 나타나지 못하는도다"(사 59:12-14).

Q. 처음에는 하나님의 심판 선포가 있고, 그 다음에는 백성들의 죄의 고백이 등장하는 순서로 되어 있음을 볼 수 있다. 나머지 순서에 대해서도 설명해 주시길 바란다.

A. 세 번째 부분(60-62장)은 이사야서 제3부의 핵심을 형성하고 있다고 볼 수 있는데, 죄를 고백한 백성들에게 하나님께서 구원을 약속해 주신다는 내용이다. 네 번째 부분(63-64장)은 백성들이 하나님께 자비와 사랑을 간구하는 간절한 기도로 구성되어 있다. 기도의 내용을 한 곳만 살펴보도록 하겠다: "주여 하늘에서 굽어 살피시며 주의 거룩하고 영화로운 처소에서 보옵소서 주의 열성과 주의 능하신 행동이 이제 어디 있나이까 주께서 베푸시던 간곡한 자비와 사랑이 내게 그쳤나이다"(사 63:15). 마지막 다섯 번째 부분(65-66장)은 심판과 구원의 약속이라는 주

제가 동시에 등장하는데, 하나님은 패역한 백성을 벌하시고 새 하늘과 새 땅을 창조하시겠다는 묵시문학적인 내용으로 되어 있다. 지금까지 설명한 이사야서 제3부의 내용과 구조를 정리하면 다음과 같다.

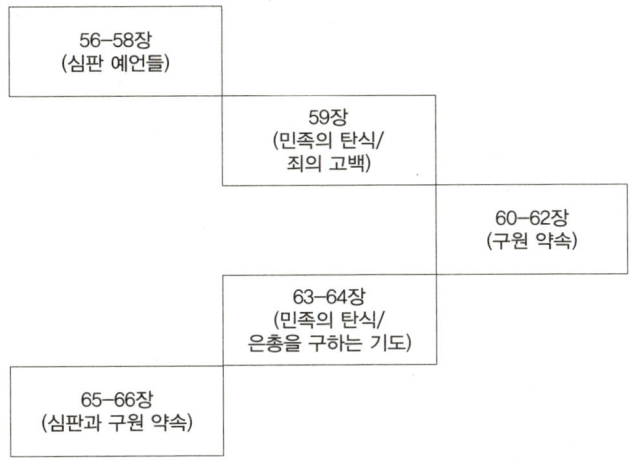

이사야서 제3부의 메시지

Q. 이사야 56-66장의 구조를 배워보니, 책의 전체적인 틀을 이해할 수 있을 것 같다. 이제 마지막으로 이사야 56-66장이 말하고 있는 주요한 메시지들을 소개해 주시길 바란다.

A. 이사야서 제3부의 내용을 요약해서 설명하면 다음과 같다. 첫째로, 이사야 56-66장은 백성들에게 먼저 올바른 삶의 태도를 촉구하고 있는데, 먼저 하나님께 진심으로 죄를 회개하고 정의와 공의를 실천해야 한다는 사실을 반복해서 강조하고 있다. 이사야서 제3부의 가장 첫 구절인 56:1이 바로 그러한 주제와 관련되고 있다: "여호와께서 이와 같이 말씀하시기를 너희는 정의를 지키며 의를 행하라 이는 나의 구원이 가

까이 왔고 나의 공의가 나타날 것임이라 하셨도다." 하나님의 축복을 받고 구원을 경험하기 위해서는 백성들이 먼저 의로운 행위를 실천하고 올바른 사회생활을 수행해야 한다는 것이다. 하나님의 백성들이 행복을 경험하기 위해서는 먼저 예수님의 말씀처럼 사회의 빛과 소금의 역할을 담당해야 한다는 것이다(마 5:13-16). 이사야는 이스라엘 백성들이 하나님의 은총을 경험하지 못하면서 불평하고 한탄하는 것은 그들에게 죄가 있고, 그 죄가 하나님과 그들 사이에 장벽을 만들었기 때문이라고 단정하고 있다: "여호와의 손이 짧아 구원하지 못하심도 아니요 귀가 둔하여 듣지 못하심도 아니라 오직 너희 죄악이 너희와 너희 하나님 사이를 갈라놓았고 너희 죄가 그의 얼굴을 가리어서 너희에게서 듣지 않으시게 함이니라 이는 너희 손이 피에, 너희 손가락이 죄악에 더러워졌으며 너희 입술은 거짓을 말하며 너희 혀는 악독을 냄이라"(사 59:1-3). 우리 모든 성도들도 이사야의 말씀처럼 먼저 우리 자신의 삶을 되돌아보고, 죄를 회개하고 정의와 공의를 실천하며 살아갈 수 있기를 간절히 바란다. 우리의 죄악은 밝게 빛나는 하나님의 은총의 빛을 흐리게 만들고, 가까이 다가오는 하나님의 사랑의 손길을 느끼지 못하게 만든다는 사실을 반드시 기억해야 한다.

Q. 정의와 공의는 이 땅에서 하나님의 백성으로 살아가는 데 있어서 반드시 실천해야 하는 필수조건이라고 할 수 있다. 특히 한 사회의 지도자들이 공의와 정의를 실천한다면 밝은 사회가 될 수 있을 것이다. 이사야가 살고 있던 당시의 이스라엘 사회는 어떠했는가?

A. 이사야는 당시 사회 지도자들의 무책임과 직무 유기에 대해 강하게 비판하면서 이들은 하나님의 일과 사회 공동의 선을 위해서가 아닌, 자신의 이익만을 탐하는 어리석은 자들이라고 질책하였다. 당시 이스라

엘 사회의 지도자들에 대해 이사야는 다음과 같이 비유적으로 설명하고 있다: "이스라엘의 파수꾼들은 맹인이요 다 무지하며 벙어리 개들이라 짖지 못하며 다 꿈꾸는 자들이요 누워있는 자들이요 잠자기를 좋아하는 자들이니 이 개들은 탐욕이 심하여 족한 줄을 알지 못하는 자들이요 그들은 몰지각한 목자들이라 다 제 길로 돌아가며 사람마다 자기 이익만 추구하며"(사 56:10-11). 이사야는 지도자들의 또 다른 삶의 모습을 고발하고 있는데, 그들은 지극히 자신들의 쾌락을 추구하며 살아간다는 것이다: "오라 내가 포도주를 가져오리라 우리가 독주를 잔뜩 마시자 내일도 오늘 같이 크게 넘치리라 하느니라"(사 56:12). 어떻게 보면, 오늘날 한국 사회는 술 권하는 사회이고 술에 취해 있는 사회라고도 볼 수 있다. 따라서 모든 기독교인들은 우리를 죄악으로 이끌어가는 술의 유혹에서 완전히 자유로운 생활을 해야 할 것이다.

Q. 술은 죄의 출발이고 악의 근원이라고 말할 수 있다. 술의 유혹에 넘어가 죄를 짓지 않는 성도들이 되기를 바란다. 이사야서 제3부가 선포하고 있는 또 다른 주제는 무엇인가?

A. 두 번째는 하나님께 올바른 예배를 드리라고 촉구한다. 하나님과의 관계는 인간의 삶의 근원이기 때문에 하나님을 만나는 예배는 참으로 중요하다. 올바른 사회생활은 올바른 신앙생활로부터 출발한다고 볼 수 있다. 예배를 통해 하나님과 올바른 관계를 맺고 있는 자는 외적으로는 우상 숭배에 빠질 수 없고, 내적으로는 하나님이 원하시는 종교적인 계명을 잘 지킬 수 있는 것이다. 포로 후기에 이스라엘 백성들의 신앙은 매우 약화되어 있었기 때문에 쉽게 다신론적이고 물질적인 우상 숭배에 빠지고 말았다. 이런 이유 때문에 이사야는 이방 신들의 무익함에 대해 자주 선포하였다: "네가 부르짖을 때에 네가 모은 우상들에게 너

를 구원하게 하라 그것들은 다 바람에 날려 가겠고 기운에 불려갈 것이로되 나를 의뢰하는 자는 땅을 차지하겠고 나의 거룩한 산을 기업으로 얻으리라"(사 57:13). 그리고 이사야는 올바른 십일조와 올바른 금식과 올바른 안식일 준수를 강조하고 있다. 이사야는 형식적이고 잘못된 금식에 대해 다음과 같이 신랄하게 비판한다: "우리가 금식하되 어찌하여 주께서 보지 아니하시오며 우리가 마음을 괴롭게 하되 어찌하여 주께서 알아 주지 아니하시나이까 보라 너희가 금식하는 날에 오락을 구하며 온갖 일을 시키는도다 보라 너희가 금식하면서 논쟁하며 다투며 악한 주먹으로 치는도다 너희가 오늘 금식하는 것은 너희의 목소리를 상달하게 하려는 것이 아니니라 이것이 어찌 내가 기뻐하는 금식이 되겠으며 이것이 어찌 사람이 자기의 마음을 괴롭게 하는 날이 되겠느냐 그의 머리를 갈대같이 숙이고 굵은 베와 재를 펴는 것을 어찌 금식이라 하겠으며 여호와께 열납될 날이라 하겠느냐"(사 58:3-5). 이사야는 외식적인 금식을 비판했는데, 하나님이 기뻐하시는 참된 금식은 사랑을 실천하는 것임을 역설하였다: "내가 기뻐하는 금식은 … 주린 자에게 네 양식을 나누어 주며 유리하는 빈민을 집에 들이며 헐벗은 자를 보면 입히며 또 네 골육을 피하여 스스로 숨지 아니하는 것이 아니겠느냐"(사 58:6-7). 이처럼 이사야는 형식적이고 외형적인 신앙의 모습이 아니라, 실제로 행동으로 사랑의 행위를 실천하는 것이 하나님을 가장 기쁘게 하는 올바른 신앙생활이라는 사실을 선포하였다. 이사야는 특히 안식일 준수를 강조하였는데, 그가 안식일 준수를 얼마나 중요하게 여겼나를 반증하는 예를 보려면 책의 마지막을 모든 백성들이 안식일을 마땅히 지켜야 한다는 내용으로 마무리하고 있는 것을 통해 잘 알 수 있다(사 66:23).

지금까지 이사야서 제3부의 내용을 공부하였다. 이사야는 사회를 위해 정의와 공의를 실천할 것과 하나님 앞에서 올바른 신앙생활을 행할 것을 요청한 예언자였음을 알 수 있다. 이사야의 예언의 말씀대로 일어나 빛을 발하며 온 세상을 비추는 고귀한 성도들이 되기를 바란다.

제4장 미가 _ 미가 1-7장

모레셋 출신의 예언자

Q. 앞 장에서는 예언자 이사야에 대해 공부하였다. 우리는 이를 통해 이사야는 왕실과 가까운 예루살렘의 상류층 출신으로 성전에서 "거룩하신 하나님"을 만난 후에 예언자로 부르심을 받았고, 메시아가 다윗의 후손에게서 탄생하게 될 것임을 선포한 최초의 예언자였다는 사실을 배울 수 있었다. 이번에 공부할 예언자는 어떤 예언자인가?

A. 이번 장에서는 기원전 8세기 예언자들 중에서 가장 마지막 인물인 미가에 대해서 살펴보고자 한다. 아모스와 호세아가 북 왕국에서 활동한 예언자들이라면, 이사야와 미가는 남 왕국에서 활동한 예언자들이다. 하지만 이사야와 미가, 둘 사이에는 결정적으로 다른 점이 있다. 이사야는 예루살렘이라는 남 왕국의 수도 출신인 반면, 미가는 모레셋이라는 유다의 시골 지방 출신이다(미 1:1). 미가 1:14에 의하면, 모레셋은 가드모레셋이라고도 불렸다. 모레셋은 예루살렘 남서쪽 약 35km 지점에 위치한 유다의 작은 시골 마을이다. 미가는 시골 출신으로서 자신의 삶의 근거지가 시골의 작은 마을이었기 때문에 당시 시골 사람들의 삶의 문제들에 대해 특별히 많은 관심을 가지고 있었다. 시골 출신이라는 점이 미가의 신학적 배경이 되고 있다고 말할 수 있다.

Q. 이사야는 도시 출신의 예언자였던 반면, 미가는 모레셋이라는 시골 출신의 예언자였다. 그렇다면 미가의 직업은 농부였는가?

A. 성경은 미가가 어떤 직업을 가지고 있었는가에 대해 구체적으로 언급하지 않는다. 미가의 부모나 가족에 대해서도 아무런 설명이 없다. 이런 이유로 어떤 학자들은 미가가 비천한 농부의 아들일 것이라고 추측하기도 했다(P. King). 그러나 상류층 출신으로 추측되는 아모스의 경우도 부모의 이름이 등장하지 않은 것으로 보아서 미가도 가난한 소작농 출신이라고 단정하기는 어렵다. 부모의 이름이 소개되거나 소개되지 않는 것이 상류층 출신인지 하류층 출신인지를 판단하는 결정적 이유가 될 수는 없다. 미가서의 여러 본문들을 참고해 보면, 미가는 매우 높은 수준의 교육을 받은 사람으로 평가할 수 있다. 그리고 분명한 자의식과 비판 의식을 소유하고 있던 예언자였다는 사실을 알 수 있다. 미가는 시대에 대한 예리한 통찰력을 가지고 있던 사람이라고 말할 수 있다. 미가가 사회적 공의와 정의를 강조하고 잘못된 중앙 정부의 관리들을 비판한 것은 모레셋 도성의 평안을 책임져야 하는 도성의 장로였기 때문이라고 보는 학자도 있다(H. W. Wolff). 미가는 도성을 관리하는 책임자의 위치에 있었기 때문에 예루살렘에 살고 있는 고위 정치인들과의 교류가 가능했었고, 그들의 부정과 부패를 가까이서 목격할 수 있었을 것이다. 그래서 미가는 가난한 시골 사람들을 압제하는 정부 관리들을 강하게 비판할 수 있었다고 보아야 한다. 미가가 예루살렘 상류층의 불의와 악행을 고발하고 하나님의 정의를 외쳤다는 점에서 그를 '남 왕국의 아모스'라고 부르기도 한다.

미가 시대의 역사적 상황

Q. 미가는 기원전 8세기에 활동했던 예언자라고 말씀하셨는데, 미가의 활동 연대는 언제쯤인가?

A. 미가 1:1은 예언자가 언제 활동했는지에 대한 정보를 제공해 주고 있다: "유다의 왕들 요담과 아하스와 히스기야 시대에 모레셋 사람 미가에게 임한 여호와의 말씀 곧 사마리아와 예루살렘에 관한 묵시라." 이 구절에 등장하는 왕들의 연대기와 미가 예언의 내용 등을 참고해 보면, 미가의 예언 활동 연대는 대략 기원전 725년-711년 사이로 추정된다. 미가는 예언자 이사야보다 20년 늦게 부름을 받았고, 10여 년 일찍 예언 활동을 마감한 것으로 보인다. 하지만 15년 정도는 이사야와 동일한 시기에 예언자로 활동했던 것 같다. 그렇지만 이사야와 미가가 서로 만났거나 함께 예언 활동을 했던 것으로 보이지는 않는다. 이사야는 예루살렘에서만 활동했고, 미가는 모레셋에서만 예언 활동을 했던 것으로 보이기 때문이다.

Q. 미가가 이사야와 겹치는 시기에 예언자로 활동했다면, 유다가 앗시리아의 침략을 받고 사회가 요동치던 그런 시기에 활동했다는 것을 의미하는 것이 아닌가?

A. 그렇다. 미가의 시대는 한마디로 격동의 시기였다. 이 시대에 팔레스틴 지역은 앗시리아의 침공을 받고 초토화되었고, 국가로서의 존재 자체가 흔들렸다. 미가가 소명을 받은 지 몇 년 후에 북 왕국은 앗시리아에 의해 완전히 멸망당하였고, 남 왕국도 풍전등화의 위기에 처하게 되었다. 남 왕국 유다는 기원전 587/6년에 앗시리아의 뒤를 이은 바벨론의 느부갓네살에 의해 멸망당하게 되는데, 그때까지 남 유다는 계속해서 정치적 격동에 휘말릴 수밖에 없었다.

에그론을 정복한 앗시리아 군대

앗시리아의 사르곤 2세

기원전 721-705년의 유다 국경

사회 지도층의 불의와 부정부패 고발

Q. 미가는 앗시리아의 침략을 받고 있던 때 유다 사회가 정치적으로, 그리고 사회적으로 불안정한 상황 가운데서 예언 활동을 했다는 것을 알 수 있다. 그

렇다면 미가는 주로 어떤 예언을 선포하였는가?
A. 미가의 예언은 여러 주제로 나누어 볼 수 있다. 먼저, 미가는 아모스처럼 사회 지도층, 특별히 예루살렘 고위 관리들의 불의와 부정부패를 고발하였다. 다시 말하면, 유다가 앗시리아의 침략을 받고 어려움에 처하게 된 궁극적인 원인은 국가의 지도자들과 상류층의 정의 파괴에 있다는 것이다. 어느 국가든 그 사회가 혼란에 빠지고 국력이 약화되는 데는 사회 지도층의 부패와 타락이 가장 중요한 역할을 담당하는 법인데, 미가는 바로 그 점을 강하게 지적하고 있다. 특히 미가서 3장 전체는 국가를 책임지고 있는 여러 관리들의 총체적인 타락에 대해 고발하고 있는데, 이들에 의해서 국가의 정의가 완전히 파괴된 것을 안타까워하고 있다. 프랑스어에 "노블리스 오블리제"(Noblesse oblige)라는 말이 있는데, "귀족의 의무"라는 뜻이다. 이 단어는 부와 권력은 사회에 대한 책임을 함께 져야 한다는 의미를 지니고 있다. 유다 사회를 책임진 국가의 지도층 인사들이 사회 정의를 파괴하는 자들이 된 것을 비판한 미가의 예언은 바로 "노블리스 오블리제"를 외친 것이다. 오늘 우리 신앙인들이 깊이 새겨들어야 하는 귀한 말씀이라고 생각한다. 우리 신앙인들은 열심히 노력해서 사회의 각 분야로 진출해서 높은 위치에 올라갈 필요가 있다. 그러나 그 자리에서 자신의 부귀영화만을 위해 살지 말고, 하나님의 정의를 이 땅에 실현하는 일에 최선의 노력을 다해야 한다. 그래야만 한국 사회가 밝고 희망찬 내일을 맞이할 수 있다.

Q. 미가는 국가 지도자들의 사회적 책임을 강조한 예언자라고 볼 수 있을 것이다. 그렇다면 실제로 미가는 어떤 예언을 외쳤는가?
A. 가장 대표적인 구절이 3:1-3이다: "내가 또 이르노니 야곱의 우두머리들과 이스라엘 족속의 통치자들아 들으라 정의를 아는 것이 너희의

본분이 아니냐 너희가 선을 미워하고 악을 기뻐하며 내 백성의 가죽을 벗기고 그 뼈에서 살을 뜯어 그들의 살을 먹으며 그 가죽을 벗기며 그 뼈를 꺾어 다지기를 냄비와 솥 가운데에 담을 고기처럼 하는도다." 이 예언의 말씀을 통해서 볼 때, 미가는 상징적이고 입체적인 언어로 백성의 지도자들의 죄악상을 적나라하게 고발하고 있음을 알 수 있다. 그들은 사람의 가죽을 벗기고 뼈에서 살을 뜯어 먹는 식인종에게 비유되고 있는데, 이를 통해 미가는 백성의 지도자들의 잔인성과 향락욕을 세밀하게 들추어내고 있다. 백성들의 지도자들은 일반 소시민들의 희생 위에서 자신들의 삶을 향유하고 있기 때문에, 그들은 백성들의 적이요 삶의 파괴자들이라는 것이다.

Q. 미가의 예언을 들으니 무섭고 등골이 섬뜩할 정도이다. 미가의 예언은 상당히 공격적이고 도전적이라는 생각이 드는데, 미가가 선포한 예언의 의미를 좀더 자세하게 설명해 주시길 바란다.

A. 미가는 백성들이 많이 모인 자리에서 유다 백성의 지도자들의 죄에 대해 조목조목 고발하였다. 미가는 "야곱의 우두머리들"과 "이스라엘 족속의 통치자들"을 부르며 먼저 그들의 죄악상을 지적하는데, 여기서 "야곱의 우두머리들"은 씨족이나 가족의 어른들을 부르는 용어이다. 이들은 주로 당시 사회의 법적인 문제들을 담당했던 일종의 재판관들이라고 말할 수 있다. 그리고 "이스라엘 족속의 통치자들"은 백성의 지도자들을 가리킨다. 이 두 그룹은 유다 백성의 지도층 인사들을 의미한다. 여기서 "야곱"이나 "이스라엘"이라는 단어가 등장하고 있는 것은 남 유다를 전의적(轉義的)으로 바꾸어 부른 것인데, 북 이스라엘이 멸망을 당한 이후에는 유다만이 하나님의 언약의 백성이라는 사실을 암시하는 단어들이다. 그리고 "정의를 아는 것이 너희의 본분이 아니냐?"라는 수

사학적인 질문은 백성의 지도층 인사들은 하나님의 법을 정당하게 집행할 당연한 의무와 책임을 지니고 있음을 전제하고 있는 것이다. 여기서 "알다"라는 동사는 단순히 지적인 앎이나 법조문을 암기하고 있는 것만을 의미하지 않고, 법질서의 공정한 집행을 책임져야 한다는 사실까지도 아는 것을 포함한다. 미가는 3:1-3에서 백성의 지도자들의 최우선적 임무는 하나님의 법의 공정한 집행자 내지는 보호자 역할을 하는 것임을 다시 한 번 상기시키고 있다.

종교 지도자들의 죄악 고발

Q. 아모스도 북 왕국의 패망의 원인이 국가 지도자들의 불의에 있다고 지적했다는 것을 앞서 배웠다. 미가도 역시 남 유다의 국가 지도자들의 부패에 대해 고발했다. 한 사회가 건강하기 위해서는 먼저 국가 지도자들의 책임이 중요하다는 사실을 다시 한 번 깨달을 수 있다. 미가 예언의 다른 주제는 무엇인가?

A. 두 번째로 미가는 종교 지도자들의 죄악에 대해서도 철저히 고발하고 있다. 종교 지도자들이 타락해서 백성들을 올바른 길로 인도하지 못하고 있음을 강하게 질책한다. 미가는 거짓 예언자들과 제사장들이 돈으로 매수되어 하나님의 말씀을 잘못 선포하는 것에 대해 분노하였다. 그리고 거짓 예언자들이 가난한 자들을 보살피지 않고, 오히려 도시의 부자들의 경제적 이익을 대변하는 것에 대해 강도 높은 비판을 가하였다. 종교 지도자들의 죄를 지적하고 있는 말씀 중에서 두 곳만 살펴보기로 하자. 먼저 3:5을 읽어보자: "내 백성을 유혹하는 선지자는 이에 물 것이 있으면 평강을 외치나 그 입에 무엇을 채워주지 아니하는 자에게는 전쟁을 준비하는도다." 이 구절에서 미가는 돈을 받고 자신들의 직무를 수행하는 거짓 예언자들에게 화살을 겨냥하고 있다. 그들은 입에

먹을 것을 물려주면 만사가 잘되어 간다고 떠들어대고, 만일 입에 아무 것도 넣어주지 않으면 그들에게 선전포고를 하듯이 재앙과 화가 임할 것이라고 선포한다는 것이다. 잘못된 종교 지도자들이란 하나님으로부터 받은 소명보다는 그들 자신의 이기적인 권익에 충실하는 자들일 뿐 아니라 그들의 예언과 영향력을 그릇된 이득에 이용하는 자들이다. 여기서 "내 백성을 유혹하는 선지자"라는 표현은 "내 백성을 그릇된 길로 인도하는 예언자"라는 의미로 바꾸어 생각할 수 있는데, 이들은 권위를 악용해서 하나님의 말씀 선포를 자신의 이윤을 추구하는 판매 수단으로 전락시키는 자들이다. 즉 미가는 이들이 자신들의 복리추구를 진리에 대한 복종보다 앞세우는 자들이라고 비판하고 있는데, 하나님의 일을 하는 모든 사명자들이 깊이 새겨들어야 하는 말씀이다.

Q. 정치 지도자들이 부패하고 종교 지도자들이 타락하면 그 사회는 이미 종말을 고한 것이나 다름없는 것이다. 미가의 예언을 들으니 당시 거짓 예언자들과 종교 지도자들의 문제가 심각했던 것으로 보이는데, 종교 지도자들의 잘못을 지적하는 또 다른 구절을 언급해 주시길 바란다.

A. 미가 3:11을 예로 들 수 있다: "그들의 우두머리들은 뇌물을 위하여 재판하며 그들의 제사장은 삯을 위하여 교훈하며 그들의 선지자는 돈을 위하여 점을 치면서도 여호와를 의뢰하여 이르기를 여호와께서 우리 중에 계시지 아니하냐 재앙이 우리에게 임하지 아니하리라 하는도다." 이 구절도 역시 타락한 종교 지도자의 돈에 대한 지나친 탐욕에 대해 언급하고 있다. 제사장들이 선포하는 율법은 돈으로 사고팔 수 있는 물건이 되어버렸고, 예언자들은 그들의 소명을 돈을 버는 상업행위로 만들어 버렸다는 것이다. 즉 종교 지도자들이 신앙의 어른이기를 그만두고 장사꾼으로 전락했다는 것인데, 돈을 버는 일이 그들의 유일한 행

동의 규범이 되고 말았다. 이런 이유로 종교 지도자들의 소명은 치사하고 저질스러운 탐욕의 위선적인 가면을 쓰게 되었다는 점을 미가는 신랄하게 비판하고 있다. 타락한 종교 지도자들은 하나님과 백성들을 향한 의무를 잊어버린 지 오래되었으며, 더욱 문제가 되는 것은 그들은 지금 자신들이 하나님과 가장 좋은 관계를 유지하고 있다고 믿고 있으며 하나님은 결코 어떠한 재앙도 내리시지 않을 것이라고 자신하고 있다는 것이다. 미가는 거짓된 종교 지도자들이 신앙을 미래의 두려움을 치료하는 마약으로 간주하고 있고, 미래의 안정을 보증하는 치료제 정도로 생각하고 있는 것에 대해 너무나도 안타까워하고 있음을 알 수 있다. 우리 모든 신앙인들은 미가의 예언을 곰곰이 귀담아 들을 필요가 있다. 오늘날도 우리 주변에는 거짓 예언자들과 같은 이단들이 많이 있다. 거짓 종교 지도자들의 가장 두드러진 모습은 물질에 대한 탐욕이라는 사실을 깨닫고, 이단의 음성을 분별하는 지혜로운 성도들이 되기를 바란다.

예루살렘과 성전의 파괴 선포

Q. 미가의 예언을 새롭게 공부함으로써 이단의 유혹에 넘어가는 분이 아무도 없기를 바란다. 미가는 국가의 지도자들의 악행과 종교 지도자들의 부패에 대해 비판하였음을 살펴보았다. 미가가 선포한 또 다른 주제의 예언은 무엇이 있는가?

A. 미가의 예언 중에서 가장 특징적인 것은 예루살렘과 성전의 파괴를 외쳤다는 점이다. 미가는 불의와 악행을 일삼는 상류층들이 살고 있는 예루살렘은 하나님의 심판을 받을 것이고, 거짓 종교지도자들로 가득 찬 예루살렘 성전은 붕괴될 것이라고 선포하였다. 예루살렘 도시와 성

전이 심판을 받고 파괴되어야 하는 이유는 예루살렘이 피의 범죄와 부당하게 취한 재물을 채운 자들이 살아가고 있는 곳이기 때문이라는 것이다. 미가 1:5을 읽어보도록 하자: "이는 다 야곱의 허물을 말미암음이요 이스라엘 족속의 죄로 말미암아 야곱의 허물이 무엇이냐 사마리아가 아니냐 유다의 산당이 무엇이냐 예루살렘이 아니냐." 여기서 사마리아와 예루살렘은 북 왕국과 남 왕국을 각각 대표하는 수도인데, 미가는 두 국가를 대표하는 수도가 바로 범죄자들의 소굴이라고 책망하고 있다. 사마리아와 예루살렘에는 전체 백성의 운명을 좌우하는 최고의 통치자들이 살고 있기 때문이다. 특히 유다의 죄의 출발점 내지는 본거지는 예루살렘이기 때문에 이 도시가 하나님의 무서운 심판을 받게 될 것이라고 미가는 외쳤다.

Q. 그렇다면 미가는 예루살렘과 성전이 어떻게 하나님의 심판을 받게 될 것이라고 선포하였는가?

A. 미가는 예루살렘과 성전의 파괴에 대해 3:12에서 다음과 같이 선포하였다: "이러므로 너희로 말미암아 시온은 갈아엎은 밭이 되고 예루살렘은 무더기가 되고 성전의 산은 수풀의 높은 곳이 되리라." 아주 무서운 말씀이다. 미가는 불의와 악행이 가득한 예루살렘과 성전을 하나님께서 반드시 심판하실 것이라고 선포했는데, 무너진 돌무더기야말로 하나님의 공의로움과 거룩하심을 나타내는 결정적인 증거가 될 수 있다고 확신하였다. 미가는 하나님의 정의와 거룩하심은 예루살렘 성전 건물과 관련되는 것이 아니라, 지도자들의 죄 때문에 훼손당한 하나님의 명예가 정의로운 심판을 통해 회복되는 것이라고 생각하였다. 이것은 예언자 이사야의 외침과 일맥상통하는 주제인데, 이사야는 "거룩하신 하나님은 공의로우시므로 거룩하다 일컬음을 받으시리니"(사 5:16)라고 선

포하였다. 하나님은 물질적이고 위선적인 잘못된 신앙에 대해 가차 없이 심판을 내리시는 분이라는 것이다. 성전은 정치 권력자들의 호화스러운 주택처럼 파괴되고 말 것인데, 종교 지도자들이 자신의 죄악으로 인하여 모든 백성들을 잘못된 길로 인도하였기 때문이다. 예루살렘과 성전의 심판과 파괴를 외친 미가의 예언은 당시 모든 백성들에게 엄청난 충격을 주었다. 그래서 100년 후에 등장했던 예언자 예레미야도 이 말씀을 정확히 기억하고 있을 정도였다. 이에 대해 예레미야 26:18에 다음과 같이 기록되어 있다: "유다 왕 히스기야 시대에 모레셋 사람 미가가 유다의 모든 백성에게 예언하여 이르되 만군의 여호와께서 이와 같이 말씀하셨느니라 시온은 밭 같이 경작지가 될 것이며 예루살렘은 돌 무더기가 되며 이 성전의 산은 산당의 숲과 같이 되리라."

고대 예루살렘의 흔적: 가나안 여부스 예루살렘 전경

부족 동맹 시대의 토지법 질서로의 복귀 선포

Q. 앞서 살펴보았듯이, 미가는 예루살렘의 고위 정치인들과 권력자들의 횡포와 악행에 대해 저항하고 그들에게 임할 하나님의 무서운 심판을 선포한 예언자였다. 그렇다면 예루살렘의 부유층들과 권력자들은 구체적으로 어떤 악행을 행하였는가?

A. 미가가 관심을 가지고 있었던 것은 부자들의 몰염치한 토지 소유에 관한 것이었다. 예루살렘의 도시민들은 그들의 권력과 부를 악용해서 모레셋과 같은 시골의 많은 땅들을 강제적으로 사들였기 때문에 시골 사람들은 조상들로부터 대대로 물려받았던 땅을 잃어버리고, 많은 사람들이 소작농으로 전락하고 말았는데, 미가는 바로 이 점에 대해 강력하게 질타하였다. 아주 적은 채무임에도 그것을 빌미로 채무자들을 노예로 만드는 부자들까지 있었던 것이다. 가나안의 모든 땅은 실제적으로는 하나님의 것이기 때문에 이스라엘 백성들은 부를 축적하는 수단으로 삼아서는 안 되는 것이었다. 하지만 미가가 활동했던 당시의 예루살렘의 부자들은 불의한 방법으로 많은 토지를 획득함으로 고대로부터 내려오던 이스라엘 사회의 평등과 균형을 깨뜨려 버렸다. 이런 이유 때문에 미가는 시골의 가난한 소작농을 보호할 수 있는 옛 지파 동맹 시대의 토지법 질서로의 복귀를 주창하게 되었는데(미 2:4-5), 이러한 미가의 외침은 근본적으로 가난한 소작농들의 권리를 보호하고자 함이었다. 아모스나 이사야 예언자의 선포에서도 볼 수 있었던 것처럼 기원전 8세기의 경제 상황은 부농(富農)과 대지주들에 의해 고대의 평등사회 질서가 파괴되고 말았다. 그래서 미가는 바로 "한 가정이 하나의 집과 하나의 땅"(ein Mann-ein Haus-ein Feld)을 소유해야 한다는 점을 강조했던 것이다. 정리하면, 미가는 예루살렘 지배층의 대지주 경제체제

에 대해 강력하게 저항하고 비판했던 예언자였다고 할 수 있다.

Q. 한 가지 궁금한 점이 있다. 고대 이스라엘에서는 돈이 있어도 합법적이고 정상적인 방법으로 토지를 구입할 수는 없었다는 것인가?

A. 레위기 25:23에 다음과 같이 기록되어 있다: "토지를 영구히 팔지 말 것은 토지는 다 내 것임이니라 너희는 거류민이요 동거하는 자로서 나와 함께 있느니라." 이스라엘 사람들에게 있어서 토지는 개인의 것이 아니라, 원래 주인은 하나님이다. 하나님에게 속한 토지를 단지 각각의 개인이 맡아서 관리하는 것뿐이라는 것이다. 이런 이유 때문에 북 왕국의 왕 아합이 아름다운 나봇의 포도원을 소유하고 싶었지만, 나봇은 조상들로부터 물려받은 땅이라는 이유로 포도원을 팔지 않았다(왕상 21장). 이스라엘에서는 토지를 부의 수단으로 매매해서는 안 된다. 만일 불가피한 이유로 토지를 팔았다고 하더라도 "토지의 희년법"(레 25장)에 따르면 50년째 되는 해에 원래의 주인에게 넘겨주어야 한다. 그리고 토지를 팔았다고 하더라도 중간에 본인이나 친척이 값을 치를 수 있는 상황이 되면 회수가 가능하도록 했다(레 25:23-28).

메시아의 탄생 예언

Q. 미가는 여러 가지 이유로 토지를 상실한 채 가난하게 살아가고 있던 시골의 소작농들을 변호하기 위해 노력한 예언자였다는 사실을 새롭게 깨닫게 된다. 마지막으로, 미가 예언의 또 다른 주제에 대해 말씀해 주시길 바란다.

A. 미가와 관련해서 마지막으로 우리가 살펴보아야 할 것은, 미가의 메시아 예언이다. 즉 미가는 메시아가 유다 땅 베들레헴에서 태어날 것을 예언했다. 온 세상의 구주로 오시는 "새로운 다윗"은 부정과 부패의 본

거지인 예루살렘이 아니라, 보잘 것 없는 시골 마을인 베들레헴에서 탄생하게 될 것임을 예언한 것이다. 미가 5:2은 다음과 같이 기록하고 있다: "베들레헴 에브라다야 너는 유다 족속 중에 작을지라도 이스라엘을 다스릴 자가 네게서 내게로 나올 것이라 그의 근본은 상고에, 영원에 있느니라." 미가의 예언이 선포된 지 700여 년이 지난 후에 실제로 구세주 예수는 유다 땅의 조그마한 시골 마을 베들레헴에서 탄생하셨고, 온 인류를 구원하시기 위해 십자가에 돌아가시게 된다.

지금까지 예언자 미가에 대해 공부하였다. 미가는 모레셋이라는 작은 마을에서 예루살렘의 부자와 거짓된 종교지도자들의 핍박을 받으며 가난하게 살아가는 소작농들의 대변인으로 살았던 예언자였으며, 우리의 구세주 예수 그리스도가 다윗의 고향인 베들레헴에서 태어날 것을 예언하였다는 사실을 알게 되었다. 이 땅의 가난하고 소외된 자들에게 메시아 탄생의 기쁨과 소망이 전해지기를 간절히 바란다.

제5장 기원전 8세기 예언의 특징

"말씀": 가장 중요한 예언 활동의 도구

Q. 앞 장에서는 예언자 미가에 대해 공부하였다. 미가는 시골 사람들을 착취하며 살아갔던 당시 예루살렘의 부자들과 권력층에 대해 비판하고, 메시아가 베들레헴에서 태어날 것임을 선포한 예언자였다는 사실을 알 수 있었다. 이번에는 어떤 내용으로 말씀해 주실 것인가?

A. 그동안 소개된 아모스, 호세아, 이사야, 미가는 기원전 8세기에 활동했던 예언자들이다. 이들이 활동했던 기원전 8세기는 이스라엘 예언 역사상 최고의 황금기였다고 할 수 있다. 이 4명의 예언자가 선포한 예언의 내용은 매우 파격적이고 혁신적이었으며, 경우에 따라서는 충격적이기까지 했다. 그래서 이번에는 기원전 8세기 예언의 특징에 대해 전체적으로 다시 한 번 살펴보면서 이 4명의 예언자들의 예언의 말씀을 정리하도록 하겠다.

Q. 기원전 8세기의 예언의 특징 중에서 먼저 설명해 주실 것은 무엇인가?

A. 기원전 9세기에 활동했던 엘리야와 엘리사의 예언 활동과 비교해 보면, 기원전 8세기의 예언과 관련된 특징들을 잘 이해할 수 있을 것이다. 첫째로, 기원전 9세기 예언자들은 주로 "기적"을 통해 백성들에게 하나님의 뜻을 전달했던 반면, 기원전 8세기 예언자들은 "말씀"을 통해 하나님의 계획을 선포했다고 볼 수 있다. 놀랍게도 아모스, 호세아, 이사야, 미가에게서는 엘리야 혹은 엘리사와는 달리 기적적인 사건이 거의

등장하지 않는다. 그들에게 있어서 "말씀"은 예언 활동에서 가장 중요하고도 뛰어난 전달 매체였다. 예언자들은 하나님의 입이었다고 말할 수 있다. 그들은 하나님의 "말씀"을 받아서 백성들에게 다시 그 "말씀"을 전달해 주었다. 백성들을 향한 하나님의 심판 계획, 권면과 회개의 말씀, 애도의 뜻은 예언자들의 "말씀"을 통해 전달되었다. 그리고 하나님은 "말씀"을 통해 예언자들을 부르셨고, "말씀"을 통해 자신의 역사 계획을 백성들에게 전달하셨다. 예언자들을 통해 선포된 하나님의 "말씀"은 역동적이며 창조적이었고, 역사를 이끌어가는 강력한 힘이었다. 선포된 하나님의 "말씀"은 반드시 성취되었고, 미래를 확정짓는 힘이었던 것이다. 예언자들을 통해 전달된 하나님의 "말씀"은 어느 것 하나 헛된 것이 없었다. 예언자들의 모든 "말씀"들이 그대로 이루어졌음을 확인할 수 있다. 예언자들의 "말씀"은 곧 하나님의 말씀이었기 때문이다.

Q. 기원전 9세기에 살았던 엘리야와 엘리사, 그리고 기원전 8세기에 활동했던 아모스, 호세아, 이사야, 미가의 예언을 서로 비교해 보니, 서로 다른 시대에 살았던 예언자들의 활동의 내용이 이처럼 다르다는 깨달을 수 있다. 기원전 8세기 예언자들에게는 기적이 아니라 "말씀"이 하나님의 뜻을 전하는 가장 중요한 전달 매체임을 알게 되었다. 그렇다면 이것은 하나님께서 예언자들을 부르신 사건과도 관련이 있는가?

A. 그렇다. 기원전 8세기 예언자들이 하나님의 부르심을 받을 때의 장면들을 살펴보면, 황홀경의 상태나 무아지경의 상태에서 하나님을 만난 것이 아니었다. 이사야에게서 볼 수 있는 것처럼 하나님은 예언자들과 인격적으로 대화하면서 그들을 예언자로 부르셨고, 자신의 말씀을 전파하도록 세상에 보내셨다. 하나님은 예언자들에게 "말씀"으로 찾아가신 것이다. 그래서 예언자들은 하나님의 말씀을 선포할 때에 자신이 선

포하는 내용이 개인의 생각이 아니라, 분명히 하나님의 말씀이라는 점을 강조했다. 그들이 예언을 선포할 때에는 언제나 "하나님이 말씀하시기를"이라는 관용어를 사용하는 것을 볼 수 있는데, 그것은 바로 예언자들이 전한 메세지는 개인의 사상이나 철학이 아니라 "하나님의 말씀"을 전달하는 것임을 분명히 밝히려고 했던 것이다. 그리고 기원전 8세기 예언서들을 좀더 주의해서 보면, "하나님의 말씀"이 자신에게 임했다고 설명하고 있음을 볼 수 있다. 예를 들어, 호세아 1:1에는 "… 브에리의 아들 호세아에게 임한 여호와의 말씀이라"고 기록되어 있고, 아모스 1:1은 "… 드고아 목자 중 아모스가 이스라엘에 대하여 이상으로 받은 말씀이라"고 전하고 있다. 미가 1:1은 "… 모레셋 사람 미가에게 임한 여호와의 말씀 곧 사마리아와 예루살렘에 관한 묵시라"고 기록되어 있다. 또한 이사야 2:1에는 "아모스의 아들 이사야가 받은바 유다와 예루살렘에 관한 말씀이라"고 기술되어 있다. 이 구절들 이외에도 곳곳에 "하나님의 말씀"이 예언자들에게 임하였음이 강조되고 있다.

Q. 기원전 8세기 예언자들에게 "하나님의 말씀"이 임했고 그들은 세상에 나가 다시 그 "하나님의 말씀"을 전파하는 자들이었다고 볼 수 있는데, 이렇게 예언자들이 "하나님의 말씀"으로 무장했다는 의미가 무엇인지 좀더 자세히 설명해 주시길 바란다.

A. 여기서 이해를 돕기 위해 대사사들을 예로 들어 보겠다. 대사사들은 이스라엘의 지파들이 특별한 위기에 처하게 되었을 때에 부름을 받은 지도자들인데, 성경에 의하면 이들은 한결같이 "하나님의 영"을 체험한 자들이었다. 기드온이 사사로서 부름을 받고 미디안 사람들과 전쟁을 하게 되었을 때에 "하나님의 영"이 그에게 임했고 (삿 6:34), 입다가 암몬 사람들과 대결하기 위해 나아갈 때에도 그는 "하나님의 영"을 체

험했다(삿 11:29). 삼손도 역시 "하나님의 영"의 임재를 경험한 이후에 블레셋과 싸우기 위해 전쟁터에 나갔다(삿 15:14). 이처럼 대사사들은 모두 "하나님의 영"을 경험하였다. 이 "하나님의 영"은 부름 받은 자를 강한 카리스마적인 전쟁의 용사로 만들어준 하나님의 특별한 선물이었다고 볼 수 있는데, 자발적으로 하나님의 구원 행위에 동참하게 하는 강력한 힘이었다. 다시 말해, "하나님의 영"을 받은 자는 전쟁터에 참여하여 승리를 이끌어낼 수 있는 강력한 카리스마적 군사 지도자였다고 볼 수 있다. 이와는 달리 기원전 8세기 예언자들에게 임한 것은 "하나님의 말씀"이었다. "하나님의 말씀"은 부름 받은 사람을 강한 전쟁의 용사로 만드는 힘이 아니라, 하나님의 역사 계획을 논리적이고 합리적으로 선포하도록 도와주는 이성적인 능력이라고 말할 수 있다. "하나님의 말씀"을 받은 자는 기적과 같은 초자연적인 현상이나 황홀경에 빠지는 것과 같은 몰이성적 현상을 통해 하나님의 섭리를 보여주는 자가 아니라, 인격적이고 이성적으로 하나님의 역사 계획을 이해하도록 이끄는 능력을 소유한 자였다고 볼 수 있다. 기원전 8세기 예언자들은 "하나님의 말씀"을 받았고 "하나님의 말씀"을 선포하였는데, 선포된 "하나님의 말씀"은 강력한 힘이 있어 역사 속에서 그대로 실천되었던 것이다.

급진적인 사회 비판과 비관적 미래관을 소유

Q. 설명을 듣고 보니, 아모스, 호세아, 이사야, 미가와 같은 예언자들은 "초자연적 기적" 통해서가 아닌, 논리적이고 합리적인 "하나님의 말씀"을 통해 하나님의 계획을 알려준 예언자들이었음을 다시 한 번 확인할 수 있었다. 이들에게 나타나는 또 다른 특징은 무엇인가?

A. 기원전 8세기 예언자에게서 찾아볼 수 있는 두 번째 특징은 급진적

인 사회 비판과 비관적인 미래관을 소유하고 있었다는 점이다. 아모스, 호세아, 이사야, 미가가 선포한 예언의 공통점은 당시 사회를 이끌어 가고 있는 지배층을 향해 하나님의 심판을 외치고 더 나아가서는 그 사회의 멸망을 선포하였다는 것이다. 기원전 8세기 예언자들은 하나님께서는 유다와 이스라엘에게 밝은 미래를 약속하고 계시다는 무조건적인 희망과 축복을 선포한 것이 아니라, 가진 자들과 높은 자들의 횡포가 유다와 이스라엘의 미래에 피할 수 없는 국가의 재난으로 이어질 것이라는 위협의 말씀을 선포하였던 것이다. 그들은 사회적인 불의를 행하는 특별 계층의 멸망이 아니라 왕국 자체의 멸망을 선포한 것인데, 이러한 외침은 아무도 예상하지 못했던 과격한 선언이었다. 기원전 9세기의 엘리야와 엘리사는 바알 종교를 장려했던 오므리 왕조와 싸웠지만, 그들은 왕국의 멸망까지 선포하지는 않았다. 하지만 기원전 8세기의 예언자들은 하나님이 자신을 위해 선택하신 유다와 이스라엘을 멸망시킬 준비를 하고 계시다는 점을 분명히 선언하였다. 당시의 사회적인 악행과 종교적인 불의가 극심했기 때문에 하나님은 어쩔 수 없이 자신이 선택하신 백성들을 심판하실 수밖에 없다는 점을 강조했다. 이것은 기원전 8세기 예언자들에게서 처음으로 발견되는 특별한 선포라고 볼 수 있다.

Q. 기원전 8세기에 활동했던 4명의 예언자들의 선포는 참으로 무섭다는 생각이 든다. 그들은 유다와 이스라엘이 큰 죄를 범하였기 때문에 하나님의 심판을 받게 된 것이라고 선포하였는데, 다시 한 번 예언자들이 지적했던 죄에 대해 설명해 주시길 바란다.
A. 4명의 예언자들이 지적한 죄악의 내용은 조금씩 다르다. 아모스는 주로 북 왕국 이스라엘 백성들이 범한 사회적인 악행에 대해 비판하였

다. 그는 가진 자들과 높은 자들의 극악한 횡포로 인해 사회적으로 약자로 살아가는 자들의 권리가 완전히 파괴되었다고 보고, 그것에 대한 죄악상을 짚었다. 아모스의 예언은 이스라엘의 부자와 권력자들이 자기 민족의 약자들을 억압했다는 것에 집중되어 있다. 그들이 정신적인 가치와 윤리와 신앙을 화폐가치 이하로 취급하는 물질주의에 사로잡혀 있다는 것을 부각한다. 이와는 달리 호세아는 제의의 부패 문제를 주로 취급하였다. 호세아는 백성들이 드리는 제의의 형식이나 제의의 종류를 무조건적으로 하나님께서 거부하신다고 전하였다. 호세아처럼 제의에 대해 그렇게 강하게 비판한 예언자는 아무도 없었다. 호세아 6:6은 "나는 인애를 원하고 제사를 원하지 아니하며 번제보다 하나님을 아는 것을 원하노라"며 하나님이 원하시는 제의가 무엇인지를 분명히 제시하고 있다. 물론 우리는 이 구절이 제의 제도 자체를 철폐하는 주장이라고 말할 수 없다. 호세아는 여기서 제의와 악행이 동시에 실행되는 것을 강하게 비판한 것인데, 하나님께 희생제물을 드리는 것보다 더 중요한 것은 하나님과 인간을 향한 사랑의 실천이라는 점을 선포하려고 하였다. 그리고 다른 한편으로 호세아는 바알화 된 제사를 비판하였다고 볼 수 있는데, 제사장들이 하나님 앞에서의 진정한 책임을 잃어버리고 백성들이 바알 종교에 빠져 잘못된 제의를 드린 것에 대해 지적했다. 제사장들은 하나님을 아는 지식의 부족으로 인해 백성들이 바알 종교에 빠져 들어가도 그들을 올바른 길로 인도하지 못함을 비판했다.

Q. 아모스와 호세아는 강조점만 서로 달랐지 백성들의 악행과 죄악을 고발하고 하나님의 무서운 심판에 대해 선포했다는 점에서는 서로 같았다고 볼 수 있다. 그렇다면 이제 이사야와 미가에 대해서도 설명해 주시길 바란다.
A. 이사야는 여호와 하나님을 떠나 강대국의 힘에 의존하는 왕들의 외

교 정책에 대해 특별히 비판하였다. 이사야는 당시 주변의 강대국이었던 앗시리아나 애굽의 군사력에 의존해서 왕국을 존속시키려는 왕들의 잘못된 판단을 지적하고, 절대적으로 하나님만을 의존할 것을 권면하였다. 이사야의 예언의 핵심은 "하나님만을 절대적으로 믿으라"는 것이다. 이사야는 백성들의 믿음 없는 삶에 대해 걱정하고, 구원은 이방의 왕에게 있는 것이 아니라 오직 하나님에게만 있음을 강조하였다. 이사야는 하나님께 대한 흔들림 없는 믿음을 외친 것이다. 다른 예언자들과 특별히 다른 점은 이사야가 세계사의 움직임과 정치 영역에서의 모든 변화들을 하나님을 향한 믿음과 연관시켰다는 점이다. "하나님을 향한 믿음"은 역사 속에 임하시는 하나님의 행동에 대해 자신을 열어놓을 수가 있기 때문에 어두운 운명의 그림자에 대한 근심에서 자유로울 수가 있다는 것이다. 우리는 이사야의 예언 속에서 이스라엘의 하나님을 유일한 역사의 주관자로 바라보는 세계사적인 관점을 발견할 수 있다. 한편 미가는 특별히 수도 예루살렘에 살고 있는 고위 관리들의 부패와 불의에 대해 고발하였던 예언자라고 생각할 수 있다. 그는 도시에 살고 있는 부자와 권력자들이 시골에 살고 있는 가난하고 불쌍한 사람들을 착취하고 농락하였으니 반드시 하나님의 심판을 받게 될 것이라고 선포하였다. 미가는 상류층의 정의 파괴야말로 하나님께서 예루살렘 도시와 성전을 붕괴시킬 수 있는 가장 강력한 증거가 된다는 점을 부각시켰다. 예루살렘이 붕괴되지 않고 유다가 회복될 수 있는 유일한 방법은 공의와 사랑의 실천을 통해 하나님께 가까이 나아가는 것이라는 점을 미가는 분명히 밝히고 있다.

도덕적, 윤리적 책임의 강조

Q. 하나님이 자기 백성을 심판하신다는 내용은 당시 모든 백성들을 충격에 빠트릴 만한 선포임에 틀림없었을 것이다. 기원전 8세기 예언자들의 예언에서 찾아볼 수 있는 또 다른 특징은 무엇인가?

A. 세 번째로 유다와 이스라엘 백성들에게 사회를 향한 도덕적이고 윤리적인 책임을 처음으로 강조했다는 점이다. 기원전 8세기 예언자들은 공통적으로 하나님께 드리는 제의를 통해 사회적 책임이 면제될 수 없다는 사실을 지적하였다. 그래서 어떤 학자들은 기원전 8세기 예언자들을 "윤리 종교의 창시자"라고 말하고 있다. 물론 아모스, 호세아, 이사야, 미가 예언자들이 제의에 대해 강하게 비판했지만, 그들이 하나님께 드리는 제의를 완전히 폐기하고 도덕적 종교를 만들자고 주장했다고는 말할 수 없다. 앞서 제시한 바와 같이, 예언자들은 하나님께 드리는 제의 자체를 잘못된 것이라고 말하려고 한 것이 아니다. 예언자들의 비판은 제의 자체가 아니라, 제의 참여자들을 향하고 있기 때문이다. 사무엘상 15:22의 말씀처럼 "순종이 제사보다 낫고 듣는 것이 숫양의 기름보다 낫다"는 것을 예언자들은 선포하고 있다. 예언자들은 올바른 행위를 동반한 제의를 원하고 있다. 예언자들은 성전을 찾아가서 제의를 드리는 행위나 축제나 기도하는 행위를 무가치한 것으로 판단한 것이 아니라, 일상의 삶 전체를 하나님께 드리라고 요청한 것이다. 이사야 1:16-17을 보면 하나님의 윤리적 요구를 수행한 자들만이 성전에 들어가서 제의를 드릴 것을 권면하고 있다: "너희는 스스로 씻으며 스스로 깨끗하게 하여 내 목전에서 너희 악한 행실을 버리며 행악을 그치고 선행을 배우며 정의를 구하며 학대받는 자를 도와주며 고아를 위하여 신원하며 과부를 위하여 변호하라 하셨느니라." 이 구절은 하나님께 올바른

제의를 드리기 위해서는 백성들이 먼저 구체적인 사랑을 실천해야 한다는 점을 강조하고 있다. 프랑스 출신의 종교개혁자 장 깔뱅(Jean Calvin, 1509-1564)은 "복음의 가장 큰 대적들은 로마의 교황도, 이단도, 유혹하는 자들도, 독재자도 아닌 바로 나쁜 그리스도인이다"라는 연설을 한 적이 있다. 여기서 '나쁜 그리스도인'이란 선한 행위가 없는 죽은 믿음의 소유자들을 가리키고 있는데, 이들이 바로 외식하는 자들이며 사랑을 실천하지 못하는 자들인 것이다.

장 깔뱅

Q. 기원전 8세기의 예언자들이 모두 제의에 대해 강력한 비판을 가하였지만, 그것은 제의가 없는 도덕적인 종교를 외친 것이 아니라, 사랑을 실천하는 종교가 되어야 한다는 것을 주창한 것이다. 그렇다면 예언자들이 강조하려고 했던 것을 다시 한 번 정리해 주시길 바란다.

A. 예언자들이 "제의와 윤리," 두 요소 중에서 하나를 양자택일하라고 외친 것으로 이해해서는 안 된다. 예언자들이 외친 것은 제의를 통해 하나님과 인간의 인격적 만남이 이루어져야 한다는 점을 지적하려고 했다. 당시 이스라엘 사람들은 정기적인 순례를 통해, 그리고 특별절기 때에 열심히 성전을 방문하여 제의를 드리는 것으로 종교적인 만족을 찾으려고 했다. 그러나 그러한 의식을 계속 반복적으로 행하는 가운데 하

나님의 거룩함에 대한 인식은 사라졌고, 더 이상 하나님의 권위 앞에 떨지 않게 되었으며, 더욱이 제의를 집례하는 자들은 하나님에 대한 경외감 없이 형식적인 의무감만을 가지고 제사장 역할을 감당했다. 예언자들은 이렇게 제의의 의미가 뒤바뀐 것에 대해 질타하였는데, 제의와 기도를 통해 하나님과의 진실한 만남이 이루어져야 한다는 점을 강조했다. 이러한 예언자들의 외침은 오늘날 종교적 매너리즘에 빠져 방황하는 많은 한국 교인들에게 비수(匕首)와도 같은 말씀이다. 1주일 동안 경건하게 살지 못하다가 주일날 예배에 참여하여 찬송을 부르고 헌금을 드리는 것으로 만족하는 신앙은 결코 하나님이 원하시는 모습이 아니라는 점을 인식해야 한다. 예언자들이 강조하려는 두 번째 요소는 인간과 인간 사이의 올바른 관계성을 전제한 제의를 드리라는 것이다. 예언자들은 주변의 다른 사람들과의 관계가 파괴된 상태에서 드리는 제의를 하나님은 받으시지 않는다고 선언했다. 예언자들은 "제의"와 "의로운 생활"을 날카롭게 일치시키고 있다. 하나님의 계명에 순종하며 살아가는 것은 하나님을 사랑하는 자에게 선택이 아니라 필수라는 것이다. 다시 말해, 참된 제의란 하나님의 계명을 일상의 삶에서 실천하며 살아가는 것이다. 이 책을 읽는 모든 독자들은 예언자들의 절규를 잘 듣고 외식하는 바리새인과 서기관 같은 자들이 되지 말고, 진정으로 하나님의 말씀을 실천하며 살아가는 선한 사마리아 사람이 되기를 바란다.

세계 역사를 지배하시는 하나님에 대한 선포

Q. 기원전 8세기 예언자들의 선포를 배우면서 우리는 지금까지의 신앙생활을 다시 한 번 점검하게 된다. 형식적이고 제의적인 예배가 아니라, 온전한 삶으로 예배하는 자가 되기를 바란다. 기원전 8세기 예언자들에게서 찾아볼 수 있

는 또 다른 특징에 대해 한 가지만 더 소개해 주시길 바란다.

A. 기원전 8세기 예언자들은 하나님을 세계의 하나님으로 선포했다. 그들은 하나님을 이스라엘 민족과 국가만을 지키는 편협한 하나님이 아니라, 세계의 역사를 이끄시며 인도하시는 하나님으로 인식하기 시작했다. 그들은 더 이상 하나님을 이스라엘의 역사 속에 제한된 하나님, 팔레스틴 땅에 갇혀 있는 하나님이 아니라, 열방의 역사까지 지배하시며 세계 속에 일하시는 하나님으로 고백하기 시작하였던 것이다. 자신의 민족만을 위한 배타적 하나님이 아니라, 세계의 하나님이라는 것은 완전히 새로운 하나님 경험이다. 다시 말해서, 기원전 8세기 예언자들에게서 신 개념의 세계화가 시작되었다고 볼 수 있는데, 구약의 종교가 보편적인 세계의 종교로 변화할 수 있는 토대를 마련하게 된 것이라고 평가할 수 있다. 기원전 8세기 예언자들은 하나님을 그동안 이스라엘 백성들이 생각했던 것보다 훨씬 더 넓고 광범위한 영역을 통치하는 분으로 선포한 셈인데, 하나님의 활동 영역은 팔레스틴이라는 지역적 한계와 이스라엘이라는 종족적 한계를 뛰어넘는 분으로 체험하였다는 점이 중요하다. 그들은 세계의 역사를 하나님의 역사로 이해하기 시작했고, 세계사 속에서의 이스라엘의 운명을 선포하기 시작했다.

지금까지 기원전 8세기 예언자들의 예언의 내용들을 총 정리하였다. 내용적으로 약간은 어려운 면도 있었지만, 기원전 10세기나 9세기의 예언자들과는 다른 점을 비교할 수 있어서 유익한 공부였다고 생각한다. 독자들은 예언자들의 선포의 특징을 배우는 것으로 끝나지 말고 삶에 적용해서 21세기 한국교회와 사회를 이끌어가는 예언자들이 될 수 있기를 바란다.

제 4 부

기원전 7세기
예언자들

FAITH AND LIFE OF THE PROPHETS

QA
Faith and Life of the Prophets

제1장 나훔 _ 나훔 1-3장

나훔과 그의 시대적 배경

Q. 앞 장에서는 기원전 8세기 예언자들의 예언의 내용들을 총 정리해 보았다. 기원전 8세기는 4명의 유명한 예언자들이 활동했던 이스라엘 예언의 황금기였다고 할 수 있다. 또한 이 시기에는 이스라엘이라는 민족과 팔레스틴이라는 지역에 갇혀있는 편협한 하나님이 아니라 세계의 역사를 이끌어 가시는 보편성을 지닌 하나님에 대해 선포하기 시작했음을 알 수 있다. 이번에 살펴볼 예언자는 어떤 예언자들인가?

A. 이번 장에서는 기원전 7세기 예언자들에 대해 알아보고자 한다. 기원전 7세기에도 여러 명의 예언자들이 등장하였다. 나훔, 하박국, 스바냐와 같은 소예언자들과 예레미야와 같은 대예언자는 하나님의 부르심을 받은 후 국가적 혼란과 위기에 처한 유다를 구하기 위해 일생동안 헌신했다. 당시에는 이미 북 왕국이 멸망을 당한 상황이었기 때문에 나훔, 하박국, 스바냐, 예레미야는 모두 남 유다에 속한 예언자들이라고 할 수 있다. 이 4명의 예언자들 중에서 먼저 나훔에 대해 살펴보고자 한다.

Q. 나훔은 우리에게 그렇게 잘 알려져 있는 예언자는 아니다. 먼저 인간 나훔에 대해 간단히 소개해 주시길 바란다.

A. 나훔이라는 이름의 뜻은 "여호와께서 위로해 주셨다"이다. 나훔은 자신의 이름과 같이 당시 유다를 괴롭히고 있던 앗시리아로부터의 구원에 대해 선포함으로써 고난에 처해 있던 유다 백성들에게 위로의 말

씀을 전파한 예언자이다. 성경에서 인간 나훔에 대해 언급하고 있는 곳은 나훔 1:1뿐이다: "니느웨에 대한 경고 곧 엘고스 사람 나훔의 묵시의 글이라." 하지만 이 구절은 나훔의 가족 상황에 대해서는 구체적인 정보를 제공하지 않는다. 나훔의 아버지가 누구인지, 결혼은 했는지, 자녀가 있었는지, 그의 경제 사회적 형편은 어떠했는지 등에 대한 내용을 전혀 알 수가 없다. 단지 나훔의 고향이 엘고스라는 점만을 알 수 있는데, 아쉽게도 이 엘고스라는 곳이 정확히 어디에 위치한 곳인지도 알 수 없다. 엘고스가 유다에 속한 도시라는 주장(에피파니우스서)도 있고, 북쪽의 갈릴리 지역 근처에 위치하고 있다는 주장(히에로니무스서)도 있는데, 학자들 간에 의견이 통일되어 있지 않은 상태이다.

Q. 나훔에 대한 개인적인 정보를 좀더 알 수 있었더라면 하는 아쉬움이 남는다. 인간 나훔에 대해서 좀더 자세히 알 수 있다면 그의 예언을 이해하는 데 많은 도움이 될 수 있을 텐데 아쉽다. 이제 나훔의 예언을 전하고 있는 나훔서에 대해서 간단히 소개해 주시길 바란다.

A. 나훔서는 3장으로 구성되어 있는 짧은 책인데, 단 하나의 주제에 초점이 맞추어져 있는 특징을 보이고 있다. 그 주제는 당시 메소포타미아 지역을 지배하고 있던 세계 제국 앗시리아를 향한 하나님의 심판에 대한 것이다. 나훔서는 하나님께서 곧 앗시리아의 수도인 니느웨를 멸망시키시고 유다에게 구원의 기쁜 소식을 전할 것이라는 간단한 내용을 소개하고 있다. 나훔서는 니느웨의 함락과 앗시리아의 멸망 사건을 얼마나 생생하고 강렬하게 증언하고 있는지, 그 광경을 직접 목격하고 증언한 것처럼 아주 리얼하게 묘사하고 있다. 하지만 나훔서는 단순한 전쟁 서사시가 아니라, 다가올 하나님의 역사 행위를 실감나게 증언한 예언서이다.

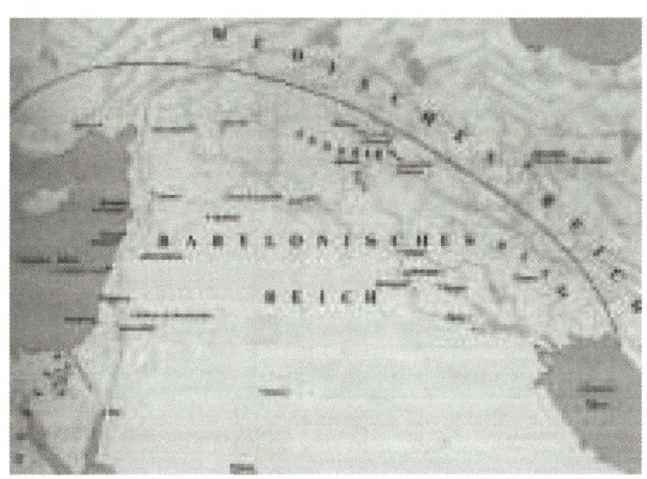

고대 근동의 제국들

Q. 앞서 살펴본 바와 같이, 나훔은 특히 앗시리아의 멸망에 대해서 집중적으로 예언한 예언서이다. 당시의 시대적 상황에 대해 간단히 설명해 주시길 바란다.

A. 먼저 기원전 7세기 초기와 중반에 앗시리아를 통치한 왕들을 간단히 소개하면 다음과 같다. 산헤립의 후계자는 에살핫돈(Esarhaddon; 기원전 681-669)이다. 그가 통치하는 동안 앗시리아는 영토를 가장 넓게 확장하였고 최고의 절정기에 도달했다. 에살핫돈은 이집트의 부(富)를 자신의 제국의 것으로 만들려는 욕심을 가지고 있었다. 그래서 그는 이집트를 여러 번 공격하였는데, 이집트를 앗시리아의 한 주로 바꾸어버릴 정도로 강력한 힘을 대외적으로 과시하였다. 당시 남 유다의 왕은 므낫세(기원전 696-642)였는데, 그가 통치하는 동안 유다는 앗시리아의 봉신국으로 겨우 목숨을 유지하고 있었다. 당시에 앗시리아에 조공을 바치던 봉신들의 숫자가 22명이나 되었는데, 이 명단 중에는 유다와 므낫세

의 이름이 적혀 있음을 확인할 수 있다(ANET 29; TGI 70). 즉 당시 유다는 수십 년 동안 앗시리아에게 압제를 당하고 있었던 것이다. 에살핫돈의 후계자는 그의 아들 앗수르바니팔(Ashurbanipal; 기원전 669-626)이다. 앗시리아의 마지막 번성기를 이끌었던 왕이다. 앗수르바니팔은 왕의 교체기에 전역에서 일어났던 혼란과 반란을 정복하였고, 다시 앗시리아의 통치권을 강화시키는 데 어느 정도 성공을 거두었다. 그리고 그는 니느웨에 거대한 도서관을 건립하고 고대 문명의 엄청난 유물들을 찾아내어 그 곳에 보관하는 문화적인 정책을 펼치기도 하였다. 대부분의 유물들은 현재 런던 박물관에 보관되어 있는데, 메소포타미아 지역에 출현했던 수메르, 아카드, 바벨론, 앗시리아 등의 역사를 이해하는 데 귀중한 자료들로 간주되고 있다. 하지만 앗수르바니팔이 통치하던 동안에 앗시리아는 급속히 쇠락의 길로 접어들게 된다. 그의 동생이며 바벨론의 분봉왕인 샤마쉬-슘-우킨(Shamash-shum-ukin)이 바벨론에서 폭동을 일으켜 형에게 도전하면서 앗시리아는 극심한 내부적인 혼란에 빠지고 말았다(기원전 652년). 이때부터 앗시리아는 더 이상 제국의 변방이 떨어져 나가는 것을 막을 힘이 없었다. 결국 기원전 626년에 앗수르바니팔이 죽자 앗시리아 제국은 급속도로 파멸의 구렁텅이로 빠져들게 되었고, 앗시리아에 대항하는 위협적인 세력들이 주변에서 등장하였다. 오랫동안 앗시리아의 지배를 받았던 각 지역의 왕들이 정치적 독립을 위하여 깃발을 들기 시작했던 것이다.

Q. 최초의 세계 제국이었던 앗시리아, 고대 근동의 전 지역을 호령했던 앗시리아도 결국은 하나님의 역사 시간표에 의해 역사의 현장에서 사라지게 되었다. 그렇다면 정확한 앗시리아의 멸망 년도는 언제인가?

A. 앗시리아는 기원전 612년에 역사의 현장에서 완전히 사라지게 되었

다. 이 해에 앗시리아는 바벨론과 이란의 산악 지역에 살고 있던 메대인과 흑해 북쪽의 평원에 살고 있던 유목민인 스키타이인의 연합군에 의해 3개월 동안 포위당한 끝에 결국 함락 당하게 된다. 겨우 살아남은 군인들만이 하란 지역으로 도망을 갔다. 앗시리아의 파국은 너무나도 엄청났기 때문에 앗시리아라는 제국의 형태뿐만 아니라, 앗시리아 민족까지도 거의 자취를 찾아볼 수 없게 되었다. 앗시리아 대부분의 주요 도시들은 완전히 초토화되어서 그 이후에 재건될 수 없을 정도가 되고 말았다. 거대한 제국을 형성했던 앗시리아가 이렇게 소름끼칠 정도로 완전히 붕괴된 것은 오랫동안 앗시리아의 지배를 받아왔던 민족들의 분노와 증오가 한꺼번에 폭발했기 때문이다. 예언자 나훔은 앗시리아의 세력이 아직 이집트와 팔레스틴 지역을 지배하던 시기인 기원전 650년경 혹은 그보다 약간 나중에 등장해서 앗시리아를 향한 하나님의 심판 계획을 선포한 것이라고 볼 수 있다. 다시 말하면, 나훔은 앗시리아가 여전히 강성하였을 때에 앗시리아의 멸망을 선포한 예언자인데, 아직 희망의 빛줄기가 보이지 않던 그 어둡던 시기에 압제받던 유다 백성에게 희망의 메시지를 선포한 예언자라고 평가할 수 있다. 나훔은 앗시리아 제국의 멸망을 예언한 유다의 구원 예언자인 셈이다.

Q. 나훔의 활동 시기가 대략 기원전 650년경 혹은 그 이후라고 말씀하셨는데, 그렇다면 기원전 7세기 예언자들 중에서 그 이전에 활동한 예언자는 누구인가?

A. 기원전 8세기 예언자들 중에서 가장 늦게까지 활동한 예언자는 이사야이다. 그는 산헤립이 예루살렘을 침공했던 기원전 701년까지 활동하였다. 이사야가 활동한 그 이후 50여 년 동안은 앗시리아의 강압적인 통치가 계속 진행되던 시기였는데, 이 반세기 동안에는 예언자들이 등

장하지 않았다. 오랜 기간의 침묵을 깨고 등장한 예언자가 바로 엘고스 출신의 나훔이라는 예언자이다.

나훔서의 내용과 구조

Q. 이제 구체적으로 나훔서의 내용과 주제를 살펴보도록 하자. 나훔서는 3장으로 구성되어 있는 매우 짧은 책이라는 것을 위의 설명을 통해 알 수 있다. 그렇다면 나훔서의 전체적인 내용과 구조는 어떠한가?

A. 나훔서는 비교적 간단한 주제로 구성되어 있다. 나훔서 전체는 1:1이 언급하고 있는 것처럼 "니느웨에 대한 경고"로 시작하고 있다. 앞서 살펴보았듯이, 나훔서 전체가 니느웨의 멸망이라는 단 하나의 주제에 초점을 맞추고 있다는 점이 매우 특징적이다. 예언자 나훔은 앞으로 하나님께서 포악한 제국 앗시리아를 멸망시킬 것임을 여러 방식으로 표현하고 있다. 다른 예언서들과는 달리 나훔서는 한 이방 국가의 멸망에 대해서만 언급하고 있고, 이스라엘과 유다의 죄악에 대해서는 아무런 언급이 없다. 기원전 8세기의 예언자들은 이방 국가의 죄악뿐만 아니라 유다 혹은 이스라엘의 죄악에 대해서도 신랄하게 비판하였는데, 나훔은 이와는 달리 유다와 이스라엘의 죄악에 대해서는 침묵한다. 그래서 학자들은 나훔을 민족주의적인 예언자라고 평가하기도 한다. 하지만 우리는 나훔을 편협한 민족주의자라고 폄하해서는 안 된다. 나훔은 국수주의적 입장에서 앗시리아라는 강대국의 멸망을 선포한 것이 아니라, 포악하고 교만하여 주변의 국가들을 괴롭힌 앗시리아의 죄악을 하나님께서 열정적으로 응징하시고 나약하고 힘없는 연약한 국가들에게 자비로써 구원을 베푸시는 역사의 주인 되시는 하나님에 대해 선포한 것으로 보아야 한다. 다시 말하면, 나훔은 공의로운 하나님의 우주적인 통치

가 구현되기를 기대하면서 세계의 정치 질서 속에 임하는 하나님의 의로운 심판을 선포한 예언자라 할 수 있다.

Q. 여기서 나훔서 전체를 공부할 수는 없지만, 중요한 몇몇 본문을 살펴보면 나훔의 예언을 좀더 잘 이해할 수 있을 것 같다. 나훔의 예언을 가장 잘 나타내주는 대표적인 구절은 어디인가?

A. 나훔서 전체에서 가장 특색 있는 부분은 1:2-8이다. 이 구절은 니느웨를 심판하시러 나타나시는 하나님을 찬양하는 내용을 보이고 있는데, 이 주제는 나훔서 전체의 신학적인 핵심을 이루고 있다고 볼 수 있다. 본문은 매우 독특하게도 각 절이 히브리어 알파벳의 자음 순서대로 시작하는 일명 "알파벳 시"로 되어 있다. 히브리어 자음이 22개인데, 그 중에서 처음 11개의 자음을 순서대로 사용해서 시를 만든 것이다. 매우 정교한 문학적인 기술을 소유한 자만이 만들어 낼 수 있는 시의 형식이다. 물론 우리말 성경으로는 나훔서의 시적 묘미를 인식할 수 없어서 좀 아쉽기는 하다. 이 "알파벳 시"는 섬세하게 잘 다듬어진 시적 형식을 취하고 있어서 학자들은 나훔을 구약 성경의 가장 위대한 시인으로 평가하고 있을 정도이다.

"알파벳 시"(1:2-8)

Q. 위의 설명을 통해 나훔이 예언자이면서 동시에 위대한 시인이었음을 알게 된다. 그렇다면 "알파벳 시"의 내용을 좀더 구체적으로 설명해 주시길 바란다.

A. 이 "알파벳 시"는 "하나님은 어떤 분인가?"에 대해 여러 각도로 노래하고 있다. 첫째로, 하나님은 진노하시고 보복하시고 질투하시는 분이라고 소개하고 있다. 2절을 보면, "여호와는 질투하시며 보복하시는 하

나님이시니라 여호와는 보복하시며 진노하시되 자기를 거스르는 자에게 여호와는 보복하시며 자기를 대적하는 자에게 진노를 품으시며"라고 되어 있다. 여기서 하나님은 질투하시며 복수하시고 진노하시는 분이라고 소개되고 있는데, 책을 읽는 독자들은 본문의 의미를 오해하지 않기를 바란다. "질투하시는 하나님"이라는 표현은 인간의 속 좁은 행위와 같은 것을 말하는 것이 아니다. "질투하다"라는 히브리어 동사는 "정열적이고 무엇인가를 관철시키려는 의지가 있다"는 뜻을 지니고 있는데, 이 단어는 특히 십계명 중 제2계명과 관련되어 사용되었다: "너를 위하여 새긴 우상을 만들지 말고 또 위로 하늘에 있는 것이나 아래로 땅에 있는 것이나 땅 아래 물속에 있는 것의 어떤 형상도 만들지 말며 그것들에게 절하지 말며 그것들을 섬기지 말라 나 네 하나님 여호와는 질투하는 하나님인즉 나를 미워하는 자의 죄를 갚되 아비로부터 아들에게로 삼사 대까지 이르게 하거니와 나를 사랑하고 내 계명을 지키는 자에게는 천대까지 은혜를 베푸느니라"(출 20:4-6). 여기서 "질투하다"라는 단어는 하나님과 그의 백성 사이의 특별한 관계성, 즉 독점적 관계성을 나타낼 때 사용되었음을 알 수 있다. "질투하다"라는 단어는 이스라엘 백성들로부터 독점적 경배를 원하시는 하나님의 의지를 표현하는 전문적인 단어이다. 하나님은 유일한 사랑의 대상으로서 인정받기를 원하시는데, 다른 신을 숭배하는 자들에게는 강한 질투심을 발휘하여 그들을 심판하시는 분이라는 뜻이다. 우리는 이러한 배경 속에서 나훔의 예언을 이해해야 한다. 질투하시는 하나님은 이방 신을 숭배하는 앗시리아를 향해 진노의 화살을 보내고, 이제 곧 그들을 심판하실 것이라고 나훔은 설명하고 있다. 하나님은 독단적인 변덕이나 악마적인 야만성 때문에 맹목적인 분노를 일으키는 분이 아니라, 하나님의 정의의 법이 훼손당한 것에 대해 정당한 반응을 보이는 그러한 분이라는 점을 이해해야 한다. 앗시리아를 향한 하나님의 진노는 그들의 범죄에 대한 하나님의 불쾌감의 표현이며, 하나님의 본성의 불가침성을 보호하기 위한 불가피한 행동이라고 말할 수 있다.

Q. 하나님은 아무에게나 복수하며 진노하시는 것이 아니라, 하나님을 거역하고 거스르는 자에게만 한정해서 질투하시는 분임을 잊지 말아야 한다. 하나님은 무자비한 분이 아니라, 공의로우시며 하나님을 사랑하는 자에게는 사랑과 은혜를 베푸시는 분임을 우리는 잘 알고 있다. "알파벳 시"가 증언하는 하나님은 또 어떤 분인가?

A. 두 번째로 하나님은 자비하시며 노하기를 더디하시며 용서하시기를 좋아하시는 분이시라고 찬양하고 있다. 출애굽기 34:6에서도 이와 비슷한 표현을 사용하고 있다: "자비롭고 은혜롭고 노하기를 더디하고 인자와 진실이 많은 하나님이라." 하나님은 잔인하고 무서운 분이 아니라, 은총과 자비가 충만하신 분이다. 다시 말하면, 하나님은 자비롭고 은혜로우신 분이기 때문에 포악하고 잔악한 앗시리아를 징벌하시는 일을 오랫동안 참으셨다고 한다. 하지만 이제 앗시리아는 하나님으로부터 죄의 값을 받을 때가 되었다. 나훔 3:1을 보면, 나훔은 앗시리아의 죄악을 다음과 같이 고발하고 있다: "화 있을진저 피의 성이여 그 안에는 거짓이 가득하고 포악이 가득하며 탈취가 떠나지 아니하는도다." 앗시리아는 세계를 정복하고 지배하는 과정에서 살인, 폭행, 강탈, 그리고 전쟁 뒤에 이어지는 억압과 폭정을 행한 민족이기 때문에 하나님은 이제 진노와 보복의 칼을 휘두르실 것이라고 나훔은 선포하고 있다. 예언자들 가운데서 '하나님의 진노'라는 주제를 처음으로 도입한 자가 바로 나훔이라고 볼 수 있다. 예언자 나훔의 앗시리아에 대한 예언은 하나님의 인내와 용서가 한계에 도달했기 때문에 죄악으로 물든 앗시리아를 향해 하나

님은 이제 곧 진노의 응보적 심판을 내리실 것임을 선포하고 있다. 나훔은 주변의 많은 민족들을 무참히 짓밟았던 무수한 군인들과 관리들, 서기관들, 그리고 무역상들이 이제는 더 이상 이 땅에 존재하지 않게 될 것이라고 노래한다(3:8-17).

Q. 만일 하나님이 용서와 은혜의 하나님이 아니셨다면, 우리는 모두 하나님의 심판을 받고 멸망당하는 존재가 되고 말았을 것이다. 그러나 우리의 하나님은 참으로 인자하시며 노하기를 더디하시는 너무나 좋으신 분이시다. "알파벳 시"가 말하는 하나님은 또 어떤 분인가?

A. 세 번째로 하나님은 능력이 많으신 분이라고 찬양하고 있다. 하나님은 매우 큰 능력을 갖고 있으며, 무엇이든지 쳐부술 수 있는 무한한 능력을 소유하고 계시다고 노래하고 있다. 심지어 세계를 지배하고 있는 앗시리아도 하나님의 능력 앞에 철저히 굴복하게 될 것이라고 나훔은 하나님의 권능을 찬양하고 있다: "여호와의 길은 회오리바람과 광풍에 있고 구름은 그의 발의 티끌이로다 그는 바다를 꾸짖어 그것을 말리시며 모든 강을 말리시나니 바산과 갈멜이 쇠하며 레바논의 꽃이 시드는도다 그로 말미암아 산들이 진동하며 작은 산들이 녹고 그 앞에서는 땅 곧 세계와 그 가운데에 있는 모든 것들이 솟아오르는도다"(1:3b-5). 이 구절들은 하나님의 장엄한 능력에 대해 무한히 경탄하고 있다. 여기에 등장하는 회오리바람, 광풍, 구름, 바다, 강과 같은 단어들은 열정적인 하나님의 강력한 권능과 인간이 헤아릴 수 없는 하나님의 무한한 능력을 증언해 주는 증거들이 된다. 하나님은 무서운 회오리바람과 광풍 속을 다니시는 놀라우신 분이시며, 높은 곳에 있는 구름은 하나님의 발의 티끌에 지나지 않는다는 것이다. 물론 비유적인 표현들이지만, 예언자 나훔은 하나님의 무한한 능력을 아주 멋진 시적 표현들을 사용하

여 설명하고 있음을 알 수 있다. 그리고 하나님은 지중해로 향하는 길목에 위치한 비옥한 지역인 바산과 갈멜의 풀을 시들어버리게 만들 수 있으며, 아름다운 레바논의 꽃도 져버리게 만들 수 있는 무한한 능력을 갖고 계신 분이라고 고백하고 있다. 더 나아가 나훔은 하나님이 이 땅에 현현하시면 높은 산들과 작은 산들이 진동하고, 전 세계는 하나님 앞에서 무서워 떨어야 할 정도라고 노래한다. 하나님은 모든 자연의 힘을 다스리는 주인이라는 말이다. 나훔은 "알파벳 시"에서 땅의 진동, 산의 붕괴, 폭풍, 구름, 비, 화염, 암흑과 같은 무섭고 두려운 자연 현상들의 이미지를 폭넓게 사용하여 하나님의 무서운 능력을 설명하고 있다. 나훔은 이 시를 통해 자연과 역사의 주인 되시는 하나님의 권능에 대한 확신을 노래하고 있다.

Q. 하나님께서 자신을 부인하고 오랫동안 포악한 정책을 일삼은 앗시리아를 멸망시킬 계획을 갖고 계시다는 사실을 나훔은 풍부한 문학적 기질을 가지고 비유적으로 설명하고 있음을 알 수 있다. 나훔은 "알파벳 시"에서 역사를 주관하시는 하나님을 세 부분으로 나누어 설명하는데, 나훔이 이 시를 통해 말하려는 최종 결론은 무엇인가?

A. 하나님은 선하시며 환난 날에 만날 큰 산성이 된다는 사실이다(7절). 하나님은 자신을 의지하고 신뢰하는 자를 기억하고 계시기 때문에 하나님은 위기의 순간에 결정적인 피난처가 된다고 나훔은 "알파벳 시"의 결론을 맺고 있다. 하나님은 자연계를 변화시킬 수 있는 무한한 능력을 갖고 계실 뿐만 아니라, 그에게 속한 모든 존재들을 보호하실 수 있는 위대한 권능을 소유하고 있다는 것이다. 이제 곧 하나님이 대제국 앗시리아를 파멸시킬 것인데, 그때에 하나님만을 믿고 의지하는 자들에게는 구원의 선물이 주어질 것임을 암시하고 있다. 하나님은 그의 적들을

능가하는 무한한 우월함을 지니고 있으며, 성실한 자들에게는 한없이 선하신 분이라는 것이다. 하나님이 교만 방자한 앗시리아는 멸망시키지만, 하나님을 의지하고 신뢰하는 믿음의 사람들에게는 산성이 된다는 사실은 오늘 현대인들에게도 동일하게 적용되는 귀한 말씀이다. 책을 읽는 모든 독자들은 하나님만을 의지하고 다른 신들을 가까이 하지 않음으로 하나님의 인정을 받는 귀한 성도들이 되기를 바란다. 하나님은 불의한 자들에게는 무서운 분이지만, 의로운 자들에게는 참 좋으신 하나님이시다. 진실로 하나님만을 의지하여 그분의 사랑을 받는 귀한 성도들이 되기를 간절히 바란다.

지금까지 예언자 나훔에 대해 공부하였다. 나훔은 단 세 장에 불과한 짧은 예언을 남긴 예언자로서 우리에게는 그다지 잘 알려져 있지 않는 인물이다. 하지만 나훔은 포악하고 교만한 앗시리아를 하나님은 결코 바라만 보고 있지 않으시며, 인내하고 기다리시다가 때가 되면 심판하시기로 작정하셨다는 사실을 선포한 신실한 예언자였다는 사실을 알 수 있다. 모두가 믿음의 사람들이 되어서 무서운 하나님이 아니라, 좋으신 하나님을 만날 수 있게 되기를 간절히 바란다.

제2장 하박국 _ 하박국 1-3장

예언자 하박국과 시대적 상황

Q. 앞 장에서는 예언자 나훔에 대해 공부하였다. 이를 통해 우리는 나훔은 오직 한 가지 주제에만 집중에서 예언한 예언자임을 알 수 있다. 즉 나훔은 교만하고 포악한 민족인 앗시리아를 하나님께서 반드시 심판하실 것이라는 단 한 가지 주제로 예언하였다. 이번에 공부할 예언자는 누구인가?

A. 이번 장에서는 나훔과 같이 기원전 7세기 예언자에 속하지만, 나훔보다는 약간 뒤에 활동했던 예언자 하박국에 대해 살펴보고자 한다. 하박국의 예언을 담고 있는 하박국서는 12개의 소예언서 중에서 여덟 번째에 위치하고 있는데, 전체는 나훔서와 마찬가지로 단지 3장으로 구성되어 있는 짧은 책이다.

Q. 하박국이 선포한 예언의 내용을 살펴보기 전에 인간 하박국과 그가 살았던 시대를 살펴보는 것이 하박국서를 이해하는데 필요할 것이라고 생각한다. 하박국은 어떤 사람이었는지, 그리고 그가 살았던 시대는 어떠했는지에 대해 먼저 설명해 주시길 바란다.

A. '하박국'이라는 이름은 "포옹하다, 안다"라는 뜻을 가지고 있는데 (참고. 왕하 4:16), 성경은 아쉽게도 하박국의 개인적인 신상에 대한 정보를 자세하게 제공하지 않는다. 하박국서는 하박국의 가정 형편이나 개인 족보에 대해 침묵하고 있다. 하박국의 아버지의 이름도 나와 있지 않고, 심지어는 하박국이 어느 왕이 통치하던 시대에 살았는지에 대해서

도 언급하고 있지 않다. 모든 예언서의 1:1은 일반적으로 부름 받은 예언자가 어느 왕 때에 활동했는지에 대해 간단하게나마 설명해주는 역할을 하는데, 하박국서는 특이하게도 이에 대한 아무런 언급이 없다. 하박국 1:1을 보면, "선지자 하박국이 묵시로 받은 경고"라고만 되어 있다. 이에 학자들은 하박국서의 전체적인 내용을 통해 그의 직업이나 그의 활동 연대를 유추해 볼 수 있을 뿐이다. 일반적으로 하박국은 기원전 7세기 말에 예루살렘 성전에서 일하던 직업적인 제의 예언자로 인정되고 있고, 예레미야와 거의 동시대에 살았던 인물이라고 알려져 있다. 하박국서를 제외하면 하박국은 구약 성경 전체에서 더 이상 등장하지 않고, 단지 "벨과 용"이라는 외경에서만 언급되고 있을 뿐이다.

Q. 성경에 하박국에 대한 구체적인 소개가 나오지 않아 인간 하박국에 대해 자세히 알 수 없다는 점은 좀 아쉽다는 생각이 든다. 하박국은 나훔보다는 약간 늦은 때에 등장했고, 대략 기원전 7세기 말에 활동했다고 했는데, 하박국이 살았던 시대적 상황에 대해서 설명해 주시길 바란다.

A. 앞서 살펴보았듯이, 하박국서 1:1은 하박국이 살았던 시대에 대해 아무런 정보를 제공해 주지 않는다. 그러므로 하박국이 언제 활동했는가에 대해서는 하박국서 안에 들어 있는 몇몇 구절을 통해 추측해 낼 수밖에 없다. 결정적인 힌트는 1:6에서 찾아볼 수 있다: "보라 내가 사납고 성급한 백성 곧 땅이 넓은 곳으로 다니며 자기의 소유가 아닌 거처들을 점령하는 갈대아 사람을 일으켰나니." 이 구절은 하박국이 살았던 시대적 배경을 이해하는 데 매우 중요한 정보를 제공해 주고 있다. 하나님이 '갈대아 사람'을 일으켜 역사의 전면에 등장시켰을 즈음에 하박국이 활동하게 되었다는 것인데, 이때는 연대적으로 기원전 626년 이후를 말한다. 여기서 '갈대아 사람'은 바벨론 사람을 지칭하는 것으로

바벨론의 나보폴랏살(기원전 626-604)이 기원전 626년에 신 바벨론 제국을 건설하였을 때가 하박국이 활동하게 된 시대였다고 볼 수 있다. 그리고 기원전 612년에 바벨론은 앗시리아의 수도 니느웨를 함락시키고 메소포타미아 지역의 새로운 패권자로 등장하게 된다. 기원전 605년에는 바벨론의 느부갓네살(기원전 604-562)이 이집트의 왕 느고(기원전 609-593)를 갈그미스(Carchemish) 전투에서 물리쳤던 사건이 있었는데, 하박국 1:6의 "땅이 넓은 곳으로 다니며 자기의 소유가 아닌 거처들을 점령한다"라는 표현은 바로 이 전쟁을 암시하는 것으로 볼 수 있다. 그러므로 하박국의 활동 연대는 앗시리아가 몰락해 가고 바벨론 제국이 흥왕하기 시작한 기원전 7세기 말(기원전 626년)부터 시작해서 느부갓네살이 통치했던 기원전 6세기 초까지로 어림잡을 수 있다.

Q. 위의 설명을 통해 지금까지 하박국이 살았던 시대의 국제적인 정세에 대해 잘 알 수 있었다. 그렇다면 당시 유다를 통치하고 있던 왕은 누구인가?
A. 당시 유다는 요시야(기원전 639-608)가 므깃도 전투에서 이집트의 왕이었던 느고(Necho)에게 살해당하고(왕하 23:29) 그의 아들인 여호아하스(기원전 608)와 여호야김(기원전 608-598)에게 통치권이 넘어가고 있던 상황이었는데, 정치, 경제, 사회, 종교적으로 매우 불안정하고 혼란했던 시기였다. 하박국 1:2-4에 예언자가 살던 시대를 "강포와 겁탈"의 시대라고 소개하고 있는데, 이 표현은 특히 여호야김의 통치 기간을 지칭하는 것으로 보아야 할 것이다. 여호야김은 유다를 11년간 통치하면서 백성들을 억압하고, 심지어는 예레미야가 하나님의 말씀을 받아 기록하게 했던 두루마리를 빼앗아 칼로 자르고 불로 태워버리는 등 악행을 일삼는 극악무도한 왕이었기 때문이다.

하박국서의 내용과 특징

Q. 하박국은 국제적으로 앗시리아가 쇠락하기 시작하고 고대 근동의 패권을 바벨론이 차지하던 때인 기원전 7세기 말부터 예언자로 활동했으며, 이때 유다는 극심한 혼란기에 빠져들던 시기였다. 그렇다면 정치, 경제, 사회, 종교적 혼란의 상황을 반영하고 있는 하박국의 예언의 내용에 대해 소개해 주시길 바란다.

A. 하박국서는 앞서 언급한 대로 나훔서와 같이 단지 3장으로 구성된 짧은 책이다. 나훔과 하박국이 약간의 시차를 두고 비슷한 시기에 활동했고, 그들의 예언이 동일하게 3장으로 정리되어 있다는 점에서 두 예언서를 비교 분석해 보는 것은 예언서를 이해하는 데 유익한 일이라 생각한다. 나훔서와 하박국서는 대제국 앗시리아의 횡포와 억압을 고발하고 있다는 점에서 공통점을 지니고 있다. 하지만 나훔서와 하박국서는 결정적으로 다른 점이 있다. 나훔서는 앗시리아의 패망으로 인해 유대 백성들이 해방과 구원을 입게 될 것이라는 기대와 희망을 다루고 있는 반면, 하박국서는 앗시리아의 압제로 인해 발생한 현재의 삶의 고통과 신앙의 회의에 대해 논하고 있다. 이에 따라 나훔서를 '찬양의 시'라고 본다면, 하박국서는 '탄식의 시'라고 볼 수 있다. 하박국서를 읽어보면, 감사와 기쁨의 내용보다는 슬픔과 탄식의 분위기가 책을 지배하고 있음을 느낄 수 있다.

Q. 일반적으로 예언자들은 다가오는 하나님의 심판을 선포하였는데 하박국은 현재의 고난에 대해 탄식했다는 점에서 그는 좀 독특한 예언자라고 말할 수 있다. 하박국서와 비슷한 주제를 다루고 있는 다른 예언서가 있는가?

A. 중심적인 주제, 기본 구조, 어휘 등을 분석해 볼 때 하박국서와 비슷

한 책은 예언서에서는 찾아볼 수 없고, 오히려 지혜 문학에 속하는 욥기와 두드러지게 유사하다고 말할 수 있다. 하박국서와 욥기는 둘 다 신앙인의 고통의 문제와 하나님의 정의라는 공통적인 주제를 다루고 있다. 형식적인 면에서도 둘 다 대화체로 구성되어 있으며, 마지막 부분에 하나님이 나타나셔서 고통의 문제에 대한 해답을 주신다는 점에서 서로 유사하다고 볼 수 있다. 하박국서의 또 다른 특징은 1인칭 문장으로 되어 있으면서도 예언자 개인의 문제가 아니라 민족의 고통의 문제를 취급하고 있다는 점이다. 하박국서에는 '나'라는 1인칭 대명사가 두드러지게 등장하지만, 실제적으로는 예언자 개인이 아니라, 민족이 함께 당하고 있는 공동체적 문제를 '나'라는 형식을 빌려 표현하고 있다고 보아야 한다.

Q. 하박국서는 다른 예언서들과는 다른 독특한 면을 지니고 있다고 했는데, 구체적으로 하박국서의 형식을 소개해 주시길 바란다.

A. 하박국서는 다른 예언서에서는 찾아볼 수 없는 독특한 구조로 되어 있다. 다른 예언서들은 예언자가 하나님으로부터 받은 계시의 말씀을 기록하고 있는 반면에, 하박국서는 거꾸로 예언자가 자신의 신앙적인 고민을 하나님께 가지고 나아가서 하나님으로부터 그 대답을 듣는 형식으로 되어 있다. 다른 예언서들이 "위로부터 받은 말씀"을 소개하고 있다면, 하박국서는 "아래로부터의 질문과 위로부터의 대답"이 함께 병존하는 형식을 취하고 있다. 다시 말하면, 하박국서는 예언자와 하나님 사이의 대화 형식으로 꾸며져 있다는 것이다. 하박국은 자신의 지식으로는 이해할 수 없는 몇 가지 신앙적인 질문을 하나님께 던지는 방식으로 자신의 메시지를 전달하고 있는데, 그 주제는 하나님의 의로운 통치하심에 관한 의심과 회의에 대한 것이다. 일종의 신정론적인 질문과 관

련된다고 보아야 한다. 하박국서는 세 단락으로 구성되어 있다. 하박국은 하나님께 두 번 질문을 던지고(1:2-4, 12-17), 하나님은 하박국의 질문에 두 번 대답하신다(1:5-11; 2:1-20). "질문과 대답"이 교대로 등장하고 있는데, 하나님의 두 번째 답변이 사실상 하박국서의 핵심이라고 말할 수 있다. 그리고 마지막으로 하박국은 하나님께 감사와 찬양의 기도를 드리는데(3:1-19), 하나님의 두 번째 답변에서 얻은 긍정적인 내용이 3장의 기도문에서 폭넓게 발전되고 있다고 볼 수 있다. 어느 예언서에서도 찾아볼 수 없는 독특한 형식임에 틀림없다.

하박국의 첫 번째 질문(1:2-4)과 하나님의 답변(1:5-11)

Q. 하박국서는 매우 독특한 형식을 취하고 있다는 점을 새롭게 알게 되었다. 후에 다시 성경을 읽게 될 때는 하박국서가 하나님과 예언자의 대화 형식으로 되어 있다는 점을 인식하며 살펴보도록 하겠다. 이제 하나님과 하박국 사이에 있었던 대화의 내용을 구체적으로 설명해 주시길 바란다.

A. 어떤 학자들은 하박국을 "이스라엘 철학자의 아버지"라고 부르고 있다. 그만큼 하박국은 하나님의 능력과 권능에 대해 의심을 가지고 접근하고 있다. 하박국은 유다 백성들을 고통 속으로 몰아넣으신 '하나님의 정의' 문제를 다루었는데, 예언자들 중에서 처음으로 '하나님의 정의'에 대한 확실한 증거를 보여 달라고 요구한 자이다. 그러므로 하박국서는 하나님의 정의로운 통치에 대한 일종의 신학적인 논쟁서이다. 하박국은 그동안의 예언자들과는 전혀 다른 새로운 방식으로 하나님의 능력을 경험하려고 노력한 예언자라고 할 수 있다. 하박국이 던진 첫 번째 질문부터 살펴보기로 하자. 그가 던진 처음 질문은 "하나님은 왜 유다의 불의에 대해 침묵하고 계시는가?"이다. 당시의 유다 사회에는 강포, 죄악,

패역, 겁탈, 변론, 분쟁이 넘쳐나고 하나님의 정의가 왜곡되고 있는데도 하나님이 어느 때까지 가만히 계실 것인지에 대해 하박국은 질문하고 있다. 하박국은 다음과 같이 하나님께 하소연했다: "여호와여 내가 부르짖어도 주께서 듣지 아니하시니 어느 때까지리이까 내가 강포로 말미암아 외쳐도 주께서 구원하지 아니하시나이다 어찌하여 내게 죄악을 보게 하시며 패역을 눈으로 보게 하시나이까 겁탈과 강포가 내 앞에 있고 변론과 분쟁이 일어났나이다 이러므로 율법이 해이하고 정의가 전혀 시행되지 못하오니 이는 악인이 의인을 에워쌌으므로 정의가 굽게 행하여짐이니이다"(1:2-4). 유다가 하나님의 법과 정의를 짓밟는 사회가 되었음에도, 그리고 악인들이 날뛰는 무법의 현실이 되었는데도, 왜 침묵하고 계시는지를 하나님께 하박국은 따지고 있는 것이다. 하박국은 유다가 하나님 앞에 올바른 생활을 하고 있지 않고 율법을 왜곡하며 살고 있음에도, 하나님이 언제까지 모른 체 하고 계실 것이냐고 탄식하고 있다. 이 하박국의 탄식의 내용은 유다 사회에서 행해지고 있는 법적이고 경제적인 악행과 관련된 것인데, "어찌하여"와 "어느 때까지"라는 탄식조의 단어는 하나님의 침묵과 무관심의 시간이 너무 길어 예언자가 인내하기에 고통스럽다는 사실을 강조하고 있다.

Q. "하나님은 과연 의로우신 분으로서 오늘도 여전히 활동하고 계신 분인가?"라는 하박국의 신정론적인 질문에 대해 하나님은 무엇이라고 답변하셨는가?
A. 예언자의 질문에 대해 하나님은 다음과 같이 놀라운 말씀으로 대답하신다. 하나님은 "내가 갈대아인을 일으켜 죄악이 만연한 유다를 칠 준비를 하고 있다"(1:5-11)고 말씀하신다. 하나님은 사납고 강력한 제국인 바벨론을 통해 당신의 백성 유다를 향한 징벌을 수행하실 것이며, 바벨론은 유다를 정화하는 역할을 감당하게 될 것이라고 선언하셨다.

하나님은 하박국에게 세계사의 현장을 바라보게 하신 후에 이제 곧 정의로운 자신의 모습이 증명될 것임을 설명하신다. 하나님은 자신의 역사 주권에 회의를 갖고 있는 하박국의 견해를 논박하면서, 악행을 행하는 자는 반드시 종말을 맞이하게 될 것이라고 선언하신다.

하박국의 두 번째 질문(1:12-17)과 하나님의 답변(2:1-20)

Q. 바벨론을 사용하여 불의한 유다를 공격하신다는 하나님의 대답을 들은 하박국은 어떤 반응을 보였는가?

A. 하박국은 하나님의 계획을 이해할 수 없어 다시 한 번 하나님께 질문을 던진다(1:12-17). 하박국이 볼 때 바벨론은 너무 거만하고 잔악하며, 하나님이 부여한 사명 그 이상의 악행을 행한다는 것이다. 하박국은 "거룩하시고 정의로운 하나님께서 어떻게 유다 백성보다 더 사악하고 교만한 바벨론을 들어 유다를 심판하신다는 것인가?"라고 질문하며, 하나님의 통치 방법을 받아들일 수 없다고 말한다. 하박국은 역사의 주인 되시는 하나님께서 유다보다 더 악한 바벨론을 들어 하나님이 선택하신 유다를 심판하신다는 것을 도저히 이해할 수 없었다. 하박국은 "유다를 공격하는 이방인들의 행위가 어떻게 하나님의 의로우신 역사 섭리의 성취라고 말할 수 있느냐?"고 반문한다. 하박국의 회의를 잘 나타내는 구절이 1:13b이다: "어찌하여 거짓된 자들을 방관하시며 악인이 자기보다 의로운 사람을 삼키는데도 잠잠하시나이까?" 이 구절을 통해 하박국은 "하나님은 왜 바벨론의 사악하고 무자비한 광포를 방관하시며 침묵하고 계시느냐?"는 질문을 던지고 있는 것이다.

Q. 우리도 하나님을 향한 하박국의 항변을 어느 정도는 이해할 수 있을 것 같

다. 죄를 미워하시며 죄인을 벌하시는 하나님께서 어떻게 더 악한 백성 바벨론에게 유다를 괴롭힐 수 있는 권한을 주신다는 것인가? 하박국의 질문에 대해 하나님은 무엇이라고 대답하였는가?

A. 하박국의 질문에 대해 하나님은 매우 길게 두 번째 대답을 하신다. 2장 전체가 하나님의 대답이다(2:1-20). 하나님은 하박국에게 바벨론에게 준 권한은 임시적인 것이지 영원한 것이 아니라는 점을 강조하여 말씀하신다. 하나님은 유다를 공격하는 세력에 대해서도 반드시 심판하실 것이라고 말씀하신다. 하나님은 다섯 번에 걸쳐 악인과 억압자들의 심판을 선포한다. 그리고 하나님은 바벨론이 그들의 교만과 죄악 때문에 정해 놓은 때가 되면 반드시 멸망을 당하게 될 것과 바벨론의 공격 속에서도 하나님을 의지하는 믿음의 사람은 반드시 구원을 얻게 될 것이라는 점을 약속하셨다. 이와 관련해서 매우 중요한 구절 한 곳을 살펴보기로 하자: "의인은 그의 믿음으로 말미암아 살리라"(2:4b). 이 문장은 신약의 바울 서신에 종종 인용되기도 하는데(롬 1:17; 갈 3:11; 히 10:37), 인간은 행위로써가 아니라 믿음으로 구원을 받을 수 있다는 사도 바울의 '칭의론'의 중요한 증거 본문으로 인정되기도 한다. 하박국은 바벨론이 하나님의 도구로 사용되어 유다를 공격할지라도 두려워 말고, 하나님만을 절대적으로 믿고 의지하면 구원을 얻을 수 있다고 권면하고 있다.

Q. 하나님만을 믿고 신뢰하라는 권면의 말씀은 이사야의 예언에서도 중요한 메시지였음을 우리는 앞서 배운 바 있다. 하박국이 하나님만을 의지하라고 자신 있게 선포했던 이유는 어디에 있는가?

A. 하박국은 하나님만이 유일한 역사의 주인이라는 사실로 인해 하나님만을 의지할 것을 담대히 외칠 수 있었다. 하박국은 하나님만이 참 신이며, 이방의 신들은 거짓 신이라는 점을 강조하였다: "새긴 우상은 그

새겨 만든 자에게 무엇이 유익하겠느냐 부어 만든 우상은 거짓 스승이라 만든 자가 이 말하지 못하는 우상을 의지하니 무엇이 유익하겠느냐 나무에게 깨라 하며 말하지 못하는 돌에게 일어나라 하는 자에게 화 있을진저 그것이 교훈을 베풀겠느냐 보라 이는 금과 은으로 입힌 것인즉 그 속에는 생기가 도무지 없느니라 오직 여호와는 그 성전에 계시니 온 땅은 그 앞에서 잠잠할지니라 하시니라"(2:18-20). 이 본문에서 말하려는 것은 역사를 주관하시는 주는 절대로 나무와 철로 만든 바벨론의 이방 신이 될 수 없으며, 오직 성전에 보이지 않게 거주하시는 전능하신 하나님이라는 사실이다. 우리는 여기서 하나님이 하박국에게 전달하려고 했던 내용을 파악할 필요가 있다. 겉으로 볼 때는 앗시리아나 바벨론이 세계의 역사를 이끌어가는 것 같지만, 그들이 믿는 신들은 모두 우상이며 인간이 만든 돌과 철과 나무일뿐이라는 것이다. 그리고 인간의 삶을 돌아보면, 악인이 의인을 이기는 것처럼 보이지만, 실제로는 그렇지 않다는 점을 하나님은 분명히 밝히고 있다. 악인의 성공과 영광은 하나님이 허락하실 때까지 만이며, 하나님은 결코 불의를 영원히 용납하시지 않는 의로운 분임을 우리는 기억해야 한다.

하박국의 기도(3:1-13)

Q. 하박국은 바벨론이 유다를 침공해 들어온다고 할지라도 하나님만을 믿는 의로운 자가 될 것을 권면하였다. 하나님의 대답을 들은 하박국은 어떤 반응을 보였는가?

A. 하박국은 하나님에 대한 모든 오해와 의심을 떨치고, 감사의 기도와 찬양을 드린다. 3장 전체는 여호와 하나님이 모든 악을 이기시고 반드시 최후 승리를 거두실 것을 언급하며 찬양하는 시로 표현되어 있다. 2

장에서 약속한 악인을 향한 하나님의 심판 약속이 반드시 성취될 것이라고 확신하고 있다. 하박국은 과거 출애굽 시기에 하나님이 자연계의 진동을 동반하여 시내 산에 현현하신 사건을 회상하고 있는데, 이것은 악인의 징벌, 즉 교만하고 포악한 바벨론의 파멸을 겨냥하고 있다고 볼 수 있다: "하나님이 데만에서부터 오시며 거룩한 자가 바란 산에서부터 오시는도다 (셀라) 그의 영광이 하늘을 덮었고 그의 찬송이 세계에 가득하도다 … 그가 서신즉 땅이 진동하며 그가 보신즉 여러 나라가 전율하며 영원한 산이 무너지며 무궁한 작은 산이 엎드러지나니 그의 행하심이 예로부터 그러하시도다"(3:3-6). 출애굽 사건을 통해 당시의 강대국 이집트를 벌벌 떨게 하신 하나님께서 이제 곧 새로운 대제국인 바벨론을 심판하실 것임을 노래하고 있다. 또한 하박국은 수년 내에 자기 민족을 향한 하나님의 도우심이 있을 것임을 확신하고 있다. 그래서 그는 다음과 같이 노래한다: "여호와여 내가 주께 대한 소문을 듣고 놀랐나이다 여호와여 주는 주의 일을 이 수년 내에 부흥하게 하옵소서 이 수년 내에 나타내시옵소서 진노 중에라도 긍휼을 잊지 마옵소서"(3:2). 하박국서는 처음에는 하나님의 능력과 역사하심에 대해 의심을 갖는 것으로 시작하였지만, 하나님의 정의와 권세가 꼭 구현될 것이라는 예언자의 생동감 있는 확신으로 끝을 맺고 있다. 그런 점에서 하박국서는 믿음의 희망을 제시하는 책이라고 평가할 수 있다.

Q. 3장에 나오는 하박국의 기도는 미래의 희망으로 가득 차 있다. 예언자는 하나님의 권능에 대한 확신과 신뢰로 인해 매우 기뻐하고 있다고 볼 수 있다. 책을 읽는 모든 독자들도 하박국처럼 현재의 고난과 불의함 속에서도 미래의 하나님의 은총을 생각하며 기뻐하며 살아갈 수 있기를 바란다.
A. 하박국서에는 믿음의 확신을 전하고 있는 유명한 구절이 있다. 복음

성가로도 자주 불렀던 가사이기도 하다: "비록 무화과나무가 무성하지 못하며 포도나무에 열매가 없으며 감람나무에 소출이 없으며 밭에 먹을 것이 없으며 우리에 양이 없으며 외양간에 소가 없을지라도 나는 여호와로 말미암아 즐거워하며 나의 구원의 하나님으로 말미암아 기뻐하리로다"(3:17-18) 하박국은 유다를 침공한 자들에 의해 모든 농산물과 가축들을 빼앗겼다고 하더라도 하나님의 능력을 고백하는 자들은 좌절하거나 실망할 필요가 없다고 노래하고 있다. 하박국의 고백처럼 모든 성도들은 현재의 어려움에 좌절하지 말고 희망을 갖고 하나님의 능력을 믿음으로써, 희망의 미래를 바라보는 자들이 되기를 바란다. 하박국서가 강조하는 핵심적인 내용이 바로 여기에 있다. 현실은 의인들에게 고통과 고난을 가져다주고 우리가 믿는 하나님은 침묵하고 계신 것처럼 보이지만, 하나님의 정의가 실현되는 때가 반드시 도래한다는 것이다. 신앙인들은 그러한 희망과 믿음 때문에 어두운 현실 속에서도 즐거워하며, 불행 속에서도 기뻐하는 역설적인 삶을 살아가야 한다.

지금까지 예언자 하박국에 대해 공부하였다. 그는 기원전 7세기에서 6세기로 넘어가는 혼란한 시기에 살면서 악인이 승리하는 것처럼 보이는 모순된 현실 속에서도 하나님의 능력을 믿고 신뢰하며 하나님을 찬양하였던 예언자였다. 역사를 주관하시는 하나님을 믿고 신뢰하는 것이 구원의 출발점이 된다는 하박국의 예언의 말씀에 귀를 기울이는 성도들이 되기를 간절히 바란다.

제3장 **스바냐** _ 스바냐 1-3장

스바냐의 가정 형편

Q. 앞 장에서는 기원전 7세기 말에서 6세기 초에 활동했던 예언자 하박국에 대해 공부하였다. 하박국은 예언자이면서 동시에 철학자였다고 여겨진다. 부조리한 현실 속에서 하나님의 현존을 어떻게 받아들여야 하는지에 대해 깊이 고민하였던 예언자가 바로 하박국이었다. 이번 장에서 공부할 예언자는 누구인가?

A. 예언자 스바냐에 대해 살펴보고자 한다. 스바냐의 예언을 모아놓은 스바냐서는 12소선지서 중에서 아홉 번째에 위치하고 있는데, 스바냐라는 이름은 "여호와께서 보호하신다"라는 뜻을 지니고 있다. 스바냐의 부모가 스바냐에게 특별히 경건한 이름을 부여해 준 것이라고 볼 수 있다. 구약의 인물들 중에는 이렇게 하나님을 향한 믿음의 결단을 보여주는 이름을 가진 인물들이 많이 있다. 예를 들어, 여호수아는 "여호와께서 구원해 주셨다"라는 뜻을 가지고 있고, 이사야는 "여호와께서 구원이시다"를 의미한다. 그리고 예레미야는 "여호와께서 세우셨다, 높이셨다"를 뜻한다.

Q. 위의 설명을 통해서 스바냐라는 이름이 매우 신앙적인 의미를 지니고 있음을 알게 되었다. 그렇다면 그의 가정형편에 대해서도 소개해 주시길 바란다.

A. 스바냐 1:1b은 우리에게 스바냐가 어떤 가정의 출신인지에 대해 구체적으로 말해주고 있다: "스바냐는 히스기야의 현손이요 아마랴의 증

손이요 그다랴의 손자요 구시의 아들이었더라." 이 구절은 4대에 걸친 스바냐 조상들의 이름을 소개하고 있는데, 이러한 언급은 예언서 전체에서 매우 특별하고 유일하다고 말할 수 있다. 예언서 중에서는 어느 곳에도 이렇게 조상들의 이름이 자세히 언급된 곳은 없다. 호세아, 요엘, 요나의 경우는 아버지의 이름만이 소개되었고, 스가랴의 경우에는 할아버지와 아버지의 이름이 언급되었다. 그리고 아모스, 미가, 나훔의 경우에는 출신 고향만을 알 수 있을 뿐이다. 더욱이 오바댜, 하박국, 학개, 말라기의 경우에는 고향이나 아버지의 이름 등, 그 어떤 것도 언급되지 않은 채 예언의 말씀이 전해진다. 스바냐의 족보가 이렇게 자세히 소개된 것은 그가 특별한 가문의 출신이었기 때문이다.

Q. 4대에 걸쳐 조상들의 이름이 언급된 것은 스바냐가 특별한 가문의 출신이기 때문이라고 말씀하셨는데, 스바냐는 어떤 집안 출신의 예언자인가?

A. 눈에 띄는 것은 스바냐의 고조할아버지가 유다 왕국의 12대 왕이었던 히스기야 왕이라는 점이다. 다시 말해, 스바냐는 다윗의 후손이며, 유다의 왕손이었던 셈이다. 우리가 잘 아는 대로, 히스기야는 유다의 왕들 중에서 믿음이 좋았던 왕 중의 한 분이었고, 유다의 모든 백성들이 하나님 앞에서 올바른 신앙생활을 하도록 종교개혁을 단행했던 위대한 왕이었다. 스바냐는 바로 이토록 훌륭한 믿음을 지닌 왕의 후손이었고, 그것은 스바냐 개인에게 매우 자랑스러운 집안의 내력이었던 것이다. 히스기야는 후손들에게 믿음의 유산을 남겼고, 그 결실은 스바냐에게서 아름답게 꽃을 피운 셈이다. 이 책을 읽고 있는 독자 여러분들도 훌륭한 믿음을 유산으로 남겨 후에 자녀들이 부모님의 신앙을 자랑할 수 있게 되기를 바란다. 자녀들이 부모의 믿음을 계승하는 것이야말로 가장 큰 축복이며 행복이라고 할 수 있다. 믿음이 계승되지 않는 가정

은 엘리의 가정에서 볼 수 있듯이 불행한 가정이다. 우리 모두가 어려운 시대에 살고 있는데, 믿음을 계승함으로써 하나님의 축복을 받는 복된 가정들이 되기를 간절히 바란다.

Q. 스바냐는 왕족 출신이면서 믿음이 충만한 가정에서 성장했다는 것을 알 수 있다. 그는 어디서 예언 활동을 하였는가?

A. 스바냐는 유다의 수도인 예루살렘에서 예언 활동을 했던 것으로 보인다. 스바냐는 왕족이었기 때문에 예루살렘에서 생활했다고 볼 수 있는데, 그의 예언의 내용을 보면 예루살렘 도시의 구조와 거리를 잘 알고 있었던 것을 확인할 수 있다. 예를 들어, 1:8-11은 예루살렘 도시의 상황과 관련된 예언인데, 도시의 거리 이름과 성문의 위치 등을 정확히 언급하고 있다. 9절을 보면 "문턱을 뛰어 넘는다"라는 표현이 등장하는데, 당시 유다 사람들은 이방 민족들의 관습에 따라 예루살렘 궁전의 문지방을 밟지 않고 넘어가던 모습을 반영하고 있는 문장이다. 이방 민족들은 문지방 밑에서 살고 있는 악신이 문지방을 밟는 사람의 발목을 상하게 한다는 미신적인 생각을 가지고 있었는데, 예루살렘과 유다 사람들도 이러한 불신앙적인 관습을 받아들였던 것 같다. 스바냐는 예루살렘에 살면서 그러한 이방적인 악습을 안타까워했는데, 그는 하나님께서 문턱을 넘으며 포악과 거짓을 일삼는 자들을 심판하실 것이라고 경고하였다. 그리고 1:10에는 "어문"과 "제2구역"과 "작은 산들"이라는 단어들이 등장하는데, 이것은 스바냐가 예루살렘 도시의 구조를 잘 알고 있다는 증거들이다. "어문"은 풀이하자면 "생선문"이라고 할 수 있는데, 예루살렘의 북쪽 성벽 가운데 있던 문의 이름이다. 이 문은 바다와 가장 가까운 곳에 위치해 있어서 그곳에서 생선들을 주로 사고팔았던 곳이기 때문에 "생선문"이라는 이름으로 불린 것이다. "제2구역"이란 말은

예루살렘 도시 골짜기 북서쪽에 위치한 "새로운 도읍"을 지칭하는 것으로 "어문"을 통해 "제2구역"으로 향하게 되어 있다. 그리고 "작은 산들"이란 예루살렘 전체가 위치하고 있는 언덕을 가리키는 단어로서 이 언덕의 북쪽에는 성전과 궁전이 위치하고 있고 그 남쪽에는 옛 도읍인 다윗성이 자리 잡고 있다. 스바냐는 이처럼 예루살렘이라는 도시의 구조와 상황을 잘 알고 있었다고 볼 수 있는데, 이를 통해 볼 때 그는 예루살렘에서 살면서 예언 활동을 했던 예언자였음에 틀림없다.

스바냐의 시대적 배경

Q. 스바냐는 예루살렘에서 생활하였고, 히스기야 왕이 가지고 있던 훌륭한 믿음이 계승된 집안에서 성장하였음을 알 수 있다. 그는 어떤 시대적 환경 속에서 예언자로 활동하였는가?

A. 스바냐 1:1a는 스바냐가 살았던 시대를 소개하고 있다: "아몬의 아들 유다 왕 요시야의 시대에 스바냐에게 임한 여호와의 말씀이라." 우리는 이 구절을 통해서 스바냐가 예언자로 활동했던 시기는 유다의 15대 왕인 요시야가 통치하던 시기임을 알 수 있다. 요시야는 8세에 왕위에 올라 기원전 639-608년에 유다를 다스린 왕인데, 후에 히스기야처럼 종교개혁을 일으키고 모든 백성이 하나님 앞에서 새롭게 결단하기를 요청했던 위대한 신앙인이었다. 유다는 요시야가 죽은 지 22년 후에 완전히 멸망당하게 되는데, 요시야는 유다의 마지막 희망이었던 셈이다. 예언서의 내용을 보면 스바냐는 기원전 622년에 일어난 요시야 종교개혁을 아직 알고 있지 못하기 때문에 그의 활동 연대는 대략 630년경으로 보아야 한다. 그렇게 되면 스바냐는 요시야가 17세가량 된 시기, 즉 그가 아직 성년이 되기 이전에 등장한 것으로 보아야 한다. 스바냐는 요

시야가 왕으로 등극한 직후에 예언자로 활동하였다. 이때는 앗시리아의 세력이 아직 건재하고 있을 때이고, 유다는 앗시리아의 정치적이고 종교적인 간섭을 심하게 받고 고통을 당하고 있을 때였다. 다른 예언자들의 활동 연대와 비교하면 훨씬 이해가 빠르리라고 생각하는데, 앞에서 공부했던 예언자 나훔보다는 약간 늦게 등장했고, 예언자 하박국보다는 약간 일찍 활동했다고 정리할 수 있다. 그리고 예레미야와는 동시대 인물이라고 볼 수 있다. 하지만 예레미야보다는 훨씬 나이가 많았고, 그보다 일찍 예언 활동을 마감한 것으로 추측할 수 있다.

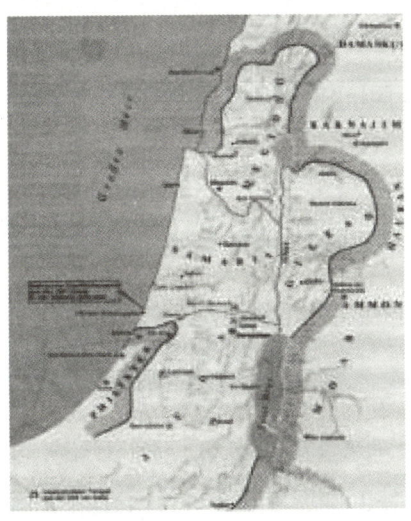

요시야 시대의 국경

스바냐서의 구조와 특징

Q. 스바냐는 나훔, 하박국, 예레미야 등과 비슷한 시기에 활동하였음을 알 수 있다. 그렇다면 그의 예언의 내용은 무엇인가?

A. 스바냐의 예언은 스바냐서에 모두 들어 있다. 나훔서와 하박국서가 단 3장의 비교적 짧은 내용으로 구성되어 있음은 앞서 이미 살펴본 바 있다. 그런데 스바냐서도 이들 예언서들과 마찬가지로 단 3장의 짧은 내용으로 구성되어 있다. 스바냐서도 나훔서와 하박국서와 마찬가지로 매우 작은 예언서인 셈이다. 책의 순서를 보면, 스바냐서의 첫 번째 부분(1:2-2:3)은 유다와 예루살렘을 향한 하나님의 심판을 선포하면서 백성들의 회개를 촉구하고 있다. 두 번째 부분(2:4-15)은 유다의 이웃나라들을 향한 하나님의 심판 계획을 소개하고 있다. 하나님은 유다 백성들의 죄악에 대해서만 심판하시는 것이 아니라, 블레셋의 여러 도시들과 모압과 암몬과 구스와 앗시리아도 그들의 죄악으로 인해 하나님의 심판을 받게 될 것임을 선포하고 있다. 그리고 마지막 세 번째 부분(3:1-20)은 예루살렘에 대한 질책과 회복의 선언이다. 예루살렘은 하나님의 특별한 선택을 받은 도시이기 때문에 하나님을 향한 순종이 요구됨에도 불구하고 지도층과 권력자들은 부패와 죄악으로 하나님을 배반하였다고 고발한다. 그래서 하나님은 이방 국가들을 들어서 예루살렘을 공격하도록 허락하셨고, 예루살렘이 죄를 깨닫고 하나님께 돌아오기를 기다리고 계신다는 것이다. 예루살렘이 회개하고 돌아오면 하나님께서는 예루살렘을 회복시키고 구원해 주실 것이라고 스바냐는 외치고 있다. 정리하면, 스바냐서는 "유다를 향한 심판 예언-열방을 향한 심판 예언-예루살렘을 향한 심판 예언과 구원의 약속"의 순서로 되어 있는데, 이러한 순서는 예레미야서와 에스겔서와 동일한 모습을 보여주고 있다.

유다와 예루살렘의 심판과 회개 촉구(1:2-2:3)

Q. 스바냐서의 내용과 순서는 나름대로 잘 정리되어 있다는 인상을 준다. 그

렇다면 유다를 향한 심판 예언인 첫 번째 부분부터 간단하게 그 내용을 살펴보기로 하자. 첫 번째 부분에서 가장 핵심적인 구절은 어디인가?

A. 첫 번째 부분의 주된 내용은 하나님을 섬기지 않고 다른 신들을 섬긴 악한 민족 유다에게 내릴 하나님의 심판이다. 이것은 요시야 이전에 유다를 통치했던 두 왕, 므낫세(기원전 696-641)와 아몬(기원전 641-639)의 악행과 밀접하게 관련되어 있다. 므낫세는 55년간 유다를 통치하면서 온갖 종류의 악행을 일삼았는데, 그의 죄목을 정리하면 너무나도 많다: 산당제의 복원, 바알 제단 건립, 아세라 목상제조, 일월성신 제사, 인신 제사, 점술과 마술 시행, 무죄한 자 핍박 등. 스바냐는 므낫세와 아몬, 그리고 이 왕들이 통치하던 부패한 시대에 살고 있던 백성들을 1:12에서 "찌꺼기 같이 가라앉은 자들"이라고 표현하였다: "그 때에 내가 예루살렘에서 찌꺼기 같이 가라앉아서 마음속에 스스로 이르기를 여호와께서는 복도 내리지 아니하시며 화도 내리지 아니하시리라 하는 자를 등불로 두루 찾아 벌하리니." 여기서 "찌꺼기 같이 가라앉은 자들"이라는 단어는 포도주를 만들 때에 제거되지 않은 채로 끈적끈적하고도 탁한 찌꺼기로 남아있는 부분과 관련되는데, 많은 재산을 소유하고 안정된 삶을 살아가고 있기에 일상생활에서 더 이상 하나님을 진지하게 생각하지 않는 자들을 비유적으로 지칭하고 있다. 이들에게는 종교가 장식품에 불과한 것으로 간주되어 삶의 근본적인 토대가 되지 못한다. 이들은 한마디로 여호와 하나님을 두려워하지 않고 포악과 거짓을 일삼는 악한 자들이며, 여호와 하나님을 버리고 이방 신을 따라간 불신앙적인 자들이다. 1:5-6을 보면, 스바냐의 시대에 많은 유다 백성들은 주변 국가들의 우상 숭배에 매우 적극적으로 참여하였음을 확인할 수 있다: "또 지붕에서 하늘의 뭇 별에게 경배하는 자들과 경배하며 여호와께 맹세하면서 말감(암몬의 밀곰)을 가리켜 맹세하는 자들과 여호와를 배반하

고 따르지 아니하는 자들과 여호와를 찾지도 아니하며 구하지도 아니한 자들을 멸절하리라." 스바냐는 하나님께서 이렇게 이방의 여러 종교들과 천체 숭배가 뒤죽박죽된 혼합주의적 신앙에 빠져 있는 "찌꺼기 같이 가라앉은 자들"을 반드시 찾아내어 반드시 그들을 심판하실 것이라고 경고하고 있다.

가나안의 주상들

Q. 스바냐가 악을 행하며 이방 신을 따라가는 사람들을 "찌꺼기 같이 가라앉은 자들"이라고 비유적인 말로 표현한 것은 매우 의미 있는 표현이라고 생각한다. 스바냐는 하나님이 이 불신앙적인 사람들을 어떻게 심판하실 것이라고 선포하였는가?

A. 스바냐는 부패해버린 세대를 향해 "여호와의 날"이 곧 임하게 될 것이라고 선포하였는데, 이 날은 어두움과 흑암의 날이고 애곡의 날이라고 정의하였다. 다시 말하면, 하나님이 분노하는 "여호와의 날"이 임하면 이방 신을 따라갔던 자들과 하나님을 두려워하지 않고 죄악을 범했던 자들이 모두 심판을 받고 슬피 울며 탄식하게 될 것이라는 말이다. "여호와의 날"이라는 단어는 특히 예언서에 자주 등장하는 전문적인

용어인데, 하나님이 일어나셔서 악인을 벌하고 정의가 살아있음을 보여주는 심판의 날을 의미한다. 스바냐는 이 "여호와의 날"에 대해 1:14-18에서 다음과 같이 설명하고 있다: "여호와의 큰 날이 가깝도다 가깝고도 빠르도다 여호와의 날의 소리로다 용사가 거기서 심히 슬피 우는도다 그날은 분노의 날이요 환난과 고통의 날이요 황폐와 패망의 날이요 캄캄하고 어두운 날이요 구름과 흑암의 날이요 나팔을 불어 경고하며 견고한 성읍들을 치며 높은 망대를 치는 날이로다 내가 사람들에게 고난을 내려 맹인 같이 행하게 하리니 이는 그들이 나 여호와께 범죄하였음이라 또 그들의 피는 쏟아져서 티끌 같이 되며 그들의 살은 분토같이 될지라 그들의 은과 금이 여호와의 분노의 날에 능히 그들을 건지지 못할 것이며 이 온 땅이 여호와의 질투의 불에 삼켜지리니 이는 여호와가 이 땅 모든 주민을 멸절하되 놀랍게 멸절할 것임이라." 우리는 이 구절을 통해 하나님은 자신을 멸시하는 자들을 "여호와의 날"에 무섭게 심판하실 것이라고 경고하고 있음을 알 수 있다.

Q. 그래도 우리가 믿는 하나님은 사랑의 하나님이 아니신가. 우리는 하나님이 좋으신 분이라고 찬양하는데, 하나님은 그 무서운 심판의 날에도 자신의 백성을 사랑하고 계신다는 증거를 보여주어야 하는 것이 아닌가?

A. 하나님은 사랑이시지만, 죄에 대해 심판하시는 무서운 분이시다. 하나님은 죄악에 대해 인내하시는 분이지만, 정하신 때가 되면 자신이 살아계심을 증거 하기 위해 활동하시는 분임을 잊지 말아야 한다. 하나님은 우리의 죄를 용서하시는 분이지만, 하나님을 부인하고 이방 신을 섬기며 악행을 행하는 자들을 심판하시는 분이시다. 하지만 하나님의 최종 목표는 심판이 아니라, 용서와 사랑이다. 하나님은 "여호와의 날"에 악행을 행하며 불신앙적인 삶을 사는 자들을 심판하실 것이지만, 그 이

전에 회개하고 하나님께 돌아올 기회를 주시겠다고 약속하셨다. 스바냐는 하나님이 심판하시기 이전에 빨리 회개하고 하나님께 돌아와 공의를 행하고 겸손한 모습을 보이라고 권면하고 있다: "수치를 모르는 백성아 모일지어다 모일지어다 명령이 시행되어 날이 겨 같이 지나가기 전, 여호와의 진노가 너희에게 내리기 전, 여호와의 분노의 날이 너희에게 이르기 전에 그리할지어다 여호와의 규례를 지키는 세상의 모든 겸손한 자들아 너희는 여호와를 찾으며 공의와 겸손을 구하라 너희가 혹시 여호와의 분노의 날에 숨김을 얻으리라"(2:1-3). 스바냐는 하나님께서 분노의 칼을 뽑아 백성들을 심판하시기 전에 구원받을 수 있는 기회를 주실 것임을 확신하고 있다.

Q. 하나님은 정말로 좋으신 분이시다. 회개할 수 있는 기회를 주신다는 것은 죄 많은 우리 인간들에게는 얼마나 큰 축복이며 감사할 일인가! 책을 읽고 있는 모든 독자들은 스바냐의 예언에 귀를 기울여 우리의 삶 속에 허락된 회개의 기회를 발견하는 지혜를 소유할 수 있기를 바란다. 스바냐가 권면한 회개의 방법에 대해 설명해 주시길 바란다.

A. 스바냐는 3가지 면에서 회개할 수 있는 방법을 소개하고 있다. 첫째는 여호와를 찾으라고 권한다. 이방 신에게로 향하지 말고 두렵고 떨리는 마음으로 하나님을 경외하라는 것이다. 이사야가 선포한 표현을 빌리자면 하나님을 믿으라는 말이다. 삶의 문제가 발생하게 되었을 때 많은 사람들은 보이지 않는 하나님을 신뢰하지 못해서 보이는 신에게로 찾아간다. 하지만 그러한 모습은 불신앙이며, 살아계신 하나님을 모욕하는 행위라는 사실을 잊지 말아야 한다. 둘째는 공의를 행하라고 촉구한다. 공의라는 것은 하나님이 원하시는 의로운 행위를 말한다. "여호와를 찾으라"는 말이 믿음의 차원이라면, "공의를 행하라"는 것은 행위의

차원이다. 다시 말하면, 행동하는 믿음을 소유하고, 의로운 행위를 실천하며 살아가는 자들이 되라는 뜻이다. 야고보서 2:17의 말씀처럼 "행함이 없는 믿음은 죽은 믿음"인 것이다. 셋째는 겸손을 구하라는 것이다. 이것은 하나님과 사람을 향한 올바른 삶의 태도와 관련된다. "겸손을 구한다"는 것은 하나님 앞에서 자신을 낮추며, 사람들 앞에서 교만하지 않는 삶을 살아가는 것을 말한다. 겸손한 자는 남을 미워하거나 증오하거나 악을 행하는 추악한 사람이 될 수 없다. 겸손한 사람은 자신이 높은 자리에 올랐어도, 가진 재산이 많아도 다른 사람을 얕잡아 보거나 무례한 행동을 하지 않는 법이다. 겸손의 반대말은 불손이라고 볼 수 있는데, 불손한 사람은 태도나 언행이 건방져 공손하지 못한 모습을 보인다. 하나님을 진정으로 믿는 사람이라면 하나님을 향해서, 그리고 다른 사람들을 향해서 귀한 섬김의 모습을 보여야 한다는 것이다. 스바냐는 유다 백성들이 하나님을 향한 올바른 신앙과 타인을 향한 겸손한 모습을 보여주어야 하나님의 심판으로부터 구원받을 수 있음을 선포한다. 독자 여러분들도 스바냐의 선포에 귀를 기울여 하나님의 백성으로 이 땅에서 올바르게 살아가는 것이 어떠해야 하는지를 깊이 생각하고, 귀한 섬김의 삶을 살아갈 수 있기를 바란다.

열방을 향한 심판 예언들(2:4-15)

Q. 우리 모든 성도들이 진정으로 세상의 빛과 소금이 되기를 간절히 바란다. 이제 주제를 좀 바꾸어서 스바냐서의 두 번째 주제에 대해서 소개해 주시길 바란다.

A. 스바냐서에 등장하는 두 번째 주제는 유다 주변의 열방들을 향한 하나님의 심판 계획이다. 하나님은 불의한 유다 백성들만을 심판하시는

분이 아니라, 열방의 백성들도 동일하게 심판하신다는 것이다. 왜냐하면 하나님은 유다 민족만의 하나님이 아니라, 세계의 역사를 이끌어 가시는 하나님이기 때문이다. 하나님은 작은 나라 유다이든, 주변에 위치하고 있는 크고 작은 나라들이든 마찬가지로 동일한 기준 하에 정당한 형벌을 내리시는 분임을 스바냐는 선포하고 있다. 블레셋의 여러 도시들, 모압, 암몬, 구스와 같은 작은 국가들뿐만 아니라, 앗시리아와 같은 세계 제국도 그들의 행한 불신앙적인 죄악으로 인해 하나님의 심판을 받게 될 것임을 스바냐는 경고하고 있다. 주변에 위치하고 있는 모든 열방들은 여호와 하나님이 아니라, 각각 서로 다른 우상들을 섬기고 있기 때문에 하나님은 심판을 통해 여러 민족들이 믿었던 신들의 무력함과 무익함을 증거 하실 것이다. 열방들이 패망할 것이라는 스바냐의 예언은 역사적으로 20여 년 후에 실제로 성취되었는데, 앗시리아의 수도 니느웨는 기원전 612년에 바벨론에 의해 멸망함으로써 역사 속으로 사라지게 되었다.

예루살렘을 향한 심판 예언과 구원의 약속(3:1-20)

Q. 하나님의 말씀은 일점일획도 틀리는 법이 없다. 우상을 숭배하는 열방들의 멸망을 예고한 스바냐의 예언이 모두 그대로 성취되었음을 알 수 있다. 이제 스바냐서의 마지막 부분에 대해 소개해 주시길 바란다.

A. 스바냐서의 마지막 부분은 예루살렘을 향한 하나님의 심판 계획과 구원의 약속으로 구성되어 있다. 스바냐는 먼저 예루살렘을 질책하는데, 이 도시를 "패역하고 더러운 곳, 포악한 성읍"(3:1)이라고 규정한다. 예루살렘은 하나님의 크신 사랑을 받고 특별히 거룩한 도시로 선택되었기 때문에 더욱 하나님을 향한 순종이 요구되었지만, 예루살렘에 살

고 있는 왕과 지도층 모두가 타락하여 욕심 가운데 살아가고 우상을 섬기는 죄를 범하므로 하나님을 배반하게 되었다는 것이다. 스바냐는 예루살렘의 지도자들을 맹렬히 울부짖는 사자와 같다고 비판하였고, 재판장들을 잔인한 이리로 비유하였다(3:3). 그리고 스바냐는 예루살렘의 선지자들은 "경솔하고 간사한 사람들"이고, 제사장들은 "성소를 더럽히고 율법을 범하는 자들"이라고 비난하였다(3:4). 하지만 스바냐는 사랑이 많으신 하나님께서는 열방을 향한 심판을 통해 예루살렘이 깨닫고 돌아오기를 기다리고 계신다는 점도 설파하고 있다. 그래서 스바냐는 예루살렘을 향한 심판 선포(3:1-8) 다음에 예루살렘의 회복과 구원의 가능성을 선포하였다. 하나님께 회개하고 돌아온 예루살렘의 일부 남은 자들은 성결함을 받고 구원함을 받을 것인데, 그들은 하나님의 사랑과 은혜를 찬양하게 될 것임을 확신하고 있다. 스바냐는 다음과 같이 그 감격에 대해 노래하고 있다: "너의 하나님 여호와가 너의 가운데 계시니 그는 구원을 베푸실 전능자이시라 그가 너로 말미암아 기쁨을 이기지 못하시며 너를 잠잠히 사랑하시며 너로 말미암아 즐거이 부르며 기뻐하시리라 하리라"(3:17). 스바냐는 이 노래를 통해 하나님을 심판의 하나님이 아니라 구원과 전능의 하나님으로 고백하고 있다.

스바냐 예언의 특징

Q. 지금까지 기원전 7세기 후반에 활동했던 스바냐에 대해 공부하였다. 스바냐의 예언의 특징을 정리해 주시길 바란다.

A. 스바냐의 예언은 구약에 등장하는 많은 예언자들의 사상을 총망라하고 있다는 점이 가장 두드러진 스바냐 예언의 특징이라고 말할 수 있다. 스바냐는 한 세기 이전에 활동했던 아모스, 이사야, 미가와 같은 예

언자들의 사상을 계승하면서 국가 지도층의 불의와 악행을 고발하였고, 호세아와 에스겔처럼 종교적인 타락과 우상을 섬기는 불신앙적인 태도에 대해서도 질책하였다. 스바냐는 가나안의 바알 종교, 앗시리아의 일월성신 숭배, 암몬의 밀곰 숭배가 혼합된 왕궁 내에서의 종교 혼합주의적 집단에 대해 강력히 경고하였다. 스바냐는 더 나아가 "여호와의 날"에 임하는 하나님의 심판에 대해 선포하였고(암 5:18ff.; 사 2:12ff.), 하나님의 심판 계획을 돌이킬 수 있는 회개의 촉구, 열방들에 대한 심판 예언, 그리고 남은 자들이 하나님의 구원을 경험하게 될 것이라고 선포하였다. 이러한 내용은 구약의 여러 예언자들에게서 발견되는 특별한 선포들이다. 그 모든 다양한 사상들이 스바냐의 예언에서 모두 발견되고 있다는 점은 매우 흥미로운 일이 아닐 수 없다. 특히 스바냐의 예언에서는 사회 정의와 종교적 배교라는 두 가지 주제에 유의할 필요가 있는데, 아모스와 호세아 예언을 종합하고 있다는 느낌이 든다.

지금까지 예언자 스바냐에 대해 공부하였다. 처음에는 스바냐가 그리 잘 알려진 예언자가 아니라는 생각에 스바냐라는 예언자를 통해 그다지 배울 것이 없는 것이 아닌가 하는 선입견이 있었으나, 공부를 마치고 나니 스바냐는 매우 중요한 예언자 중에 한 사람임을 알 수 있었다. 기원전 7세기 말에 유다 땅에 임하는 하나님의 계획을 선포한 스바냐처럼 21세기 한국 땅에서 살아가는 우리 모든 성도들은 하나님의 음성을 듣고 이 땅에서 하나님이 맡겨 주신 귀한 사명을 잘 감당해 낼 수 있기를 바란다.

제4장 **예레미야** _ 예레미야 1–52장

예레미야의 고향

Q. 앞 장에서는 예언자 스바냐에 대해 공부하였다. 이를 통해 스바냐는 히스기야 왕의 후손이라는 훌륭한 가문에서 태어났지만 하나님의 부르심을 받고 예언자로 활동하면서 하나님의 심판 계획을 선포하고 백성들의 회개를 촉구했던 신앙인이었다는 사실을 알 수 있었다. 이번에 공부할 예언자는 누구인가?

A. 스바냐와 동시대에 활동했던 예언자를 한 명 더 살펴보고자 한다. 그가 바로 익히 잘 알려진 예레미야인데, 그는 스바냐와 거의 비슷한 시기에 부르심을 받고 예언자가 되었다. 스바냐와 다른 점이 있다면, 예레미야는 스바냐보다 훨씬 늦게까지 예언 활동을 했다는 점이다. 예레미야는 그의 조국 유다가 바벨론의 느부갓네살에 의해 참혹하게 멸망당하는 장면을 목격하였고, 후에는 이집트로 강제로 끌려가서 그곳에서 일생을 마감하였다. 예레미야는 이른바 "눈물의 예언자"라고 불렸는데, 불행한 시기에 태어나 눈물로 점철된 삶을 살면서 하나님의 말씀을 전했기 때문이다. 이제 예언자 예레미야에 대해 좀더 자세히 살펴보고자 한다.

Q. 예루살렘이 불타고 백성들이 포로로 잡혀가는 장면을 예레미야가 눈으로 직접 목격하였다면 참으로 가슴 아픈 경험을 하였을 것이다. 먼저 인간 예레미야에 대해 소개해 주시길 바란다.

A. 예레미야라는 이름은 "여호와께서 일으켜 세우셨다" 혹은 "여호와께서 높이셨다"를 의미한다. 예레미야는 제사장은 아니었지만, 제사장 가문에서 태어났다. 예레미야의 아버지 이름은 힐기야이다(렘 1:1). 그의 고향은 아나돗이라는 곳인데, 예루살렘으로부터 북동쪽으로 4.5km 떨어진 곳에 위치하고 있다. 이 도시는 베냐민 지파에 속하는 땅이었다. 이것은 예레미야의 사상적 뿌리가 북 왕국에 있었다는 것을 암시한다. 그런데 아나돗이라는 곳은 이스라엘 역사에서 매우 중요한 의미가 있는 도시라는 점을 인식할 필요가 있다. 아나돗은 실로의 제사장 엘리의 후손이며 다윗의 최측근 제사장이었던 아비아달이 솔로몬에 의해 유배된 곳이기도 하다(왕상 2:26-27). 솔로몬은 왕위에 등극한 이후 사독을 대제사장으로 임명하고 다윗의 오랜 동료였던 아비아달을 대제사장직에서 파면시킨 일이 있었다. 아비아달은 그 이후에 아나돗으로 쫓겨나 그곳에서 생을 마감했다. 그런 역사적 아픔을 가지고 있던 도시가 아나돗인데, 북 왕국이 멸망을 당한 직후에는 남쪽으로 망명했던 제사장들이 남 왕국과 북 왕국의 경계에 위치하고 있던 이 아나돗에 많이 정착했던 것으로 보인다. 어쨌든 아나돗은 제사장들과 깊이 관련이 있던 도시였다고 말할 수 있다. 예레미야가 이사야나 스바냐와는 달리 예루살렘 출신이 아니라 지방 출신이라는 점은 그의 예언 내용 곳곳에서 확인할 수가 있다. 예레미야는 성전과 수도 예루살렘에 대해 매우 비판적인 입장을 견지하고 있다(렘 5:1; 7; 26장).

Q. 예레미야가 비운의 제사장들의 고향이라 할 수 있는 아나돗 출신임을 위의 설명을 통해 확인할 수 있다. 그렇다면 예레미야가 예언자로서 부름 받은 시기는 언제인가?

A. 여러 가지 자료를 참고해 보면, 예레미야는 대략 기원전 650년경에

태어났고, 유다 왕 요시야 13년인 기원전 627년에 예언자로 소명을 받았으며, 이후 기원전 585년까지 활동한 것으로 여겨진다. 예레미야는 20대 중반에 예언자로 부르심을 받아 65년의 생을 사는 동안 40년이 넘는 기간을 예언자로 살았다. 이 기간 동안 예레미야는 앗시리아가 몰락하고 바벨론이 새로운 세계 제국으로 등장하는 것과 예루살렘이 함락당하고 유대인들이 비참하게 포로로 끌려가는 것을 목격하기도 했다. 특히 예레미야는 결혼을 하지 않은 채 평생을 독신으로 살면서 예언자로서의 사명을 감당해 나갔다. 그 이유는 하나님께서 허락하시지 않았기 때문이다.

Q. 예레미야가 결혼을 하지 않고 독신으로 살아간 이유가 하나님께서 허락하시지 않았기 때문이고 했는데, 하나님께서 예레미야에게 그렇게 하신 특별한 이유가 있었는가? 모든 예언자들에게 결혼은 금지된 것인가?

A. 모든 예언자들에게 결혼이 금지된 것은 아니다. 호세아의 경우에는 하나님이 바알 종교의 신봉자였던 고멜과의 결혼을 명령하셨고, 이사야의 부인은 여예언자이지 않았는가! 하나님께서 예레미야에게 결혼을 허락하지 않은 것은 당시의 시대적 상황과 관련된 특별한 이유가 있었다. 예레미야 16:1-4에는 하나님께서 예레미야에게 결혼하지 말고 자녀를 낳지 말라고 명령하는 장면과 그 이유가 소개되고 있다: "여호와의 말씀이 또 내게 임하여 이르시되 너는 이 땅에서 아내를 맞이하지 말며 자녀를 두지 말지니라 이 곳에서 낳은 자녀와 이 땅에서 그들을 해산한 어머니와 그들을 낳은 아버지에 대하여 여호와께서 이와 같이 말씀하시오니 그들은 독한 병으로 죽어도 아무도 슬퍼하지 않을 것이며 묻어 주지 않아 지면의 분토와 같을 것이며 칼과 기근에 망하고 그 시체는 공중의 새와 땅의 짐승의 밥이 되리라."

Q. 위에서 읽은 말씀, 즉 예레미야 16:1-4 말씀을 단순히 읽는 것만으로는 정확한 이해가 어렵다. 하나님께서 예레미야의 결혼을 금하신 이유가 무엇인지 좀더 자세히 설명해 주시길 바란다.

A. 예레미야에게 결혼과 자녀 출산이 금지된 것은 유다 왕국이 곧 멸망을 당하게 될 것이고, 그로 인해 예루살렘과 유다의 어린아이들과 그들의 부모들이 심한 고통을 받게 될 것이기 때문이다. 즉 바벨론과의 전쟁이 발생하게 되면 어린아이들과 임산부와 어린아이의 부모들이 가장 큰 고통을 당하게 될 것이라는 점이 전제되어 있기 때문이다. 본문은 앞으로 다가올 파국의 정도가 얼마나 큰지를 암시해 주는 말씀으로 유다의 백성들은 전염병과 전쟁과 기아로 인해 죽임을 당하게 될 것을 언급한다. 그럼에도 그들을 위해 어느 누구도 슬퍼해 주지 않을 것이라는 말한다. 그들은 매장지를 찾지 못할 것이며, 그들의 시체는 공중의 새와 땅의 들짐승의 밥이 될 것이라고 말하고 있다. 예레미야 16:1-4은 유다 백성들이 무가치한 죽음과 몸서리치는 저주스러운 운명을 당하게 될 것이며, 자녀를 가진 가정은 심각하게 파괴될 것임을 시사한다. 다시 말하면, 예레미야가 결혼하지 않는 것은 앞으로 당하게 될 유다 백성들의 불행을 예시적으로 보여주는 상징 행위라고 말할 수 있다.

예레미야의 시대적 배경

Q. 예레미야의 예언 활동은 남 유다의 멸망 사건과 밀접하게 관련되고 있음을 알 수 있는데, 예레미야가 살았던 당시의 시대적 배경에 대해 간단히 설명해 주시길 바란다.

A. 예레미야는 유다 왕국 후반기에 태어나서 예언자로 부르심을 받았고 유다 왕국이 멸망당한 직후까지 예언 활동을 하였다. 이 시대는 한마디

로 사회적으로나 정치적으로 매우 불안정하고 혼란스런 시기였다고 말할 수 있다. 앞서 살펴본 예언자들을 통해 여러 차례 설명한 대로, 유다 왕국의 마지막 시기는 한치 앞을 내다볼 수 없는 어려운 시기였다. 한동안 세계를 지배했던 앗시리아가 점점 쇠약해져 가는 틈에 그 자리를 바벨론이 대신하려고 했고, 전통적인 강대국이었던 이집트는 새로운 패권을 소유하길 원하면서 팔레스틴 지역은 전쟁의 소용돌이에 휩쓸리고 말았다. 그래서 유다의 왕들은 국제 정치의 희생양이 되고 말았는데, 요시야(기원전 639-608)는 바로의 느고에 의해 므깃도에서 목숨을 잃었고, 요시야의 아들 여호아하스(기원전 608)는 이집트의 인질로 잡혀가게 되었다. 그리고 여호야긴(기원전 598)은 바벨론으로 포로로 잡혀갔고, 유다의 마지막 왕 시드기야(기원전 597-587)는 두 눈이 뽑힌 채 사슬에 묶여 바벨론으로 끌려가고 말았다(왕하 25; 렘 39; 52장). 유다를 멸망시킨 후에 바벨론은 그달리야를 유다 지방의 총독으로 임명한다. 하지만 민족주의 계열의 유대인들이 그를 암살하기에 이르는데, 그들은 바벨론의 보복을 두려워한 나머지 친 바벨론 입장을 견지하고 있던 예레미야를 억지로 데리고 함께 이집트로 도망을 한다. 그 후 예레미야는 그곳에서 계속해서 예언을 하다가 그곳에서 죽음을 맞았다. 예레미야는 이처럼 조국이 멸망을 당하고, 왕들은 주변국들의 포로로 잡혀가면서, 사회적으로 안정되지 못했던 혼란한 상황 가운데서 예언 활동을 했다. 그는 오해와 모함과 박해를 받으면서도 백성들에게 하나님의 계획이 무엇인지를 전하기 위해 몸부림친 위대한 신앙인이었다.

예레미야서의 구조와 특징

Q. 인간적으로 볼 때 예레미야는 몸으로 조국의 멸망을 몸소 체험했던 비극적

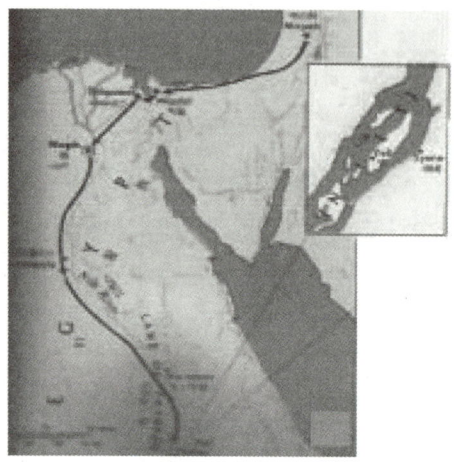
이집트로 간 예레미야

인 예언자였다고 할 수 있다. 하지만 신앙적인 눈으로 바라보았을 때는 슬픔을 신앙으로 승화시키기 위해 애쓴 위대한 예언자였음에 틀림없다. 이제 주제를 바꾸어 예레미야서에 대해 소개해 주시길 바란다.

A. 예레미야서는 무려 52장으로 구성되어 있는 방대한 책이다. 이사야서가 66장으로 되어 있지만, 히브리어 성경의 분량으로 따지면 예레미야서가 11쪽이나 더 많다. 예언서들 중에서 예레미야서가 가장 긴 책이다. 그리고 예레미야서의 낱말 수를 보면 21,819개인데, 이것은 150편으로 구성된 시편의 19,531개보다 훨씬 많은 숫자이다. 구약 성경 전체에서 가장 많은 낱말을 가지고 있는 책이 바로 예레미야서인 것이다. 예레미야서는 다른 예언서들과는 다른 또 다른 특징을 지니고 있는데, 그 어떤 예언서들보다 산문체 본문이 많다는 점이다. 예언서들은 대부분 운문체 문장으로 구성되어 있는데, 하나님으로부터 받은 예언의 말씀들은 대부분 리듬과 운율을 지닌 시적인 문장으로 잘 다듬어져 있다.

하지만 예레미야서는 상당히 많은 산문체 본문을 가지고 있다(렘 26-29; 36-45; 52장). 그 이유는 예레미야가 예언자로 부르심을 받는 장면뿐만 아니라 그가 예언 활동을 하면서 겪게 되는 온갖 고난과 수난이 자세히 설명되고 있기 때문이다. 이 내용들은 대부분 산문체로 되어 있다. 그러한 이유 때문에 예레미야서는 그 어느 예언서보다 산문체 부분이 많고, 예언자 개인의 삶에 대해서도 다른 어떤 예언자들보다 잘 알려져 있다고 볼 수 있다.

Q. 예레미야서는 엄청난 분량을 가진 책이고 산문체 문장을 많이 담고 있다고 하셨는데, 책의 구조에 대해서 간략히 소개해 주시길 바란다.

A. 예레미야서는 일곱 부분으로 나누어질 수 있다. 첫째로, 1장은 젊은 청년 예레미야를 하나님께서 부르시는 소명 보도문이다. 하나님은 예레미야를 이미 오래 전부터 예언자로 불렀다고 말씀하고 있다: "내가 너를 모태에 짓기 전에 너를 알았고 네가 배에서 나오기 전에 너를 성별하였고 너를 여러 나라의 선지자로 세웠노라"(렘 1:5). 둘째로, 2-25장은 유다를 향한 하나님의 심판 예언 모음집이다. 여기서 예레미야는 유다를 이미 망한 북 왕국보다 더 악하다고 평가한다. 하나님께서는 예루살렘 성전을 사사 시대에 블레셋 사람들에 의해 파괴당한 실로처럼 붕괴시킬 것이라고 선포한다. 이것은 요시야가 종교개혁을 일으키기 이전의 유다 사회를 전제하고 있다고 볼 수 있다. 예레미야는 요시야의 종교개혁에 대해서는 직접적으로 언급하고 있지는 않지만, 개혁을 단행한 요시야를 정의와 공의를 행하고 가난한 자와 궁핍한 자를 변호한 훌륭한 왕이라고 말하였다(렘 22:15-16). 역대하 35:25은 요시야가 므깃도에서 죽임을 당하게 되었을 때에 예레미야가 그를 위해 애가를 지었다고 말하고 있다. 셋째로, 26-29장은 일명 '예레미야의 수난기'의 전반부인데, 예

레미야가 거짓 예언자들과 다투는 내용과 바벨론에 잡혀간 포로들에게 보낸 편지들이 이 안에 들어 있다. 넷째로, 30-35장은 하나님께서 유다에게 구원을 준비하고 계시다는 희망적인 예언을 모아놓은 부분이다. 다섯째로, 36-45장은 일명 '예레미야 수난기'의 후반부인데, 예언의 말씀을 기록했던 두루마리를 여호야김 왕이 불에 태웠는데 그 내용을 다시 기록하였다는 것과 시드기야 시대에 예레미야가 겪었던 어려움 등을 소개하고 있다. 예레미야는 고난을 받으며 감옥에 감금을 당하기도 하였다. 그리고 유다가 멸망을 당한 후의 상황과 바벨론 왕이 세운 총독 그달리야가 암살을 당한 뒤 유다 사람들이 이집트로 도망하게 되는 과정 등도 그 안에 들어 있다. 이 '예레미야의 수난기'는 예레미야가 직접 기록한 것이 아니라, 그의 막역한 친구인 바룩이 예레미야의 고통 당하는 운명 대해 기록한 것이다. 여섯째로, 46-51장은 이집트, 블레셋, 모압, 암몬, 에돔, 다메섹, 게달과 하솔, 엘람, 바벨론 등에 대한 심판의 말씀으로 구성되어 있다. 일곱째로, 52장은 유다 멸망에 대한 역사 기록이다.

Q. 예레미야서는 상당히 많은 분량을 갖고 있기에 주제도 매우 다양하다고 볼 수 있다. 특히 주목할 만한 것은 개인의 수난과 고난의 사건들을 기록한 '예레미야 수난기'가 들어 있다는 것이다. 예레미야는 상상할 수 없을 정도의 엄청난 박해를 받았을 것이라고 여겨진다. 예레미야서의 또 다른 특징이 있는가?

A. 예레미야서를 통해 한 가지 더 주목해 보아야 할 것이 있다. 예레미야서는 예언서가 어떤 과정을 거쳐 기록되었는가에 대한 자세한 정보를 제공하고 있다는 점이다. 물론 이사야서에도 이사야 개인이 하나님의 말씀을 어떻게 직접 기록하였는가를 설명하는 몇 개의 본문이 있다(사 8:1,16; 30:8). 그런데 예레미야서는 이보다 훨씬 더 자세하게 예언자가

선포한 예언의 말씀이 어떻게 집필되었는가의 과정을 보도하고 있다(렘 36장). 예레미야의 친구이자 비서였던 바룩은 예레미야의 구술에 따라 두루마리에 그 말씀을 기록했고, 그것을 성전 안에 있던 사람들에게 낭독하였다. 그런 후에는 왕궁에 있는 왕의 신하들 앞에서도 낭독하였다. 여호야김 왕이 그 두루마리를 빼앗아 찢고 불태웠을 때에 예레미야는 다시 그 내용을 받아쓰게 하고 보충하였다: "이에 예레미야가 다른 두루마리를 가져다가 네리야의 아들 서기관 바룩에게 주매 그가 유다의 여호야김 왕이 불사른 책의 모든 말을 예레미야가 전하는 대로 기록하고 그 외에도 그 같은 말을 많이 더 하였더라"(렘 36:32). 이런 내용을 통해 우리는 예언서가 어떤 과정을 통해 선포되고 기록되었는가를 어느 정도는 알 수 있게 되었다.

Q. 위의 설명을 통해 예레미야서는 예언서가 어떻게 기록되었는가에 관한 좋은 정보를 제공해 주는 책임을 알 수 있었다. 예레미야서가 갖고 있는 또 다른 특징은 무엇인가?

A. 앞서 설명했듯이, 예레미야의 고향은 베냐민 지파에 속하는 아나돗이기 때문에 그의 사상적 고향은 북 왕국에 있었다. 그런 이유로 예레미야는 자신보다 약 100여 년 전에 북 왕국에서 활동했던 예언자 호세아로부터 많은 영향을 받았다. 이 두 예언자의 단어나 신학사상들을 비교해 보면, 예레미야가 호세아의 영향을 받아 호세아의 주요 신학사상을 계승 발전시켰음을 알 수 있다. 예레미야는 호세아가 한 것처럼 바알 종교를 비판하였고(렘 2:20-25; 23:13,27), 출애굽 사건을 회상하였으며(렘 2:5-9), 광야 시대를 하나님과 이스라엘의 밀월 시대로 평가하였는데(렘 2:2), 하나님과 이스라엘을 남편과 아내의 관계로 비유하였다(렘 3:1-5,20). 예레미야는 호세아가 선포한 주요 예언의 내용들을 받아들여 특

히 거짓 예언자 문제로 혼란을 겪던 자기 시대에 알맞게 적용하였던 예언자라고 평가할 수 있다. 하지만 예레미야는 북 왕국 출신의 예언자인 호세아에게서만 영향을 받은 것은 아니었다. 예레미야는 남 왕국 출신의 아모스, 미가, 이사야의 예언에서도 많은 영향을 받았다는 것을 확인할 수 있다. 다시 말하면, 예레미야는 북 왕국의 예언 사상과 남 왕국의 서로 다른 예언 사상들을 통합하고, 그 사상들을 창조적으로 계승 발전시킨 예언자라고 평가할 수 있다.

예레미야 예언의 주요 내용

Q. 예레미야는 기원전 8세기에 활동했던 여러 예언자들의 중요한 선포들을 통합시킨 위대한 예언자라는 사실을 배웠다. 그렇다면 예레미야가 외친 주요 예언의 내용들은 무엇인가?

A. 몇 가지로 나누어 정리를 해보도록 하겠다. 첫번째 주요 내용은 예레미야가 이해한 세계의 역사에 관한 것이다. 예레미야는 남 유다의 운명이 왕들의 외교 정책의 성공 여부에 달려 있는 것이 아니라, 오직 여호와 하나님의 손에 붙잡혀 있다는 사실을 선포하였다. 즉 하나님이 유다의 역사뿐만 아니라, 당시 세계 대제국이었던 앗시리아와 바벨론의 역사까지 좌지우지하시는 역사의 주인이라는 사실을 강조하였다. 하나님께서는 북 왕국보다도 사악한 유다를 벌하시기로 작정하셨고 그 심판의 도구는 바벨론이 될 것이니 바벨론에 대항하기보다는 항복할 것을 예레미야는 권면하였다. 이러한 이유 때문에 예레미야는 매국노, 배반자라는 모함을 받고 모진 박해를 감내해야만 했다. 더욱이 예레미야는 바벨론의 세계 통치는 70년 동안 오직 하나님의 주권 아래서만 이루어질 것이고, 바벨론은 다시 하나님의 또 다른 심판의 도구에 의해 멸망

하게 됨으로써 하나님의 백성들은 해방을 맞이하게 될 것이라고 선포하였다(렘 50-51장). 예레미야는 하나님의 백성의 역사를 세계 역사의 틀 속에서 이해하였다고 말할 수 있다.

Q. 위의 내용을 통해 예레미야는 하나님이 유다 백성의 역사뿐 아니라, 세계 역사를 이끌어 가시는 역사의 주인이라는 신앙을 확실히 가지고 있었음을 확인할 수 있다. 예레미야 예언의 두 번째 주요 내용은 무엇인가?

A. 두 번째 주요 내용은 하나님이 유다 백성들과 새로운 언약을 체결하셨다는 내용이다. 하나님께서 그의 백성과 시내 산 위에서 체결했던 옛 언약은 그들이 우상을 섬겼기 때문에 더 이상의 의미를 갖지 못하게 되었고(렘 11장), 새로운 언약을 세우시겠다고 약속하셨다(렘 31-32장). 옛 언약은 돌판 위에 새긴 것이지만, 새 언약은 인간의 마음 판에 새기는 영원한 언약이라는 것이다: "여호와의 말씀이니라 보라 날이 이르리니 내가 이스라엘 집과 유다 집에 새 언약을 맺으리라 이 언약은 내가 그들의 조상들의 손을 잡고 애굽 땅에서 인도하여 내던 날에 맺은 것과 같지 아니할 것은 내가 그들의 남편이 되었어도 그들이 내 언약을 깨뜨렸음이라 여호와의 말씀이니라 그러나 그 날 후에 내가 이스라엘 집과 맺을 언약은 이러하니 곧 내가 나의 법을 그들의 속에 두며 그들의 마음에 기록하여 나는 그들의 하나님이 되고 그들은 내 백성이 될 것이라 여호와의 말씀이니라"(렘 31:31-33). 이 새로운 언약은 인간이 무거운 짐을 져야 하는 율법의 저주가 아니라 다시는 죄를 기억하시지 않는 하나님의 은혜의 약속이 되는 것으로, 이것이 바로 예수 그리스도에게서 성취되고 십자가의 피의 공로로 인한 구원의 은혜인 것이다.

Q. '새 언약'이란 율법의 능력으로 구원을 받는 것이 아니라, 예수 그리스도를

믿음으로 구원을 받는 그러한 은혜를 말하는 것임을 알게 되었다. 이제 예레미야서의 세 번째 주된 내용은 무엇인가?

A. 세 번째 주요 내용은 거짓 예언자가 누구인가에 관한 것이다. 당시는 정치적인 격변기였기 때문에 사회적으로 매우 혼란한 시기였다. 따라서 이러한 혼란의 틈을 타 백성들을 현혹하는 거짓 예언자들의 출현이 많았다. 이들은 무조건적인 평화를 외치며 값싼 구원을 보증하였고, 자기들 마음대로 예언하면서 백성들을 잘못된 길로 인도했다. 이에 예레미야는 이 거짓 예언자들과 목숨을 건 싸움을 해야만 했다. 예레미야가 고난과 박해를 받고 감옥에 갇히게 된 것은 어떻게 보면 이 거짓 예언자들과의 싸움 때문이었다. 이들은 정치, 사회적 기득권과 세상의 권력을 소유하고 있던 자들이었다. 그래서 이들은 하나님의 위협의 말씀을 전하는 예레미야를 협박했고, 죽이려 했다(렘 11:21). 거짓 예언자들은 예레미야가 선포한 하나님의 말씀은 결코 임하지 않을 것이라고 하면서 예레미야의 선포를 비웃는다(렘 17:15). 예레미야는 여러 곳에서 거짓 예언자를 판단할 수 있는 기준들을 제시해 놓았는데, 특히 예레미야 23장을 읽어보면 거짓 예언자에 관한 내용이 자세히 언급되어 있다. 그중에서 한 곳만 읽어보자: "여호와의 말씀이니라 보라 그들이 혀를 놀려 여호와가 말씀하셨다 하는 선지자들을 내가 치리라 여호와의 말씀이니라 보라 거짓 꿈을 예언하여 이르며 거짓과 헛된 자만으로 내 백성을 미혹하게 하는 자를 내가 치리라 내가 그들을 보내지 아니하였으며 명령하지 아니하였나니 그들은 이 백성에게 아무 유익이 없느니라 여호와의 말씀이니라"(렘 23:31-32). 오늘날에도 우리 주변에는 많은 거짓 예언자들이 있음을 직시하고, 예레미야의 말씀을 깨달아 거짓 예언자의 유혹에 넘어가지 않는 지혜로운 성도들이 되기를 바란다.

지금까지 예언자 예레미야에 대해 공부하였다. '눈물의 예언자' 예레미야는 조국의 패망을 경험하면서 하나님의 능력에 대해 의심할 수도 있었지만, 변함없는 믿음으로 예언자로서의 사명을 잘 감당해 내었다. 심지어 목숨의 위협을 받고 감옥에까지 갇히는 억울한 상황을 경험했지만 그럼에도 불구하고 하나님을 향한 간절한 믿음을 버리지 않았다. 예레미야의 위대한 신앙의 모습을 본받고, 우리의 믿음을 흔드는 여러 가지 환경 가운데서도 매일매일 하나님을 향해 전진해 나아가는 귀한 성도들이 되기를 간절히 바란다.

제 5 부

기원전 6세기 예언자들

FAITH AND LIFE OF THE PROPHETS

QA
Faith and Life of the Prophets

제1장 에스겔 _ 에스겔 1-48장

에스겔의 네 가지 환상

Q. 앞 장에서는 유다 백성들이 자신들의 죄악을 깨닫고 하나님께 돌아오기를 눈물로 부르짖은 '눈물의 예언자' 예레미야에 대해 공부하였다. 조국의 멸망을 직접 경험하고 바벨론의 앞잡이라는 오해와 모함을 받고 감옥에 갇히면서도 하나님의 말씀을 선포했던 예레미야를 바라보며 참 예언자들이 당해야만 했던 고난의 모습을 발견할 수 있다. 그렇다면 이번에 공부할 예언자는 어떤 사람인가?

A. 이 장에서는 '환상의 예언자'라고 할 수 있는 에스겔에 대해 공부하고자 한다. 에스겔은 그 어떤 예언자들보다 많은 환상을 보았고, 그 환상을 통해 하나님의 뜻을 백성들에게 전파했던 예언자였다.

Q. 에스겔을 '환상의 예언자'라고 했는데, 그가 본 환상에 대해 간단히 설명해 주시길 바란다.

A. 에스겔은 4번의 주요한 환상을 체험하였다(겔 1:3; 8:1; 37:1; 40:1). 첫 번째 환상은 움직이는 하나님의 보좌에 관한 것인데(겔 1:1-3:27), 어느 방향으로든 달릴 수 있는 바퀴가 달린 의자에 네 생물의 형상과 네 날개가 달린 기이한 모습의 보좌이다. 이것은 하나님의 임재를 상징하는 법궤와 관련된다. 두 번째 환상은 예루살렘의 죄와 타락에 관한 것이다(겔 8:1-10:22). 에스겔은 환상을 통해 거룩한 예루살렘 성전에서 우상 숭배와 신성 모독 행위가 자행되고 있는 것을 보게 되는데, 이에 진노한 하

나님께서 성전과 예루살렘 주민들을 심판하시는 장면을 목격하였다. 세 번째 환상은 그 유명한 마른 뼈가 살아나는 환상인데, 죽은 뼈들이 살아나 이스라엘의 큰 군대가 되는 장면이다(겔 37:1-14). 이것은 유다의 회복을 암시한다. 네 번째 환상은 새 예루살렘 성전에 관한 환상이다(겔 40:1-48:35).

예루살렘에서의 에스겔

Q. '환상의 예언자' 에스겔이 예언자로 부름을 받기 전 상황에 대해 설명해 주시길 바란다.

A. 먼저 '에스겔'이라는 이름부터 살펴보기로 하자. '에스겔'이라는 이름은 "하나님은 강하시다, 우세하시다"를 의미하는데, 에스겔 3:14의 말씀과 관련되는 이름이다: "주의 영이 나를 들어 올려 데리고 가시는데 내가 근심하고 분한 마음으로 가니 여호와의 권능이 힘 있게 나를 감동시키시더라." '에스겔'은 하나님의 무한한 권능을 강조하고 있는 이름이다. 그의 이름의 의미대로 에스겔은 하나님의 능력에 강하게 붙잡힌 삶을 살면서 예언자로서의 삶을 충실하게 살았다. 연대적으로 볼 때 에스겔은 기원전 6세기의 인물인데, 예레미야와 비슷한 시기에 활동했던 예언자이다. 나이 상으로 에스겔은 예레미야보다는 어리지만 그와 거의 동시대에 살았다. 그래서 두 예언자의 예언 활동은 예루살렘의 파괴와 유다의 멸망과 깊이 관련되어 있다. 하지만 에스겔은 예루살렘이 붕괴되기 10여 년 전에 바벨론으로 포로로 잡혀갔다는 점에서 다른 점이 있다. 에스겔은 기원전 597년 바벨론의 예루살렘 침공 시 포로로 잡혀 바벨론으로 끌려간 사람들 중에 하나였다. 그 후 그는 바벨론으로 잡혀온 지 5년이 지난 기원전 593년경에 예언자로 부름을 받은 것으로 보인다.

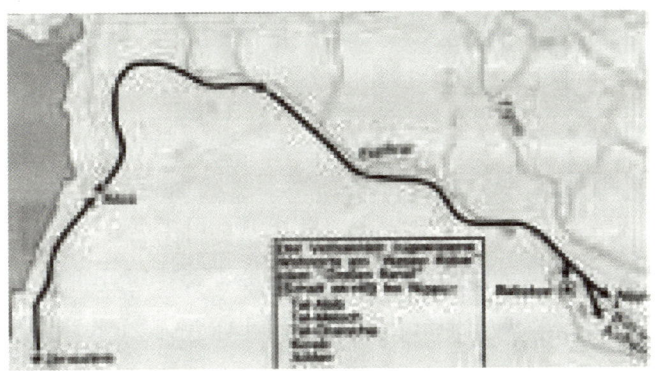
바벨론 포로 여정

Q. 그렇다면 에스겔은 기원전 587년 유다의 멸망 때 포로로 잡혀간 것이 아니라 그보다 10년을 앞선 시기에 이미 바벨론으로 끌려가 있었다는 것인데, 그 상황에 대해서 자세히 설명해 주시길 바란다.

A. 에스겔의 아버지의 이름은 부시인데(겔 1:3), 그는 예루살렘 제사장이었다. 에스겔은 아버지의 뒤를 이어 예루살렘에서 제사장으로 활동하고 있었다. 당시 유다는 여호야김이 죽고 그의 아들 여호야긴이 등극한 시기로, 여호야김이 기원전 597년 1월에 죽자 그 뒤를 이어 여호야긴이 왕위에 오르게 된다. 그러나 그해 3월 16일에 예루살렘은 바벨론의 느부갓네살 군대에 의해 정복을 당하는 사태에 이르게 되자 당시 유다는 저항할 아무런 힘이 없던 상황이었기 때문에 여호야긴은 바벨론에게 그대로 항복을 하고 만다. 이때 여호야긴, 왕의 모친, 내시들, 신하들, 왕자들, 왕실에 속한 사람들, 제사장과 등과 같은 사회의 지도층 인사들과 7,000명의 용사들, 그리고 1,000명의 대장장이가 포로로 잡혀가기에 이른다(왕하 24:16-17). 제사장이었던 에스겔은 당시 25세의 나이로

이때 이들과 함께 바벨론으로 끌려간 것이다.

Q. 에스겔은 제사장 가문에서 태어나 제사장으로서의 직분을 감당하다가 역사의 격동기에 바벨론 포로로 끌려가는 수난을 당했던 예언자였음을 확인할 수 있다. 예루살렘에서의 삶과 관련해서 더 알려진 것이 있는가?

A. 에스겔은 예루살렘에서 제사장 일을 감당할 때 이미 결혼을 한 상태였다. 하지만 에스겔의 부인은 안타깝게도 전쟁 중에 죽고 말았다. 에스겔 24:16-18은 이 상황을 말해준다: "인자야 내가 네 눈에 기뻐하는 것을 한 번 쳐서 빼앗으리니 너는 슬퍼하거나 울거나 눈물을 흘리거나 하지 말며 죽은 자들을 위하여 슬퍼하지 말고 조용히 탄식하며 수건으로 머리를 동이고 발에 신을 신고 입술을 가리지 말고 사람이 초상집에서 먹는 음식물을 먹지 말라 하신지라 내가 아침에 백성에게 말하였더니 저녁에 내 아내가 죽었으므로 아침에 내가 받은 명령대로 행하매." 에스겔의 부인은 기원전 597년 당시 바벨론 군대의 예루살렘 포위 때, 죽은 것으로 볼 수 있다.

바벨론에서의 에스겔

Q. 에스겔의 삶은 인간적으로 볼 때는 불운한 행로를 걸어온 것으로 보인다. 전쟁 중에 부인을 잃었고 자신은 바벨론 포로로 잡혀가는 신세가 되었으니, 이 얼마나 비참한 상황인가! 바벨론으로 잡혀간 에스겔은 어떤 삶을 살았으며, 언제 예언자로 부름을 받았는가?

A. 에스겔이 예루살렘에 있을 때에는 제사장의 역할만을 수행한 것으로 보인다. 예언자로서의 활동은 그가 바벨론의 포로로 잡혀간 이후에 시작되었다. 바벨론으로 잡혀간 유대인 포로들은 여러 도시에 흩어져

살게 되었는데, 에스겔은 그발 강가의 델아빕이라는 곳에서 하나님의 부르심을 받게 된다(겔 3:15). 델아빕은 바벨론어로 '홍수의 언덕'을 의미한다. 다행히도 에스겔서는 에스겔의 소명과 관련해서 매우 자세한 정보를 제공해 주고 있다: "서른 째해 넷째 달 초닷새에 내가 그발 강가 사로잡힌 자 중에 있을 때에 하늘이 열리며 하나님의 모습이 내게 보이니 여호야긴 왕이 사로잡힌 지 오년 그 달 초닷새라 갈대아 땅 그발 강 가에서 여호와의 말씀이 부시의 아들 제사장 나 에스겔에게 특별히 임하고 여호와의 권능이 내 위에 있으니라"(겔 1:1-3). 이 본문은 먼저 에스겔이 예언자로 부르심을 받을 당시의 나이를 알려주고 있는데, 에스겔은 30세 때에 예언자가 되었다는 것이다. 그러니까 에스겔은 25세라는 젊은 나이에 예루살렘에서 바벨론으로 잡혀온 것이다. 두 번째로 에스겔은 바벨론으로 잡혀온 지 5년여가 지난 기원전 593년에 소명을 받게 되었다는 점이다. 오늘날의 일자로 환산하면 에스겔은 기원전 593년 7월 31일에 소명을 받았고, 기원전 571년 4월 26일까지 예언 활동을 한 것으로 추정해 볼 수 있다(겔 29:17). 결국 에스겔은 22여 년의 기간 동안 바벨론에서 예언자로서의 활동을 한 셈이다.

Q. 예루살렘에서의 에스겔은 제사장이었지만, 바벨론에서의 에스겔은 예언자였다고 말할 수 있다. 바벨론에서의 그의 생활에 대해 언급하고 있는 본문이 있는가?

A. 바벨론에서의 유대인 포로들의 생활은 대체적으로 안정적이었고, 경우에 따라서는 전문적인 직업에 종사하기도 하였다. 에스겔의 경우도 나름대로 편안한 생활을 했던 것으로 보인다. 에스겔은 자기 집을 소유하고 있었으며, 가끔 이곳에서 포로로 잡혀간 유대인 장로들이 함께 모여서 하나님의 말씀을 받았던 것으로 보인다: "여섯째 해 여섯째 달 초

닷새에 나는 집에 앉았고 유다의 장로들은 내 앞에 앉아 있는데 주 여호와의 권능이 거기에서 내게 내리기로"(겔 8:1). 이 구절을 통해 우리는 에스겔이 당시 유대인 포로 사회에서 지도자적인 위치를 차지하고 있었고, 하나님의 말씀을 받아 전달해 주는 중요한 목회자적 역할을 감당했음을 알 수 있다. 에스겔은 바벨론 땅에서 방황하고 고민하는 많은 유대인 포로들을 대상으로 그들의 신앙을 지도해 주고, 상담해 주며, 삶의 방향을 제시해 주는 훌륭한 목회자로서의 역할까지 수행했던 것이다. 특히 바벨론에 포로로 잡혀와 있던 유대인들은 예루살렘이 파괴된 지 2년이 지나서 그 소식을 듣게 되었는데(겔 33:21), 그들은 조국이 멸망을 당했다는 소식을 듣고 절망할 수밖에 없었다. 그때 에스겔은 유대인 포로들에게 재난의 현실을 인정할 것을 권면하고, 하나님이 계획하시는 새로운 성전과 구원의 소식을 전하며, 그들에게 용기와 소망을 주었던 위로의 목회 사역을 감당했다고 할 수 있다. 바벨론에서의 에스겔은 위대한 예언자였던 동시에, 훌륭한 목회자였던 셈이다.

에스겔서의 구조

Q. 에스겔은 참으로 존경할 만한 신앙인이었다고 생각된다. 바벨론에 포로로 잡혀가서 고독하고 외로운 생활을 하는 중에도 함께 있는 동료 유대인들을 위로하고 신앙적으로 바른 길을 걸어가도록 이끌어 주었으니, 이 얼마나 멋지고 고귀한 삶인가! 이제 주제를 바꾸어서 에스겔의 예언을 담고 있는 에스겔서에 대해 살펴보았으면 한다. 책의 구조에 대해 간략히 설명해 주시길 바란다.

A. 에스겔서는 전체적으로 보면 매우 간단하고 명료한 구조를 보이고 있다. 1-24장은 유다와 예루살렘에 대한 책망과 심판을 선포하고, 진실한 회개를 촉구하고 있다. 이 부분은 주로 기원전 587년 유다가 멸망하

기 전에 이루어진 예언들인데, 에스겔이 바벨론에 있으면서 하나님으로부터 받은 말씀들이다. 에스겔은 여기서 사회 지도층의 무능과 부패, 예루살렘 제의의 세속화, 유다 백성들의 불신앙적인 타락 등을 언급하고 있다. 25-32장은 열방에 대한 심판 예언들이다. 33-48장은 예루살렘의 회복과 미래에 대한 희망의 예언을 다루고 있는데, 주로 예루살렘이 붕괴된 이후에 행한 예언들이라고 볼 수 있다. 이렇게 보면 에스겔서는 예루살렘 함락 이전의 예언들과 함락 이후의 예언들로 명확히 구분된다. 여기서 주목할 만한 내용이 하나 있다. 가운데 위치하고 있는 25-32장은 열방에 대한 심판 예언인데, 그 안에 언급되어 있는 국가들을 보면 암몬, 모압, 에돔, 블레셋, 두로, 시돈, 이집트 등 일곱 국가이다. 이 일곱 국가는 이스라엘이 출애굽 한 이후 가나안 땅을 차지하기 전에 물리쳐야 했던 일곱 국가들(헷, 기르가스, 아모리, 가나안, 브리스, 히위, 여부스)을 기억나게 한다(신 7:1). 이것은 에스겔이 바벨론에서의 해방을 "새로운 출애굽, 혹은 제2의 출애굽" 사건으로 바라보고 있다는 것을 암시한다. 과거에 하나님께서 자기 백성을 이집트에서 해방시켜 주었듯이, 하나님은 이제 곧 바벨론 포로들을 해방시키시고 그들이 고향 땅으로 돌아가 새로운 정착을 할 수 있도록 인도해 주실 것이라는 점을 선포하고 있는 것이다. 이러한 이유로 에스겔서에는 중간에 일곱 국가들에 대한 하나님의 심판 선언이 위치하고 있는 것이다.

에스겔서와 다른 예언 전승들과의 관계

Q. 에스겔이 선포한 예언들은 분명한 의도를 가지고 현재의 책으로 편집되었다. 에스겔은 하나님께서 유다 백성을 바벨론에서 해방시켜 주고 유대 고향 땅으로 돌아가게 해 주실 것을 확실하게 믿고 있었다. 그렇다면 에스겔서와 다

른 예언서들 사이에는 어떤 유사점과 차이점이 있는가?

A. 에스겔서에는 그 이전에 활동한 다른 예언자들의 선포와 유사한 주제들이 많이 언급되고 있다. 먼저 에스겔서와 기원전 8세기 이전의 문서 예언자들과 비슷한 어법이 눈에 띈다. "여호와의 말씀이 xx에게 임하니라"라는 구절은 에스겔서에 50회 언급되는데, 이것은 사무엘서와 열왕기서에도 빈번하게 등장하고 있다(삼상 15:10; 삼하 7:4; 24:11; 왕상 6:11). 이 어법은 아주 고정된 문학 형식으로 사용되었다. 그리고 "여호와의 능력(손)이 내게 있어"라는 표현(겔 1:3; 3:14; 8:1)은 엘리야와 엘리사 이야기에서도 자주 등장하고 있음을 확인할 수 있다(왕상 18:46; 왕하 3:15). 또 다른 유사한 표현도 발견되는데, "주의 영"(겔 3:12; 8:3; 11:24)이라는 단어 역시 엘리야와 엘리사 이야기에서 발견되는 단어이다(왕상 18:12; 왕하 2:16). 이렇게 에스겔서에 등장하는 몇몇 문학적인 표현들은 기원전 8세기 이전, 즉 문서 예언자 이전의 예언과 평행을 이루고 있음을 알 수 있다.

Q. 연대적으로 보면 300여 년 이상의 갭이 있음에도 불구하고, 그들 예언자들과 에스겔 사이에 유사한 문학적 표현들이 발견된다는 것은 에스겔이 그 이전의 예언들을 잘 알고 있었던 것으로 볼 수 있다. 에스겔서와 다른 예언서들 사이에 또 다른 유사점이 있는가?

A. 에스겔은 특히 기원전 8-7세기 예언자들의 예언 내용을 잘 알고 있었던 것으로 보인다. 에스겔의 예언에는 아모스와 이사야와 예레미야가 선포한 예언의 내용들이 다시 등장하고 있다. 에스겔서 7장에 언급된 "이스라엘의 끝"이라는 표현은 아모스서에서 중요한 단어로 사용되었다(암 8:2). 그리고 하나님의 분노를 풀무에 비유하는 것(겔 22:17-22)은 이사야의 예언에서 발견된다(사 1:22-25). 그러한 가운데서도 에스겔서

의 예언과 가장 많은 유사성을 보이는 예언서는 예레미야서이다. 에스겔이 본 "북쪽에서 다가오는 적"에 대한 환상(겔 1:4)은 예레미야의 경우에서와 마찬가지로 바벨론을 지칭한다(렘 1:13). 예레미야가 하나님의 말씀을 먹었던 것처럼(렘 15:16) 에스겔은 하나님의 말씀의 두루마리를 먹었다(겔 3:1-3). 거짓 예언자에 대한 에스겔의 교훈(겔 13장)은 예레미야의 예언에 철저히 의존하고 있다(렘 23:23-40; 29장). 에스겔이 예루살렘과 사마리아를 타락한 자매로 보고 있는 것(겔 16; 23장)은 예레미야 3:6-14에 근거하고 있다. 에스겔의 신포도 비유(겔 18:2) 역시 예레미야 31:29에 언급되고 있다.

Q. 위의 내용을 통해서 볼 때, 에스겔은 그 이전 예언자들의 예언 내용들이나 선포의 형식에 대해 매우 잘 알고 있었던 것으로 추정해 볼 수 있는데, 또 다른 유사점이 있는가?

A. 에스겔서는 이전의 여러 예언서들뿐 아니라, 그 내용이나 표현에 있어서 신명기를 상당부분 의존하고 있다. 에스겔이 외친 성전 개혁 프로그램과 제의의 중앙화의 주제(겔 40-48장)는 신명기 12장에 근거하고 있다. 그리고 "강한 손과 펴신 팔"이라는 표현(겔 20:33-34)은 신명기에서도 하나님의 능력을 표현하기 위해 자주 등장하는 전형적인 어구에 속한다. 이외에도 이스라엘이 포로 되었다가 회복하게 될 것이라는 내용도 에스겔서와 신명기에 나란히 언급되는 부분이다. 더 나아가 이와 다른 차원에서 살펴보면, 에스겔서는 에스겔서 이후의 유대 문학 작품에 영향을 끼쳤는데, 에스겔서는 유대 묵시 문학과 요한계시록에 많은 영향을 미친 것으로 파악된다. 요한계시록이 구약 성경 중에서 에스겔서의 본문을 가장 많이 인용하고 있는 것은 우연이 아니다. 에스겔의 새 예루살렘 성전 환상(겔 40-48장)은 요한계시록의 새 예루살렘 구조(계 21:1-

22:5)에 많은 영향을 주었고, 예루살렘 성전에서 생수가 흘러나와 생명을 살리는 환상(겔 47:3-12)은 요한계시록에 등장하는 새 예루살렘의 생명의 강과 관련되어 있다.

에스겔서의 주요 메시지

Q. 에스겔서는 이전에 활동했던 예언자들과 신명기의 어법 등을 받아들여 통합하고 재창조된 것임을 알 수 있다. 이제 에스겔 예언의 주요 내용들을 설명해 주시길 바란다.

A. 에스겔 예언의 주요 메시지를 몇 개로 나누어 살펴보도록 하겠다. 첫째로, 에스겔은 약속의 땅 가나안에서 쫓겨난 포로민들은 여전히 선택받은 하나님의 백성인가에 대한 문제에 대해 진지하게 대답을 해주고 있다. 에스겔뿐만 아니라 바벨론에 포로로 잡혀와 있던 유대인들의 가장 큰 고민은 하나님과의 관계성에 대한 문제였다. 하나님이 선택하신 이스라엘은 멸망당하고 백성들은 흩어졌는데 여전히 하나님의 약속은 유효한가에 대한 질문은 반드시 해결되어야만 하는 문제였다. 이에 대해 에스겔은 바벨론 포로민들은 여전히 하나님의 백성으로서의 신분을 유지하고 있으며, 하나님께서는 과거에 이집트에서 자기 백성을 해방시켜 주었듯이 바벨론에서도 해방시켜 주실 것임을 선포하고 있다. 둘째로, 더러운 바벨론 땅에서 어떻게 하나님께 예배할 수 있는가에 대한 문제에 대해 에스겔은 대답하고 있다. 에스겔은 성전이 없고 우상 숭배가 만연한 바벨론 땅에서도 하나님을 만날 수 있다고 말한다. 예루살렘 성전은 파괴되었지만 법궤 모양의 움직이는 하나님의 바퀴달린 보좌는 이방의 땅인 바벨론으로 움직여 그들을 찾아오실 수 있다는 것이다. 그래서 유대인 포로들은 비록 바벨론의 회당에서 말씀의 예배를 드려야

했지만, 하나님은 그들을 만나주시고 그들에게 복을 주실 수 있다는 것이다. 여기서 바퀴는 하나님의 자유로운 이동성을 상징하는 단어인데, 하나님은 어떤 특정 장소에 한정되어 갇혀있거나 활동의 제약을 받는 분이 아니라 어디든 원하시는 대로 움직이며 찾아갈 수 있다는 것을 의미한다.

Q. 에스겔은 제사장 출신이었기 때문에 특히 예배와 제의에 대한 관심이 많지 않을까? 하는 생각이 든다. 에스겔 예언의 또 다른 주요 내용은 무엇인가?
A. 셋째로, 하나님은 여전히 살아계셔서 역사를 주관하고 계신가에 대한 질문에 대해 에스겔은 다음과 같이 대답하고 있다. 유다가 패망해 성전이 붕괴되고 바벨론의 포로가 된 것은 우연히 발생한 사건이 아니라, 유다 백성들의 죄악 된 삶에 대한 하나님의 정의로운 심판이라는 것이다. 유다의 파국은 하나님이 살아계신 증거이며, 예루살렘의 붕괴는 하나님 앞에서 올바르게 살지 못한 유다 백성들에 대한 엄정한 심판의 결과라는 것이다. 그러므로 에스겔은 하나님의 백성이 포로 생활을 하는 것은 하나님이 역사의 주관자가 되신다는 엄연한 증거가 된다고 역설하였다. 에스겔에 따르면, 자기 백성을 심판하신 하나님은 그들을 영원히 포로의 신분으로 버려두지 않으시고, 하나님이 정하신 때가 되면 다시 고국으로 돌아가게 하실 것이며 세상의 모든 국가들은 회복된 유다에 굴복하고 찾아올 것이다.

Q. 하나님은 역사의 주관자이시다. 이 고백은 모든 예언자들이 공통적으로 고백하는 내용이다. 하나님은 승리와 기쁨의 현장에도 계시지만, 패배와 눈물의 현장에도 함께 계시는 분이시다. 하나님은 자기 백성을 연단시키기 위해 포로가 되게 하신 것이다. 에스겔이 외친 또 다른 메시지는 무엇인가?

A. 넷째로, 에스겔은 죄의 개인적 차원을 매우 강조하였는데(겔 3:18-21; 9:4-6; 14:12-20; 33:7-9), 모든 사람들은 하나님 앞에서 스스로 자신의 죄에 대한 책임을 감당해야 한다고 말하였다. 유명한 구절 한 곳을 살펴보도록 하자: "너희가 이스라엘 땅에 관한 속담에 이르기를 아버지가 신 포도를 먹었으므로 그의 아들의 이가 시다고 함은 어찌 됨이냐 주 여호와의 말씀이니라 내가 나의 삶을 두고 맹세하노니 너희가 이스라엘 가운데에서 다시는 이 속담을 쓰지 못하게 되리라 모든 영혼이 다 내게 속한지라 아버지의 영혼이 내게 속함 같이 그의 아들의 영혼도 내게 속하였나니 범죄하는 그 영혼은 죽으리라"(겔 18:2-4). 죄의 대가가 한 개인에게만 미치는 것이냐, 아니면 집단이나 후손에게도 미치는 것이냐의 문제는 에스겔 당시에 상당한 논쟁거리였던 것으로 보인다. 이것은 일부 백성들이 조국의 패망과 포로 됨의 원인을 자신들이 아닌 앞선 세대에서 찾으려고 시도했었음을 암시한다. 자신들의 불행의 원인을 조상들의 죄악으로 돌리려는 무책임한 상황과 관련되어 있는 것이다. 하지만 에스겔은 조상들의 죄에서 하나님의 심판의 원인을 찾으려는 일체의 사고를 받아들이지 않고, 인생의 모든 행위에 대한 책임은 본인 각자에게 있음을 강조했다. 에스겔은 백성들 모두가 죄를 범했기 때문에 왕국의 멸망을 경험한 것이고, 이런 상황에서 가장 중요한 것은 책임 회피가 아니라 하나님을 향한 진정한 회개라고 외쳤다.

Q. 현실에 대한 책임 회피는 교만이며 또 다른 죄악이라 할 수 있다. 에스겔이 말하려고 했던 것은 하나님께 나아가 겸손히 회개하는 모습을 보여야만 회복의 축복이 일어나게 될 것이라는 말이 아닌가?

A. 그렇다. 그런 이유 때문에 에스겔은 "새로운 마음과 영"을 가져야 한다고 권면하였다. 에스겔은 이스라엘의 국가적 비극과 불행의 원인을

조상들의 죄로 돌리는 것은 그들의 마음과 영이 완악하고 완고하기 때문이라는 것이다. 에스겔은 백성들이 마음과 영을 새롭게 할 때에 회개가 일어날 수 있음을 지적하고 있다: "너희는 너희가 범한 모든 죄악을 버리고 마음과 영을 새롭게 할지어다 이스라엘 족속아 너희가 어찌하여 죽고자 하느냐"(겔 18:31). 에스겔은 타락한 마음과 영을 버리고, 새로운 피조물이 되어 부드럽고 겸손한 마음을 가질 것을 권면하고 있다.

지금까지 '환상의 예언자'라 불리는 에스겔에 대해 공부하였다. 이를 통해 우리는 에스겔은 제사장 출신으로서 바벨론 포로로 잡혀간 후에 그곳에서 예언자가 되었고, 여러 번의 환상을 통해 하나님의 심판과 구원의 계획을 선포했던 예언자라는 사실을 배울 수 있었다. 이스라엘이 살 수 있는 유일한 길은 자신들의 죄악을 인정하고 새로운 마음과 영을 지닌 존재로 거듭날 때에만 가능하다고 외친 에스겔의 예언을 다시 한 번 생각하며 겸손히 무릎 꿇고 하나님께 나아가는 모든 성도들이 되기를 바란다.

제2장 오바댜 _ 오바댜 1장

예언자 오바댜

Q. 앞 장에서는 '환상의 예언자' 에스겔에 대해 공부하였다. 제사장의 아들로서 그 역시 제사장의 삶을 살았던 청년 에스겔은 바벨론의 포로로 잡혀갔고, 그곳에서 예언자로 부름을 받아 예루살렘의 심판과 회복을 선포했다. 이번에는 어떤 예언자에 대해 공부할 것인가?

A. 이번 장에서는 예언자 오바댜에 대해 공부하도록 하겠다. 오바댜는 에스겔처럼 잘 알려져 있는 예언자는 아니지만, 에스겔과 비슷한 시기에 활동하면서 왕국의 멸망과 예루살렘의 파괴라는 엄청난 시련을 겪은 유다 백성들에게 하나님의 회복의 계획을 선포한 희망의 예언자였다. 에스겔과 차이가 있다면, 오바댜는 포로로 끌려가지 않고 잿더미가 된 유다 땅에 남아, 그곳에서 백성들과 함께 생활하면서 예언 활동을 했다는 점이다.

Q. 오바댜가 에스겔과 비슷한 시기에 활동한 예언자라고 했는데, 그가 어떤 인물이었는지에 대해 먼저 설명해 주시길 바란다.

A. 오바댜서에는 오바댜가 어떤 인물이었는지에 대해 알려주는 구체적인 내용이 없다. 오바댜 1:1을 보면 "오바댜의 묵시라"고만 언급되어 있다. 그가 어느 시대 사람인지, 어떤 집안의 사람인지, 그의 가족관계는 어떠한지 등에 관한 아무런 정보를 제공하지 않는다. 그러한 이유 때문에 오바댜가 몇 세기에 활동한 예언자인가에 대해서는 학자들 간에 약

간의 이견이 있다. 하지만 일반적으로 오바댜는 예루살렘이 붕괴되고 유다가 멸망한 직후에 활동한 기원전 6세기 초의 예언자라는 의견이 힘을 받고 있다. 왜냐하면 오바댜서의 내용을 살펴보면, 기원전 587년 유다가 멸망할 때에 유다와의 동맹 관계를 끊고 바벨론을 도운 에돔의 심판에 관한 내용이 기록되어 있기 때문이다. 그리고 오바댜의 예언이 에돔의 멸망을 예언한 예레미야서 49장, 에스겔서 25장과 유사한 내용을 보이고 있다는 것도 그 이유가 되고 있다. 이 본문들은 기원전 587년에 일어난 예루살렘 붕괴 사건과 밀접하게 관련되어 있다. 더 나아가서 오바댜의 예언은 에돔의 죄악과 심판을 노래하는 시편 137편과 깊은 관련성을 보이고 있는데, 이 시편 137편도 바벨론 포로 초기에 기록된 것으로 간주되고 있다. 따라서 학자들은 오바댜가 기원전 587년에 일어난 예루살렘 멸망 사건 이후 10년 이내에 활동했을 것으로 보고 있다. 오바댜서는 예루살렘이 불타고 성이 함락된 사건들을 매우 구체적이고 생생하게 진술하고 있기 때문에 이러한 재난이 발생한지 얼마 되지 않은 시기에 예언을 선포한 것으로 판단할 수 있다.

Q. 하나님의 선택받은 백성으로 살아갔던 이스라엘 백성들은 자신들에게 닥친 불행과 재난을 경험하면서 자의식에 심각한 혼란을 갖게 되었을 것이라고 생각한다. 그들은 이 위기를 어떻게 극복하려고 했는가?

A. 성전의 붕괴와 왕국의 멸망은 단순히 정치적 불행만을 의미하는 것이 아니었다. 그것은 믿음의 위기였고, 민족의 정체성을 뿌리채 흔드는 전대미문의 대사건이었다. 성전이 파괴되었기 때문에 이스라엘 사람들은 더 이상 하나님께 제사를 드릴 수 없었다. 그래서 바벨론으로 잡혀가지 않고 조국에서 살아가야만 했던 자들은 폐허가 된 성전을 바라보며 하나님께 탄원 의식을 거행하기에 이르렀다. 그들은 하나님께 제사를

드리는 대신에 허물어진 성전 자리에 모여 함께 참회하고 회개하고 탄식하며 하나님께 간절히 기도를 드렸다. 오바댜서의 중심 부분은 예루살렘에서 이 탄원 의식이 거행될 때 백성들의 기도에 대한 하나님의 응답이 오바댜에 의해 선포되었을 것으로 간주되기도 한다.

Q. 지금까지 많은 예언자들을 고찰한 결과, 대부분의 예언자들의 이름에는 특별한 신앙적인 의미들을 지니고 있음을 확인할 수 있었다. 예루살렘 성전에서 일했던 오바댜라는 예언자의 이름에도 특별한 의미가 있을 것 같은데, 그의 이름에는 어떠한 의미가 들어있는가?

A. '오바댜'라는 이름은 '여호와의 종' 혹은 '여호와를 예배하는 자'라는 의미를 지니고 있는데, 오바댜라는 이름을 가진 인물은 구약 성경에 자주 등장한다. 그러므로 이러한 이름은 유다 사회에 매우 흔한 이름이었던 것으로 보인다. 구약 성경 전체에서 '오바댜'라는 이름을 가진 인물은 12명 정도이다(왕상 18:4; 대상 3:21; 7:3; 8:38; 9:16,44; 12:9; 27:19; 대하 17:7; 34:12; 스 8:9; 느 12:25). 이들 중 몇 사람은 제사장이거나 레위인이었다. '오바댜'라는 이름을 가진 자들 중에서 가장 유명한 사람은 기원전 9세기 북 왕국의 아합 왕 시대에 살았던 궁내대신 '오바댜'라는 인물이다(왕상 18:3-16). 이 '오바댜'는 아합과 이세벨이 예언자들을 학살할 때에 목숨을 걸고 100명의 예언자들을 살려주었던 신앙인이었다. 그래서 어떤 사람들은 오바댜서의 저자를 아합과 이세벨이 살았던 기원전 9세기의 인물로 추측하려고 하지만, 언어나 배경에 있어서 기원전 9세기와는 전혀 맞지 않기 때문에 동일한 인물로 간주할 수는 없다. 예언자 오바댜는 기원전 587년 예루살렘이 파괴된 이후, 바벨론에 잡혀가지 않고 고국에 남아 있었던 인물로 동맹 관계에 있던 유다를 배신한 에돔을 향해 하나님의 심판과 예루살렘의 회복을 예언했던 성전 예언자였다고

정리할 수 있다.

오바댜서의 특징과 시대적 배경

Q. 오바댜는 유다의 멸망과 예루살렘의 붕괴라는 어두운 시대에 미래의 희망을 선포한 예언자였음을 이해하게 된다. 그렇다면 이제 오바댜의 예언을 담고 있는 오바댜서에 대해 설명해 주시길 바란다.

A. 먼저 오바댜의 예언을 담고 있는 오바댜서의 특징에 대해 살펴보고자 한다. 예레미야서가 예언서 중에서 가장 많은 분량을 차지하는 책이라면, 그와 반대로 오바댜서는 구약 성경 전체에서 가장 적은 분량의 책이라고 볼 수 있다. 신약 성경에는 빌레몬서나 요한2서와 요한3서, 그리고 유다서가 한 장으로 구성되어 있는데, 구약 성경에서는 이 오바댜서가 유일하게 단 한 장으로 되어 있으며, 21개의 절로 이루어진 매우 짧은 책이다. 이 오바댜서는 12 소예언서 중에서 네 번째에 위치하고 있다.

Q. 오바댜서가 12 소예언서 중에서 네 번째에 위치하고 있다고 했는데, 그 순서를 보면 호세아-요엘-아모스-오바댜 순으로 되어 있는 것을 볼 수 있다. 연대적으로 보면 오바댜서는 훨씬 뒤쪽에 등장해야 할 것 같은데, 기원전 8세기 예언서인 아모스서 다음에 등장하는 이유는 무엇인가?

A. 아주 좋은 질문이다. 성경에 등장하는 책의 순서는 나름대로 특별한 이유가 있다. 기원전 6세기의 책에 속하는 오바댜서가 기원전 8세기의 책인 아모스서 뒤에 위치할 때는 나름의 신학적인 이유가 있는 것이다. 오바댜서의 핵심 주제는 이스라엘의 형제 국가인 에돔을 향한 하나님의 심판이다. 이것은 일종의 이방 국가들을 향한 하나님의 심판 예언

이라고 볼 수 있다. 대부분의 예언서들의 내용을 살펴보면, 이방 민족들을 향한 심판의 말씀이 주요한 위치를 차지하고 있다. 유다와 이스라엘을 향한 하나님의 심판의 선고가 있으면 그 다음에는 반드시 이방 민족들을 향한 하나님의 심판이 고지되고 있음을 알 수 있다. 이러한 순서에는 특별한 신학적인 이유가 있다. 하나님은 이방 민족들을 도구로 유다와 이스라엘 백성들의 죄악에 대해 심판하시는 분이지만, 이방 민족들의 죄에 대해서도 반드시 심판하신다는 것이다. 즉 하나님은 유다와 이스라엘의 하나님이지만 동시에 이방 민족의 하나님이기도 하다는 것이다. 하나님은 전 세계의 역사를 이끌어 가시는 주인이시기 때문에 세계 모든 민족의 죄에 대해서 정의롭고 공평하게 심판하신다는 메시지를 함축하고 있는 것이다. 이런 배경 하에서 아모스서 다음에 오바댜서가 등장하고 있는 것을 이해해야 한다. 아모스서 마지막 부분인 9:11-12은 "여호와의 날"을 강조하면서 에돔의 심판과 다윗 왕국의 회복에 대해서 언급하고 있는데, 오바댜서가 이와 동일한 주제를 취급하고 있기 때문에 아모스서 다음에 바로 오바댜서가 등장하고 있는 것이다. 오바댜서는 에돔의 심판을 예언하고 있는 아모스 9:11-12의 주석서 역할을 수행하고 있는 셈이다.

Q. 오바댜서가 아모스서 뒤에 나오는 이유로써 오바댜서가 에돔을 향한 하나님의 진노라는 주제에 집중하고 있기 때문에 동일한 주제로 끝을 맺고 있는 아모스서 바로 뒤에 위치하게 되었음을 알게 되었다. 그런데 왜 하나님은 에돔을 향해 진노의 심판을 내리겠다고 하셨는지, 그에 대한 좀더 자세히 설명해 주시길 바란다.
A. 에돔은 사해 동남부 지역에 살고 있던 민족을 가리킨다. 대략적으로 기원전 13세기경에 에돔 왕국이 탄생했을 것으로 보고 있다. 창세

기 36장에 의하면, 에돔은 원래 야곱의 이복형제인 에서의 후손들이다. 그러니까 이스라엘과 에돔은 쌍둥이 형제였던 야곱과 에서에게서 유래한 형제 국가라고 볼 수 있다. 에돔이라는 단어는 '붉다'를 뜻하는데, 야곱이 에서의 장자권을 빼앗을 때 이용했던 팥죽이 붉은색이라는 데서 나왔다는 견해도 있고, 에서의 후손들이 살고 있는 산악 지대의 땅 색깔이 붉은 데서 나왔다는 견해도 있다. 오바댜서에서는 여러 번에 걸쳐 에돔을 그들의 조상인 '에서'라고 부르고 있다(1:6,9,18,19). 오바댜서에서 에돔이라는 단어는 단 3번 언급되었고, 에서는 그보다 훨씬 더 많은 7번이나 등장한다. 야곱과 에서는 쌍둥이 형제였지만 둘의 관계가 좋지 않았던 것처럼 역사적으로 그들의 후손들인 이스라엘과 에돔은 서로 좋은 관계는 아니었다. 다윗 왕 이후에 이스라엘은 아프리카 지역으로 진출하기 위해 에돔을 자주 공격하여 바다로 향하는 길목을 차지하려 했다. 그리고 에돔 지역은 주로 산악 지대로 철과 구리 같은 지하자원이 풍부하였기 때문에 이스라엘은 이 지역을 차지해서 많은 돈을 벌어들일 수 있었다. 하지만 유다가 멸망하기 직전에는 에돔과 유다 사이에 화친조약을 맺고 서로 평화 관계를 유지했던 것으로 보인다.

에돔의 위치

Q. 에돔과 이스라엘은 오랫동안 앙숙 관계로 지내다가 유다 왕국 말기에는 서로 좋은 관계를 갖게 되었다. 그런데 에돔과 유다가 오랜 기간 좋지 않은 관계를 유지할 만한 이유가 있었는가?

A. 유다 왕국 말기에 유다와 에돔은 반바벨론 동맹을 결성한 상태에 있었다(렘 27:3). 하지만 이 동맹 관계를 파괴시킨 몇 가지 중요한 사건이 발생했다. 열왕기하 25:4-5과 예레미야 39:4-5에 의하면, 바벨론이 유다를 침공해 왔을 때 유다의 마지막 왕 시드기야(기원전 597-587)가 에돔 지역의 아라바로 도망을 가다가 붙잡혔다. 이 과정에서 에돔은 유다와의 동맹을 깨고 바벨론에 협조하여 시드기야 왕이 체포되도록 하는데 협조했던 것으로 보인다. 그뿐 아니라, 예루살렘이 바벨론 군대에 의해 함락 당하게 되었을 때 많은 유다 백성들이 에돔 지역으로 도망을 가게 되었는데, 그때에 에돔 사람들은 도망하던 유다 사람들을 붙잡아 바벨론에 넘겨주면서 유다의 멸망에 대해 크게 기뻐하였다(1:11-12). 심지어 에돔은 유다의 재물을 빼앗고 도망가는 유다 사람들을 쳐 죽이기도 하고, 살아남은 자들을 노예로 팔아넘기기까지 하였다(1:13-14). 더욱이 유다의 남쪽 지역을 공격해서 영토를 빼앗기까지 하였다(1:20). 유다 백성들의 입장에서 보면 형제 국가이며 화친조약을 맺은 에돔 사람들에게 심한 배신감을 느꼈을 것이고, 에돔 사람들에 대한 분노가 극에 달했을 것이다. 이러한 이유로 인해 예언자 오바댜는 유다를 배신한 에돔을 향해 하나님의 정의로운 심판을 선포하게 된다. 오바댜는 에돔이 저들이 저지른 행위에 대한 합당한 심판을 받게 될 것임을 선포하였다. 7절은 다음과 같이 기록하고 있다: "너와 약조한 모든 자들이 다 너를 쫓아 변경에 이르게 하며 너와 화목하던 자들이 너를 속여 이기며 네 먹을 것을 먹는 자들이 네 아래에 함정을 파니 네 마음에 지각이 없음이로다." 여기서 예언자 오바댜는 이제 에돔이 동맹국들로부터 배신을 당할 것

이라고 말하고 있는데, 실제로 에돔은 몇 십 년 후 바벨론 왕 나보니두스(기원전 556-539)에 의해 멸망했다. 그리고 얼마후 기원전 4-3세기경에 에돔은 지구상에서 완전히 사라졌고 그 지역에는 아랍 계열의 나바티안(Nabateans) 왕국이 건설되었다.

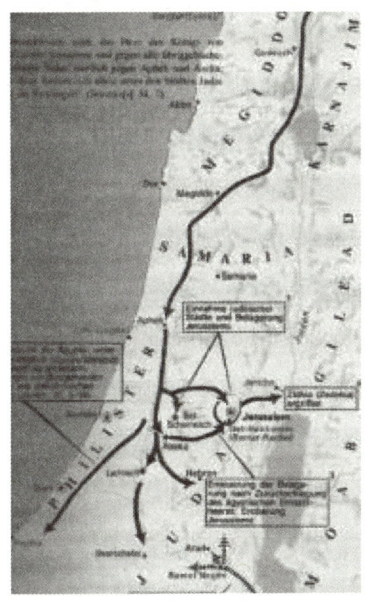

바벨론의 공격과 에돔의 협조

오바댜서의 구조와 내용

Q. 이제 오바댜서가 왜 에돔을 향한 하나님의 심판의 말씀에 집중하고 있는지를 이해할 수 있을 것 같다. 오바댜 시대의 배경을 알고 나니, 오바댜의 예언이 어렵지 않게 느껴진다. 역시 배우고 공부하는 일은 매우 소중한 일이라 생각된다. "아는 만큼 보인다"라는 말이 있는데, 더욱 열심히 공부해서 더 많

은 것들을 볼 수 지혜로운 자가 되자. 이제 오바댜서의 구조와 구체적인 내용을 설명해 주시길 바란다.

A. 한 장으로 구성되어 있는 오바댜서는 두 부분으로 나누어진다. 1:1-14은 에돔을 향한 하나님의 심판 선포이고, 1:15-21은 "여호와의 날"에 임하는 이스라엘의 회복에 대한 선포이다. 첫 번째 부분부터 살펴보면, 이 부분은 예루살렘의 멸망 때에 에돔 사람들이 유다 사람들에게 보여 준 반인륜적인 태도와 배신 행위를 고발하고 있다. 에돔 사람들이 예루살렘에서부터 도망 온 유다 사람들을 체포하여 바벨론에 넘겨준 행위는 유다 사람들에게 오랫동안 민족적인 반감을 갖게 하기에 충분했을 것이다. 역사적으로는 바벨론이 예루살렘을 공격하여 유다를 멸망시켰지만, 에돔이 바벨론에 협조했기 때문에 하나님의 심판이 에돔에게도 동일하게 임하게 되는 것이라고 오바댜는 선포하고 있다. 오바댜는 에돔이 형제 국가를 멸시했기에 그들은 멸시를 받게 될 것이고, 에돔이 형제 국가를 약탈했기에 이제 그들은 거꾸로 약탈을 당하게 될 것이라고 선포하였다(1:2-6). 그리고 오바댜는 에돔이 형제 국가와 맺은 동맹을 깨뜨렸기에 그들은 이제 다른 동맹국들로부터 배신을 당하게 될 것이고, 에돔이 지혜 있는 민족이었으나 이제는 지혜자들이 멸망을 당하게 될 것이라고 강조했다(1:8).

Q. 공의로운 하나님은 형제 국가를 배신한 에돔에게 그 행위에 합당한 심판을 선언한 것이라고 볼 수 있는데, 대표적인 구절 한 곳만 소개해 주시길 바란다.

A. "네가 네 형제 야곱에게 행한 포악으로 말미암아 부끄러움을 당하고 영원히 멸절되리라(10절)." 이 구절은 에돔을 향한 하나님의 심판의 근거가 그들의 형제 국가인 야곱, 즉 유다에게 행한 살육과 폭행에 있음을 밝히고 있다. 에돔은 형제 국가인 유다가 위기에 처해 있을 때 그들을 도

와주거나 협조해 주지 않은 것뿐만 아니라, 형제 국가에게 도덕적인 의무를 수행하지 않았다는 점이 강조되고 있다. 어떤 면에서는 형제 국가인 에돔이 적군인 바벨론보다 더 가증스러운 행동을 하였다고 볼 수도 있다.

Q. 유다가 바벨론의 공격을 받고 국가적인 위기에 처했을 때 야곱과 에서의 혈연 관계는 서로에게 도움과 협력의 모습으로 나타나지 못했다. 오히려 에서의 후예들은 야곱의 후예들에게 악행을 행하고 말았는데, 참으로 안타까운 모습이 아닐 수 없다.

A. 우리는 여기서 매우 중요한 신앙적인 교훈을 얻을 수 있다. 피를 나눈 형제라고 하더라도 믿음 안에서 신뢰의 관계가 형성되지 않는다면 서로 간에 원수가 될 수 있고, 얼마든지 자신의 이익을 위해서는 형제를 배신할 수 있다는 것이다. 하나님을 믿지 않고 이방 신을 섬겼던 에서의 후예들인 에돔은 결정적인 순간에 형제를 배신하고, 형제의 불행을 기뻐하는 악한 마음을 가지고 있었다. 우리는 주변에서 이와 유사한 일들을 얼마든지 볼 수 있다. 재산이나 돈 문제 때문에 형제가 싸우고, 부모와 자식이 원수지간이 되고, 시어머니와 며느리가 서로 악한 마음을 품고 대적하는 경우 등이 그러한 예에 속할 것이다. 하지만 이러한 것들은 하나님이 원하시는 모습이 아니다. 독자 여러분들은 온전히 하나님을 신뢰함으로 이웃과 형제를 사랑하고, 그들이 당하는 아픔에 함께 동참할 수 있는 애통하는 마음의 소유자가 되시기를 간절히 바란다.

Q. 이제 오바댜서의 두 번째 부분인 1:15-21을 살펴보기로 하자. 어떤 내용으로 이루어져 있는가?

A. 이 부분은 이스라엘 사람들을 향한 예언인데, "여호와의 날"에 이루

어질 사건에 초점이 맞추어져 있다. 이 날에 에돔은 멸망을 당하게 될 것임을 오바댜는 확신하고 있다: "야곱 족속은 불이 될 것이며 요셉 족속은 불꽃이 될 것이요 에서 족속은 지푸라기가 될 것이라 그들이 그들 위에 붙어서 그들을 불사를 것인즉 에서 족속에 남은 자가 없으리니 여호와께서 말씀하셨음이라"(1:18). "여호와의 날"이 이르면 이스라엘은 우뚝 서게 될 것이지만, 에돔은 지푸라기 같은 처량한 신세가 될 것이라는 말이다. 오바댜는 더 나아가 "여호와의 날"에 야곱 족속은 에돔 지역을 포함한 주변의 넓은 지역들을 차지하면서 높임을 받게 될 것이라고 선포하고 있다: "그들이 네겝과 에서의 산과 평지와 블레셋을 얻을 것이요 또 그들이 에브라임의 들과 사마리아의 들을 얻을 것이며 베냐민은 길르앗을 얻을 것이며 사로잡혔던 이스라엘의 많은 자손은 가나안 사람에게 속한 이 땅을 사르밧까지 얻을 것이며 예루살렘에서 사로잡혔던 자들 곧 스바랏에 있는 자들은 네겝의 성읍들을 얻을 것이니라 구원받은 자들이 시온 산에 올라와서 에서의 산을 심판하리니 나라가 여호와께 속하리라"(1:19-21). 하나님이 이스라엘을 도와주는 그 날이 되면 에돔은 다시 이스라엘의 지배를 받게 될 것이고, 시온 예루살렘은 다시 영화롭게 세계에 우뚝 서게 되어 해방과 자유를 얻은 새로운 신앙공동체의 중심지가 될 것이라고 선포하고 있다.

오바댜서의 메시지

Q. 단 한 장으로 구성된 오바댜서이지만, 그 안에는 중요한 메시지가 들어있는 것을 볼 수 있다. 지금까지 언급한 내용을 요약해서 정리해 주시길 바란다.
A. 첫째로, 오바댜서는 '하나님의 정의'에 대해 선포하고 있다. 하나님은 이스라엘이든, 에돔이든 간에 그들이 저지른 죄악에 상응하는 심판을

내리시는 정의로운 분이라는 것이다. 에돔을 향한 하나님의 심판은 단순한 미움과 증오의 표출이 아니라, 형제를 배신하고 악행과 포악을 행한 것에 대한 하나님의 정당한 보응이라는 것이다. 잘못하면 오바댜를 편협한 민족주의자로 오해할 수 있는데, 그것은 오바댜의 예언을 잘못 이해한 결과이다. 오바댜가 선포하려고 했던 것은 하나님이 이스라엘의 하나님이라는 사실을 증거 하려 했던 것이 아니라 하나님은 세계 모든 민족의 하나님이며, 모든 민족에게 동일하게 공의와 신앙의 윤리를 요구하시는 하나님이심을 선포하려 했던 것이다. 둘째로, 오바댜는 예루살렘이 붕괴되고 성전이 불에 타버린 암울한 상황, 즉 희망의 빛줄기가 전혀 보이지 않던 그 절망의 상황에서 하나님의 이름으로 희망을 선포했던 예언자였다는 사실이다. 모두가 절망하던 상황에서 나 홀로 희망을 이야기한다는 것은 매우 어려운 일이다. 하지만 오바댜는 아직 도래하지 않은 "여호와의 날," 하나님이 역사하시는 찬란한 미래를 선포하며 백성들을 위로하고 그들에게 희망을 선포한 위대한 예언자였다. 오바댜와 같은 희망의 예언자 덕택에 폐허가 된 성전에서 탄식하며 절망하던 유다 백성들은 다시 일어날 수 있었고, 하나님의 정의가 지배하는 완전한 구원의 나라를 희망할 수 있었다.

지금까지 오바댜의 예언에 대해 공부하였다. 오바댜의 예언을 들으니 희망이 저절로 생긴다. 우리 모두 오바댜처럼 주변의 이웃들에게 희망을 주고 신실한 관계를 맺으며 사랑을 실천하는 멋진 신앙인들이 되기를 바란다.

제3장 학개 _ 학개 1-2장

예언자 학개

Q. 앞 장에서는 예언자 오바댜에 대해 공부하였다. 이를 통해 우리는 오바댜가 예루살렘이 붕괴되고 성전이 불에 타는 비극적인 사건(기원전 587년)이 발생한 직후에 실의에 빠져 있던 백성들에게 미래의 희망을 전해준 예언자였다는 사실을 확인할 수 있었다. 이번에 공부할 예언자는 누구인가?

A. 이번 장에서 살펴볼 예언자는 학개이다. 학개의 예언을 모아놓은 학개서는 12개의 소예언서 중에서 10번째에 위치하고 있는데, 책 전체가 2장 38절로 구성되어 있는 비교적 짧은 책이다. 구약 성경 전체 가운데 1장으로 되어 있는 오바댜서 다음으로 짧은 책이다.

Q. 먼저 학개라는 인물부터 알아보기로 하자. 학개는 예언자가 되기 이전에 어떤 인물이었는지에 대해 소개해 주시길 바란다.

A. 학개라는 이름은 "나의 축제"라는 뜻을 지니고 있다. 그런데 아쉽게도 학개라는 예언자 개인의 신상에 대해서는 성경이 침묵하고 있다. 그의 고향이나 부모의 이름 혹은 그가 몇 살 때에 어떻게 예언자로 소명을 받았는가에 대해 아무런 설명이 없다. 학개 1:1에 "선지자 학개"라고 기록되어 있는데, 학자들은 학개가 레위 지파나 사독계 제사장 가문 출신이었을 것으로 추측하고 있을 뿐이다. 예언자 학개는 에스라서에 두 번 더 소개되고 있는데, 에스라 5:1과 6:14을 보면 학개는 바벨론에서 돌아온 이스라엘 사람들이 성전을 건축하는 데 결정적인 역할을 담당했던

인물로 등장하고 있다. 학개가 바벨론에서 돌아온 귀환자 그룹에 속했던 인물인지, 아니면 팔레스틴 땅에 살았던 남은 자 그룹에 속했던 인물인지는 정확히 알 수 없다. 하지만 성전 건축 문제에 관심이 많았고 적극적으로 성전 건축을 추진할 것을 독려했던 것을 보면, 바벨론에서 포로로 살다가 귀국한 사람이었을 가능성이 훨씬 더 높다고 볼 수 있다. 팔레스틴 땅에 남아 있던 자들은 대체적으로 성전 건축에 찬성하지 않았고, 성전 건축 작업을 방해했기 때문이다.

Q. 학개의 생애나 집안 배경에 대해서는 정확히 알 수 없지만, 한 가지 분명한 것은 그가 성전 건축을 강조한 예언자였다는 것은 확실히 알 수 있다. 학개는 언제 예언 활동을 했는가?

A. 학개가 언제부터 언제까지 예언 활동을 했는가는 학개 1:1이 정확히 언급해 주고 있다: "다리오 왕 제2년 여섯째 달 곧 그 달 초하루에 여호와의 말씀이 선지자 학개로 말미암아 스알디엘의 아들 유다 총독 스룹바벨과 여호사닥의 아들 대제사장 여호수아에게 임하니라." 여기서 "다리오 왕 제2년 여섯째 달 곧 그달 초하루"는 바벨론 달력에 따른 표현인데, 이것을 오늘날의 연대기로 바꾸어 계산하면 학개는 기원전 520년 8월 29일부터 예언 활동을 시작한 것으로 볼 수 있다. 그리고 2:20은 학개가 같은 해 아홉 째달 24일에 마지막 예언을 선포하였다고 말하고 있는데, 날짜를 계산해 보면 기원전 520년 12월 18일이다. 그러니까 학개가 예언 활동을 한 기간을 계산해 보면 112일이 된다. 즉 학개의 예언 활동 기간은 대략 4개월 정도가 되는 것이다. 이 4개월간의 예언 활동 기간은 다른 예언자들의 예언 활동 기간과 비교해 볼 때 상대적으로 매우 짧은 기간이었다고 말할 수 있다. 그러나 이 기간 이후의 삶에 대해서는 도무지 알 수가 없다. 한편, 여기서 주목해 보아야 할 것은 예언서

에서는 처음으로 연대기를 표시할 때 페르시아의 군주를 사용하고 있다는 점이다. 예를 들어, 바벨론의 포로로 잡혀갔던 에스겔의 경우에는 "여호야긴 왕이 사로잡힌 지 5년"(겔 1:2)에 자신이 환상을 보았다고 설명하고 있는데, 학개의 경우는 "다리오 왕 제2년 여섯째 달"로 표기되어 있는 것을 볼 수 있다. 이 구절은 이제 유다의 다윗 왕조는 더 이상 존재하지 않고 학개서와 함께 완전히 페르시아 시대로 진입하게 되었음을 암시하고 있다.

학개의 시대적 배경

Q. 학개 예언자의 활동 연대를 기원전 520년이라고 했는데, 당시의 시대적 상황에 대해 간단히 소개해 주시길 바란다.

A. 학개의 예언은 한 가지 주제에 맞추어져 있는데, 그것은 예루살렘 성전을 새롭게 건축하자는 것이다. 기원전 586년, 바벨론의 예루살렘 공격 시 성전은 완전히 붕괴되었고, 많은 사람들이 바벨론의 포로로 잡혀 갔다. 그렇지만 기원전 539년에 바벨론은 페르시아의 고레스에게 멸망을 당하게 된다. 고레스는 1년 후에 칙령을 발표하고 바벨론에 의해 포로로 잡혀온 사람들을 해방시켜 주고, 고향 땅으로 돌아가도록 허락하였다. 에스라 1:2-4과 6:3-5은 당시의 이러한 상황을 잘 보여주고 있는데, 여기서 이스라엘 사람들의 귀환을 허락한다는 조서의 내용이 소개되고 있다. 뿐만 아니라 페르시아 정부로부터 예루살렘 성전 재건은 물론이고, 바벨론 왕 느부갓네살에게 빼앗겼던 성전의 물건들도 되찾아 나갈 수 있도록 허락을 받았다. 이에 따라 고향을 떠나 포로 생활을 하던 백성들은 다시 고향 땅으로 돌아와 예루살렘에 성전을 건축하려는 시도를 했다. 하지만 대내외적인 여러 가지 어려움 때문에 성전 건축은

더 이상 진척되지 못했다. 이러한 상황 가운데서 성전 건축을 촉구하고 독려한 예언자가 바로 학개이다. 성전 건축을 촉구한 학개서의 가장 핵심적인 구절을 한 곳 읽어보도록 하자: "너희는 산에 올라가서 나무를 가져다가 성전을 건축하라 그리하면 내가 그것으로 말미암아 기뻐하고 또 영광을 얻으리라 여호와가 말하였느니라"(학 1:8).

마르둑 신전의 폐허에서 발굴된 고레스 원통: 고레스의 업적을 소개하고 있다

페르시아 군대

Q. 예루살렘으로 돌아온 귀환자들에게 성전을 건축하는 데 많은 어려움이 있었다. 그 어려움이 구체적으로 어떤 것이었는지 설명해 주시길 바란다.

A. 포로에서 돌아온 이스라엘 백성들은 하루라도 빨리 예루살렘 성전을 건축하기를 원했다. 하지만 현실은 그렇게 쉽게 성전을 건축할 수 있는 환경이 아니었다. 포로들에 대한 고향으로의 귀환을 허용하는 고레스의 칙령이 기원전 538년에 있었지만 예루살렘 성전 건축은 기원전 520년에 이르러서야 비로소 시작되었으므로 귀환한 지 18년의 기간 동안은 성전 재건이 이루어지지 못하고 있었다. 성전 건축이 지체된 데는 몇 가지 중요한 이유들이 있었다. 먼저는 계속된 흉년으로 경제적 여건이 악화되어 성전 건축을 위한 재정을 확보하기가 어려웠다. 때문에 아직 성전 건축을 할 수 있는 때가 아니라는 내부 반발이 있었다. 또한 바벨론으로 잡혀가지 않고 유다 땅에 남아 있던 자들과 사마리아 사람들이 포로 후기 유대인 사회에서 주도권을 빼앗기는 것을 두려워 한 나머지 의도적이고 계획적으로 성전 건축을 방해했다. 방해의 일환으로 이들은 페르시아 정부에 항소문을 보내 성전 건축 허용 취소를 요구하기도 했다.

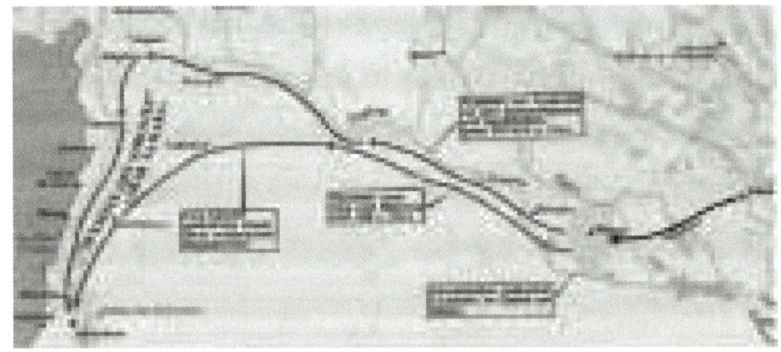

바벨론으로부터의 귀환 행로

Q. 페르시아 정부가 성전 건축을 허락했음에도 불구하고 이스라엘 사람들은

여러 가지 대내외적인 이유로 십 수 년 동안 성전을 건축하지 못했다. 이에 대해 재정적인 어려움과 주변의 반대를 성전 건축의 지연 이유로 들었는데, 이외에 또 다른 이유는 없는가?

A. 그 이유에 대해 한 가지 더 부가하자면, 성전 건축에 대한 신앙적인 회의가 있었다는 것이다. 포로기 예언자들은 하나님께서 이스라엘을 해방시키시고 새로운 축복을 예비하셨다고 선포했다. 그런데 포로민들이 그 예언의 말씀을 믿고 고향 땅으로 돌아왔는데, 현실은 기대했던 것과는 전혀 딴 판이었다. 사막에서 꽃이 피어난 것도 아니고, 흩어졌던 백성들이 모두 귀국해서 새로운 국가를 건설하는 데 힘을 합했던 것도 아니었다. 열방들이 이스라엘 민족에게 엎드려 굴복하지도 않았고, 예루살렘이 영화롭게 회복되지도 않았다. 그러므로 많은 사람들이 하나님의 축복의 약속에 대해 의심을 품기 시작했고, 페르시아에서 고국으로 너무 일찍 돌아온 것이 아닌가 하는 생각을 하기도 했다. 이러한 상황에서 성전을 건축해야 하니, 믿음의 확신이 서지 않았던 것이다. 정리하면, 포로에서 돌아와 성전을 건축하려고 했지만, 재정적인 어려움과 신앙적인 회의, 그리고 주변의 반대에 직면해서 더 이상 성전 건축이 진전되지 못하고 있을 때에 성전 건축의 절박함을 호소한 예언자가 바로 학개였다. 학개는 이전의 예언자들이 선포했던 구원과 희망의 시대는 아직 도래 한 것이 아니지만, 그러한 축복의 시대는 바로 새로운 성전의 건축과 함께 시작된다고 외친 것이다(학 2:9).

Q. 예언자 학개가 살고 있던 시대적 상황을 배우고 보니, 그가 왜 성전 건축에 관한 예언에 집중했는가를 이해할 수 있을 것 같다. 학개의 예언을 모아놓은 학개서가 예언서 안에서 차지하는 특별한 의미 내지는 가치가 있을 것이라고 생각하는데, 이것에 대해 설명해 주시길 바란다.

A. 앞서 살펴보았듯이, 학개서는 두 장의 분량에 불과한 매우 짧은 예언서이다. 하지만 학개서는 매우 중요한 역사적 가치를 지닌 책이라고 말할 수 있다. 왜냐하면 학개서는 포로 후기 기원전 6세기 말, 즉 페르시아 시대 초기에 유다 사회가 어떤 시대적 상황 가운데 처해 있었는가를 말해주는 중요한 사료가 되기 때문이다. 학개서는 포로 후기 예루살렘으로 돌아온 귀환 공동체가 가지고 있었던 신앙적 혼란과 회의, 오랫동안 해결되지 않는 경제적 곤궁함, 같은 민족끼리의 갈등과 대결 등에 대한 역사적 정보를 제공하고 있다. 학개는 이런 사회적이고 신앙적인 복잡한 문제를 해결하기 위한 예언자로 부름을 받은 것인데, 그는 당시에 유다 사회가 갖고 있는 모든 문제를 근본적으로 해결하기 위해서는 가장 먼저 성전을 건축해야 한다고 외쳤다. 예루살렘에 성전을 건축하면, 가난의 문제가 해결되고, 경제적 풍요가 도래할 것이며, 모든 신앙의 문제도 해결되어 예루살렘이 다시 하나님이 현존하는 도시가 되고, 세계 종교의 중심지가 될 것이라고 강조하였던 것이다.

학개서의 구조와 특징

Q. 위의 내용을 통해서 우리는 예언자 학개가 바벨론에서 돌아온 귀환자들이 성전 건축을 재개하도록 하는 데 결정적인 역할을 수행한 예언자임을 알 수 있다. 학개의 예언 활동은 비록 4개월에 불과했지만, 그럼에도 참으로 고귀하고 값진 영향력을 발휘한 예언자였다고 생각한다. 이제 그의 예언의 내용을 살펴보기 전에 먼저 학개서의 전체적인 특징에 대해 간단히 살펴보고자 한다.
A. 두 가지 차원에서 살펴보도록 하겠다. 먼저 학개서의 문학적인 특징을 간단히 설명하면, 다른 예언서들과는 달리 학개서는 상당한 분량이 화려한 산문체로 구성되어 있는데, 역사적 서술의 형태를 취하고 있다.

1:4-11과 2:3-9 두 곳만이 운율을 지닌 시의 형태로 되어 있다. 대부분의 예언서는 시의 형태로 되어 있지만 학개서는 주로 산문체로 되어있다는 점에서 매우 구별된 특징을 지니고 있다. 두 번째는 학개서의 내용적인 특징인데, 다른 예언서들과는 달리 이스라엘 백성들이나 주변 국가들의 죄에 대한 고발이 전혀 등장하지 않는다는 점이다. 그리고 정의나 공의를 외치며 사회를 비판하고, 잘못된 형식적인 예배 행태를 고발했던 대부분의 예언자들과는 달리, 학개는 성전을 세우고 그곳에서 하나님께 예배드리는 일이 무엇보다 우선임을 강조한 예언자이다. 무엇보다 학개는 포로에서 돌아온 후에 제대로 드려지지 않고 있는 예배 자체를 하루빨리 복원하는 일이 시급하다고 여겼던 것이다.

Q. 예언자 학개의 관심은 예배에 긍정적 관심을 두고 예배를 통해 하나님을 만나고 하나님께 영광을 돌리는 데에 있다고 볼 수 있다. 이제 학개서의 구조에 대해 설명해 주시길 바란다.

A. 학개서는 예언자가 예언을 받은 자세한 날짜에 따라 다섯 단락으로 구분할 수 있다. 첫 번째 단락(1:1-11)은 학개가 첫 번째 받은 예언과 관련되는데, "다리오 왕 2년 여섯째 달 일일"에 받은 것이다. 이 예언은 당시 총독이었던 스룹바벨과 대제사장인 여호수아를 향한 것인데, 여러 가지 이유 때문에 지체되고 있는 성전 건축을 속히 재개하라는 내용을 담고 있다. 두 번째 단락(1:12-15)은 첫 번째 예언이 있은 지 23일 후에 이루어진 예언인데, 첫 번째 예언을 듣고 성전 건축 공사를 시작한 것을 전제하고 있다. 성전 건축을 위한 기초 공사를 시작하였으니 이제부터 심판과 저주가 축복으로 바뀌게 될 것임을 선포하고 있다. 세 번째 단락(2:1-9)은 "다리오 왕 제2년 일곱째 달 곧 그달 이십일일"에 이루어진 예언인데, 두 번째 예언이 있은 지 약 한 달 이후에 선포되었다. 이 부분은

백성들이 성전 건축을 하던 중 솔로몬이 지은 화려한 첫 번째 성전과 비교하면서 현재 건축 중인 성전이 솔로몬의 성전에 비해 너무 초라하다고 생각하여 낙심하고 있을 때에 그들을 격려하기 위해 행한 예언에 속한다: "너희 가운데에 남아 있는 자 중에서 이 성전의 이전 영광을 본 자가 누구냐 이제 이것이 너희에게 어떻게 보이느냐 이것이 너희 눈에 보잘 것 없지 아니하냐 그러나 여호와가 이르노라 스룹바벨아 스스로 굳세게 할지어다 여호사닥의 아들 대제사장 여호수아야 스스로 굳세게 할지어다 여호와의 말이니라 이 땅 모든 백성아 스스로 굳세게 하여 일할지어다 내가 너희와 함께 하노라 만군의 여호와의 말이니라"(2:3-4). 예언자 학개는 성전 건축을 책임진 스룹바벨과 여호수아, 그리고 성전 재건에 동참한 백성들에게 현재 재건 중인 성전이 이전의 솔로몬 성전처럼 멋진 성전은 아니라 할지라도 하나님께서 기뻐하시는 성전이니 실망하지 말고 더욱 열심히 성전 건축 사업에 매진할 것을 격려하고 있다.

Q. 학개서는 짧은 책이지만 독특한 점이 발견된다. 하나님으로부터 예언을 받고 그 예언을 백성들에게 선포한 날짜를 매번 분명히 기록하고 있는 것은 다른 예언서에서는 찾아볼 수 없는 장면이다. 학개서의 나머지 구조에 대해서도 설명해 주시길 바란다.

A. 학개서의 네 번째 단락(2:10-19)은 "다리오 왕 제2년 아홉째 달 이십사일"에 임한 예언과 관련되는데, 세 번째 예언이 있은 지 약 두 달 이후에 선포된 것이다. 하나님의 심판으로 인하여 그동안 흉년과 자연재해가 들고 곡식의 결실이 풍족하지 못했었는데, 백성들이 새로운 성전의 터를 놓고 하나님께 결단을 각오한 순간부터 하나님께서 복을 주실 것이라는 내용이다. 마지막 다섯째 단락(2:20-23)의 예언은 네 번째 단락의 예언과 동일한 날에 임했는데, 유다의 총독으로 있는 스룹바벨을 하

나님께서 '인장'으로 사용하실 것이라고 약속하신 내용이다. 스룹바벨을 '하나님의 인장'이라고 표현한 것은 하나님이 스룹바벨에게 성전 재건의 사역뿐 아니라, 앞으로 더 큰 일을 맡기실 것이라는 사실을 암시하고 있기 때문이다.

학개서의 주요 메시지

Q. 학개서의 구조를 통해서 우리는 학개의 다섯 번에 걸친 예언 전체가 성전 건축과 관련된 것임을 확인할 수 있었다. 그렇다면 예언자 학개가 강조하려 했던 예언의 핵심적인 주제에 대해 정리해 주시길 바란다.

A. 세 가지로 나누어서 살펴보도록 하겠다. 첫째로, 학개서의 핵심은 여러 번 언급했던 바대로 예루살렘에 두 번째 성전을 건축하라는 내용이다. 학개는 폐허가 된 예루살렘이 하나님의 영광이 임하는 도시가 되고, 가난과 고통에서 벗어나기 위해서 가장 먼저 해야 할 일은 하나님이 거주하실 성전을 건축하는 일이라고 선포하였다. 왜냐하면 성전은 하나님의 임재의 장소로써 축복과 번영과 생명의 통로가 되기 때문이다. 많은 백성들은 포로에서 돌아와 먹을 것도 부족하고 거주할 주택도 없었기 때문에 성전은 모든 여건이 완비된 후에 건축해야 한다고 생각했다. 하지만 학개는 삶의 우선순위가 잘못되었다고 질책하면서, 포로에서 돌아온 유대인들이 가장 먼저 해야 할 일은 성전 건축이라고 외쳤다. 학개는 어떠한 악조건에서도 성전 건축을 중단하지 말 것을 격려하였다. 성전 재건을 통해 예배가 회복되어야 구원의 시대가 도래하고, 민족의 번영이 시작되며, 하나님의 영광이 임하게 될 것이라고 외친 것이다. 우리는 이 학개의 외침 속에서 하나님의 음성을 들어야 한다. 어떤 환경에서도 성전과 예배는 우리의 삶의 중심이 되어야 하며, 하나님을 향한 믿음

은 그 어떤 것보다도 우선적인 의미를 지녀야 한다는 것이다. 하나님이 계신 성전은 축복의 통로가 되기 때문이다. 신앙의 문제는 삶의 우선순위에서 결코 뒤로 밀려서는 안 된다는 교훈을 우리는 학개의 예언을 통해서 배울 수 있다.

Q. 학개의 예언을 들으니 청교도들의 신앙이 다시 한 번 생각난다. 그들이 미국 땅에 건너가 가장 먼저 했던 것은 교회를 짓는 일이었다는 사실을 우리는 잘 알고 있다. 하나님을 예배하는 일을 삶의 최우선으로 삼는 자들은 영원한 축복을 선물로 받을 것이다. 학개서의 두 번째 메시지는 무엇이라고 말할 수 있는가?

A. 둘째로, 하나님의 성전의 가치에 대한 문제이다. 이스라엘 귀향민들은 성전을 건축하던 중에 성전이 작고 볼품이 없는 것에 대해 실망하고 좌절했었다. 자신들이 현재의 상황에서 하나님께 드릴 수 있는 봉헌이 너무 초라하다고 생각했던 것이다. 하지만 학개는 백성들의 눈에는 아무 것도 아닌 것처럼 보일지라도 성전 자체는 너무나도 고귀하다는 사실을 역설하였다. 하나님의 성전은 외형적 크기에 의하여 판단될 것이 아니라는 것이다. 하나님은 솔로몬이 지은 화려하고 웅장한 성전에만 계시는 분이 아니라, 작고 보잘 것 없어도 온 백성들이 함께 헌신하여 드리는 성전은 너무나도 값진 것이기에 그곳에도 하나님이 현존한다는 사실을 학개는 선포하였다. 우리는 학개의 예언을 통해 하나님의 기적과 축복은 지극히 작은 것에서부터 출발한다는 사실을 명심해야 한다. 예수님은 지극히 작은 자를 대접하는 것이 바로 예수님을 대접하는 것과 같다고 말씀하셨다(막 9:37). 그리고 물고기 두 마리와 보리떡 다섯 개로 5,000명이 넘는 사람들이 먹고 12광주리가 남는 기적은 어린 소년의 작은 헌신에서부터 시작되었다(요 6:9). 하나님의 일은 큰일이든 작

은 일이든 모두가 가치가 있는 것임을 잊지 말고, 맡은 일에 충성을 다하는 귀한 성도들이 되기를 바란다.

Q. 사실 우리가 교회에서 봉사할 때 눈에 보이는 화려한 것에 신경 쓸 때가 너무 많다. 학개의 예언을 듣고 우리 자신의 신앙을 겸손하게 돌아보는 시간이 되기를 바란다. 학개가 선포한 예언의 또 다른 내용은 무엇이 있는가?

A. 마지막은, 학개 예언의 내용이라기보다는 학개 예언이 후대에 미친 영향이라고 말할 수 있는데, 예루살렘에 이스라엘 백성들의 종교 중심지를 건설하자는 이러한 학개의 외침은 매우 큰 반향을 불러일으켰다. 포로에서 돌아온 사람들에게든, 아니면 페르시아나 이집트 등지에 흩어져 살던 디아스포라 유대인들에게든 예루살렘 성전은 신앙적으로 모두를 묶어주는 중요한 요소가 되었고, 유대인으로서의 정체성을 갖는 데 결정적인 역할을 담당하였다. 학개의 격려로 인해 건축된 제2성전은 전 세계에 흩어져 살고 있던 모든 유대인들로 하여금 예루살렘을 향해 기도할 수 있도록 하는 신앙적 토대를 마련해 주었고, 새로운 성전이 존재하는 예루살렘을 중심으로 연대할 수 있는 신앙의 연결고리가 되어 주었다.

지금까지 예언자 학개에 대해 공부하였다. 학개는 가난과 내부 분열로 하나 되지 못했던 귀환자들에게 성전 재건의 중요성을 외쳤던 예언자였다. 학개는 성전은 하나님의 축복의 통로이기 때문에 세상의 어떤 일들보다도 하나님을 예배할 수 있는 성전 건축이 중요하다는 것을 일깨워 준 귀한 예언자라는 사실을 깨달을 수 있었다. 성전 재건이 우리의 삶의 주거환경의 개선보다 우선되어야 한다는 학개의 믿음이 우리 모든 신앙인들의 고백이 되기를 바란다.

제4장 **스가랴** _ 스가랴 1-14장

예언자 스가랴

Q. 앞 장에서는 예언자 학개에 대해 공부하였다. 이를 통해 우리는 학개가 성전을 재건하는 일에 온 정열을 바쳤던 인물이었다는 사실을 새롭게 배울 수 있었다. 즉 포로에서 돌아온 이스라엘 백성들이 예루살렘에 성전 건축하는 일을 게을리 할 때, 예언자 학개는 그들을 격려함으로써 제2성전이 세워지게 하는 데 결정적인 역할을 수행한 예언자였다는 사실 말이다. 이번에 공부할 예언자는 어떤 예언자인가?

A. 이번 장에서는 예언자 스가랴에 대해 알아보도록 하겠다. 스가랴는 학개와 같은 시기에 활동하였는데, 학개와 함께 예루살렘의 성전 건축을 위해 힘쓴 예언자이다. 스가랴의 예언을 기록하고 있는 스가랴서는 학개서 다음에 등장하고 있는데, 12 소예언서 중에서 11번째에 위치하고 있다. 여기서는 스가랴가 어떤 예언 활동을 했는지, 그리고 스가랴서는 어떤 구조를 갖고 있는지, 이에 더해 스가랴의 예언은 오늘 우리에게 어떤 신앙적인 메시지를 전해주고 있는지 등을 중심으로 공부해보도록 하겠다.

Q. 먼저 스가랴라는 인물에 대해 소개해 주시길 바란다. 스가랴가 어떤 인물인지를 설명해 주는 본문들이 있는가?

A. 스가랴서는 예언자 스가랴가 어떤 인물인지를 알게 해주는 비교적 많은 정보를 제공해 주고 있다. 스가랴 1:1을 먼저 읽어보자: "다리오 왕

제2년 여덟째 달에 여호와의 말씀이 잇도의 손자 베레갸의 아들 선지자 스가랴에게 임하니라." 이 구절은 중요한 두 가지 정보를 제공해 준다. 먼저는 스가랴가 언제 활동했던 예언자였는가에 대한 정확한 연대를 알려주고 있다. 즉 스가랴는 "다리오 왕 제2년 여덟째 달"에 하나님의 예언의 말씀을 받았다고 한다. 이때는 기원전 520년인데, 이 연대는 학개가 예언을 하기 시작한 연대와 동일하다. 앞서 이미 살펴보았듯이, 학개는 "다리오 왕 제2년 여섯째 달"(학 1:1)에 처음으로 예언의 말씀을 받았다. 이렇게 되면 스가랴는 학개보다 두 달 늦은 시기에 예언 활동을 시작한 셈이다. 스가랴 7:1에 따르면, 스가랴는 "다리오 왕 제4년 아홉째 달"에 마지막으로 예언의 말씀을 선포했다. 그렇다면 스가랴는 기원전 518년까지 예언자로서의 삶을 산 것이다. 오늘날의 태양력으로 환산하면, 스가랴는 기원전 520년 11월부터 기원전 518년 12월 7일 사이에 활동한 셈이다. 정리하면, 스가랴는 학개보다는 두 달 늦은 시기에 예언자로서의 활동을 시작했지만 2년 더 길게 예언 활동을 한 것이라고 말할 수 있다.

Q. 스가랴가 학개보다 두 달 늦게 예언 활동을 시작했다면, 성전 건축이 진행되는 중에 예언자로 부름을 받았다고 볼 수 있을 것 같다. 스가랴의 출신 배경이나 가족 상황에 대해서도 소개해 주시길 바란다.

A. 스가랴라는 이름은 "여호와께서 기억하시다"라는 신앙적인 뜻을 지니고 있다. 스가랴의 집안이 범상치 않다는 사실을 이름을 통해 느낄 수 있다. 위에서 언급했던 1:1의 뒷부분에는 스가랴의 가문에 대해 소개해 주고 있는데, 스가랴는 "잇도의 손자 베레갸의 아들"이라고 되어 있다. 느헤미야 12:4에 의하면, 스가랴의 할아버지인 잇도는 스룹바벨과 함께 바벨론에서 귀환한 제사장이다. 느헤미야 12:16에서도 스가랴

가 잇도 가문의 일원으로 언급되고 있다. 위 내용들을 정리해 보면, 스가랴는 제사장 출신으로 바벨론에서 귀환한 인물이고, 학개와 동시대에 살았던 예언자라고 볼 수 있다. 이러한 배경적 이유로 인해 스가랴의 예언은 특히 성전의 청결 문제와 제사장의 순결 문제 등에 특별한 관심을 갖고 있다.

스가랴서의 구조와 특징

Q. 스가랴는 본래 바벨론에서 돌아온 귀향민에 속했던 제사장이었는데, 하나님의 부르심을 받고 예언자가 되었음을 확인하게 된다. 이제 스가랴의 예언을 모아 놓은 스가랴서의 특징과 구조에 대해서도 소개해 주시길 바란다.

A. 스가랴서의 몇 가지 특징에 대해 살펴보고자 한다. 첫째로, 스가랴서는 14장으로 구성되어 있는데, 12 소예언서 중에서 가장 긴 책이다. 호세아서가 14장 197절로 되어 있는데, 스가랴서는 이보다 약간 더 많은 14장 211절이다. 두 번째로, 스가랴서는 12 소예언서 중에서 가장 난해한 책이라고 평가할 수 있다. 뒤에서 좀더 자세한 설명이 따르겠지만, 스가랴서는 이해하기 어려운 단어들을 많이 포함하고 있다. 예를 들어, 붉은 색 말, 자주색 말, 흰색 말, 네 뿔, 등잔대, 올리브 나무, 두루마리 등과 같은 단어들은 상징적인 의미를 지니고 있는데, 다니엘서나 요한계시록과 같은 묵시 문학을 읽을 때처럼 해석하기 어려운 용어들이 스가랴서에 등장하고 있다. 그래서 어떤 학자는 "의의 스승이 오실 때까지 스가랴서의 참 의미는 파악할 수 없다"고 말하기도 하였다. 바꾸어 말하면, 스가랴서는 예언 문학에서 묵시 문학으로 넘어가는 과도기에 위치한 책이라고 볼 수 있다. 스가랴서는 묵시 문학적 성격을 지니고 있는 동시에 그 이전의 예언서들처럼 죄에 대한 하나님의 심판을 통

해 새로운 시대의 도래를 전하고 있는 이중적인 모습을 보여주고 있다. 세 번째로, 스가랴서는 독특한 구조를 지니고 있다. 스가랴서는 크게 두 부분으로 나눌 수 있는데, 1-8장은 학개서처럼 예언을 선포하는 날짜를 제공하고 있다(슥 1:1; 7:1). 후반부인 9-14장은 두 번에 걸쳐 '경고'라는 표제어를 지니고 있는데(슥 9:1; 12:1), 이것은 뒤에 나오는 말라기와 동일한 형식이다(말 1:1). 정리해 보면, 스가랴서는 앞에 위치하고 있는 학개서와 뒤에 등장하는 말라기서를 혼합한 구조를 지니고 있다고 말할 수 있다.

Q. 스가랴서가 난해한 책이라 하니 걱정이 되기도 하는데, 내용 이해를 위해 특별히 집중해서 들여다보아야 할 것 같다. 위에서 스가랴서는 1-8장, 9-14장, 이 두 부분으로 구분된다고 했는데, 구분 기준과 내용에 대해서 설명해 주시길 바란다.

A. 스가랴서를 두 부분으로 구분하는 것은 각 본문의 내용이나 문체, 그리고 형식과 어휘 등이 서로 확연히 다르기 때문이다. 그런 이유 때문에 많은 학자들은 9-14장을 "제2스가랴서"라고도 부른다. 여기서 잠깐 두 부분의 두드러진 차이를 살펴보도록 하겠다. 첫째로, 1-8장은 "환상의 책"이라고 일컬어질 정도로 많은 환상들로 가득 차 있다. 총 8번의 환상이 등장하고 있다. 하지만 9-14장에서는 단 한 번의 환상도 등장하지 않는다. 둘째로, 1-8장에서는 주요 주제로서 예루살렘 성전의 재건과 귀향민들의 신앙 회복에 대한 문제를 다루고 있는데, 9-14장은 더 이상 그런 주제를 다루지 않고 있다. 셋째로, 1-8장의 주요 등장인물은 스룹바벨과 여호수아인데, 9-14장에는 이들이 한 번도 언급되고 있지 않다. 이외에도 여러 가지 차이점이 발견되는데, 그 내용에 대해서는 뒤에서 다시 살펴보도록 하겠다.

스가랴 1-8장

Q. 스가랴서는 앞부분과 뒷부분이 많은 차이를 보이고 있다는 것을 알게 되었다. 그럼 먼저 앞부분에 해당하는 1-8장의 내용과 특징에 대해 소개해 주시길 바란다.

A. 1-8장은 스가랴가 예언을 선포한 날짜에 따라 세 부분으로 구분된다. 1:1-6은 다리오 왕 제2년 여덟째 달(기원전 520년)에 스가랴에게 임한 예언의 '말씀'이고, 1:7-6:15은 다리오 왕 제2년 열한째 달 스밧월 24일(기원전 520년)에 본 8개의 '환상들'이다. 그리고 7:1-8:23은 다리오 왕 제4년 아홉째 달 기슬래월 4일(기원전 518년)에 스가랴에게 임한 예언의 '말씀'이다. 첫 부분과 마지막 부분에 위치한 예언의 '말씀'이 가운데 위치하고 있는 8개의 '환상들'을 감싸고 있는 형식을 보이고 있다. 스가랴서의 말씀의 핵심은 책 가운데 위치하고 있는 8개의 환상들 속에 숨어 있다고 볼 수 있다. 참고로, 여덟째 달은 지금의 10월 내지는 11월을 말하는데, 늦은 비가 내리는 시기에 해당된다. 열한째 달 스밧월은 지금의 2월과 3월 사이에 놓여 있고, 아홉째 달 기슬래월은 지금의 태양력으로 11월과 12월에 걸쳐 있는 시기로써 씨를 뿌리기 시작하는 달이다.

Q. 스가랴가 본 8개의 환상들은 어떤 특별한 의미를 지니고 있을 것으로 여겨지는데, 그 내용들에 관하여 쉽게 풀이해 주시길 바란다.

A. 성경 본문을 그냥 읽는 것만으로는 환상의 내용들을 이해하기가 매우 어렵다. 그만큼 스가랴서는 이해하기 어려운 책에 속한다. 첫 번째 환상(1:7-17)은 붉은 말을 탄 사람에 대한 내용인데, 이 사람은 세상을 두루 다니며 어떤 일이 일어났는지를 알아보는 사명을 가진 자이다. 이 사람은 온 땅을 두루 다녀본 결과 온 땅이 평온하고 조용한 시대가 되

었다고 보고하는데, 이것은 하나님의 심판이 끝이 났음을 시사하는 것이다. 스가랴는 하나님으로부터 예루살렘에 다시 성전이 건축되고 도시가 회복될 것이라는 대답을 듣게 된다. 이는 하나님의 특별한 관심과 사랑으로 예루살렘이 다시 하나님의 도성으로 선택되었다는 사실을 보여주고 있는 것이다. 두 번째 환상(1:18-21)에서 스가랴는 예루살렘 성벽을 들이받는 네 개의 뿔을 보게 되는데, 이 뿔들은 유다와 이스라엘을 붕괴시킨 세력들을 암시한다. 여기서 "넷"은 동서남북 사방을 가리키는 상징적인 숫자인데, "네 개의 뿔"은 이스라엘이 지정학적으로 강대국들에 의해 둘러싸여 그들의 침략을 받아야만 하는 전쟁터였다는 것을 의미한다. 하나님은 스가랴에게 그 뿔들을 자르고 예루살렘을 재건할 네 명의 대장장이를 보여준다. 이는 하나님께서 교만한 이방 세력들을 심판하셨다는 사실을 설명하고 있는 것이다. 첫 번째 환상과 두 번째 환상은 예루살렘의 회복과 성전의 재건에 대한 희망과 격려의 메시지로 하나님의 새로운 계획을 보여주고 있다고 할 수 있다.

Q. 위의 설명을 통해 첫 번째 '붉은 말'에 대한 환상과 두 번째 '뿔들과 대장장이'에 대한 환상은 내용은 다르지만 결국은 하나님의 구원 계획에 대한 동일한 메시지를 전하고 있는 것임을 알 수 있다. 세 번째와 네 번째 환상에 대해서도 소개해 주시길 바란다.

A. 세 번째 환상(2:1-5)은 한 사람이 예루살렘의 너비와 길이를 측량하기 위해 보냄을 받았다는 내용인데, 천사가 나타나 예루살렘은 성곽이 없이도 안전하게 많은 사람들과 가축이 거주하는 풍요로운 도시가 될 것이며 하나님께서 불로 그 성을 보호해 주실 것이라고 전하고 있다. 예루살렘은 성벽에 의해 보호받는 도시가 아니라, 하나님이 지켜주심으로 안전하게 보호받는 영광스러운 도시가 될 것이라는 말이다. 이것은

예루살렘의 완전한 회복에 관한 환상이라고 볼 수 있다. 네 번째 환상(3:1-10)은 무대를 옮겨 하늘에서 일어난 재판 사건을 소개하고 있다. 피고는 두 번째 성전을 건축하는 일에 앞장서고 있는 대제사장 여호수아이고 원고는 사탄이며, 하나님은 재판장으로 등장하고 있다. 여기서 하나님은 사탄을 질책하신 후에 여호수아를 정화시키고 그의 죄를 용서해 주신다. 그리고 하나님은 여호수아에게 아름다운 옷과 정결한 관을 씌어주시며 대제사장의 직무를 부여하신다. 이 네 번째 환상은 하나님의 용서와 축복에 관한 것으로 바벨론에서 돌아온 귀향민 사회에서 대제사장 여호수아가 하나님으로부터 특별히 선택받은 새로운 지도자라는 사실을 전하고 있다고 보아야 한다.

Q. 즉 스가랴는 세 번째와 네 번째 환상을 통해 예루살렘은 이제 안전한 도시가 될 것이며 그곳에 두 번째 성전이 건축되어야 하고, 하나님은 이를 위해 새로운 지도자를 선택하여 세웠다는 사실을 백성들에게 전하고 있다. 이제 다섯 번째와 여섯 번째 환상에 대해서도 소개해 주시길 바란다.

A. 다섯 번째 환상(4:1-6,11-14)은 순금 등잔대와 두 감람나무에 관한 것인데, 네 번째 환상과 동일한 성격의 메시지를 전하고 있다. 하나님은 제2성전이 성공적으로 건축될 수 있도록 대제사장 여호수아와 함께 총독 스룹바벨을 세웠다는 것이다. 즉 하나님이 귀향민 공동체가 바로 설 수 있도록 두 사람에게 새로운 리더십을 부여하셨다는 것인데, 두 개의 감람나무(올리브나무)는 두 명의 기름 부음을 받은 지도자들을 상징하고 있다. 다섯 번째 환상의 핵심은 4:14에 있다: "이르되 이는 기름 부음 받은 자 둘이니 온 세상의 주 앞에 서 있는 자니라 하시니라." 하나님의 기름 부음을 받은 두 지도자들의 권위에 복종하고 따르는 것이 성전을 성공적으로 건축하고 귀향민 사회를 밝고 건전하게 발전시킬 수 있는 유

일한 방법이라는 사실을 예언자 스가랴는 강조하고 있다. 여섯 번째 환상(5:1-4)은 날아가는 두루마리에 관한 것인데, 도둑이나 거짓 맹세하는 자에게 임하는 하나님의 진노의 심판을 상징하고 있다. "두루마리"는 하나님의 말씀을 기록하고 있는 율법 책을 의미하며(시 40:7), 두루마리가 "날아간다"는 것은 하나님의 심판의 신속성을 가리키는 표현이다. 날아가는 두루마리에 관한 환상은 하나님의 백성들에게 의로움과 진실이 요구된다는 사실을 말하려고 하는 것인데, 즉 새로운 시대에 요구되는 도덕성을 강조하는 것이라고 볼 수 있다.

Q. 공동체가 성장하고 발전하기 위해서는 올바른 지도자가 세워져야 하고, 구성원들은 하나님이 세우신 지도자에게 순종해야 한다는 사실을 다시 한 번 깨닫게 된다. 하나님은 스가랴에게 보여준 환상을 통해 자신이 세운 지도자에게 권위를 부여해 주셨으며, 모든 백성들에게는 의로운 삶을 요구하셨다. 이제 마지막 남은 두 환상에 대해서도 소개해 주시길 바란다.

A. 일곱 번째 환상(5:5-11)은 에바 가운데 앉아 있는 여인이 시날 땅으로 옮겨진다는 특이한 내용이다. 여기서 에바는 쌀과 같은 곡식을 담아 두는 뒤주를 가리키며, 시날 땅은 바벨론을 의미한다(창 11:2). 이 환상이 말하려는 내용은 이제 악 자체가 범죄한 민족인 바벨론 땅으로 옮겨갔고, 성전이 건축되는 새로운 유대 사회는 죄가 지배할 수 없는 거룩한 새로운 공동체적 특징을 지니게 되리라는 것이다. 마지막 여덟 번째 환상(6:1-8)은 두 산 사이에서 나온 네 병거가 사방으로 두루 다니게 된다는 내용이다. 네 병거는 하늘의 네 바람을 상징하는데, 이것은 하나님의 주권적인 통치 하에 온 세상이 완전한 평화를 누리게 된다는 것을 의미한다.

스가랴 환상들의 메시지

Q. 지금까지 예언자 스가랴가 본 8개의 환상에 대해 살펴보았는데, 다른 예언서에 비해서는 다소 어렵다는 생각이 든다. 따라서 이 환상들이 말하려는 메시지를 간단히 정리해서 설명해 주시면 스가랴서를 이해하는데 큰 도움이 될 것 같다.

A. 스가랴가 본 8개의 환상을 통해 우리는 몇 가지 중요한 메시지를 찾아낼 수 있다. 첫째로, 예루살렘의 성전 재건은 하나님이 허락하신 축복의 계획이라는 점이다. 예루살렘은 다시 하나님의 도시가 될 것이고 하나님이 지켜주시는 안전한 도시가 될 것이기 때문에 성전 건축은 필수적이라는 것이다. 예언자 학개가 기원전 520년에 네 달여의 기간 동안을 예언자로서 활동하면서 하나님의 말씀을 받아 백성들을 격려하며 성전 재건을 촉구하는 일을 했다면, 학개보다 두 달여 늦은 시기에 활동하기 시작한 예언자 스가랴는 8번의 환상을 보면서 성전 재건은 하나님의 놀라운 계획 속에 진행된다는 사실을 다시 한 번 확인시켜 준 예언자로 평가할 수 있다. 성전은 순금 등잔대가 상징하는 것처럼 여호와의 임재와 축복이 구현되는 장소가 될 것이라는 점을 스가랴는 분명히 선포하고 있다. 둘째로, 하나님은 여호수아와 스룹바벨을 성전 건축과 유다 사회의 복원을 위한 두 지도자로 선택해 주셨다는 것이다. 하나님은 이들의 모든 죄를 용서해 주시고, 그들에게 지도자로서의 권위를 허락하셨다고 말씀하셨다. 우리는 여기서 하나님은 자신이 특별히 선택하신 사람을 통해 일하신다는 사실을 깨달을 수 있다. 하나님은 언제나 역사의 매 순간마다 지도자들을 선택하시고, 그들을 통해 하나님의 계획을 이루어 가셨다. 중요한 것은 네 번째 환상을 통해 알 수 있듯이 이 지도자들은 죄 용서를 경험한 이후에야 비로소 백성들의 지도자로 부

름을 받았다는 점이다. 하나님의 일은 아무나 할 수 있는 것이 아니라, 자신의 죄를 철저히 용서함 받는 정결의 체험이 있은 다음에야 비로소 감당할 수 있음을 깨달아야 한다. 이사야도 예언자로 부름을 받기 전에 성전에서 철저히 죄 용서의 체험을 하였다(사 6:1-8). 이러한 죄 용서의 체험이 있는 사람만이 사명이 주어졌을 때, 교만하거나 자만하지 않고, 불평 원망하지 않으며 겸손히 인내하면서 맡겨진 사명을 잘 감당할 수 있다. 하나님의 사명자 여호수아와 스룹바벨도 성전을 건축하는 동안 얼마나 많은 고난과 위기를 겪었겠는가. 하지만 그들이 믿음으로 고난과 위기를 극복하며, 끝까지 인내할 수 있었던 것은 하나님을 만나는 분명한 영적 체험이 있었기 때문에 가능했다.

Q. 죄 용서에 대한 체험은 우리 모든 성도들에게 꼭 필요한 것이라고 생각한다. 하나님의 일은 혈과 육으로 할 수 있는 것이 아니라, 믿음으로만 할 수 있는 것이기 때문이다. 스가랴의 환상을 통해 얻을 수 있는 신앙적인 교훈에 대해 더 말해 줄 것이 있는가?

A. 스가랴의 여섯 번째 환상은 하나님이 펼쳐 가시는 새로운 시대에는 하나님이 요구하시는 도덕적 정결이 요구된다는 사실을 강조한다. 이것은 21세기를 살고 있는 우리에게도 동일하게 적용되어야 하는 귀중한 교훈이라고 생각한다. 주변을 돌아보면, 우리를 넘어뜨리려는 신앙의 걸림돌들이 매우 많다는 사실에 놀라게 된다. 그러므로 우리가 깨어서 기도하지 않으면 너무나도 쉽게 유혹에 넘어갈 수밖에 없다. 신앙인들의 삶의 기준은 세상 사람들의 삶의 기준과 달라야 하며, 그들의 도덕적 가치 기준보다 훨씬 우월해야 한다. 오늘날 교회와 교인들이 비난을 받는 근본적인 이유가 바로 세상 사람들보다도 못하게 부도덕하고 불의한 생활을 하는 데 있기 때문이다. 신앙인들은 어느 삶의 영역에서 살아가든

지 사회의 파수꾼의 역할을 제대로 감당해야 하고, 하나님의 사랑을 실천하며 살아가야 할 존재들인데, 이를 망각하고 살아감으로써 세상 사람들의 지탄의 대상이 되고 만 것이다. 이러한 시점에서 스가랴의 예언은 우리에게 새로운 도전을 던져준다. 스가랴는 새로운 제2의 성전 시대에 걸맞은 도덕적인 삶을 요구했던 예언자였다. 21세기의 교회가 빛을 잃어가고 있는 이 시점에 우리 모든 신앙인들이 새로운 가치기준을 가지고 세상 사람들을 선도하는 귀중한 사명을 감당해야 할 것이다.

스가랴 9-14장

Q. 스가랴의 환상을 통해 얻을 수 있는 귀한 교훈들을 우리 삶에 적용하는 성도들이 되기를 바란다. 이제 스가랴 9-14장으로 넘어가도록 하자. 스가랴서의 후반부는 전반부와는 다른 성격의 책이라고 앞에서 잠깐 언급했었는데, 이에 대한 개괄적인 설명을 부탁드린다.

A. 스가랴 9-14장의 내용은 너무 복잡하기 때문에 짧은 시간에 간단히 설명하기가 매우 어렵다. 그래서 이 부분의 특징을 몇 가지로 요약해서 말씀드리는 것으로 대신하겠다. 첫째로, 스가랴 9-14장은 다양한 문학 장르들(책망, 위협, 찬양, 은유, 상징, 약속 등)이 뒤섞여 있는 혼합 문서의 성격을 지니고 있는데, 저자나 저작 시기를 파악해내는 것은 불가능하다. 이 부분의 저작 연대에 대해서는 기원전 7세기부터 기원전 2세기까지 매우 다양한 견해들이 제시되고 있을 정도이다. 둘째로, 9-14장은 다가오는 미래의 새로운 시대에 메시아가 결정적인 역할을 담당할 것이라고 말하고 있는데, 이런 메시아 사상은 복음서에서 예수 그리스도의 사역과 밀접하게 연결되어 해석되었다. 그런 이유 때문에 9-14장은 신약 성경의 복음서에서 예수님의 수난, 죽음, 부활과 관련해서 자주 직 간접

으로 인용되고 있다. 9-14장은 진정한 메시아가 되시는 예수 그리스도에 대해 창문을 활짝 열어놓고 있다고 말할 수 있다. 신약 성경에서 인용되고 있는 9-14장의 구절들을 다음과 같이 도표로 만들 수 있다.

스가랴 9-14장	신약 성경
9:9	마태복음 21:5; 요한복음 12:15
11:12	마태복음 26:15
11:13	마태복음 27:9
12:3-4	누가복음 20:17-18
12:10	요한복음 19:37/ 요한계시록 1:7
13:7	마태복음 26:31/ 마가복음 14:27
14:8	요한복음 7:38
14:21	요한복음 2:16

셋째로, 이 부분은 다시 9-11장과 12-14장으로 나누어질 수 있다. 9:1과 12:1은 각각 "경고"라는 제목으로 시작하고 있는데, 아쉽게도 우리말 성경에서는 9:1에 있는 "경고"라는 단어가 빠져 있다. 그리고 이 두 부분은 내용적으로도 다르다. 9-11장은 앗시리아, 이집트, 시리아, 두로, 블레셋 등 이스라엘의 왕국 시대에 존재했던 국가들에 대한 언급이 주요 내용을 이루고 있는데, 구원에 대한 약속과 더불어 심판이 언급되고 있는 형식은 포로기 이전의 예언서들과 매우 유사하다고 볼 수 있다. 이와는 달리 12-14장은 미래에 일어날 무시무시한 사건들이 소개되고 있는데, 종말론적 성격을 강하게 지니고 있다. 하나님께서 열방과의 전쟁에서 백성들을 구원하시고 우주적인 왕국을 건설하실 것이라고 전하고 있다. 대부분의 학자들은 이 부분을 묵시 문학으로 분류하고 있다.

지금까지 예언자 스가랴에 대해 공부하였다. 스가랴는 학개와 함께 예루살렘 성전 재건을 위해 노력했으며, "환상"을 통해 하나님의 계획을 선포한 제사장 출신의 예언자였다는 사실을 배울 수 있었다. 이 장 초두에 밝혔다시피, 스가랴서는 이해하기 난해한 책이다. 하지만 이렇게 대략적으로나마 스가랴서에 대해 살펴보는 기회를 갖게 됨으로써 스가랴서에 대한 바른 이해를 하는 데 큰 도움이 되었으리라 본다. 언제나 하나님 앞에 바로 서서 주어진 사명을 잘 감당하는 준비된 믿음의 사람들이 되기를 바란다.

제 6 부

기원전 5세기 이후의 예언자들

FAITH AND LIFE OF THE PROPHETS

QA
FAITH AND LIFE OF THE PROPHETS

제1장 말라기 _ 말라기 1-4장

예언자 말라기

Q. 앞 장에서는 기원전 520-518년 사이에 활동했던 예언자 스가랴에 대해 공부하였다. 이를 통해 우리는 스가랴가 학개와 함께 예루살렘 성전 건축을 위해 노력했고, 예루살렘과 성전을 향한 하나님의 특별한 계획을 선포했던 훌륭한 예언자였다는 사실을 배울 수 있었다. 이번에 공부할 예언자는 어떤 예언자인가?

A. 이번 장에서는 예언자 말라기에 대해서 살펴보도록 하겠다. 그의 예언을 모아놓은 말라기서는 4장 55절로 구성되어 있는데, 매우 특별한 책이라 할 수 있다. 이 책은 12 소예언서 중 가장 마지막에 위치하고 있음과 동시에 구약 성경의 가장 끝을 장식하고 있다. 말라기서 다음에는 바로 신약 성경이 펼쳐진다. 뒤에서 다시 살펴보겠지만, 말라기서는 구약과 신약을 연결시키는 다리 역할을 담당하고 있는 책이라 할 수 있다.

Q. 먼저, 예언자 말라기는 어떤 인물이었는지에 대해 설명해 주시길 바란다.

A. 말라기서가 12 소예언서 중에서 가장 마지막에 등장하고 구약 성경에서 가장 끝에 위치하고 있다고 해서 연대적으로 가장 후대에 기록되었다는 뜻은 아니다. 말라기 뒤에도 우리가 살펴보아야 할 예언자들이 몇 명 더 있다. 아쉬운 것은 말라기서 안에는 예언자의 집안 내력이나 자서전적인 정보, 그리고 그의 사회적 신분 등에 관한 아무런 정보가 없다는 점이다. 말라기서의 내용을 보더라도 당시의 왕이나 역사적 사건

에 대한 구체적인 언급이 없다. 그래서 말라기가 어느 시대에 살았고, 당시에 어떤 사회적인 문제가 발생했는지에 대해서는 정확히 알 수가 없다. 예언자가 살았던 시대적 상황에 대한 문제는 뒤에서 다시 살펴보도록 하겠다. 말라기라는 이름에 대해 먼저 살펴보면, 말라기는 "나의 사자"라는 뜻을 지니고 있다. 예언자 말라기는 여호와 하나님이 보낸 심부름꾼이라는 것이다. 실제로 말라기는 하나님의 부르심을 받고 사명을 받게 되는데, 3:1을 보면 다음과 같이 기록되어 있다: "만군의 여호와가 이르노라 보라 내가 내 사자를 보내리니 그가 내 앞에서 길을 준비할 것이요 또 너희가 구하는 바 주가 갑자기 그의 성전에 임하시리니 곧 너희가 사모하는 바 언약의 사자가 임하실 것이라." 말라기는 가까운 장래에 임하실 만군의 여호와 하나님의 길을 예비하는 임무를 담당했던 예언자였던 셈이다.

말라기의 시대적 배경

Q. 말라기라는 이름의 의미를 알고 보니, 매우 좋은 이름이라는 생각이 든다. 사실상 우리 성도들도 하나님이 이 땅에 보내신 사자들이다. 말라기처럼 하나님의 심부름꾼으로서의 사명을 잘 감당하는 성도들이 되기를 바란다. 이제 말라기가 살았던 시대적 배경에 대해서 설명해 주시길 바란다.

A. 정확히 확정지울 수는 없지만 여러 가지 상황을 고려해 볼 때 말라기는 대략 기원전 450년 전후에 활동했었던 것으로 추정된다. 말라기서는 이미 성전이 재건(기원전 520-515년)된 이후의 상황과 관련되고 있으며, 유다 지역이 페르시아의 총독에 의해 통치되고 있음을 암시하고 있다(말 1:8). 이 당시 유대 사회는 크게 두 가지 심각한 사회적인 문제를 안고 있었는데, 그것은 정치적이고 외교적인 문제라기보다는 유대 사회

의 내부적인 문제에 속하는 것이었다. 첫째는 유대인들의 종교적 열심이 식었다는 점이다. 당시 유대인들은 바벨론에서 돌아와 두 번째 성전을 건축하게 되면 하나님의 축복과 영광이 곧바로 임할 것이라고 생각했다. 그러나 이들의 기대와는 달리 유대 사회에 가시적인 변화는 일어나지 않았다. 물질적으로 풍족한 상태로 바뀌지도 않았고, 주변의 여러 정치적 여건들도 호전되지 않았다. 상황이 바뀌지 않자, 유대인들은 하나님의 존재에 대해 근본적인 회의를 품기 시작했다. 이와 관련된 구절 한 곳만 살펴보기로 하자: "너희가 말로 여호와를 괴롭게 하고도 이르기를 우리가 어떻게 여호와를 괴롭혀 드렸나이까 하는도다 이는 너희가 말하기를 모든 악을 행하는 자는 여호와의 눈에 좋게 보이며 그에게 기쁨이 된다 하며 또 말하기를 정의의 하나님이 어디 계시냐 함이니라"(말 2:17). 신앙의 회의는 곧바로 헌금생활에 대한 태만으로 이어졌다. 유대인들이 하나님께 드리는 십일조 헌금을 게을리 하는 현상이 일어난 것이다(말 3:7-12). 말라기서는 바로 이러한 신앙적인 문제를 다루고 있는데, 하나님의 은혜와 축복이 속히 임하지 않는 이유에 대해 설명하는 책이라고 볼 수 있다.

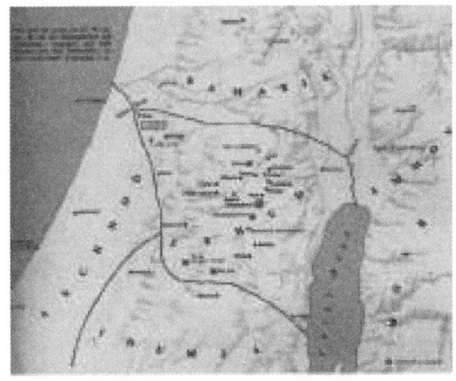

페르시아 시대의 유다

Q. 옛날이나 오늘이나 헌금생활은 신앙생활의 중요한 척도가 된다고 볼 수 있다. 신앙이 약화되는 중요한 증거가 바로 헌금생활을 통해 나타난다는 사실을 명심할 필요가 있다. 연약한 믿음은 인색한 헌금생활로 이어지는 법이다. 이제 예언자 말라기가 살았던 당시의 두 번째 문제가 무엇이었는지 설명해 주시길 바란다.

A. 둘째는, 유대인 남자들이 이방 여인들과 결혼하는 문제가 심각한 사회적 이슈가 되었다는 점이다. 심지어는 이방인 여인과 결혼하기 위해 자신의 유대인 아내를 내쫓거나 강제로 이혼하는 경우까지 발생하였기 때문에 유대인 사회는 불안정했고 뒤숭숭했었다. 이러한 이유 때문에 말라기서는 유대인들 사이의 이혼 문제와 유대인 남자들과 이방 여인들 사이의 잡혼 문제에 대해 많은 관심을 보이고 있다(말 2:10-16). 후에 에스라와 느헤미야가 유대인 사회를 개혁할 때에도 이방인 여자와의 결혼 문제는 매우 중요한 주제로 취급되기도 했다(스 10:1-44; 느 13:23-31). 다른 신들을 믿는 이방 여인들과의 결혼은 단순히 결혼의 문제로 끝나는 것이 아니라, 이방 문화와 이방 종교가 유대인들의 삶과 그들의 종교를 근본적으로 위협할 수 있었다. 가정에서 신앙적으로 하나가 되지 않으면 하나님의 축복을 경험하기 어렵다. 이방인들과의 결혼은 도덕성의 약화를 초래했고, 모세 율법과 하나님을 향한 예배 문제에 심각한 혼란과 부작용을 유발할 수밖에 없었다. 말라기가 활동했던 당시에 많은 유대 남자들은 믿음의 문제와 결혼의 문제를 서로 분리시켜 생각했는데, 이러한 인식은 포로 후기 유대인 사회를 하나로 통일시키고 발전시키는 데 결정적 장애가 되었다. 심지어 제사장 가정에서도 이방 여인들과의 결혼이 이루어지는 경우가 발생했는데, 이러한 악습은 예언자의 무서운 질타를 받을 수밖에 없었다. 당시의 이 같은 상황 가운데서 말라기는 유대 하나님의 백성들이 포로 후기 유대인 사회가 갖고 있던 정신적이

고 윤리적인 위기를 극복하고, 하나님을 향한 새로운 믿음을 갖도록 부단히 노력하였다.

말라기서의 구조와 메시지

Q. 말라기는 포로 후기 유대인 사회에 하나님의 축복이 아직 도래하지 않은 원인이 어디에 있는지를 밝히고, 잘못된 생각과 나태한 믿음생활을 지적한 예언자였다고 볼 수 있을 것 같다. 이제 말라기서의 구조에 대해 설명해 주시길 바란다.

A. 말라기서는 여섯 차례에 걸쳐 백성들에게 하나님의 말씀을 전파하는 형식을 취하고 있고, 책 끝에 예언서 전체를 요약하는 하나의 부록이 첨부되어 있다. 여섯 부분의 핵심적인 내용을 살펴보면 다음과 같다. 첫째 부분(1:2-5)은 절망과 실의에 빠져 있는 백성들을 향한 하나님의 사랑을 외친 위로의 말씀이다. 포로 후기 유대인들은 자신들이 하나님의 선택된 백성인가에 대한 의심을 품었지만, 말라기는 좋으신 하나님은 여전히 그들의 하나님이 되신다고 전하고 있다. 두 번째 부분(1:6-2:9)은 백성들과 거짓 제사장들의 죄를 고발하고 그들을 책망하는 말씀인데, 하나님을 향한 예배에는 무관심한 채 오직 제물에만 관심을 두는 불신앙적인 모습에 대해 고발하고 있다. 신명기의 말씀(신 15:21)은 흠이 없고 온전한 짐승으로 하나님께 제물을 드리라고 규정했는데, 말라기 시대의 백성과 제사장들은 이러한 규정을 무시하고 하나님께 드리기에 적합하지 못한 예물을 하나님께 가지고 나왔던 것이다. 이와 관련해서 말라기는 무서운 비판을 가한다: "너희가 더러운 떡을 나의 제단에 드리고도 말하기를 우리가 어떻게 주를 더럽게 하였나이까 하는도다 이는 너희가 여호와의 식탁은 경멸히 여길 것이라 말하기 때문이라 만군

의 여호와가 이르노라 너희가 눈 먼 희생제물을 바치는 것이 어찌 악하지 아니하며 저는 것, 병든 것을 드리는 것이 어찌 악하지 아니하냐 이제 그것을 너희 총독에게 드려 보라 그가 너를 기뻐하겠으며 너를 받아 주겠느냐"(말 1:7-8). 이처럼 예언자 말라기는 백성들과 제사장들로 하여금 마음과 정성을 담은 진실하고도 흠이 없는 제물을 하나님께 드릴 것을 강하게 요구하고 있다. 그러면서 페르시아의 총독에게도 바칠 수 없는 형편없는 제물을 하나님께 드리는 현 상황에 대해 말라기는 한탄하고 있다.

Q. 말라기의 예언은 오늘 우리에게도 동일하게 적용되는 말씀이다. 하나님은 우리의 마음과 뜻과 정성을 다하여 드리는 예배와 제물을 원하시는 분이심을 다시 한 번 묵상하도록 하자. 그리고 하나님께 정성을 다해 바치는 성도들이 되자. 말라기는 또 어떤 말씀들을 선포했는가?

A. 세 번째 부분(2:10-16)은 이방 여인들과 결혼하면서 파생되는 이혼과 혼혈 결혼의 문제를 언급하고 있는데, 이는 결혼의 신성함과 종교적 가치 문제를 다루고 있다고 할 수 있다. 여기서 말라기는 하나님께서는 이혼하는 것을 원하지 않는다는 점을 분명히 하고 있다: "이스라엘의 하나님 여호와가 이르노니 나는 이혼하는 것과 옷으로 학대를 가리는 자를 미워하노라"(말 2:16). 네 번째 부분(2:17-3:6)은 하나님의 정의에 대해 언급하고 있는데, 왜 하나님의 우주적인 정의가 실현되지 않는가의 문제를 다루고 있다. 이 질문에 대해 하나님은 다음과 같이 대답하고 계신다: "내가 심판하러 너희에게 임할 것이라 점치는 자에게와 간음하는 자에게와 거짓 맹세하는 자에게와 품꾼의 삯에 대하여 억울하게 하며 과부와 고아를 압제하며 나그네를 억울하게 하며 나를 경외하지 아니하는 자들에게 속히 증언하리라 만군의 여호와가 말하노라"(말 3:5). 여

기서 예언자는 하나님께서 살아 계시다는 것이 곧 증명될 것인데, 하나님의 정의를 왜곡하는 자들은 반드시 심판을 받게 될 것이라고 확신하고 있다.

Q. 하나님의 침묵은 영원한 것이 아니며, 한시적이라는 사실을 우리들은 반드시 기억해야만 한다. 하나님의 정의와 의의 최후 승리를 믿는 자들은 불신앙적인 행동을 하지 않는다. 우리는 하나님의 정의와 의는 반드시 승리한다는 확신을 가지고 어떠한 환경 가운데서도 인내로써 하나님으로 향한 믿음을 굳게 지켜야 할 것이다. 이어서 말라기서의 나머지 부분에 대해서도 설명해 주시길 바란다.

A. 다섯 번째 부분(3:7-12)은 십일조에 대한 문제를 다루고 있는데, 부과된 십일조를 온전하게 드리는 것이 참된 신앙인의 거룩한 의무라는 점을 강조하고 있다. 말라기는 여기서 매우 중요한 말씀을 선포하였는데, 가뭄과 흉작과 메뚜기 재난을 당하는 것은 백성들이 하나님께 십일조를 온전하게 드리지 않았기 때문이라고 지적하였다(말 3:9). 말라기는 십일조를 비롯해서 다른 봉헌물을 드리지 않는 것을 하나님의 것을 도둑질하는 나쁜 행위로 간주하면서(말 3:8) 하나님을 향한 신실한 헌신을 당부하였다: "만군의 여호와가 이르노라 너희의 온전한 십일조를 창고에 들여 나의 집에 양식이 있게 하고 그것으로 나를 시험하여 내가 하늘 문을 열고 너희에게 복을 쌓을 곳이 없도록 붓지 아니하나 보라"(말 3:10). 우리는 말라기를 통해 들려주시는 하나님의 말씀을 우리의 마음판에 새겨야 한다. 모든 물질의 근원이 하나님께 있음을 기억하고, 가난 중에도 감사하며 풍요로움 속에서는 더욱 헌신할 수 있는 귀한 믿음의 모습을 간직할 수 있기를 바란다. 물질 문제로 하나님 앞에 바로 서지 못하면 깊은 믿음의 세계를 체험할 수 없고, 시험에 빠져 불평과 불만

가운데 살아가는 믿음의 낙오자들이 되고 만다. 윤리적인 방종과 신앙적인 교만에 빠지지 말고, 물질의 유혹에 넘어지지 않는 굳건한 성도들이 되길 바란다. 하나님의 축복에는 신앙적인 의무가 뒤따른다는 사실을 반드시 기억해야만 한다.

Q. 많은 신앙인들이 올바른 물질관을 가지고 있지 못해서 때때로 넘어지는 경우를 볼 수 있는데, 말라기의 말씀을 통해서 새롭게 결단하고 물질 문제에서 승리하는 성도들이 되길 바란다. 성경에 등장하는 인물 중에서 물질 문제로 인해 넘어진 자들이 있는데, 간략하게 그들에 대해 소개해 주시길 바란다.

A. 신약의 대표적인 인물은 초대 교회 성도였던 아나니아와 삽비라이다(행 5:1-11). 이 부부는 자신의 전 재산을 팔아 하나님께 드리겠다는 믿음의 결단이 있었지만, 하나님께 자신의 재산을 드리는 과정 가운데 일부 재산을 빼돌린 채 그 나머지를 헌금으로 드리면서 마치 전 재산을 드리는 것처럼 거짓말을 하였기 때문에 그들은 결국 하나님의 심판을 받는 불행한 사태를 맞고 말았다. 구약의 인물 중에는 아간이 있다. 아간은 여리고 성을 점령할 때에 여호수아의 명령을 어기고 아름다운 외투 한 벌과 얼마간의 금덩이를 몰래 빼돌렸다가 큰 불행을 자초하고 말았다(수 7:1-26). 하지만 물질 때문에 괴로움을 당하는 것은 비단 아나니아와 삽비라, 그리고 아간만의 문제는 아닐 것이다. 사실 우리 모두가 이 물질 문제에서 자유롭지 못하다. 어떻게 보면 우리는 매일매일의 일상 속에서 이 물질 문제로 시험을 당하며, 좀더 깨끗하게 살기 위해 고민하며 몸부림치며 살아가고 있다. 예수님도 물질의 시험을 받으셨다. 공생애를 시작하시기 전에 예수님은 40일간 광야에서 금식하며 기도하셨는데, 마귀가 나타나 예수님에게 3가지를 시험하셨다(마 4:11). 그중 첫 번째가 돌을 떡덩이가 되게 하라는 시험이었는데, 그것이 바로 먹을 것, 즉 물질

과 소유에 관한 시험이었던 것이다. 이것은 매우 중요한 신앙적인 의미가 있다. 예수님도 물질에 관한 시험을 받으셨으며, 이 시험에서 통과하신 이후에야 비로소 메시아로서의 사명을 제대로 감당할 수 있었다. 마찬가지로 우리들이 사명자로서 부르심을 받고 하나님의 일을 하게 될 때에 가장 먼저 다가오는 것이 바로 물질에 관한 시험이고, 이 시험에서 통과하는 자만이 올바른 사명을 감당할 수 있음을 기억해야 한다. 이 시험에 통과하지 못하면 삯군 목자나 거짓 선지자가 되고, 하나님의 영광과 교회의 부흥을 가로막는 믿음의 훼방꾼이 되고 마는 것이다. 십일조와 물질 문제에서 합격 판정을 받는 모든 성도들이 되기를 간절히 바란다.

Q. 말라기의 말씀을 통해 매우 실제적이고도 중요한 신앙생활의 표준을 배우고 있다고 생각된다. 이제 말라기서의 마지막 부분에 대해 설명해 주시길 바란다.

A. 말라기서의 마지막 여섯 번째 부분(3:13-4:3)은 악인이 잘되고 의인이 고난을 받는 현실을 바라보며 낙심 가운데 살아가는 자들을 위로하고, 하나님의 정의를 변호하고 있는 말씀을 담고 있다. 또한 말라기 당시에 사람들이 하나님에 대해 어떻게 생각하고 있었는지에 대한 내용이 본문에 소개되고 있다: "너희가 말하기를 하나님을 섬기는 것이 헛되니 만군의 여호와 앞에서 그 명령을 지키며 슬프게 행하는 것이 무엇이 유익하리요 지금 우리는 교만한 자가 복되다 하며 악을 행하는 자가 번성하며 하나님을 시험하는 자가 화를 면한다 하노라 함이라"(말 3:14-15). 사실 우리 주변에서도 세상의 왜곡된 현상들을 바라보며 하나님의 존재를 부인하고 믿음을 버리는 경우가 있는데, 말라기는 이러한 자들에게 다음과 같이 선포한다: "그 때에 여호와를 경외하는 자들이 피차에

말하매 여호와께서 그것을 분명히 들으시고 여호와를 경외하는 자와 그 이름을 존중히 여기는 자를 위하여 여호와 앞에 있는 기념 책에 기록하셨느니라 만군의 여호와가 이르노라 나는 내가 정한 날에 그들을 나의 특별한 소유로 삼을 것이요 또 사람이 자기를 섬기는 아들을 아낌 같이 내가 그들을 아끼리니 그때에 너희가 돌아와서 의인과 악인을 분별하고 하나님을 섬기는 자와 섬기지 아니하는 자를 분별하리라"(말 3:16-18). 대부분의 사람들은 보이는 현상만을 가지고 판단하는데, 믿음의 세계는 좀더 깊고 오묘한 차원이 있음을 알아야 한다. 하나님은 자신을 경외하는 거룩한 자들을 반드시 기억하시고 그들에게 치료의 광선을 비추시지만, 하나님의 정하신 때가 이르면 교만한 자와 악을 행하는 자들에게는 극렬한 풀무불 같은 심판을 내리실 것이며, 그들을 지푸라기 같은 무가치한 존재로 퇴락시킬 것이라고 말라기는 분명하게 외치고 있다(말 4:1-3).

말라기 4:4-6: 신약 성경으로 들어가는 문

Q. 히브리서 11:1에 보면 "믿음은 바라는 것들의 실상이요 보지 못하는 것들의 증거"라고 했는데, 우리는 신앙생활하면서 너무 보이는 현상에만 집착하며 살 때가 많다. 말라기의 말씀을 배우면서 좀더 넓고 깊은 믿음의 세계를 바라볼 수 있는 눈이 열리게 되기를 바란다. 지금까지 말라기서를 구성하고 있는 여섯 부분의 구조와 메시지를 공부했는데, 다음에는 어떤 내용을 전해주실 것인가?

A. 이미 서두에 밝혔듯이 말라기서는 구약과 신약을 잇는 특별한 책이다. 4:4-6은 예언서 전체의 결론이면서 동시에 신약으로 향하는 서론 부분이라 할 수 있다. 먼저 이 부분을 읽어보도록 하자: "너희는 내가 호

렙에서 온 이스라엘을 위하여 내 종 모세에게 명령한 법 곧 율례와 법도를 기억하라 보라 여호와의 크고 두려운 날이 이르기 전에 내가 선지자 엘리야를 너희에게 보내리니 그가 아버지의 마음을 자녀에게로 돌이키게 하고 자녀들의 마음을 그들의 아버지에게로 돌이키게 하리라 돌이키지 아니하면 두렵건대 내가 와서 저주로 그 땅을 칠까 하노라 하시니라." 이 부분의 핵심은 두 가지이다. 첫째로, 구약의 예언서는 모세의 율법과 밀접하게 연관되어 있는데, 모세가 하나님의 율법을 받아 백성들을 교훈하는 자였다면, 이에 반해 예언자 엘리야는 그 율법의 말씀을 토대로 백성들에게 하나님의 역사의 방향을 알려준 위대한 지도자였다. 즉 이 부분은 구약에 등장한 여러 예언자들의 활동의 의미를 정리하면서 예언서를 결론짓고 있는 것으로 보인다. 둘째로, 예언자 엘리야는 여호와의 날이 이르기 전에 다시 와서 강퍅한 백성들의 마음을 하나님에게로 돌이키게 할 것이라고 말라기는 예고하고 있다. 이 부분은 신약의 말씀과 연결되고 있다. 복음서를 읽다보면 세례 요한을 엘리야로 생각하고 메시아로서의 예수님의 사역을 "여호와의 크고 두려운 날"의 도래로 이야기하는 부분이 나오는데(마 17:10-13; 막 9:11-13; 눅 1:17), 이것은 바로 예언자들의 예언 활동과 예수님의 사역이 밀접하게 연관되어 있다는 것을 말해주는 것이다.

Q. 복음서를 읽다보면 엘리야가 종종 언급되는데, 그 정확한 의미와 이유를 알지 못했다. 이제 복음서에 엘리야가 등장하는 이유를 이해할 수 있을 것 같은데, 변화 산 사건에서도 엘리야가 등장하고 있지 않은가?

A. 그렇다. 예수님께서 어느 날 높은 산에 올라가셨는데, 갑자기 모세와 엘리야와 예수님, 이 세 사람의 얼굴이 해 같이 빛나고 옷이 빛과 같이 희어지는 변화가 일어났다(마 17장). 그래서 이 사건이 일어난 산을 일명

'변화 산'이라고 일컫는다. 모세는 율법을 대표하고, 엘리야는 예언자를 대표한다고 볼 수 있다. 하지만 더욱 중요한 것은 말라기 4:5의 말씀처럼 엘리야가 와서 활동해야 여호와의 날이 도래하고 메시아가 등장한다는 것이다. 변화 산에 엘리야가 등장하는 것은 바로 이러한 이유 때문이다. 변화 산 사건을 보도하는 끝 부분인 마태복음 17:10-13을 읽어보도록 하자: "제자들이 물어 가로되 그러면 어찌하여 서기관들이 엘리야가 먼저 와야 하리라 하나이까 예수께서 대답하여 이르시되 엘리야가 과연 먼저 와서 모든 일을 회복하리라 내가 너희에게 말하노니 엘리야가 이미 왔으되 사람들이 알지 못하고 임의로 대우하였도다 인자도 이와 같이 그들에게 고난을 받으리라 하시니 그제서야 제자들이 예수께서 말씀하신 것이 세례 요한인 줄을 깨달으니라." 정리하면, 예수님의 탄생과 사역은 이미 구약의 예언자들에 의해 예언되었고, 세례 요한은 말라기의 말씀에 있는 것처럼 제2의 엘리야와 같은 인물이었다는 것이다.

Q. 말라기를 공부하다 보니, 예수님께서 제자들에게 "사람들이 나를 누구라고 하느냐?"라고 물으셨던 장면이 생각난다. 그때 나온 대답 중에 하나가 엘리야였던 것으로 기억한다. 이때의 질문과 대답은 어떤 내용인지 설명해 주시길 바란다.

A. 이 질문은 변화 산 사건이 일어나기 바로 직전에 있었던 상황이다. 마태복음 16:13 이하를 보면, 예수님이 가이사랴 빌립보 지방을 방문했을 때 제자들을 불러놓고 "사람들이 인자를 누구라 하느냐?"고 질문하는 장면이 나온다. 그때 제자들이 어떤 사람들은 예수님을 세례 요한이라고 말하기도 하고, 어떤 사람들은 예수님을 엘리야라고 말한다고 대답하였다. 이 내용을 통해 알 수 있는 것은 사람들은 아직 예수님이 메시아인줄을 몰랐고, 그래서 메시아의 사역을 준비하는 엘리야로만 생각하

기도 했다는 것이다. 사람들은 말라기의 예언의 말씀을 기억하면서 엘리야와 메시아를 기다리고 있었다는 말이다. 이렇게 볼 때 말라기의 예언의 말씀은 신약 시대 이스라엘 백성들에게 매우 중요한 영향을 미치고 있었다는 사실을 알 수 있다. 또한 복음서와 예수님의 사역을 이해하는 데 매우 중요한 역할을 담당했다고 평가할 수 있다. 정리하면, 말라기서는 "신약 성경으로 들어가는 문"이라고 정의할 수 있다.

지금까지 예언서와 구약 성경의 가장 마지막 부분에 위치하고 있는 말라기서를 공부하였다. 말라기는 신앙의 회의를 가졌던 자들에게 하나님은 여전히 정의로우신 분임을 알려주고, 십일조를 비롯한 헌금을 온전하게 드려야 하나님의 축복을 경험할 수 있다는 점을 선포한 예언자였다. 뿐만 아니라, 말라기는 메시아로서의 예수님의 사역과 메시아를 준비하는 자로서의 세례 요한의 관계를 알려주었던 위대한 예언자였다는 사실을 분명히 알 수 있었다. 독자들은 모두 어떤 상황에서도 믿음이 흔들리지 않고 메시아 되시는 주님만을 의지하기를 바란다.

제2장 요엘 _ 요엘 1-3장

예언자 요엘

Q. 앞 장에서는 예언자 말라기에 대해서 공부하였다. 이를 통해 우리는 말라기가 메시아의 도래를 준비했던 하나님의 심부름꾼으로서의 역할을 충실히 수행한 예언자였다는 사실을 확인할 수 있다. 이번에 공부할 예언자는 어떤 예언자인가?

A. 이번에 살펴볼 예언자는 요엘이다. 그의 예언을 모아놓은 요엘서는 12 소예언서 중 호세아서 다음, 즉 두 번째에 위치하고 있다. 요엘서는 총 3장 73절의 분량으로 구성되어 있는데, 히브리어 성경의 경우는 이와 약간 다른 구성을 보인다. 즉 만민에게 하나님의 영을 부어주겠다는 약속의 말씀인 2:28-32이 히브리어 성경은 독립된 한 장으로 구성되어 있다. 이에 따라 히브리어 성경은 요엘서가 4장 73절로 한 장이 더 늘어난 형태를 보이고 있다.

Q. 요엘서를 구체적으로 살펴보기 전에 먼저 예언자 요엘에 대해 설명해 주시길 바란다. 그는 어떤 삶의 배경을 가진 자인가?

A. 요엘에 대해 소개하는 1:1을 살펴보자: "브두엘의 아들 요엘에게 임한 여호와의 말씀이라." 이 구절을 보면, 요엘은 브두엘의 아들이라고만 소개되고 있다. 아쉽게도 구약 성경은 요엘에 대해 그 이상의 정보를 제공해주지 않고 있다. 요엘서 이외에도 요엘에 대해 알려주는 내용이 전혀 없다. 따라서 그의 개인적인 삶이나 가정적인 배경에 대해서는 정확

히 알 수가 없다. 단지 요엘과 그의 아버지 브두엘이라는 이름이 갖고 있는 신앙 고백적인 의미를 통해, 그가 철저한 신앙적인 배경을 지닌 가정의 출신이라는 것만을 추측할 수 있을 뿐이다. 요엘이라는 이름에서 '요'(י)는 여호와의 준말이고, '엘'(אל)은 하나님을 뜻한다. 그러므로 요엘이라는 이름은 "여호와가 (참) 주님이시다"를 뜻한다. 더욱이 요엘의 아버지 이름인 브두엘 역시 "하나님께서 열어주시다"를 뜻하는 것으로, 신앙적인 의미를 품고 있다.

Q. 여기서 한 가지 의문이 든다. 우리가 지금까지 예언자들을 공부해 오면서 연대기적으로 살펴보고 있다. 그렇다면 순서상으로 보면 요엘도 포로 후기의 인물일 것 같은데, 그럼에도 요엘서는 기원전 8세기 예언서에 속하는 호세아서와 아모스서 사이에 등장하고 있다. 요엘은 어느 시대의 인물인가?

A. 아주 좋은 질문이다. 요엘서 자체는 요엘이 어느 때의 인물인지에 대한 정확한 정보를 제공하지 않는다. 더욱이 요엘서의 내용도 특정한 역사적인 사건을 언급하지 않는다. 그래서 요엘의 활동 연대를 추정하는 데는 많은 어려움이 있다. 어떤 학자들은 요엘을 포로기 이전의 예언자로 보고 있지만, 다른 예언자들은 기원전 350년경에 활동한 예언자로 추측하고 있다. 최근에는 후자의 견해를 지지하는 학자들이 대다수인데, 3:6에 언급된 "헬라 족속"이라는 단어 때문이다. 이 구절을 보면, 유다 사람들과 예루살렘 사람들이 헬라 사람들에게 노예로 팔렸다는 내용이 언급이 되는데, 이것은 역사적으로 기원전 350년 이전에는 불가능한 상황이기 때문이다. 게다가 내용적으로 보더라도 요엘 3장은 묵시문학적으로 종말의 사건들을 묘사하고 있다. 이러한 방식은 연대적으로 후대에 탄생한 문학 형식에 속한다. 더욱이 요엘서에는 왕이나 왕자 혹은 국가 지도자들의 명칭에 대한 아무런 언급이 없기 때문에 요엘의

연대를 왕국 시대로 잡기에는 무리가 있다. 그럼에도 요엘서가 호세아서와 아모스서 사이에 위치하고 있는 것은 요엘 3:16,18과 아모스 1:2; 9:13 사이의 내용과 문체상의 유사성 때문이다:

요 엘	아 모 스
3:16 여호와께서 시온에서 부르짖고 예루살렘에서 목소리를 내시리니 하늘과 땅이 진동하리로다 그러나 여호와께서 그의 백성의 피난처, 이스라엘 자손의 산성이 되시리로다 3:18 그 날에 산들이 단 포도주를 떨어뜨릴 것이며 작은 산들이 젖을 흘릴 것이며 유다 모든 시내가 물을 흘릴 것이며 여호와의 성전에서 샘이 흘러 나와서 싯딤 골짜기에 대리라	1:2 그가 이르시되 여호와께서 시온에서부터 부르짖으시며 예루살렘에서부터 소리를 내시리니 목자의 초장이 마르고 갈멜 산 꼭대기가 마르리로다 9:13 여호와의 말씀이니라 보라 날이 이를지라 그때에 파종하는 자가 곡식 추수하는 자의 뒤를 이으며 포도를 밟는 자가 씨 뿌리는 자의 뒤를 이으며 산들은 단 포도주를 흘리며 작은 산들은 녹으리라

요엘서의 구조와 내용

Q. 요엘서의 일부 구절과 아모스서의 일부 구절이 서로 유사하기 때문에 요엘서가 아모스서 바로 앞에 위치하게 되었음을 알게 되었다. 이제 요엘서의 구조와 내용에 대해 설명해 주시길 바란다.

A. 요엘서는 크게 두 부분으로 나눌 수 있다. 첫 번째 부분은 1:1-2:27인데, 요엘 시대에 일어난 메뚜기의 재앙을 생생하게 묘사하고 있다. 메뚜기가 일으킨 폐해는 과거 그 어느 때보다 심각한 전무후무한 재난이며, 잔인하게 약탈하는 침략군과 같다고 요엘은 설명하고 있다. 메뚜기 떼에 의한 무시무시한 재앙을 가장 잘 묘사하는 구절 중의 하나가 1:4이다: "팥중이가 남긴 것을 메뚜기가 먹고 메뚜기가 남긴 것을 느치가 먹고 느치가 남긴 것을 황충이 먹었도다." 이 구절은 문학적으로 아주

뛰어난 시적인 묘사인데, 짤막짤막한 문장을 통해 메뚜기 재앙의 파괴력을 실감나게 표현해 주고 있다. 여기에 등장하는 "팥중이, 메뚜기, 느치, 황충"이라는 네 개의 서로 다른 명칭은 메뚜기의 네 단계의 성장단계를 나타내는 것이다. 요엘은 반복적으로 일어나는 메뚜기의 침략을 시적으로 생생하게 묘사하기 위해 명칭을 바꾸어 가면서 표현한 것이라고 볼 수 있는데, 메뚜기의 침략이 엄청난 규모의 손실을 일으킨 끔찍스러운 대재난이었음을 알 수 있다.

Q. 메뚜기 재앙은 이미 출애굽 사건에서도 들은 바 있다(출 10:1-20). 고대 이집트와 팔레스틴 지역에서 이 메뚜기 재앙은 종종 있었던 것으로 알고 있는데, 예언자 요엘이 이전에 있었던 이 메뚜기 재앙을 언급함으로써 말하려고 했던 것은 무엇인가?

A. 요엘이 선포하려고 했던 것은 이스라엘 땅에 임한 메뚜기 재앙과 땅의 황폐화는 백성들의 죄악에 대한 하나님의 심판이라는 것이다. 다시 말해, 메뚜기 재앙은 우연히 발생한 자연재해가 아니라, 이스라엘 백성들이 죄악을 범했기 때문에 하나님께서 계획적으로 보내신 심판 재앙이라는 것이다. 요엘이 진심으로 선포하려고 했던 것은 백성들의 죄의 고백과 회개였다고 볼 수 있다. 무서운 메뚜기 재앙은 하나님의 최종적인 심판이 아니라, 더 큰 심판의 날을 경고하는 예비적인 사건일 뿐이기 때문이다. 요엘은 백성들에게 회개와 금식과 기도를 촉구하고 있다: "여호와의 말씀에 너희는 이제라도 금식하고 울며 애통하고 마음을 다하여 내게로 돌아오라 하셨나니 너희는 옷을 찢지 말고 마음을 찢고 너희 하나님 여호와께로 돌아올지어다 그는 은혜로우시며 자비로우시며 노하기를 더디하시며 인애가 크시사 뜻을 돌이켜 재앙을 내리지 아니하시나니 주께서 혹시 마음과 뜻을 돌이키시고 그 뒤에 복을 내리사 너희

하나님 여호와께 소제와 전제를 드리게 하지 아니하실는지 누가 알겠느냐 너희는 시온에서 나팔을 불어 거룩한 금식일을 정하고 성회를 소집하라"(2:12-15). 우리는 여기서 요엘의 음성을 다시 한 번 듣고 우리의 삶에 적용할 필요가 있다. 진정한 회개란 우리의 강퍅한 마음을 찢고 하나님께 겸손히 나아가는 것이다. 현대인들의 삶은 너무 바쁘고 여유가 없어서 마음으로 울고 진심으로 금식하는 것이 쉽지 않은데, 예언자 요엘의 메시지가 우리의 심금(心琴)을 울려 진정으로 하나님을 만나는 귀한 역사가 일어날 수 있기를 바란다.

Q. 요엘의 말씀 중에서 "마음을 찢고 여호와에게로 돌아오라"는 말씀이 우리를 크게 감동시킨다. 형식적으로 옷을 찢는 행동이 아니라 진심으로 하나님께로 나아가는 마음 자세가 중요하다는 말씀인데, 이 말씀에 대해 조금 더 자세히 설명해 주시길 바란다.

A. 이스라엘 사람들은 슬픔이나 재난을 당했을 때 땅바닥에 앉아 옷을 찢고 머리에 재를 뿌리고 금식하였다. 하지만 이러한 행동은 습관적이었기 때문에 너무나도 쉽게 외형적으로 흐르고 말았다. 사람들이 죄악을 범한 후에는 제사를 드리면서 죄 용서함을 받았다고 너무나도 쉽게 스스로를 위로하고는 또다시 죄를 범하는 삶을 살아간다. 마찬가지로 옷을 찢고 금식하는 종교적인 행위도 너무나도 형식적이고 율법적으로 흘러가고 말았다. 이러한 습관적인 종교적 행위는 크나큰 불행이라고 말할 수 있다. 우리가 오랫동안 신앙생활을 하다보면 이러한 종교적 매너리즘(mannerism)에 빠질 수가 있다. 예배나 기도나 찬양이 습관화되고 형식화되면 감격과 감사를 잃어버릴 수 있다. 바리새인들과 사두개인들이 빠졌던 함정이 바로 타성에 젖은 종교적 습관이었다. 예수님은 이러한 바리새적인 행동을 철저히 경계하셨다. 이에 성도들은 복잡하고

어려운 생활 속에서도 언제나 마음을 새롭게 하여 30배 60배 100배의 열매를 맺을 수 있게 되기를 바란다. 종교적 형식주의에 빠지지 말고 마음을 찢는 신앙생활을 통해 영원히 승리하시는 모든 성도들이 되기를 간절히 바란다.

Q. 예언자 요엘이 외친 진정한 회개, 금식, 기도가 우리 모두에게도 일어나기를 기대해 본다. 이제 요엘서의 두 번째 부분에 대해서 설명해 주시길 바란다.
A. 요엘서의 두 번째 부분은 2:28-3:21이다. 이 부분은 마지막 때에 임하는 "여호와의 날"에 대한 예언이라고 볼 수 있다. 요엘은 하나님이 활동하시는 마지막 여호와의 날은 크고 두려운 날이고, 세계의 모든 열방들을 심판하시는 무시무시한 날이 될 것이라고 선포하고 있다. 하나님은 특별히 우상을 섬기는 죄악을 범하고 하나님의 백성들을 핍박한 두로와 시돈과 블레셋을 반드시 징벌하실 것이라고 말씀하고 있다. 요엘은 이렇게 무섭고 두려운 날에 오직 여호와의 이름을 부르는 자만이 구원을 얻을 수 있다는 사실을 강조하고 있다: "누구든지 여호와의 이름을 부르는 자는 구원을 얻으리니 이는 나 여호와의 말대로 시온 산과 예루살렘에서 피할 자가 있을 것임이요 남은 자 중에 나 여호와의 부름을 받을 자가 있을 것임이니라"(2:32). 요엘은 경건한 자들도 여호와에 날에 임하는 심판으로부터 완전히 자유로운 것은 아니지만, 그들의 경우에는 무시무시한 파멸로 끝나는 것이 아니라 마지막 고난을 거친 후에 구원을 받을 것이라고 선포하고 있다. 요엘은 구원의 감격과 기쁨이라는 것은 평탄한 상황에서 이루어지는 것이 아니라, 고난과 환난의 길에서 획득될 수 있다는 심오한 진리를 표현하고 있다. 우리는 여기서 다시 한 번 예언자 요엘의 메시지를 묵상할 필요가 있다. 요엘은 환란과 심판 가운데서도 하나님의 이름을 부르며 경건한 믿음을 소유한 자들만은

무시무시한 여호와의 날에 구원을 얻을 수 있다고 외치고 있다. 믿음의 사람들에게 고난과 환란은 멸망으로 가는 길이 아니라, 구원에 이르는 관문이 된다. 사도 바울은 이 요엘의 선포를 받아들여 로마서 10:13에서 "누구든지 주의 이름을 부르는 자는 구원을 받으리라"고 외쳤는데, 유대인뿐만 아니라 모든 이방인들에게도 구원의 감격이 가능하다는 사실을 증언하는 데 이 요엘의 예언을 활용하였던 것이다.

Q. 하나님은 참으로 좋으신 분이시다. 심판과 멸망이 임하는 "여호와의 날"에 하나님의 이름을 부르며 하나님을 찾는 자들에게는 구원의 기쁨을 선물로 주시는 분이시기 때문이다. 암담하고 어두운 현실 속에서 살아가는 세상의 모든 사람들이 사랑과 은혜의 하나님을 경험하며 그분의 사랑을 고백할 수 있기를 바란다. "여호와의 날"에 또 어떤 일이 일어날 것이라고 요엘이 말하고 있는가?

A. 여호와의 날에는 하나님의 영이 모든 백성에게 임하게 될 것이라고 말하고 있다. "하나님의 영"의 소유는 원래는 사사들이나 왕, 예언자들, 혹은 특별히 선택을 받은 카리스마적 지도자들만의 특권이었다(삼상 10:6,10; 사 11:2). 하지만 여호와의 날이 도래하면 특별한 사람들만이 아니라, 모든 백성들이 "하나님의 영"을 받게 된다는 것이다: "그 후에 내가 내 영을 만민에게 부어 주리니 너희 자녀들이 장래 일을 말할 것이며 너희 늙은이는 꿈을 꾸며 너희 젊은이는 이상을 볼 것이며 그 때에 내가 또 내 영을 남종과 여종에게 부어줄 것이며"(2:28-29). 이 구절은 우리가 자주 부르는 복음성가의 가사이기도 한데, 이 구절이 말하려는 두 가지 사실을 인식할 필요가 있다. 첫째로, "여호와의 날"에는 온 백성이 직접 하나님과 관계를 맺고 교제할 수 있다는 것이다. 그 날에 하나님의 영을 소유하게 되면 누구든지 다른 사람을 매개로 하거나 특별한 영적

인 해석 없이도 스스로 하나님이 계시하시는 언어들을 이해할 능력을 갖게 될 것이고, 하나님과 인간 사이를 중재하는 제사장이나 예언자는 더 이상 필요가 없을 것이라는 말이다. 이것은 구약 시대에서 신약 시대로 넘어가는 과도기적 사상에 속한다고 볼 수 있다. 구약 시대에는 반드시 제사장이나 예언자나 왕이나 사사와 같은 특별한 사람들을 통해 하나님의 뜻이 전달되었으나, 하나님의 영이 지배하는 새로운 시대에는 하나님의 영을 소유한 모든 사람들이 하나님과 직접적으로 교제할 수 있다는 것이다. 이것은 바로 사도행전 2:14-21의 베드로의 설교처럼 예루살렘 교회의 오순절 사건 때에 그대로 실현되었고, 오늘날도 하나님의 영을 체험하는 사람들은 누구나 하나님의 일꾼이 될 수 있다는 사실과 관련되어 있다. 요엘의 예언은 오늘날 교회에서 봉사하고 헌신하는 모든 평신도들에게 힘이 되는 귀한 말씀이라고 생각할 수 있다. 하나님의 일은 목회자들만이 하는 것이 아니라 부름 받고 하나님의 영을 체험한 사람이면 누구나 할 수 있다.

Q. 여호와의 날에는 하나님께서 만민에게 하나님의 영을 부어주실 것이라는 요엘의 예언은 그대로 성취되어서 오늘날 우리 모든 성도들이 행복하게 하나님의 축복을 직접적으로 경험하며 살아갈 수 있다고 생각한다. 모든 사람들에게 하나님의 영이 임하게 될 것이라는 요엘의 예언의 두 번째 의미는 무엇인가?

A. 둘째로, 하나님의 영의 임재는 현존하는 사회적인 한계와 계층을 뛰어넘을 것이라는 뜻이다. 하나님의 영은 아들들과 딸들과 늙은이들과 젊은이들 이외에 "남종과 여종"에게도 임하게 될 것이라고 선포되었다. "남종과 여종"에게도 하나님의 영이 임하게 될 것이라는 사실은 엄격한 계급 사회였던 구약 시대에는 감히 상상할 수도 없는 선포였다고 볼 수

있다. 일종의 신앙적인 노예 해방의 선언인 셈이다. 하나님은 신분과 빈부귀천을 가리지 않고 역사하시며, 사회적으로 천히 여김을 받는 사람들이라도 얼마든지 복음의 진리 안에서 해방의 기쁨과 감격을 경험할 수 있다는 것이다. 우리나라의 선교 역사가 보여주듯이, 처음에 우리나라에 복음이 전래되었을 때에 양반과 상놈이라는 사회적인 신분이 붕괴되었고, 남존여비 사상이 복음 안에서 용해되었다. 이른바 상놈이 양반과 함께 교회에 다닐 수 있었고, 동등한 상황에서 직분을 받았다. 그리고 여자가 남자와 함께 예배를 드리며 하나님께 영광을 돌릴 수 있었다. 이것이 바로 복음의 능력이다.

요엘서의 문학적 특징

Q. 그렇다. 복음은 위대한 힘을 지니고 있다. 하나님의 영을 소유함으로 능력 있는 성도들로 살아가시기를 바란다. 지금까지 요엘서의 구조와 내용을 살펴보았는데, 이제 요엘서의 특징에 대해서도 설명해 주시길 바란다.

A. 요엘서는 문학적으로 매우 뛰어난 책이라고 평가할 수 있다. 요엘서가 지니고 있는 몇 가지 문학적인 특징을 소개해 보도록 하겠다. 첫째로, 요엘서는 직유법(直喩法)을 자주 사용하였다. 직유법이란 자주 활용되는 수사법 중의 하나로 어떤 사물을 다른 사물에 직접적으로 빗대어 나타내는 표현법인데, "-같이, 혹은 -처럼"을 사용하여 겉으로 드러난 유사성을 분명하게 드러내고자 한다. 1:6은 이스라엘을 침략한 무서운 적군에 대해 직유법을 사용하여 표현하고 있다: "다른 한 민족이 내 땅에 올라왔음이로다 그들은 강하고 수가 많으며 그 이빨은 사자의 이빨 같고 그 어금니는 암사자의 어금니 같도다." 사자의 이빨과 암사자의 어금니를 비유로 들어서 침략군의 사나운 모습을 설명하고 있다. 이외에

2:4-7에서도 직유법이 사용되었는데, 무시무시한 메뚜기 떼의 공격을 도시를 공격해 들어오는 군대의 돌진으로 비유하여 묘사하고 있다. 두 번째로, 요엘서는 동의적 평행법을 자주 사용하고 있다. 동의적 평행법이란 단어와 문장이 바뀌어 등장하지만 사실은 동일한 내용을 반복하여 전달하는 강조법이다. 예를 들어, 1:5을 읽어보도록 하자:

"취하는 자들아   너희는 깨어 울지어다
포도주를 마시는 자들아   너희는 울지어다."

앞에 언급된 '취하는 자들'은 뒤에서 '포도주를 마시는 자들'로 정의되었고, '너희는 깨어 울지어다'는 '너희는 울지어다'로 요약되었다. 이렇게 서로 다른 단어와 문장을 사용하여 동일한 내용을 강조하려는 수사법을 동의적 평행법이라고 한다. 이것은 시편에 특히 자주 사용된다. 시편 146:2를 살펴보도록 하자:

"나의 생전에   여호와를   찬양하며
나의 평생에   내 하나님을   찬송하리로다.

여기서도 '나의 생전'은 '나의 평생'과, '여호와'는 '하나님'과, 그리고 '찬양하다'는 '찬송하다'와 동의어적으로 사용된 것을 볼 수 있다. 세 번째로, 요엘서는 '여호와의 날'을 나타낼 때 은유법을 사용하였다. 2:2을 보면, 여호와의 날은 "어둡고 캄캄한 날이요 짙은 구름이 덮인 날이라 새벽 빛이 산 꼭대기에 덮인 것과 같으니 이는 많고 강한 백성이 이르렀음이라 이와 같은 것이 옛날에도 없었고 이후에도 대대로 없으리로다." 여호와의 날이 얼마나 무서운가를 여러 비유적인 단어들을 빌려 실감나게 표현하고 있음을 알 수 있다.

지금까지 예언자 요엘에 대해 공부하였다. 요엘은 무서운 메뚜기 재앙을 바라보며 죄에 대한 하나님의 심판을 생각하였고, 마음을 찢는 진정한 회개와 금식을 촉구하였던 예언자였다는 사실을 배울 수 있었다. 그리고 요엘서는 여러 가지 다양한 문학적인 수사법을 사용한 뛰어난 책이라는 것도 아울러 함께 배울 수 있었다. 이 책을 읽는 모든 독자들이 "하나님의 영"을 소유하여 이 땅에 꼭 필요한 하나님의 사람들로 거듭나기를 바란다.

제3장 요나 _ 요나 1-4장

예언자 요나와 활동 연대

Q. 앞 장에서는 예언자 요엘에 대해 공부하였다. 요엘은 마음을 찢는 진정한 회개를 강조한 예언자였으며, 마지막 날에 하나님의 영을 소유하여 시대를 책임지는 위대한 신앙의 지도자들이 될 것을 촉구한 예언자였다는 것을 배울 수 있었다. 이번에 공부할 예언자는 어떤 예언자인가?

A. 이번 장에서는 요나에 대해 살펴보고자 한다. 요나의 예언을 모아놓은 요나서는 12 소예언서 중에서 다섯 번째에 위치하고 있으며, 4장 48절로 구성되어 있는 비교적 짧은 책이다.

Q. 예언자들 가운데 요나를 가장 마지막으로 공부하게 되었는데, 그렇다면 요나가 가장 마지막에 활동한 예언자라는 뜻인가?

A. 예언자 요나의 활동 연대를 정확히 규정하기에는 어려움이 많다. 예언자 요나가 어느 시대에 생존했던 사람인지에 대한 자세한 언급을 성경은 하고 있지 않기 때문이다. 요나 1:1에는 "여호와의 말씀이 아밋대의 아들 요나에게 임하니라"라고만 되어있을 뿐이다. 참고로 아밋대는 히브리어로 "진리"라는 뜻을 내포하고 있고, 요나는 "비둘기"라는 뜻을 지니고 있다. 요나서는 요나의 아버지의 이름이 아밋대라는 사실만 언급하고 있지, 요나가 구체적으로 어느 시대에 활동했던 예언자였는지에 대해서는 침묵하고 있다. 학자들은 요나서의 역사적 배경이나 신학, 그리고 언어가 포로기 이후의 시대를 반영하고 있다고 보고, 요나의 활동

연대를 기원전 4세기에 살았던 요엘과 동시대 내지는 그 이후로 보고 있다.

Q. 요나가 어느 시대 사람인지에 대해서는 정확히 말할 수는 없지만, 그럼에도 구약의 예언자들 중에서는 가장 나중에 등장한 인물이라는 것은 알 수 있다. 그렇다면 요나는 요나서 이외의 다른 곳에는 언급이 없는 것인가?

A. 요나라는 동일한 이름을 지닌 예언자가 열왕기하 14:25에 등장한다. 이 구절을 보면, 요나라는 예언자는 북 왕국의 여로보암 2세(기원전 786-746) 시대에 살았는데, 왕이 빼앗겼던 영토를 재탈환하게 될 것이라는 예언을 했다. 그러나 이 열왕기서에 등장하는 요나와 요나서의 요나가 동일 인물인지는 학자들 간에 많은 논의가 있다. 하지만 열왕기서에 언급된 예언자 요나가 기원전 8세기에 살았던 예언자 아모스와 거의 동시대에 살았기 때문에 요나서는 최종적으로 기원전 4세기경에 생성되었음에도 불구하고 "아모스-오바댜-요나-미가"의 순서로 최종 배열된 것이라고 볼 수 있다.

요나서의 문학적 특징

Q. 위의 설명을 통해 성경의 배치 순서는 다 나름대로 신학적인 이유가 있다는 것을 알게 되었다. 그렇다면 요나서의 문학적인 특징은 어떠한가?

A. 요나서는 문학적으로 매우 독특한 특징을 보이고 있다. 요나서는 예언서임에도 불구하고 요나라는 예언자의 예언의 말씀을 담은 예언서라기보다는, "예언자 요나에 관한 이야기"라고 할 수 있다. 요나가 선포한 예언은 3:4에 기록된 단 한 절뿐이다: "요나가 그 성읍에 들어가서 하루 동안 다니며 외쳐 이르되 사십 일이 지나면 니느웨가 무너지리라 하였

더니." 요나서 전체에서 요나의 예언은 이 한마디에 불과한 것이다. 나머지는 요나가 예언자로서 어떤 행동을 했는지에 대해서 설명하는 전기적인 성격을 띠고 있다. 요나는 니느웨에 가서 외치라는 하나님의 말씀을 피하여 다시스로 도망가던 중 풍랑을 만나게 된다. 이때 제비뽑기를 통해 요나가 죄인으로 결정되어, 결국 요나는 바다에 내던져지게 되는데, 이때 큰 물고기가 요나를 삼키는 바람에 요나는 물고기 배 속에서 3일 동안을 지내게 된다. 결국 요나는 물고기 배 속에서 하나님께 기도를 드렸고, 기도를 들으신 하나님에 의해 요나는 다시 물고기 배 속에서 무사히 살아나오게 된다. 이처럼 하나님의 은혜로 생명을 건짐 받은 요나는 하나님의 명령에 따라 니느웨로 가서 하나님의 말씀을 전하게 된다. 그러나 정작 말씀을 전한 후에는 분노하고 좌절하는 요나의 모습을 만나게 된다. 정리하면, 요나서는 예언자 요나가 선포한 예언의 말씀을 담은 책이 아니라, 요나라는 인물의 전기적인 삶에 대한 단편적인 이야기를 담고 있는 책이라 할 수 있다. 즉 요나서는 예언서들 중에서 유일하게 예언서들이 공통적으로 가지고 있는 예언자의 환상, 신탁의 말씀, 설교 등이 거의 등장하지 않고, 예언자의 생애를 산문체로 서술하고 있는 이야기로 구성되어 있다.

Q. 다른 예언서들은 거의 예언의 말씀으로 구성되어 있는데, 요나서만큼은 예언의 말씀보다는 주로 요나의 삶에 대한 이야기로 구성되어 있다는 사실을 알게 되니, 요나서가 새롭게 보인다. 앞으로 요나서를 더욱 유익하게 읽을 수 있을 것 같다. 요나서를 읽을 때 특별히 주의해야 하는 내용이 있다면, 어떤 것이 있는가?

A. 요나서는 단 한마디의 예언의 말씀만을 가지고 있지만, 요나서가 예언서에 포함되어 있는 이유를 깊이 생각해야 한다. 요나서는 단순히 요

나라는 개인의 삶에 대한 보도가 아니다. 요나서는 요나라는 개인의 삶을 통해 하나님의 예언의 말씀이 전달되고 있다고 보아야 한다. 다시 말하면, 요나는 다른 예언자들과는 달리 구체적인 행동과 삶을 통해 세상을 향한 하나님의 구원계획을 역설적으로 보여준 예언자라고 할 수 있다. 뒤에서 좀더 자세히 살펴보겠지만, 요나는 이방인들이 구원받는 것을 용납하지 못하는 인물이다. 그래서 앗시리아의 수도인 니느웨로 가서 하나님의 말씀을 선포하라는 하나님의 명령을 요나는 순종할 수 없었던 것이다. 요나가 다시스로 가는 배를 탔다는 것은 이방인을 구원하려는 하나님의 계획에 반대해서 지리적으로 볼 때 니느웨의 가장 반대편이라고 볼 수 있는 곳으로 도망을 갔다는 의미가 된다. 요나는 하나님의 간섭하심으로 나중에는 결국 니느웨로 갈 수밖에 없었지만, 그의 마음속에는 여전히 이방인들은 구원의 대상이 될 수 없다는 인식이 있었다. 이러한 이유로 인해 요나는 니느웨 백성들에게 단 한마디의 예언만을 선포한 것이라고 보아야 한다. 이러한 요나의 인식의 연장선에서, 요나가 니느웨 백성에게 선포한 하나님의 말씀으로 인해 니느웨 백성들이 자신들의 죄에서 돌아서고 회개하고 금식하는 모습을 지켜본 요나는 이를 못마땅하게 여겨 크게 분노하며 하나님께 따지고 저항한다. 이러한 행동 역시 이방인들을 구원하려는 하나님의 계획을 이해하지 못한 요나의 모습이다. 우리가 요나서를 읽을 때는 바로 이러한 깊은 신학적인 메시지가 요나서의 기본을 이루고 있다는 점을 인식하고 책을 대해야 한다. 그렇지 않으면 예언자의 예언의 말씀이 단 한마디에 불과한 요나서가 왜 예언서에 포함되었는지를 이해할 수 없고, 요나서를 요나 개인의 삶의 이야기로 오해하게 된다. 하나님의 계획에 불만이 많았던 요나의 모습은 유대인만이 하나님의 자녀이고 구원의 대상이 된다는 편협한 신앙관을 가지고 있던 당시의 사람들의 입장을 대변하고 있다고 볼 수 있다.

요나서의 구조와 내용

Q. 위의 요나서에 대한 설명을 보니, 요나서가 새롭게 보인다. 요나서 안에 숨어 있는 깊은 신학적 의미가 가까이 와 닿는 것만 같다. 이제 요나서를 좀더 구체적으로 이해할 수 있도록 요나서의 내용과 구조를 자세히 설명해 주시길 바란다.

A. 문학적으로 볼 때 요나서는 매우 잘 짜여진 구조를 가지고 있고, 기승전결이 매우 분명한 모습을 보여주고 있다. 요나서는 다섯 장면으로 나눌 수 있는데, 책의 내용을 머릿속에 그려보면 각 부분들이 영화의 한 장면처럼 떠오르게 된다. 첫 번째 장면에서 요나는 하나님으로부터 죄악이 만연한 대도시인 앗시리아의 수도 니느웨로 가서 하늘에까지 올라 온 그들의 죄에 대해 외치고 회개의 말씀을 전파하라는 사명을 받는다(1:1-3). 하지만 요나는 하나님의 명령을 피해 다시스로 가는 배를 타게 된다. 우리는 여기서 본문이 전하고자 하는 몇 가지 중요한 사실을 깨달아야 한다. "니느웨"는 모든 악덕이 모여 있는 도시를 대변하는 단어가 되고 있는데, 하나님의 부름을 받은 요나는 예언자로서 니느웨의 죄악에 저항해야 하고, 하나님이 세계 제국의 심판자가 되신다는 사실을 선포해야 하는 사명을 갖고 있었다는 것이다. 요나의 사명은 바로 우리 모든 기독교인들의 사명이기도 하다. 죄악 된 세계를 향해 복음을 전파하고, 하나님만이 유일한 세계의 통치자가 된다는 사실을 알리는 것, 이것은 바로 오늘을 살고 있는 우리 모두의 사명이다. 그런데 요나는 하나님의 명령을 거절하고 다시스로 도망감으로써 하나님이 주신 사명을 이행하기를 거부했다. "다시스"는 당시 사람들에게는 서쪽 끝으로 여겨

지던 곳인데, 지금의 스페인 동해안에 위치한 테르테수스라는 도시로 페니키아 사람들이 건설해 놓은 식민지에 속한다.

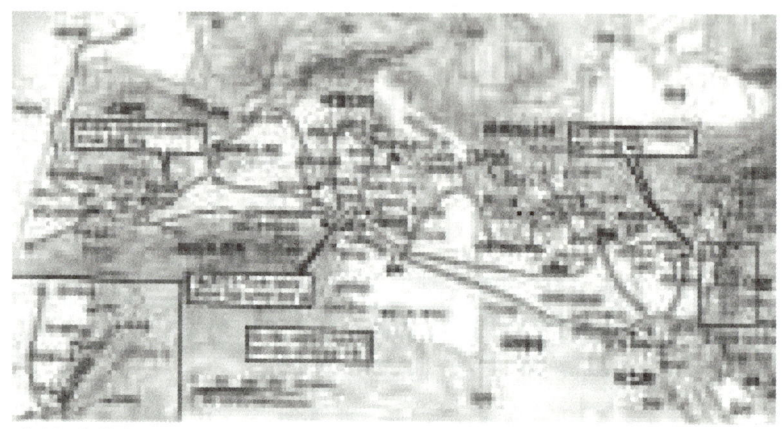

다시스의 위치

Q. 평소 요나서를 읽으면서 항상 궁금했던 점이 하나 있었다. 요나는 왜 하필이면 다시스로 가는 배를 탔는가 하는 점이었는데, 위의 내용을 통해 그가 하나님의 뜻을 거역하고 다시스로 간 이유를 알게 되었다. 요나가 다시스로 도망갔다는 것과 관련해서 우리가 더 알아야 할 것이 있는가?
A. 앞서 살펴보았듯이, 요나가 다시스로 도망갔다는 것은 하나님의 얼굴을 피해 가장 멀리 도망가려 했다는 사실을 알 수 있다. 그런데 여기에는 또 하나의 귀중한 메시지가 들어 있다. 요나가 도망한 것은 위험이나 실패에 대한 두려움 때문이 아니라, 앞에서도 잠깐 설명을 드렸듯이 이방인들이 하나님의 말씀을 듣고 구원을 받게 될 지도 모른다는 그런 선교적인 결과에 대한 두려움이 더 컸기 때문이라는 것이다. 보통 다른 예언자들은 하나님의 부르심을 받으면 자신이 부족하다는 사실 때문

에 사명을 감당할 능력이 없다고 머뭇거린다. 하지만 요나의 경우는 다르다. 요나는 구원은 오직 유대인에게만 한정된 것이라는 생각을 포기할 수 없었기 때문에 대담한 반항심을 가지고 하나님께 끝까지 저항하였다. 요나는 이방인을 구원하려는 하나님의 계획을 무산시키려고 도망간 것이다. 그리고 당시의 세계관으로 볼 때 땅 끝이라고 볼 수 있는 다시스로 가려고 했다는 것은 멀리 있는 이방 땅에서는 하나님의 눈에서 벗어날 수 있을 것이라고 생각했기 때문이다. 요나는 편협한 민족의식을 가지고 있는 자들을 대변하고 있는데, 하나님은 유대인의 하나님이며 팔레스틴 땅만을 통치하시는 분이라고 생각했던 것이다. 요나서는 바로 이런 편협하고 민족적인 신앙을 갖고 있는 요나의 잘못된 신앙관을 하나님께서 어떻게 바로잡고 계신가를 보여주고 있는 귀중한 책이라고 볼 수 있다.

Q. 위의 설명을 통해 하나님은 이스라엘 민족만의 하나님이 아니라, 우리를 포함한 세계 열방의 하나님이 되신다는 것을 요나서가 증거해 주고 있다는 사실을 알았다. 마치 신약의 바울 사도가 이방인을 위해 부름을 받아 복음을 세계로 전파했던 것과 비교될 수 있으리라 본다. 그렇다면 다시스로 가는 배를 탄 요나에게 어떤 일이 일어났는가?

A. 배에서 일어난 사건에 대해서는 두 번째 장면(1:4-16)이 언급하고 있다. 하나님께서 바다에 큰 풍랑을 일으키셨고, 이에 배의 선원들은 겁에 질려 불안해하는 가운데 각자 자신들의 신들을 찾는 일이 발생하였다. 하지만 재앙을 피하기 위해서 선원들이 자신들의 신에게 드린 기도와 간청은 아무런 소용이 없었다. 바다의 파도가 전혀 잠잠해지지 않았던 것이다. 우리는 여기서 잠깐 요나서가 말하려는 두 가지 사실을 확인하고 넘어갈 필요가 있다. 하나는 요나가 배를 타고 멀리 떠나면 하나님

으로부터 벗어날 수 있다고 생각했지만, 그것은 하나님의 능력을 알지 못하는 엄청난 착각이었다는 것이다. 1:4을 보면, "여호와께서 큰 바람을 바다 위에 내리셨다"고 분명히 말씀하고 있다. 이것은 바다와 육지를 창조하시고, 또 그것을 통치하시는 하나님께서 요나의 도피를 방해하기 위해 의도적으로 폭풍을 일으키셨으며, 무엇보다 하나님으로부터 도망쳤다고 확신하고 있는 요나에게 하나님의 손길은 피할 수 없다는 것을 보여주는 것이다.

Q. 우리는 신앙생활을 하면서 어떤 이유로 인해 믿음이 약해지기도 하고, 또 주변의 환경 때문에 실망하는 때도 종종 있다. 그때 우리는 요나처럼 하나님의 손길로부터 잠시나마 도망쳐 보고 싶은 생각을 해보기도 한다. 하지만 하나님의 능력과 손길은 세상 어느 곳에도 미치지 못하는 곳이 없다는 사실을 깨달아야 한다. 요나서가 말하고자 하는 하나님의 능력에 대해 조금 더 설명해 주시길 바란다.

A. 하나님은 참으로 좋으신 분이며 우리를 언제나 축복해 주시기를 원하시는 분이시다. 하나님은 요나를 복음을 전하는 선한 도구로 사용하길 원하셨지만, 요나는 자신의 고정관념과 가치관에 맞지 않는다는 이유로 하나님의 인도를 거절했다. 하지만 하나님은 이방인을 구원하시려는 계획을 포기하지 않으시고 요나의 여정 깊이 간섭하기 시작하신다. 요나는 아직도 여전히 좁은 사고와 편협한 신앙관을 가지고 있었는데, 하나님은 바다에 풍랑을 일으켜 요나에게 자신의 무한하신 능력을 나타내 보이셨다. 하나님의 능력은 육지라는 한정된 공간에서만 펼쳐지는 것이 아니라, 바다와 자연세계의 영역까지 광범위하게 미친다는 사실을 요나서는 가르쳐 주고 있다. 예언자 아모스는 하나님의 통치 영역에 대해 다음과 같이 고백하였다: "그들이 파고 스올(음부)로 들어갈지라도

내 손이 거기에서 붙잡아 낼 것이요 하늘로 올라갈지라도 내가 거기에서 붙잡아 내릴 것이며 갈멜 산 꼭대기에 숨을지라도 내가 거기에서 찾아낼 것이요 내 눈을 피하여 바다 밑에 숨을지라도 내가 거기에서 뱀을 명령하여 물게 할 것이요 그 원수 앞에 사로잡혀 갈지라도 내가 거기에서 칼을 명령하여 죽이게 할 것이라 내가 그들에게 주목하여 화를 내리고 복을 내리지 아니하리라(암 9:2-4). 아모스도 하나님의 무한한 능력과 권세를 인정하고 있는 것을 볼 수 있다. 하나님의 손길을 피할 수 있다고 생각한 요나의 좁은 시각이 얼마나 잘못된 것인지는 하나님이 일으키신 바다의 풍랑을 통해 확인이 되었다. 여기서 잠깐 제 경험을 말씀드리겠다. 지금은 학생들을 가르치고 있지만, 저도 한동안 목회를 했었고 그 과정에서 종종 동일한 경험을 한 사람들을 만날 때가 있다. 즉 하나님의 인도하심을 부정하고 자기 생각과 계획대로 살다가 요나처럼 세상에서 모진 풍랑을 만난 후에야 하나님의 존재를 다시금 인식하고 하나님께로 돌아오는 사람들을 종종 보게 된다. 그들과 상담을 해보면, 하나님을 떠나 세상의 풍파에 많은 고통의 눈물을 흘리며 살아왔던 세월을 후회하며 참회하는 모습을 볼 수 있다. 그렇다. 하나님은 언제나 계시며, 또 어디든 계시는 하나님이시다. 하나님을 떠나 우리가 있을 곳은 그 어디에도 없다. 그러므로 하나님을 떠난 삶은 비참한 삶이며, 실패한 삶이 되고 만다. 항상 깨어서 하나님을 굳건히 믿고 신뢰함으로 하나님의 인도함을 받는 귀한 신앙인들이 되기를 바란다.

Q. 우리는 신앙생활을 하면서 종종 하나님께서 우리의 삶에 깊이 간섭하셔서 우리의 계획을 막으시고 하나님이 원하시는 곳으로 인도하고 계신다는 경험을 할 때가 있다. 그때마다 반항하지 말고 빨리 돌아와서 순종할 수 있기를 바란다. 요나가 탄 배가 바다에서 풍랑을 만난 사건이 주는 또 다른 교훈은 무엇

인가?

A. 풍랑을 만난 선원들의 행동을 주의 깊게 살펴볼 필요가 있다. 1:5을 보면 "사공들이 두려워하여 각각 자기의 신을 부르고"라고 되어 있다. 하지만 풍랑은 잠잠해지지 않았다. 선원들은 서로 다른 국적을 지닌 사람들로 구성되었다는 것을 알 수 있는데, 이방 신들에게 아무리 부르짖더라도 하나님이 일으키신 풍랑과 파도를 잔잔하게 할 수 없다. 이것이 바로 요나서가 말하려는 중요한 메시지 중에 하나이다. 우리가 믿는 하나님은 세상의 그 어떤 신들보다 위대한 능력을 소유하고 계시다는 것이다. 사실은 우리가 살아가면서 이 평범하고도 고귀한 진리를 잊어버릴 때가 너무 많다. 예언자 엘리야 시대에도 많은 사람들이 하나님의 능력을 망각하고 바알과 아세라를 섬기는 죄악을 범했다. 바알과 아세라 선지자 850명이 갈멜 산 위에서 아무리 부르짖어도 그들의 신은 응답하지 않았다는 사실을 우리는 잘 알고 있다. 그런데 과연 이러한 일이 그 당시 과거에만 있었던 일이라고 가벼이 치부할 수 있는 일인가? 사실 우리들도 오늘날의 바알과 아세라 신들을 찾아 복을 구하며, 또 다른 세상의 우상들을 의지하고 있지는 않는가? 우리는 우리의 신앙의 순수성이 세상의 다른 것들로 오염되지 않도록 순간순간 우리의 신앙을 점검해 보고, 하나님만을 절대적으로 믿고 신뢰하고 의지하는 복된 성도들이 다 되어야 할 것이다.

Q. 사실 말은 쉽지만, 실제로 하나님만을 끝까지 신뢰하며 산다는 것이 얼마나 어려운 일인가! 그럼에도 신앙인은 하나님만을 절대적으로 의지하며 살아야 한다. 선원들이 풍랑을 멈추기 위해 자신들의 신에게 부르짖었으나 실패하고 말았다. 그들은 그 이후에 어떤 행동을 취했는가?

A. 배에 있는 사람들이 모두 모여 제비뽑기를 하였다. 제비뽑기 결과 요

나가 뽑혔다. 물론 하나님이 간섭하셨기 때문이다. 이 제비뽑기는 당시에 널리 유행하던 관습에 속하는데, 인간이 더 이상 해결할 수 없는 문제를 하나님께 의뢰하여 답을 얻는 방법으로 자주 사용되었다. 사울 왕 당시에도 전쟁 중에 하나님께 범죄한 자를 가려내기 위한 방법으로 제비뽑기를 하였다(삼상 14:42). 선원들도 풍랑이 누구 때문에 일어났는지를 알 수가 없었기 때문에 제비뽑기 방법을 이용하여 죄인을 찾아내려고 시도했던 것이다. 어쨌든 요나가 선출되었는데, 요나는 자신에게 죄가 있음을 시인하고, 자신을 바다에 던져달라고 요청한다. 요나는 풍랑을 일으킨 분이 하나님이라는 사실을 알고 있었던 것이다.

Q. 요나가 제비뽑기에 당첨되었다고 해서 반드시 바다에 던져야 했던 것은 아닐 것이다. 그런데 선원들은 왜 그런 선택을 했던 것인가?

A. 1:11에 보면 선원들이 요나에게 "우리가 너를 어떻게 하여야 바다가 우리를 위하여 잔잔하겠느냐?"라고 물어보았다. 그때 요나는 나를 들어 바다에 던지라고 대답한다. 여기에는 매우 무서운 신학적인 의미가 숨어 있다. 요나는 더 이상 하나님을 피할 수 없다는 것을 깨닫고, 이방인을 구원하는 하나님의 계획에 동의하기보다는 오히려 죽음을 택했다는 것이다. 요나는 그만큼 이방인을 구원하시려는 하나님의 계획에 끝까지 저항하고 반항했던 자였다. 여기서 우리는 이방인은 하나님의 자녀가 될 수 없고, 구원의 대상이 될 수 없다는 고정관념이 얼마나 요나를 철저하게 사로잡고 있었는지를 확인하게 된다. 여기에 바로 요나서의 핵심이 있다. 요나서는 이방인은 구원받을 수 없다고 생각하는 요나와 유대인들의 생각을 정면으로 반박하고 있는 책이라는 점을 인식해야 한다. 무엇보다 여기서 우리는 이방인들에게 가서 복음을 선포하느니 차라리 바닷물에 빠져 죽기로 결정하는 요나의 모습을 발견하게 되는데, 이를

통해 잘못된 고정관념과 선입견이 얼마나 무서운 결과를 낳게 되는지를 잘 알 수 있다.

Q. 제비뽑기에 당첨이 된 이후의 요나는 어떻게 되었는가?
A. 물론 요나는 선원들에 의해 바다에 던져지게 되었다. 그런데 우리는 여기서 선원들의 행동을 주의 깊게 바라볼 필요가 있다. 선원들은 서로 다른 국적을 지닌 자들인데, 이들은 풍랑을 만났을 때에 자기들이 믿고 있던 신들에게 기도하였던 자들이다. 요나서에서 선원들은 다른 신들을 믿고 있는 이방인들을 대표한다고 볼 수 있다. 하나님께서는 이방인들에게도 구원 계획을 갖고 계시다는 메시지를 전하려는 요나서는 이 이방인 선원들에게 많은 관심을 보이고 있다. 그래서 요나서는 그들이 풍랑을 만났을 때의 행동과 그 이후의 행동이 어떻게 변화되었는지를 비교해줌으로써 이방인들도 얼마든지 경건하고 올바른 신앙생활을 할 수 있는 자들이라는 사실을 설명하고자 한다.

이방인 선원들의 믿음

Q. 우리는 그동안 요나서를 읽을 때 요나라는 한 개인에게 초점을 맞추어 왔는데, 조연으로 등장하는 선원들의 변화에도 중요한 의미가 있다는 사실을 알게 되니, 요나서가 더욱 새롭고 흥미롭게 다가온다. 선원들의 변화를 통해 전해주려는 내용은 무엇인가?
A. 세 가지를 살펴보고자 한다. 첫째로, 요나서는 선원들이 하나님을 만나고 하나님께 예배를 드렸다는 사실을 강조하고 있다는 점이다. 선원들은 풍랑을 만났을 때 처음에는 자신들의 신을 부르며 살려달라고 부르짖었으나(1:5), 그들이 요나를 제비뽑아 바다에 던지자 모든 풍랑이 잔

잔해지는 모든 과정을 보고난 후에는 "여호와를 크게 두려워하고 여호와께 제물을 드리고 서원을 하는"(1:16) 자들로 변화되었다. 선원들은 요나를 바다에 던지기 직전에도 여호와 하나님께 기도하면서 그들을 살려달라고 애원하기도 했다(1:14). 이 구절들은 선원들이 여호와 하나님을 만나 경배하고 기도하는 경건하고 믿음 있는 자들로 변화되었다는 점을 강조하고 있는 것이다. 이방인은 하나님을 만날 수 없고 구원받을 수 없는 존재라고 요나는 생각했지만, 요나서 본문은 이방인 출신의 선원들이 여호와 하나님을 믿게 되었음을 강조하며, 따라서 그들도 하나님께 구원받을 수 있는 훌륭한 믿음의 소유자라는 점을 부각하고 있다. 결국 요나서는 이방인들도 하나님의 위대하신 능력을 인정하고, 경건한 신앙적인 자세를 가지고 제물을 드리고 간절히 기도할 수 있는 자들이라는 사실을 증거하고 있는 책이라고 말할 수 있다.

Q. 그동안 요나서를 읽으면서도 선원들의 행동이 그렇게 중요한 신앙적인 의미를 지니고 있었다는 점을 인식하지 못했다. 그러나 이번에 요나서 공부를 통해 요나서가 이방인인 우리들에게 얼마나 귀하고 소중한 책인지를 새롭게 느낄 수 있었다. 선원들의 모습에서 찾아볼 수 있는 또 다른 점은 무엇인가?

A. 둘째로, 요나서는 이방인 선원들이 요나를 바다에 던진 것은 그들이 특별히 야만스럽거나 몰인정해서가 아니라는 점을 분명히 밝히고 있다. 1:11에 의하면, 선원들이 제비 뽑힌 요나에게 "우리가 너를 어떻게 하여야 바다가 우리를 위하여 잔잔하겠느냐?"고 물어본다. 그때 요나는 자신을 바다에 던지면 풍랑이 잔잔하게 될 것이라고 답한다. 하지만 선원들은 요나의 말을 듣고 그를 처음부터 바다에 던지려고 하지는 않았다. 1:13이 이를 증명한다. "그러나 그 사람들이 힘써 노를 저어 배를 육지로 돌리고자 하다가." 이 구절은 선원들이 매정하게 요나를 바다에 던지

지 않고 어떻게든 풍랑을 피해 배를 육지에 닿게 하려고 노력하였다는 것을 설명해 준다. 선원들은 자신들만 살기 위해 감히 한 생명을 제물로 바치는 그런 파렴치한 사람들은 아니었다. 그들은 노를 저어 배를 육지로 돌리려는 최후의 시도가 실패로 돌아가자 어쩔 수 없이 요나의 요청에 따라 그를 바다에 던질 수밖에 없었다. 그리고 선원들은 요나를 바다에 던지기 전에 하나님께 간절히 기도하였다: "무리가 여호와께 부르짖어 이르되 여호와여 구하고 구하오니 이 사람의 생명 때문에 우리를 멸망시키지 마옵소서 무죄한 피를 우리에게 돌리지 마옵소서 주 여호와께서는 주의 뜻대로 행하심이니이다"(1:14). 선원들의 기도를 통해 우리는 하나님의 계획에 순종하려는 선원들의 신앙적인 자세를 엿볼 수 있다. 이와 같이 요나서가 선원들의 심성과 행동에 대해 긍정적으로 묘사하고 있는 것은 이방인들은 반드시 멸망 받아야 하는 심판의 대상(massa perditionis)이라는 편협한 유대인들의 생각을 뒤집어 이방인에 대한 바른 인식을 심어주기 위해서이다. 따라서 요나서는 이방인들도 하나님을 믿을 수 있으며, 하나님을 경외할 수 있고, 경건한 삶의 태도를 지닐 수 있는 자들이라는 점을 반복해서 강조하고 있는 책이라고 볼 수 있다.

Q. 이방인 선원들은 자신들의 생명뿐만 아니라 요나의 생명까지도 살리기 위해 풍랑과 맞서 싸우며 배를 육지로 닿게 하려고 애썼다는 구절은 정말로 감동적인 장면이 아닐 수 없다. 이로 인해 이방인들도 하나님의 자녀로서 잔인한 인간성을 지닌 자들이 아니라, 인간적이고 따뜻한 마음을 소유한 자들이라는 점을 유대인들이 알게 되었을 것이다. 선원들과 관련해서 더 살펴보아야 할 것이 있다면 어떤 것인가?

A. 1:16은 이방인 선원들이 잠잠해진 바다를 보고 배 위에서 하나님께

제물을 드렸다고 전하고 있다. 이 내용은 매우 중요한 의미를 지닌다. 이방인들이 제물을 드렸다는 것은 하나님을 향한 믿음을 표현한 것이고 구원자 되시는 하나님의 능력을 인정하는 신앙적인 행위를 한 것인데, 예루살렘이 아닌 다른 곳에서 하나님께 제물을 드리는 행위는 당시 유대인들에게는 매우 충격적인 사건이 아닐 수 없다. 유대인들은 기원전 621년에 있었던 신명기 개혁 이후부터는 오직 예루살렘만을 합법적인 예배처소로 인정하였고, 그곳에서만 희생제사를 드려왔다. 그래서 바벨론 땅에 포로로 잡혀갔을 때에도 그곳에서는 희생제사를 드리지 않고 말씀의 예배만을 드리는 것을 고집했던 것이다. 그런데 이방인 선원들은 배 위에서 하나님께 제물을 드리고 서원기도를 했다. 이러한 행동은 예배와 관련해서 혁명적인 전환이고, 파격적인 행위에 속하는 것이다. 그러므로 이방인 선원들이 배 위에서 하나님께 제물을 드렸다는 요나서의 보도는 여호와 종교의 한계성을 완전히 철폐해야 한다는 메시지를 담고 있는 것이며, 성전이 평화와 안전을 보장해 준다고 믿는 잘못된 성전 중심적 사고를 배척하고 있는 것이다. 요나서는 당시 유대인들이 가지고 있던 종교적인 편협성을 뛰어넘어 보편적이고 전 세계적인 하나님의 통치와 섭리를 말하려 했던 것이다. 이러한 사상은 신약 시대로 넘어와서 바울을 통해 이방인 선교 사역으로 계승되었다. 그리고 예수의 이름을 부르고 그를 믿고 의지하는 자들에게는 누구나(유대인이든 이방인이든) 구원의 은총을 선물로 받게 된다는 복음의 선포를 가능하게 한 것이다. 이런 면에서 요나서는 이방인들을 위한 복음서이며, 구약에서 신약으로 넘어가는 다리 역할을 수행하는 책이라고 평가할 수 있다.

물고기 배 속에서 드린 요나의 기도

Q. 위의 설명을 통해 요나서가 가지고 있는 이방인을 위한 선교적 의미를 잘 알게 되었다. 그러므로 앞으로 요나서를 통해 더 큰 은혜를 받을 수 있을 것 같다. 요나서 1장에 대한 공부를 마쳤으니 이제 2장을 살펴봄으로써 더 큰 은혜를 받고자 한다. 2장은 어떤 내용인가?

A. 앞서 요나서 전체를 살펴보면서 요나서는 다섯 장면으로 구성되어 있다고 설명했다. 그중 2장은 세 번째 장면에 속한다. 이 부분은 요나가 물고기 배 속에서 하나님께 드린 기도문이며, 일종의 감사시 형식으로 되어 있다. 하나님께서는 바다에 큰 물고기를 예비해 두셨고, 바다에 내던져진 요나를 삼키도록 하셨다. 요나는 3일 밤낮을 물고기 배 속에 있어야만 했고, 배 속에 있으면서 자신의 잘못을 회개하고 자신을 구원해 주신 하나님의 은혜에 감사의 기도를 드렸다.

Q. 요나서를 읽는 많은 독자들은 요나를 삼킨 큰 물고기의 종류에 대해 관심이 많다. 혹자는 요나를 삼킨 큰 물고기가 고래라고 하기도 하는데, 이 물고기가 어떤 종류의 물고기인지 알 수 있는가?.

A. 히브리어 원어 성경을 직역하면 그냥 단순히 "큰 물고기"라고만 되어있다. 그 외에 그 물고기가 어떤 종류의 물고기인지에 대해 알 수 있는 정보는 없다. 즉 성경은 그 물고기가 어떤 종류의 것인지에 대해서는 전혀 관심이 없다는 것이다. 바다에 사는 물고기 중에서 가장 큰 물고기가 고래일 수도 있고, 상어일 수도 있다. 그러나 성경이 말하려는 것은 어떤 종류의 물고기였느냐가 아니라, 당시 사람들이 가장 무서워하고 두려워하던 바다의 커다란 물고기를 하나님께서는 자신의 계획을 수행하는 도구로 이용했다는 사실이다. 바다 근처에 사는 사람들은 바

다를 지배하는 신이 있고, 그 바다에는 배를 전복시키고 인간에게 불행을 초래하는 무시무시한 물고기가 살고 있다고 믿었다. 이 무서운 물고기가 고대 근동의 신화에서는 자주 바다 괴물로 등장한다. 욥기는 이 무시무시한 큰 바다 물고기를 '리워야단'이라고 표현하였다(욥 3:8). 이사야는 이 무서운 물고기에 대해 좀더 자세하게 묘사하고 있다: "그 날에 여호와께서 그의 견고하고 크고 강한 칼로 날랜 뱀 리워야단 곧 꼬불꼬불한 뱀 리워야단을 벌하시며 바다에 있는 용을 죽이시리라(사 27:1)." 요나서 본문은 바로 이러한 신화적인 배경을 가지고 있는 큰 물고기와 연관되어 있다. 요나서가 말하려는 것은 우리가 믿는 하나님은 사람들이 두려워하는 그 커다란 바다 괴물을 자신의 심부름꾼으로 이용할 수 있는 놀라운 권능을 소유하고 계신 분이라는 것이다.

Q. 그렇다. 하나님은 이 세상에 존재하는 모든 피조물들을 창조하신 분이 아닌가! 우리가 이 사실만 제대로 믿는다면 두려울 것이 무엇이 있겠는가? 요나를 삼킨 물고기와 관련해서 우리가 더 알아야 할 것들이 있는가?

A. 우리가 여기서 한 가지 더 살펴보고 넘어가야 할 것은, 물고기 배 속에서도 하나님께 기도한 요나의 행동이다. "물고기 배 속"이란 곳은 요나가 처한 최악의 상황을 의미한다고 볼 수 있다. 물고기 배 속은 더 이상 희망이 없는 상태를 상징적으로 말하는 단어이다. 중요한 것은 요나가 이 절망의 상황에서 하나님께 자신의 잘못을 회개하고 감사의 기도를 드렸다는 점이다. 우리는 여기서 고난 속에서 드리는 감사기도의 능력을 다시 한 번 경험할 수 있게 된다. 대부분의 사람들은 고난 속에서 불평과 원망을 하곤 하는데, 이것은 어려움을 해결할 수 있는 어떠한 능력도 되지 못한다. 하지만 고난 속에서 드리는 감사의 기도는 문제를 해결할 수 있는 능력의 열쇠가 될 수 있다. 제가 중학교 때 경험한 충격적인

사건이 하나 있다. 수요일 저녁 예배 때 담임 목사님께서 한 집사님의 감사헌금을 소개하시는데, 그 집사님은 전날 있었던 화재로 인해 사업장을 모두 잃게 되었지만, 그럼에도 감사하는 마음으로 하나님께 나아와 헌금을 드린 것이다. 이에 목사님은 모든 성도들이 그 집사님을 위해 간절히 기도해 줄 것을 요청하셨다. 저는 어느 누구도 쉽게 할 수 없는 그 집사님의 믿음의 행위에 감격해 하고 마음으로 떨며 도전받던 경험을 아직도 잊을 수가 없다. 그분은 진실로 큰 믿음의 소유자이셨다. 우리 모두도 물고기 배 속에서 드린 요나의 감사기도를 통해 은혜를 받아, 장성한 분량까지 성장하는 믿음의 소유자가 되기를 바란다.

니느웨 백성들의 예기치 못한 회개

Q. 요나가 물고기 배 속에서 하나님께 간절히 기도할 수 있었던 것처럼 어떠한 위기 상황에서도 믿음을 잃지 않고 하나님의 인도하심을 받는 성도가 되기를 바란다. 물고기 배 속에서 기도를 끝낸 요나는 어떻게 되었는가?

A. 요나가 물고기 배 속에서 나온 이후의 이야기는 3:1-10에 언급되고 있는데, 요나서 전체에서는 네 번째 장면에 속하며, 이 부분이 책의 핵심 부분이라 할 수 있다. 여기에 등장하는 요나의 모습은 매우 순종적인데, 요나가 하나님의 선교 계획에 따라 잘 훈련받은 결과라고 보아야 한다. 바다의 큰 물고기는 하나님의 명령에 따라 요나를 육지에 토해 놓았고, 요나는 하나님의 두 번째 요청에는 순종하여 니느웨로 가게 된다. 요나서는 요나가 어디를 출발해서 어떻게 니느웨에 도착했는지에 관해서는 아무런 언급이 없다. 중요한 것은 요나가 이번에는 하나님의 부르심에 응답하여 니느웨로 갔다는 것이다. 요나는 그곳에서 하루 동안 걸어 다니며 "40일이 지나면 니느웨가 심판을 받게 될 것"이라고 외쳤다

(3:4). 고고학적인 발굴에 따르면, 고대 니느웨는 직경이 약 4km에 이르는, 당시로서는 매우 큰 도시에 속했다고 한다.

Q. 요나는 죄악의 도시, 니느웨에 가서 돌이키고 회개하라는 하나님의 말씀을 외쳤다. 결과가 궁금하다. 니느웨 사람들이 과연 하나님의 말씀을 받아들였는가?

A. 이에 대한 내용이 3:5에 기록되어 있다: "니느웨 사람들이 하나님을 믿고 금식을 선포하고 높고 낮은 자를 막론하고 굵은 베 옷을 입은지라." 이 본문 말씀이 어떻게 보면 요나서의 핵심 구절이라고도 할 수 있다. 요나의 단 한마디의 짤막한 설교를 듣고 이방의 니느웨 사람들이 회개하고 참회했다는 것이다. 수많은 예언자들이 이스라엘 사람들에게 회개를 외쳤지만 받아들이지 않았던 것과는 대조적으로, 니느웨 사람들은 예언자의 말 한마디에 최상위 신분인 왕으로부터 시작해서 그 아래 모든 백성들에 이르기까지, 그리고 심지어는 그곳의 짐승들까지도 금식하며 진심으로 참회했다고 성경은 기록하고 있다. 3:5-10은 니느웨 사람들이 어떻게 회개하고 돌이켰는가를 매우 상세하게 보도하고 있는데, 여기서 말하려는 바는 분명하다. 니느웨 사람들은 스스로 금식을 선포하고 베로 된 참회의 옷을 입고 하나님을 믿었다는 것이다. 참으로 요나뿐만 아니라 어느 누구도 예상하지 못한 일이 발생한 것이다. 이방인들이 예언자의 말씀을 듣고 회개하고 하나님께 돌아왔다는 것이다. 그것도 악독이 하나님께 상달될 정도로 타락한 도시 니느웨가 요나의 말 한마디에 회개하고 하나님께 돌아왔다는 것, 이것은 참으로 놀라운 일이며, 아무도 예상하지 못한 대사건임에 틀림없다. 요나서가 외치려는 궁극적인 메시지가 여기에 있다. 세상의 어느 민족이라도-심지어는 악으로 물든 니느웨 조차도-영원히 하나님에게로 돌아오지 못할 정도로 악

한 것은 아니라는 것이다. 그리고 어떠한 죄인이라도 하나님께 회개하고 돌아오면 하나님은 은혜를 베풀고 계획했던 형벌을 취소하시는 참으로 좋으신 분이라는 사실이다. 요나서는 하나님의 사랑과 자비가 이스라엘 사람들에게만 한정되어 역사하는 것이 아니라, 사악한 이방인들에게도 충분하게 미칠 수 있는 무한한 것임을 강조하고 있다. 요나서는 예언자의 단 한마디의 외침에 회개하는 이방인의 모습을 보도함으로써 하나님의 구원은 이스라엘 사람들만의 전유물이 아니라는 점을 부각하고 있다.

요나서: 이방인을 위한 복음서

Q. 요나서는 전통적인 이스라엘 사람들의 생각을 뒤집는 책이라는 생각이 든다. 많은 예언자들이 이스라엘 백성에게 회개하고 하나님께 돌아올 것을 전했지만 마음이 강퍅한 이스라엘 백성들은 미동도 하지 않았다. 그러나 이와는 달리 이방인들에게 하나님의 말씀이 선포되자 그들은 곧 통회자복하며 금식하고 회개하며 하나님께 나아왔다. 이러한 사실을 전하고 있는 요나서야말로 이방인들을 변호하는 귀한 책이라 할 수 있을 것 같다. 책의 마지막 부분은 어떤 내용으로 되어 있는가?

A. 책의 마지막 부분(4:1-11)은 니느웨 사람들에게 선포했던 재앙을 내리지 않으시는 하나님의 관대한 태도에 대해 못마땅하게 생각하는 요나와 자신의 자비로움을 받아들이라고 요구하시는 하나님 사이의 갈등을 묘사하고 있다. 요나는 하나님이 원래 은혜로우시며 자비로우시며 노하기를 더디하시는 분이라는 것을 알고 있었으나, 그러한 사랑과 자비를 이방인인 니느웨 사람들에게 베풀자 화를 내면서 차라리 자신을 죽여 달라며 하나님께 반항하였다. 요나는 하나님의 은혜로운 태도는

오직 이스라엘 사람들에게만 국한된 것이어야 한다는 생각을 끝까지 버리지 않았으며, 이방인에 대해서는 하나님이 선포했던 심판이 시행됨으로써만 하나님의 정의가 실현될 수 있다고 생각했던 것이다.

Q. 우리는 요나가 니느웨 사람들의 회개를 눈으로 직접 목격했음에도 불구하고 이방인은 구원받을 수 없다는 자신의 왜곡된 인식을 바꾸려 하지 않았다는 사실을 알 수 있다. 하나님은 요나의 저항에 대해 어떤 반응을 보이셨는가?

A. 하나님은 여전히 완고한 자신의 입장을 꺾지 않는 요나를 설득하기 위해 그에게 박 넝쿨을 보내주셨는데, 그 박 넝쿨은 요나에게 필요한 그늘을 만들어 주고 그를 일사병으로부터 보호해 주는 역할을 했다. 그런데 다음날 하나님이 보낸 벌레가 박 넝쿨을 갉아먹어 버림으로 금세 시들어지고 말았다. 이에 요나는 작열하는 햇볕과 하나님이 보낸 뜨거운 바람으로 인해 생명에 큰 위협을 받게 되자 하나님께 차라리 죽게 해달라고 간청한다. 그때 하나님은 요나에게 박 넝쿨을 위해 수고하지도 않았고 키우거나 재배하지도 않았는데 박 넝쿨이 자기 눈앞에서 사라졌다고 불평하는 것은 옳지 못하다고 꾸중하신다. 요나가 하루 동안 살았던 그 박 넝쿨을 아낀 것 그 이상으로 하나님은 회개한 죄인들이 살고 있는 대도시 니느웨를 동정해야만 한다는 사실을 요나에게 전하면서 요나서는 끝을 맺는다. 정리하면, 요나서는 하나님의 구원의 은혜는 선택받은 백성에게만 국한되어야 하며, 모든 이방인들은 반드시 멸망을 받아야 한다는 유대교의 편협성에 정면으로 반대한 책이라고 평가할 수 있다. 즉 하나님을 믿고 진심으로 회개하는 이방인에게도 하나님의 구원의 은혜가 베풀어져야 한다는 사실을 정당화한 책이 바로 요나서인 것이다. 요나서는 유대교의 잘못된 민족주의적이고 배타적 구원관

을 수정하고 있는 책으로서 이방인 선교를 위한 획기적인 복음서라 할 수 있다.

지금까지 요나와 요나서에 대해 공부하였다. 요나서는 하나님의 사랑은 지상에 존재하는 모든 민족에게 적용되는 것이며 이방인도 구원받을 수 있다는 구원의 보편성을 전하고 있는 귀중한 책이라는 사실을 깨닫게 되었다. 하나님의 은혜를 날마다 체험하면서 하나님의 나라의 확장을 위해 매일매일 애쓰시는 신앙인들이 되기를 바란다.

제 7 부

예언에서 묵시로: 묵시 문학

Faith and Life of the Prophets

QA
Faith and Life of the Prophets

예언에서 묵시로: 묵시 문학의 탄생

Q. 지금까지 구약 성경에 등장하는 수많은 예언자들을 공부하면서 그들이 소유하고 있던 올곧은 믿음과 하나님 나라의 확장을 위한 수고와 헌신을 다시금 깨달을 수 있었다. 이번에 공부할 주제는 어떤 것들인가?

A. 이번에는 예언자들의 활동을 누가 계승했는가 하는 문제에 대해 살펴보도록 하겠다. 기원전 4세기 이후에는 예언자들이 역사의 현장에 더 이상 등장하지를 않았다. 그렇다면 누가 세상의 역사에 대한 하나님의 계획을 전달하는 심부름꾼의 역할을 수행했는가의 질문이 제기될 수 있는데, 여기서 그 질문에 대한 답을 찾아보고자 한다.

Q. 기원전 4세기 이후는 연대적으로 볼 때 구약의 가장 마지막 시대라고 볼 수 있을 것 같다. 예수님의 탄생과 함께 신약 시대가 개막되었다면, 그 사이의 수백 년 동안 하나님의 뜻과 계획은 어떤 방법으로 전달되었는가?

A. 결론부터 말하자면, "예언"이 사라지는 그 자리를 "묵시"가 대신하였다는 것이다. 예언자들의 활동이 끝나는 때와 묵시 문학이 태동될 때는 서로 중복되어 겹치고 있다. 예를 들어, 연대적으로 후대에 속한다고 볼 수 있는 스가랴 9-14장이나 요엘서 등은 예언서에 속하기는 하지만, 내용적으로 보면 묵시 문학적인 성격을 지니고 있다. "묵시"란 구원의 역사에서 전개되는 하나님의 비밀스러운 계획을 드러내는 것을 의미한다. 즉 구약 시대의 마지막 때에 하나님은 예언자들을 통해서가 아니라, 비밀스러운 묵시를 통해서 자신의 역사 계획을 선포하셨다는 것이다. 그러므로 "묵시"는 하나님의 계시를 다루고 있으며, 예언자들의 활동이 끝나가던 무렵에 세계의 역사 시간표를 알려주던 특별한 방식이었다고 볼 수 있다.

Q. 위의 설명에서 "묵시"라는 단어와 "묵시 문학"이라는 단어가 등장한다. 두 단어는 서로 어떤 차이가 있는 것인가?

A. "묵시"(Apocalypse)란 헬라어 "아포칼립시스"(ἀποκάλυψις)에서 유래한 단어로 숨겨져 있는 진리(하나님의 역사 계획)를 드러내는 것을 의미한다. 이 "묵시"라는 단어가 요한계시록 1:1에서는 책의 제목으로도 사용되었는데, 우리말 성경에서는 계시라고 번역되었다: "예수 그리스도의 계시라 이는 하나님이 그에게 주사 반드시 속히 일어날 일들을 그 종들에게 보이시려고 그의 천사를 그 종 요한에게 보내어 알게 하신 것이라." 이외에도 "묵시"는 요한계시록과 비슷한 성격을 지닌 문헌들의 책제목으로도 사용되었는데, 예를 들어, 세드락의 묵시, 아브라함의 묵시, 아담의 묵시, 바울의 묵시 같은 책의 제목으로도 등장하고 있다. 그러니까 "묵시"는 일종의 계시 문학이라고 할 수 있다. 다시 말하면, "묵시"는 하나님이 보여주신 신비한 비밀의 계시를 다루고 있는데, 그 형식을 보면 천사와 같은 어떤 초월적 존재가 특정한 인간에게 전해 준 하나님의 비밀을 이야기 형식으로 풀어내는 것이다.

Q. 다니엘서를 보면 천사가 등장해서 다니엘에게 하나님이 세상을 어떻게 통치하실 것인지를 설명해 주는 장면이 있는데, 이제 그 이유를 알 수 있을 것 같다. 그렇다면 천사가 전해준 계시의 내용은 주로 어떤 것이 있는가?

A. 계시의 내용은 크게 두 가지로 정리될 수 있다. 첫째는 현실 세계 저 너머에 있는 종말론적 구원을 선포하는 내용인데, 여기서는 시간의 초월적 실체가 다루어지고 있다. 꿈이나 환상을 통해 본 계시의 내용은 천사에 의해 그 의미가 해석되는데, 인간 역사의 마지막 때에 대해 많은 관심을 보이고 있다. 그래서 지진, 가뭄, 전쟁, 자연이상 현상, 무서운 전염병과 같은 마지막 때의 징조가 중요하게 소개되는데, 인간의 역사 안

에서 성취될 "마지막"을 기대하고 있다. 이런 내용을 지닌 책들을 "역사적 묵시록"이라고 칭하는데, 다니엘서와 요한계시록이 대표적인 책에 속한다. "한 때와 두 때와 반 때"(단 7:25; 12:7; 계 12:14), "2300주야"(단 8:14), "이레의 절반"(단 9:27), "42달"(계 11:2; 13:5) 등과 같은 표현들이 바로 종말의 때를 가리키는 단어들에 속한다고 볼 수 있다. 둘째는 공간의 초월적 실체를 강조하는 계시의 내용이 있는데, 여기서는 시간이 아니라 "저 세상" 혹은 "다른 초자연적 세계" 등과 같은 초월적인 공간 개념을 취급하고 있다. 우리가 잘 알고 있는 "내가 본 천국," 혹은 "내가 본 지옥" 같은 책들이 이 범주에 속한다고 볼 수 있다. 여기서는 역사의 마지막 때가 다루어지는 것이 아니라, 하늘, 우주, 음부 같은 현실 세계 밖을 갔다 온 "초월적 세계로의 여행" 경험이 자세히 소개되고 있다.

Q. 묵시는 두 가지 내용을 가지고 있음을 알게 되었다. 즉 하나는 역사의 마지막 때(종말)를 강조하는 묵시이고, 다른 하나는 저 세상의 초월적인 공간을 강조하는 묵시이다. 그렇다면 "묵시 문학"이란 무엇인가?

A. "묵시 문학"(Apocalyptical Literature)이란 세상의 종말이나 저 세상의 비밀스런 내용을 다루고 있는 묵시를 기록하고 있는 모든 책들을 총체적으로 일컫는 용어이다. 기원전 300-기원후 100년 사이에 성경보다도 많은 묵시 문헌들이 기록되었는데, 이때는 이스라엘 사람들이 헬라와 로마에 의해 심하게 박해를 받던 시기였다. 한 가지 더 부연하면, "묵시주의/사상"(Apocalypticism)이다. 이것은 묵시 문학에 의해 표현되는 사상들을 가리키는데, 일종의 묵시적 사고 형태를 말한다.

묵시: 예언 전승과 지혜 전승의 계승자

Q. 지금까지 "묵시," "묵시 문학," "묵시주의"에 대한 개념을 정리해 보았다. 조금은 어려운 부분도 있지만 묵시와 관련된 내용을 이해하는 데 도움이 되리라 생각한다. 앞서 "예언"이 사라지는 자리에 "묵시"가 들어선 것이라는 설명이 있었는데, 그렇다면 예언과 묵시 사이에 어떤 연결점이 있는가?

A. 묵시 문학은 예언 전승의 후계자라고 말할 수 있다. 좀더 정확하게 말하자면, 묵시 문학의 일부는 예언자 정신으로부터, 그리고 일부는 지혜자들의 가르침으로부터 넘겨받은 유산들을 내포하고 있다. 먼저 묵시문학이 예언 전승의 어떤 특징들을 계승하고 있는지를 소개하도록 하겠다. 다니엘서를 예를 들어 보자. 다니엘서는 하나님이 주신 계시의 내용을 소개할 때에 예언서에서 사용된 형식을 재활용하고 있다. 다니엘은 하나님으로부터 계시를 받을 때에 환상을 보고 환청을 듣는데(7:1; 8:1-2; 10:1), 이것은 다른 예언자들에게도 나타났던 계시의 주요 전달 수단이었다(합 3:16; 겔 3:14-15). 그리고 다니엘이 하나님의 계시를 받을 때에 거의 죽은 사람처럼 되어 혼수상태에 빠지면서 말을 못하고 몸이 마비되는 경험을 하였는데(7:15; 8:18; 10:9-10), 예언자 에스겔도 이와 비슷한 경험이 있었다(겔 3:26; 24:27; 33:22). 예언서에서는 하나님과 예언자 사이를 중재하는 천사가 등장하는 경우가 있는데(슥 4:1), 다니엘서에서도 가브리엘이라는 천사가 등장하여 다니엘이 본 환상의 의미를 깨닫도록 도와주고 있다(8:16; 9:21). 그리고 다니엘서와 예언서의 또 다른 공통점은 역사의 모든 사건들은 이미 예언된 그대로 진행되고 있다는 내용이 강조되고 있다는 점인데, 역사를 결정론적으로 이해하고 있다고 볼 수 있다. 또한 다니엘서와 예언서는 동일하게 역사의 깊은 어두움 속에서 새로운 희망을 발견하기 위해 몸부림치고 있으며, 역동적인

역사의 한복판에서 현재 활동하고 계시는 하나님의 손길을 찾아내려고 노력하였다. 예레미야와 에스겔 등의 예언자들은 바벨론 포로기라는 절망의 시대에 희망을 외치고 막다른 역사의 골목에서 새로운 탈출구를 찾아내기 위해 몸부림쳤다는 점에서 묵시 문학의 저자들과 같은 입장에 서 있다고 할 수 있다. 그런 점에서 다니엘서의 저자는 예언자 전통의 정신적 상속자이며 추종자라고 말할 수 있다. 다니엘서는 예언의 종말론적 재해석이며, 예언의 역사적 적용인 셈이다. 우리말 성경의 순서를 보면 다니엘서를 예언서로 분류하고 있는 것도 이러한 이유 때문인데, 다니엘서는 3개의 대예언서(이사야, 예레미야, 에스겔)와 12개의 소예언서(호-말) 사이에 위치하고 있다.

Q. 다니엘서는 예언적인 역사관을 소유하고 있고, 위대한 예언자 정신과 비전을 보여주는 책이기 때문에 예언서로 분류되었음을 알게 되었다. 그렇지만 다니엘서가 다른 예언서들과 다른 입장을 보이고 있는 부분도 있을 것이라고 생각한다. 다니엘서를 예언서가 아니라 묵시 문학에 속하는 것이라고 말하는 특별한 이유가 있을 텐데, 그것은 다니엘서와 예언서 간의 어떠한 차이점인 때문인가?

A. 다니엘서와 예언서들 사이에 차이점이 있다면, 다니엘서가 예언자들이 선포한 교훈을 시대적 상황에 맞도록 변화시키고 발전시켰다는 점이다. 다니엘서는 다른 예언서들보다 다가오는 위기의 급박성을 좀더 강조하였고, 종말론적인 구원을 선포하였다. 다니엘서는 예언에 종말이라는 시간의 개념을 새롭게 적용하였다. 그래서 역사의 어두운 밤을 헤치고 다가오는 아침은 "먼 미래"에 있는 것이 아니라, 매우 "가까운 미래"에 있다는 사실을 선포한 것이다. 더 나아가 예언서들이 역사의 막다른 골목을 외쳤다면, 다니엘서는 역사의 유일한 마지막 지점을 선포했다고

볼 수 있다. 다시 말하면, 예언서들이 "인간의 역사 안에서 성취될 마지막"을 기대하였다면, 다니엘서는 "인간의 역사 밖에서 다가오는 새로운 세계의 처음"에 더 많은 관심을 보인다. 다니엘서는 하나님께서 이 악한 세상 역사의 가까운 종말을 준비하고 계시며, 이 종말론적인 심판과 더불어 하나님의 편에 서 있는 의로운 자들과 하나님을 대적한 악한 자들이 완전히 구분될 것이라고 선언하고 있다.

Q. 예언서들은 멀리 있는 하나님의 심판을 외친 반면, 다니엘서는 곧 임하게 될 하나님의 심판을 기대했다는 점에서 서로 간에 차이점이 있음을 알게 되었다. 앞의 설명에서 다니엘서가 한편으로는 예언서의 형식과 내용을 계승했지만, 다른 한편으로는 지혜 문학을 계승했다고 했는데, 그 이유는 무엇인가?

A. 그 이유는 전체적으로 볼 때 다니엘서는 하나님이 지혜의 근본이라는 사상에 동의함으로써 지혜의 우월성을 강조하고 있기 때문이다. 다니엘은 하나님으로부터 크게 은총을 입은 지혜로운 자(9:23; 10:11,19)이며, "학문과 재주에 명철한 지혜자"(1:4,17,20; 2:48)이다. 다니엘은 신비한 기술을 동원하여 왕들의 꿈을 풀이하는 마술적 복술가가 아니다. 다니엘은 지혜로운 교사이자 현자(賢者)이며, 해몽 능력이 뛰어난 지혜자이다. 경우에 따라서는 다니엘 자신이 직접 환상을 보는 계시의 수령자가 되어 하늘의 비밀을 시원스럽게 풀이해 주기도 한다. 다니엘은 환상을 보는 현인으로 등장한다. 하나님의 모든 계시는 놀라운 지혜와 영감을 소유한 다니엘에 의해서 그 의미가 설명되고 있다. 바벨론 왕 느부갓네살이 이해할 수 없는 꿈을 꾸었을 때에 다니엘은 능히 그 은밀한 비밀을 드러낼 수 있었다(2장). 여기서 꿈은 하나님의 역사 의지를 드러내기 위한 도구이며, 하나님의 특별한 진리를 알려주는 수단이다. 다니엘은 하나님의 계시가 이 땅에 실현되도록 역사화하는 데 결정적인 역할을 담

당한 믿음이 좋은 지혜자였던 것이다. 다니엘은 꿈의 해석을 통해 시대의 징조를 알아차리고 장차 일어날 사건의 심각성을 알릴 수 있는 위대한 지혜의 능력을 소유한 자였다.

Q. 다니엘이 꿈을 해몽하는 장면은 창세기에 등장하는 요셉과 오버랩 된다. 요셉도 훌륭한 해몽가였다고 볼 수 있는 것이 아닌가?

A. 그렇다. 요셉도 다니엘과 같이 "예언적 지혜자"였다고 말할 수 있다. 요셉과 다니엘은 똑같이 이방인 통치자의 왕실에 살면서 왕들의 꿈을 예언으로 변형시키고, 비밀을 해석하는 지혜자의 임무를 수행하고 있었다. 고대 근동에서 꿈을 해석하여 현실 세계와의 상관 관계를 풀이하고, 수수께끼 같은 사건의 의미를 파악하는 일은 현자들의 몫이었다. 다니엘은 지혜자의 전형이고(12:3), 영감을 소유하고 이상을 깨닫는 총명한 자였다. 그러한 다니엘이 미래에 일어날 사건들을 미리 예언한 것이고, 역사는 이 예언된 사건들의 연속된 과정 속에서 그대로 흘러가고 있는 셈이다. 이처럼 다니엘은 역사의 비밀을 풀어내는 능력을 지닌 훌륭한 현인으로 등장하고 있다는 점에서 다니엘서는 지혜 전통을 계승하고 있다고 볼 수 있다.

묵시 문학의 특징들

Q. 다니엘서는 예언 전승과 지혜 전승을 계승하면서 묵시 문학이라는 특별한 문학 장르에 속하는 것이라고 볼 수 있다. 이제 다니엘서가 포함된 묵시 문학의 특징들에 대해 소개해 주시길 바란다.

A. 기원전 3세기부터 기원후 1세기 사이에 주로 기록된 묵시 문학은 일반적으로 몇 가지 특징들을 보이고 있다. 첫째로, 대부분의 묵시 문학은

예언서와는 달리 저자의 실제적 이름을 사용하지 않고, 고대의 유명한 신앙적 영웅들의 이름을 빌려서 사용한다는 점이다. 이러한 가명(假名)의 사용은 대부분의 책의 제목에서 확인할 수 있는데, 아담, 아브라함, 모세, 엘리야, 에스라 등이 묵시 문학의 주인공으로 등장하는 것은 바로 그러한 이유 때문이다. 이렇게 이름을 빌려 사용한 데는 크게 두 가지 이유가 있다. 1)이름을 차용하는 것은 당시 고대 근동 사회에 널리 퍼져 있던 관습에 속한다. 고대의 유명한 인물의 이름을 빌려 사용함으로써 책의 권위와 가치를 높이려고 했던 것이다. 2)묵시 문학은 현재를 통치하는 세상 왕국의 종말을 외치고 있다는 특성 때문에 저자는 자신의 실제적인 이름을 밝히는 것을 회피하였을 것이다. 자신에게 매우 위험한 결과가 초래될 수 있었기 때문이다. 박해를 받고 있던 시대적 상황에서 묵시 문학의 저자들은 왕과 왕국에 저항하면서 예언자들이 받았던 비방과 수난을 생각하지 않을 수 없었을 것이다. 대부분의 묵시 문학이 헬레니즘의 문화적, 종교적 세계주의에 대항하려는 저항의 도구였다는 사실을 기억해 보면, 우리는 책의 저자가 자신의 이름을 숨기려고 했던 의도를 충분히 이해할 수 있게 된다. 묵시 문학 작품의 익명성 내지는 가명성은 저자 자신을 보호할 수 있는 유익한 수단이 되었을 것이고, 유대인들에게는 헬라나 로마와 같은 이방 세력의 침략과 맞서 싸울 수 있는 훌륭한 무기가 되었을 것이다. 묵시 문학은 가명을 사용하여 살아계신 하나님 외에는 어떤 다른 역사의 주인도 존재하지 않으며, 하나님만이 세상의 왕을 세우기도 하시며 폐하기도 하시는 역사의 참된 주인임을 힘차게 외칠 수 있었다.

Q. 위의 설명을 통해 묵시 문학은 헬라와 로마에 의해 신앙적인 박해를 받던 시기에 기록되었다는, 특별한 시대적 배경을 갖고 있다는 사실을 알게 되었다.

묵시문학의 또 다른 특징은 무엇인가?

A. 두 번째 특징은 묵시 문학은 종말의 때에 대한 계산에 관심이 많다는 점이다. 그래서 자주 종말의 때에 대한 구체적인 계산을 시도한다. 종말은 멀지 않은 가까운 미래에 놓여 있는데, 세상의 종말은 예기치 않은 하나님의 역사 개입을 통한 의의 세력의 승리로 끝이 나며 하나님의 우주적인 심판을 수반한다고 증언한다. 다니엘서도 종말의 때를 계산하기 위해 그의 온 정성을 다 바치고 있다. 종말은 세 때 반 후에 시작되는 것으로 설명되기도 하였고(7:25; 9:27; 12:7), 1,150일 후에 일어날 사건으로 제시되기도 하였다(8:14). 묵시 문학이 마지막 때를 밝히려 할 때 이러한 상징적인 숫자와 암호들을 등장시키고 있기 때문에 독자들은 그 숫자와 특정 단어들이 지니고 있는 비밀스러운 뜻을 잘 풀어내야 그 정확한 의미를 깨달을 수 있게 된다.

Q. 다니엘서나 요한계시록을 읽다보면 이해하기 어려운 상징적인 단어나 숫자가 나오는데, 참으로 난해하다고 느낄 때가 많다. 그때는 어떻게 해야 하는가?

A. 묵시 문학에 언급된 단어들이 가지고 있는 상징적인 의미를 함부로 풀이해서는 안 된다. 반드시 출석하고 있는 교회의 목회자들의 지도를 받아야 한다. 성경공부를 시켜준다고 유혹하는 주변의 확인되지 않은 모임에는 절대로 참여하지 말기 바란다. 그에 대한 결과는 너무 비참할 수가 있고, 이단의 유혹에 넘어가 가정이 망가지는 경우도 있다. 주변에서 잘못된 성경공부 모임에 참석했다가 어려움을 당하는 분들을 종종 만나게 되는데, 우리 신앙인들 가운데는 그런 유혹에 넘어가는 사람들이 한 분도 없기를 바란다.

Q. 이제 마지막으로 묵시 문학이 담당하고 있는 신앙적 역할에 대해 설명해

주시길 바란다.

A. 두 가지 차원에서 살펴볼 수 있다. 첫째, 다니엘서나 요한계시록과 같은 묵시 문학은 유대인들이 박해를 받으며 살아가던 시기에 신앙적으로 그들을 위로하고 권면하며 희망을 주려는 목적을 가지고 기록되었다는 점을 기억할 필요가 있다. 그런 차원에서 묵시 문학은 "위기 극복의 문학"이라고 말할 수 있다. 현실을 지배하고 있는 악의 세력은 반드시 하나님의 세력에 의해 멸망을 당하게 될 것임을 선포하고, 억압과 고통 속에 살아가고 있는 믿음의 사람들에게 희망의 메시지를 전달하고자 한다. 하나님의 무한한 능력을 선포함으로써 현재 당하고 있는 삶의 위기를 축소시키고, 현실의 고난을 인내하도록 힘을 주는 믿음의 씨앗을 공급하고 있는 것이다. 그래서 묵시 문학은 독자들로 하여금 불의한 현실에 타협하지 않고 끝까지 믿음을 지킨 자에게는 하나님이 큰 상급을 주실 것임으로 어떤 환경 가운데서도 하나님만을 바라보며 인내할 것을 권면하고 있다. 하나님께서는 새로운 의의 질서가 지배하는 새로운 세계를 준비하고 있으니 현실의 불의와 타협하는 자가 되지 말고, 어떤 부조리한 상황에서도 믿음을 지키는 자가 될 것을 촉구하고 있다.

둘째, 묵시 문학은 불의한 현실에 저항하도록 하는 역할을 수행한다. 그런데 그 저항은 반드시 비폭력적 저항이어야 한다는 것이다. 묵시 문학은 혁명적인 방법으로 부조리한 현실 체제를 뒤집으려고 시도하지 않는다. 묵시주의자들은 불의한 지배 계층에 맞서지만 그들을 죽이는 방법을 통해서가 아니라, 자신이 죽는 순교의 방법을 선택한다. 그들은 지상의 잘못된 권위에 대해서는 저항하고, 하늘의 정의로운 권위에 대해서는 순응하려고 노력한다. 그리고 묵시주의자들은 결코 불의한 현실로부터 도망가려고 시도하지 않는다. 그들은 현재의 고통과 고난에서 도망가는 자들이 아니라, 현실의 아픔을 참고 인내하고 받아들이는 자들이다. 그들은 현실을 무시하거나 현실로부터 도피하는 것이 아니라, 불의한 현실을 부정하고 현실에 저항하는 것이다. 그런 면에서 묵시 문학은 일종의 "저항 문학"이라 할 수 있다.

지금까지 예언 전통이 묵시 문학을 통해 어떻게 계승되었는지에 초점을 맞추어 공부하였다. 예언자들의 외침과 정신은 구약의 역사 말기에 다니엘서와 같은 묵시 문학에서 계승되었다는 귀중한 사실을 배울 수 있었다. 불의와 타협하지 않고 언제나 하나님의 정의와 공의를 실천하기 위해 일생을 바쳤던 예언자들의 신앙이 묵시 문학에 그대로 계승되어 위기의 상황에서도 하나님의 뜻대로 살아가기 위해 몸부림치는 자들에게 큰 힘이 되었던 것이다. 책을 읽고 있는 모든 독자들이 작은 예언자들이 되어서 구약 시대 예언자들이 걸어갔던 고귀한 길을 모두 함께 걸어가게 되길 바란다.

제 8 부

말씀의 묵상

FAITH AND LIFE OF THE PROPHETS

QA

Faith and Life of the Prophets

제1장 제의(예배)에 대한 예언자들의 태도 _ 호세아 6:6; 아모스 5:21-24

호세아 6:6

Q. 지금까지 구약 성경에 등장하는 수많은 예언자들을 연대기적으로 살펴보며, 예언자들이 살았던 시대적 배경과 그들이 외친 주요 메시지를 중심으로 공부하였다. 이것이 자양분이 되어 앞으로 예언서를 읽을 때 큰 도움이 될 것이라고 생각한다. 이번에 공부할 내용은 무엇인가?

A. 예언자들이 외친 메시지들 중에서 몇 가지 중요한 주제를 선택해서 오늘을 살고 있는 우리들의 삶에 구체적으로 적용해 보도록 하겠다. 먼저 예언자들이 제의 내지는 예배에 대해 지적한 말씀들을 생각해 보면서 우리의 신앙생활을 점검하는 시간을 갖고자 한다. 하나님의 말씀은 살아있고 운동력이 있기 때문에 예언자들이 외친 말씀들이 오늘 우리의 삶에도 그대로 적용될 수 있으며, 우리가 그 말씀들을 믿고 받아들인다면 하나님은 우리를 변화시키고 그리스도 안에서 새로운 피조물로 살아갈 수 있도록 인도해 주실 것이라고 확신한다.

Q. 그렇다. 하나님의 말씀은 우리의 심령을 변화시키기에 충분한 능력을 가지고 있다. 위에서 밝혔듯이, 예언자들이 제의(예배)에 대해 선포한 내용을 중심으로 우리의 신앙을 점검하는 시간을 갖는 것은 신앙생활을 해나가는 우리에게 매우 유익한 경험이 될 것이다. 먼저 살펴볼 예언자의 선포는 어떤 것인가?

A. 먼저 예언자 호세아가 하나님께 드리는 제의에 대해 무엇이라고 선포했는지 생각해 보도록 하겠다. 호세아는 이스라엘 백성들이 하나님께

잘못된 제의를 드리고 있는 것에 대해 매우 강력하게 비판하였는데, 6:6 이 그 대표적인 구절에 속한다. 이 구절을 먼저 읽어보도록 하자:

"나는 인애를 원하고 제사를 원치 아니하며
　번제보다 하나님을 아는 것을 원하노라."

이 구절은 짤막한 말씀이지만, 사실은 매우 도전적이고 도발적인 선포라 할 수 있다. 하나님은 제사를 원치 아니하고, 오히려 인애를 원하신다고 예언자는 외친다. 물론 이 말씀을 오해해서는 안 된다. 호세아가 말하려는 것은 하나님께서 제의 자체를 거부하신다는 것이 아니라, 잘못된 제의, 다시 말하면 하나님과 이웃을 사랑하지 않으면서 드리는 제의는 올바른 제의가 될 수 없다는 것을 말하는 것이다. 이 말씀과 비슷한 의미를 지닌 구절이 있다. 사무엘상 15:22이다: "순종이 제사보다 낫고 듣는 것이 숫양의 기름보다 나으니." 차이점이 있다면, 사무엘상의 말씀은 비교법을 통해 하나님께 올바른 제의를 드려야 한다는 것을 강조하고 있는 반면에, 호세아의 말씀은 훨씬 더 강하게 양자택일을 요구하고 있다는 점이다. 하나님은 제의가 아니라 인애를, 번제가 아니라 하나님을 아는 것을 원하신다는 것이다. 호세아가 외친 말씀이 훨씬 더 날카로우면서 제의에 대한 비판적 성격을 지니고 있다고 볼 수 있다.

Q. 호세아의 외침이 매우 강력하게 다가온다. 하나님이 마치 이스라엘 백성들에게 큰 화를 내시며 질책하시는 듯한 느낌을 준다. 이 구절을 보면 '인애'라는 단어가 나오는데, 그 뜻을 좀더 구체적으로 설명해 주시길 바란다.
A. '인애'라는 단어는 히브리어로 '헤세드'(חסד)이다. 이 '헤세드'는 호세아서에 총 6번 등장하는데(2:19; 4:1; 6:4,6; 10:12; 12:6), 크게 두 가지 차

원에서 사용되었다. 첫째로, '헤세드'의 주어가 하나님인 경우이다. 이때 '헤세드'는 인간을 향한 하나님의 사랑을 의미하는데, 인간들에게 사랑과 은혜를 베풀어 주시는 하나님의 내적 본질을 가리킨다. 둘째로, '헤세드'의 주어가 인간인 경우이다. 이때 '헤세드'는 인간 상호간의 사랑과 긍휼을 말한다. '헤세드'의 주어가 인간일 때의 의미가 하나님을 향한 인간의 사랑을 말하는 것이 아니라, 이웃을 향한 책임과 사랑을 의미한다는 것은 매우 중요한 의미를 지닌다. 하나님을 진정으로 사랑한다면 이웃에 대한 사랑의 실천이 동반되어야 한다는 것이다. 하나님으로부터 받은 사랑과 은혜를 보답하는 방법은 이웃을 향한 진실한 삶의 태도를 지니고 살아가는 것이다. 다시 말하면, 하나님께서 바라시는 것은 제의적인 희생제물이 아니라, 이웃을 향한 사랑의 실천이라는 것이다. 인간이 하나님을 만나고 하나님과 내적인 결합을 지속하기 위해서는 먼저 이웃과 형제를 사랑해야 한다.

인애(헤세드)와 가장 큰 계명

Q. 호세아가 강조한 '헤세드', 즉 인애의 의미를 알게 되니, 예수님이 한 율법사와 나눈 이야기가 생각난다. 한 율법사가 어느 날 예수님께 찾아와 율법 중에서 가장 큰 계명이 무엇이냐고 물어본 적이 있다. 그때 하신 예수님의 대답이 궁금하다. 예수님은 그 율법사에게 어떤 대답을 하였는가?

A. 예수님과 율법사 간에 있었던 대화는 마태복음 22:34-40에 언급되고 있다. 가장 큰 계명이 무엇이냐고 율법사가 질문하자, 예수님은 두 가지로 답하셨다. "네 마음을 다하고 목숨을 다하고 뜻을 다하여 주 너의 하나님을 사랑하라"는 것이 첫째 계명이라고 대답하셨는데, 이것은 신명기 6:5의 말씀을 인용한 것이다. 하나님을 사랑하는 것이 가장 중요

한 계명이라는 것이다. 둘째 계명은 "네 이웃을 네 자신 같이 사랑하라"는 계명이라고 대답하셨는데, 이것은 레위기 19:18에 나오는 말씀이다. 하나님을 사랑하는 것 다음으로 중요한 것이 이웃을 사랑하는 것이라고 대답하신 것이다. 우리가 보이지 않는 하나님을 사랑하는 중요한 방법이 바로 우리의 삶 속에서 매일매일 만나는 사람들을 사랑하는 것이라는 말씀이다. 이웃을 사랑하며 산다는 것이 결코 쉽지 않지만, 그렇기 때문에 오히려 더 값진 일이라고 생각할 수 있다. 새 찬송가 503장을 보면, 현대인들이 얼마나 간절히 사랑을 그리워하고 있는지를 노래하고 있다. 찬송의 가사를 살펴보도록 하자:

1. 세상 모두 사랑 없어 냉랭함을 아느냐 곳곳마다 사랑 없어 탄식소리 뿐일세
   악을 선케 만들고 모든 소망 이루는 사랑 얻기 위하여 저들 오래 참았네
   사랑 없는 까닭에 사랑 없는 까닭에 사랑 얻기 위하여 저들 오래 참았네
2. 곳곳마다 번민함은 사랑 없는 연고요 측은하게 손을 펴고 사랑받기 원하네
   어떤 이는 고통과 근심걱정 많으니 사랑 없는 까닭에 저들 실망하도다
   사랑 없는 까닭에 사랑 없는 까닭에 사랑 없는 까닭에 저들 실망하도다
3. 어떤 사람 우상 앞에 복을 빌고 있으며 어떤 사람 자연 앞에 사랑 요구하도다
   먼저 믿는 사람들 예수사랑 가지고 나타내지 않으면 저들 실망하겠네
   예수사랑 가지고 예수사랑 가지고 나타내지 않으면 저들 실망하겠네
4. 기갈 중에 있는 영혼 사랑받기 원하며 아이들도 소리 질러 사랑받기 원하네
   저들 소리 들을 때 가서 도와줍시다 만민 중에 나가서 예수사랑 전하세
   예수사랑 전하세 예수사랑 전하세 만민 중에 나가서 예수사랑 전하세.

위의 찬송가의 내용처럼 예수의 사랑을 가지고 세상에 나가 사랑을 실천하는 존귀한 성도들이 되기를 간절히 바란다. 모든 성도들이 세상

에 나가 희생적인 사랑을 조금씩이라도 실천하기 시작한다면, 세상은 변화되고 하나님의 나라는 조금씩 확장되어 나갈 것이라고 확신한다. 전도서 11:1에서는 "너는 네 떡을 물 위에 던져라 여러 날 후에 도로 찾으리라"고 말씀하고 있다. 우리가 예수 그리스도의 희생적인 사랑을 아무런 대가 없이 이 세상 가운데 나타내 보이면 세상은 변화되고 반드시 30, 60, 100배의 결실을 맺게 될 것이다. 사랑을 실천하는 일에 우리 모두가 앞장설 수 있기를 간절히 바란다.

아모스 5:21-24

Q. 사랑을 실천하는 것이야말로 하나님의 마음을 가장 잘 통찰하는 것이고, 하나님께 가장 크게 헌신하는 것이라는 사실을 다시 한 번 깨닫고 결심을 다짐하는 시간이 되기를 바란다. 호세아는 올바른 제의(예배)란 바로 이웃을 사랑하는 것에서부터 출발하는 것이라고 강조했는데, 이 문제에 대해 다른 예언자는 무엇이라 말했는가?

A. 호세아보다 약간 먼저 활동했던 예언자 아모스의 말씀을 생각해 보도록 하자. 아모스가 외친 내용도 호세아와 크게 다르지 않다. 호세아가 '사랑의 실천'을 외쳤다면, 아모스는 '공의와 정의의 실천'을 부르짖었다고 볼 수 있다. 대표적인 구절이라고 말할 수 있는 아모스 5:21-24을 살펴보겠다:

> "내가 너희 절기들을 미워하여 멸시하며 너희 성회들을 기뻐하지 아니하나니
> 너희가 내게 번제나 소제를 드릴지라도 내가 받지 아니할 것이요
> 너희의 살진 희생의 화목제도 내가 돌아보지 아니하리라 네 노랫소리를
> 내 앞에서 그칠지어다 네 비파소리도 내가 듣지 아니하리라

오직 정의를 물 같이, 공의를 마르지 않는 강같이 흐르게 할지어다."

호세아와 마찬가지로 아모스의 외침도 상당히 과격하고 과감하다고 생각할 수 있다. 하나님께서는 이스라엘 사람들이 예배를 드리고 제물을 바치기 위해서 드리는 여러 모임들을 기뻐하지 않으시고, 동물들을 잡아 드리는 제물들을 받으시지 않겠다고 선언하셨다. 매우 무서운 말씀이다. 하나님께서 우리가 드리는 예물과 예배를 받으시지 않는다면, 우리는 얼마나 비참하고 초라하고 무익한 존재가 되겠는가!

Q. 그렇다. 하나님께서 우리에게서 얼굴을 돌리시고 우리를 외면하신다면, 그보다 더 큰 슬픔과 불행이 어디 있겠는가? 이 구절에서는 하나님께 드리는 제물과 관련된 몇 개의 단어들이 등장하는데, 아모스의 예언을 좀더 잘 이해하기 위해서 반드시 알아야 할 단어라 여겨진다. 먼저 번제가 무엇인지 설명해 주시길 바란다.

A. 본문에 보면 번제와 소제와 화목제를 하나님께서 받으시지 않겠다고 되어 있다. 여기서 '번제'(עלה)라는 것은 동물 제물들을 불로 완전히 태워버리는 제사를 말한다. 이것은 제물을 드리는 자의 완전한 헌신을 의미하는 것이기 때문에 '완전제'라고도 불린다. 제물 전체를 불살라 하나님께 드리기 때문에 제물을 드린 자나 제사장이나 아무도 그 드려진 제물을 먹을 수가 없다. 번제는 제물을 드리는 자가 자신의 전부를 하나님께 헌신한다는 의미를 지니고 있기 때문에 감사의 마음을 가장 잘 나타내는 제물이라 할 수 있다. 포로 이전에 이스라엘 사람들은 예루살렘 성전에서 매일 아침마다 이 번제를 드렸는데, 레위기 1장은 번제의 방법과 번제의 종류에 대해 자세히 설명하고 있다. 번제를 드릴 때는 소나 양이나 염소나 비둘기가 가능했는데, 이것은 예배를 드리는 자의 경

제력에 맞게 감사의 마음을 표시할 수 있도록 배려하기 위한 것이었다. 번제는 감사와 기쁜 마음에서 출발하여 자발적으로 드리는 매일매일의 예배를 가리키는 것이다. 그러나 아모스는 당시의 많은 사람들이 이렇게 자발적으로 드려야 하는 제의를 의무감 때문에 어쩔 수 없이 드리고 있다는 사실을 발견하게 된다. 습관적이고 의무감에서 드리는 제물이 아니라, 감사와 감격과 기쁨으로 제물을 드리는 모든 성도들이 될 수 있기를 기대해 본다.

Q. 아모스는 우리의 잘못된 신앙적인 자세를 지적하고 있다. 예배를 드릴 때마다 온전한 헌신의 결단이 일어날 수 있게 되기를 다시 한 번 다짐해 본다. 아모스의 말씀 중에 소제라는 단어도 등장하는데, 소제는 무엇을 말하는가?

A. '소제'란 밭에서 추수한 곡식으로 드리는 제물로서 고운가루(밀가루)에 소금과 기름을 넣고 그 위에 향을 올려 드리는 제의를 말한다. 번제가 동물제사를 일컫는 것이라면, 소제는 식물제사를 가리킨다고 볼 수 있다. 소제에서 특이한 것은 반드시 소금이 들어간다는 점인데, 하나님과의 관계가 부패되거나 깨어져서는 안 된다는 것을 상징하는 것이다. 그러니까 번제가 온전한 헌신을 상징한다면, 소제는 성결과 충성을 다짐하는 제의라 할 수 있다. 무엇보다 소제는 제물을 드리는 자의 정성을 담고 있는 것이다. 밀가루를 곱게 갈아서 준비하는 과정에서부터 굽고 튀기고 요리하는 일련의 모든 과정에 이르기까지 정성을 다해 예물을 준비해야 하는 것이 바로 소제이기 때문이다. 이처럼 이스라엘 백성들은 귀한 곡식을 주신 하나님께 감사하고, 정성과 감격이 들어가 있는 소제를 하나님께 드려야 함에도, 그렇게 하지 못하는 믿음의 백성들로 인해 하나님께서 크게 실망하고 있음을 아모스는 선포하였다.

Q. 모든 제물에는 정성과 감격이 들어가 있어야 한다는 것은 신앙의 가장 기본이지만, 우리가 그와 같이 마음을 다해 제물을 드리지 못하는 때가 참으로 많다. 앞으로는 더욱 마음과 정성을 다해 하나님께 예배와 제물을 드리는 성도들이 되기를 바란다. 아모스 본문에 '화목제'라는 제물도 있는데, 이 제물에 대해서도 설명해 주시길 바란다.

A. '화목제'도 번제나 소제처럼 자발적인 감사제의에 속하는데, 동물을 잡아 드리는 희생제의라는 점에서 번제와 유사하다고 볼 수 있다. 하지만 번제와의 차이점이라면, 번제는 제물 전체를 불태워 하나님께 드리지만, 화목제는 동물의 기름만 하나님께 불태워 드리고 나머지 고기는 제물을 드린 자와 이웃이 함께 나누어 먹기 때문에 일종의 '식사제의'라고도 볼 수 있다. 특별히 기름을 하나님께 드린 이유가 있는데, 오늘날과는 달리 고대인은 영양섭취가 매우 부족했기 때문에 기름이 동물의 부위들 중에서 가장 질이 좋은 부위라고 생각했던 것이다(참고. 신 32:14; 창 45:18). 화목제는 고기를 먹는 잔치를 병행하고, 이웃 간에 친교와 나눔의 기쁨이 충만한 제의인 셈이다. 정리하면, 화목제는 하나님과의 화목을 의미하는 것 뿐만 아니라 이웃과의 화목을 추구하는 제의라고 볼 수 있다. 오늘날 주일 예배 후에 함께 공동식사를 하는 교회들이 많은데, 이것을 현대적인 화목제라고도 말할 수 있을 것 같다. 화목제는 하나님께서 인간 상호간의 화평과 평안을 얼마나 바라시는 분인가를 말해주는 중요한 증거라고 볼 수 있다. 우리는 화목제를 통해서 하나님께 감사하며 가족들과 우애하고 이웃들과 사랑을 나누는 것이 진정한 예배라는 사실을 깨닫게 된다.

Q. 우리 신앙인들에게 가장 중요한 것은 예배이다. 우리는 예배를 통해 은혜를 받고, 제물을 드리며, 감사를 표현하며, 더 나아가 성도 간의 교제를 이루

고 평안을 경험하게 된다. 예언자 아모스는 진정으로 드리는 제물들을 통해 하나님을 만나고, 그 만남의 기쁨을 가지고 세상에 나아가서 하나님의 뜻대로 살아가는 삶을 요청한 것이다.

A. 그렇다. 호세아와 아모스가 제의와 예배에 대해 공통적으로 말하는 것은 바로 하나님께 제물을 드리고 예배를 드리는 것으로 끝나지 말라는 것이다. 제의가 끝난 이후에는 세상에 나아가 이웃들에게 사랑과 공의와 정의를 실천하라는 것이다. 이 두 예언자가 우리에게 말하려 한 바는 제의 자체가 필요치 않다는 것이 아니라, 다만 형식적이고 습관적인 제의를 비판한다. 그러므로 예배와 제물의 의미를 바르게 깨닫고 예수님의 말씀대로 세상에서의 빛과 소금의 여할을 감당하는 참 제사를 드리라는 것이다. 신앙생활을 하면서 우리가 가장 두려워해야 할 것은 우리의 신앙생활이 외형적인 제의 종교에 빠져버리는 우를 범하는 것이다. 그것은 무서운 죄악을 낳게 하고, 결국 우리의 영혼을 죽이는 결과를 초래하고 만다. 이에 아모스는 "너희는 벧엘에 가서 범죄하며 길갈에 가서 죄를 더한다"(암 4:4)고 지적했던 것이다. 여기서 벧엘과 길갈은 이스라엘의 전통적인 제의 도시를 대표한다. 벧엘은 족장 야곱이 하나님을 만났던 유명한 제의 장소이고, 길갈은 여호수아가 요단 강을 건넌 후에 하나님께 제단을 쌓았던 곳이다. 이스라엘 백성들이 형식적인 신앙생활에서 벗어나지 못하면, 이처럼 유명하고 거룩한 도시에 가서 제의를 드린다 할지라도 하나님은 결코 그 예배를 받지 않으시겠다고 말씀하시는 것이다.

지금까지 호세아와 아모스를 통해 예배와 제물에 대한 예언자들의 태도를 살펴보았다. 두 예언자의 외침 소리가 우리의 가슴 속 깊은 곳에 새겨지게 되기를 바란다. 종교적인 형식주의에 빠지지 말고, 역동적인 신앙인들이 되어서 진실로 세상에 나아가 사랑과 공의와 정의를 실천하는 성도들이 되기를 바란다. 듣는 것보다 실천하는 것이 중요하다. 복음의 말씀들이 우리를 도구삼아 전 세계로 뻗어나갈 수 있기를 간절히 바란다.

제2장 북 왕국 백성들의 죄악에 대한 고발 _ 호세아 4:1-3; 아모스 4:1-3

호세아 4:1-3

Q. 앞 장에서는 예언자들이 말하는 올바른 제의가 무엇인지를 중심으로 공부하였다. 올바른 제의란 매일매일의 삶의 현장에서 만나게 되는 이웃과 형제에게 사랑과 공의를 실천하는 것으로부터 출발하는 것임을 배울 수 있었다. 이번에 배울 주제는 어떤 것인가?

A. 북 왕국 백성들이 어떤 죄악을 범했기에 하나님의 무서운 심판을 받았는가를 생각해 보도록 하겠다. 북 왕국은 남 왕국에 비해 약 140여 년 앞서 멸망했는데(기원전 722), 특별히 예언자 호세아와 아모스는 그 이유를 어디서 찾고 있는지를 살펴볼 필요가 있다. 이 두 예언자는 북 왕국이 멸망하기 직전에 활동했던 예언자들이었기 때문에 그들의 예언의 말씀을 좀더 자세히 공부하면 많은 도움이 될 것이라고 생각한다. 먼저 호세아가 북 왕국 백성들의 죄악에 대해 무엇이라고 비판했는지 알아보도록 하겠다.

Q. 호세아는 북 왕국 출신의 예언자이며, 엘리야와 엘리사의 선포를 이어받아 바알 종교의 근절을 위해 애쓴 예언자라는 사실을 기억하고 있다. 특별히 살펴보려는 호세아의 예언의 말씀은 어떤 것인가?

A. 호세아의 예언들 중에서 4:1-3을 읽어보도록 하자. 이 말씀은 호세아의 예언들 중에서 핵심적인 위치를 차지하고 있다고 볼 수 있다:

"이스라엘 자손들아 여호와의 말씀을 들으라 여호와께서 이 땅 주민과 논쟁하시나니 이 땅에는 진실도 없고 인애도 없고 하나님을 아는 지식도 없고 오직 저주와 속임과 살인과 도둑질과 간음뿐이요 포악하여 피가 피를 뒤이음이라 그러므로 이 땅이 슬퍼하며 거기 사는 자와 들짐승과 공중에 나는 새가 다 쇠잔할 것이요 바다의 고기도 없어지리라."

호세아 1-3장은 호세아의 예언이라기보다는 호세아의 결혼생활에 대한 소개이기 때문에, 지금 읽은 4:1-3이 호세아가 이스라엘 백성들을 향해 외친 첫 번째 예언의 말씀이라고 평가할 수 있다. 첫 번째 예언은 나름대로 중요한 의미를 지니고 있다. 예언자의 예언을 집약하고 있기 때문이다. 그러므로 예언자 호세아가 첫 번째 외친 말씀은 그만큼 우리에게 던져주는 메시지가 크다고 할 수 있다. 세례 요한이 광야에서 처음 외친 말씀은 "회개하라 천국이 가까이 왔느니라"(마 3:2)였다. 이 말씀은 후에 종교개혁가 마틴 루터(Martin Luther, 1483-1546)가 로마 가톨릭의 부정과 불의를 고발할 때에도 그대로 인용되었다. 루터는 95개 조항을 내걸고 중세 가톨릭이 변화될 것을 촉구하였는데, 그 첫 번째 조항이 바로 "회개하라"는 것이었다. 이렇게 첫 번째 말씀은 매우 중요한 의미를 지니고 있는데, 예언자 호세아가 외친 이 첫 번째 설교는 당시 북 왕국의 죄악이 무엇인지를 정확하게 설명해 주고 있다.

Q. 호세아 4:1-3이 갖고 있는 중요성과 그 의미에 대해 알게 되었다. 이 부분의 형식과 내용에 대해서도 간단히 소개해 주시길 바란다.

A. 호세아 4:1-3은 매우 짧은 말씀이지만 비교적 잘 짜여진 구조를 보이고 있다. 1a절은 하나님께서 이스라엘 백성들의 죄를 고발하신다고 되어 있는데, "논쟁하다"(ריב)라는 단어가 주목을 끌고 있다. 이 단어는

일반적으로 법정에서 사용하는 단어인데, 하나님께서 이스라엘 백성들의 죄악을 법적 소송의 단계를 거쳐 고발하시겠다는 것을 뜻한다. 하나님께서 일방적으로 이스라엘 백성들을 심판하시겠다는 것이 아니라, 이스라엘 백성들의 죄악의 구체적인 내용을 알아본 다음에 심판 여부를 결정하시겠다는 의미를 내포하고 있다. 즉 1a절은 재판 법정을 떠오르게 하는 말씀이다. 하나님은 재판장으로, 이스라엘 백성들은 피고인으로 설명되고 있다. 그리고 1b-2절은 고소의 내용을 나열하고 있다. 다시 말하면, 이스라엘 백성들이 어떤 종류의 죄악을 범했는지를 재판장이 조목조목 열거하고 있는 것이다. 그 가운데 1b절은 부정문을 통해 죄를 고발하고 있고, 2절은 긍정적 진술을 통해 이스라엘 백성들의 죄악상을 드러내고 있다. 3절은 이스라엘 백성들의 죄악의 결과가 자연세계에까지 미치고 있음을 설명하고 있다.

Q. 그럼 이제 구체적으로 본문 안으로 들어가 보기로 하자. 먼저 1절의 내용을 소개해 주시길 바란다.

A. 1b절에 보면 이스라엘 백성들이 범한 죄악과 관련되어 3개의 중요한 단어들이 등장한다. 첫째는 이스라엘 백성들에게 진실이 없다는 것이다. "진실"(אמת)이라는 단어는 인간 상호간의 관계성을 나타내는 개념이다. 한 사람이 다른 사람을 믿을 수 있는 무조건적인 신뢰성을 가리키는 단어인데, 인간의 공동생활에서 반드시 필요한 기본 원리를 규정한다. 예수 그리스도를 주님으로 믿고 따르는 자들은 호세아의 지적처럼 진실한 삶을 살아야 한다. 진실한 삶은 우리 모든 기독교인들의 의무이자 책임이라고 볼 수 있다. 제 개인적인 경험을 잠깐 이야기하면, 저는 1980년대 후반에 독일로 유학을 떠났다. 독일에서 경험한 여러 일들 중에서 진실한 삶이 무엇인지를 진지하게 생각하게 하는 사건이 있었다.

베를린에서 지하철을 타는데, 지하철 입구에는 차표를 검사하는 사람도, 또한 기계도 없었다. 처음에는 이러한 것들이 의아하게 생각되었는데, 시간이 지나면서 정직한 삶을 실행하며 살아간다는 것이 바로 이런 것이구나를 깨달을 수 있었다. 누군가 지켜 서서 보는 사람이 있기 때문에 바른 행동을 하고 정직하게 하려는 것이 아니라, 지키고 감시하는 사람이 없을지라도 하나님과의 관계 속에서 스스로 정직을 실천하며 살아가는 것이 더욱 중요하다는 사실을 경험하였다. 그런 정직의 문화가 선진국을 탄생시키는 것이며, 이것이 바로 기독교 국가의 기본적인 사회 시스템이 아닌가 하는 생각을 해보았다.

Q. 지하철을 타는데 검표원도 없고 기계 장치도 없다니 놀라운 일이다. 우리나라도 이러한 정직과 진실의 문화가 하루속히 자리 잡기를 바란다. 호세아가 북 왕국 백성들의 죄를 지적하는 데 사용한 두 번째 단어는 무엇인가?

A. 두 번째 단어는 "인애"(חסד)이다. 이 단어는 이웃에 대한 사랑의 실천을 가리킨다. "진실"이 인간관계의 지속성을 강조한다면, "인애"는 그 관계성의 강도를 나타내는 단어가 된다. 이처럼 호세아가 자신의 첫 번째 예언에서 "진실과 인애"를 선포한 것은 우리에게 시사하는 바가 크다고 할 수 있다. 우리가 세상을 향해 진실한 모습을 보이고 사랑을 실천하는 것은 하나님의 자녀로 살아가는 데 있어서 가장 기본적인 의무이자 책임이라는 것이다. 정치인은 정치의 현장에서, 사업가는 사업의 현장에서, 교육가는 교육의 현장에서 진실과 사랑의 모습을 보여주어야 한다. 선한 사마리아 사람의 비유(눅 10:30-37)를 통해 예수님께서 말씀하시려고 했던 것도 고난당한 이웃을 돌봐주고 자비를 베푼 자가 진정한 이웃이 될 수 있다는 것이다. 여기서 잠깐 예수님께서 이 비유를 설명하시게 된 배경을 알아볼 필요가 있다. 어느 날 율법사가 예수님을 찾아

와서 "선생님 내가 무엇을 하여야 영생을 얻으리이까?"(눅 10:25)라고 물었을 때 그 대답으로 예수님이 선한 사마리아 사람에 대한 비유를 들어 말씀하신 것이다. 예수님은 비유를 마치신 후에 "너도 이와 같이 하라"고 부탁하셨다. 우리의 삶의 현장에서 만나는 어려운 이웃들에게 선한 사마리아 사람처럼 따뜻한 사랑을 베풀며, 진실한 삶의 모습을 가지고 이 사회의 어두움을 밝히는 귀한 성도들이 되기를 간절히 바란다. 호세아는 하나님을 사랑하는 것과 이웃을 사랑하는 것을 동일한 차원에서 이해하고 있다는 것을 곰곰이 생각해 볼 필요가 있다.

Q. 입술로만 "주여! 주여!"하고 외치는 자가 아니라, 행동으로 주님의 사랑을 실천하는 모든 성도들이 되길 바란다. 호세아는 이스라엘 백성들에게는 진실과 인애뿐만 아니라 "하나님을 아는 지식"도 없다고 비판했는데, 여기서 "하나님을 아는 지식"이 없다는 말은 어떤 의미인가?

A. "하나님을 아는 지식"(דעת אלהים)이 없다는 말은 이스라엘 백성들이 하나님을 예배하고 섬기는 방법을 제대로 알고 있지 못하다는 의미로 해석할 수 있다. "하나님을 아는 지식"은 이론적인 지식을 말하는 것이 아니다. 여기서 "지식"이라는 명사는 히브리어 동사 "알다"(ידע)와 관련되는 단어인데, 지적인 깨달음을 말하는 것이 아니라 언제나 경험적 성격을 지닌 경우를 가리킨다. 그러므로 "하나님을 아는 지식"이란 율법이 가르치고 있는 조항들을 단순히 알고 있느냐의 문제와 관련되는 것이 아니라, 그 조항들을 얼마나 구체적인 삶의 현장에서 실천했느냐의 계명 준수 여부를 의미한다고 보아야 한다. 그러므로 곧 뒤이은 2절에서 십계명에 포함되어 있는 몇 가지 계명들이 소개되고 있는 것이다.

Q. 2절은 이스라엘 백성들이 범한 중대한 죄의 목록을 나열하고 있는데, 십계

명 중 어떤 계명들과 관련되고 있는지 소개해 주시길 바란다.

A. 2절은 십계명 중에서 4개의 계명을 아주 간결한 문제로 핵심적인 단어들만을 언급하고 있다. 먼저 "속임"(כחש)이라는 단어를 살펴보도록 하자. 이 단어는 "네 이웃에 대하여 거짓증거하지 말라"는 제9계명과 관련되고 있는데, 호세아는 이 단어를 몇 번 더 사용하고 있다(7:3; 10:13; 11:12). 두 번째 단어는 "살인"(רצח)인데, "살인하지 말라"는 제6계명에 해당된다. 이 단어는 물론 고의적인 살인의 경우를 말한다. 세 번째는 "도둑질"(גנב)인데, "도둑질 하지 말라"는 제8계명을 가리킨다. 네 번째는 "간음"(נאף)인데, "간음하지 말라"는 제7계명을 말한다. 이 계명들의 공통점은 철저히 인간들 사이의 계명이라는 것이다. 다시 말하면, 이스라엘 백성들이 하나님께 범죄한 구체적인 증거가 이웃과의 관계에서 발생했다는 것이다. 차이가 있다면, "속임"이라는 단어는 1절에서 말한 "진실"의 의무를 위반한 경우를 지적하고 있는 것이라면, 나머지 3개의 단어들은 1절에서 말한 "인애"를 실천하지 못한 경우와 관련되고 있다는 것이다. 2절에는 10계명에 속하지 않는 두 개의 또 다른 범죄 목록이 추가되고 있는데, "저주"와 "포악"이라는 단어이다. 이 단어들 역시 인간들 사이에서 발생하는 사악하고 피비린내 나는 범죄 행위와 관련되어 있다. 한마디로 말하면, 호세아 당시의 이스라엘 백성들은 종교적이고 도덕적인 책임 의식을 전혀 갖고 있지 못했다는 말이다.

Q. 이스라엘 백성들을 향한 호세아의 비판은 사실 오늘 우리에게도 동일하게 해당되는 말씀이라고 생각한다. 교회에 모여 예배하고 찬송하고 기도하고 헌금하는 일에는 열심인데, 세상에서 빛과 소금의 역할을 다하지 못하는 문제가 항상 지적되고 있지 않는가?

A. 여기서 잠깐 덴마크의 기독교 사상가이며 철학가였던 키에르케고

르(Søren Aabye Kierkegaard, 1813-1855)의 가르침에 대해 살펴보는 것도 유익한 경험이 될 것으로 본다. 그는 "어떻게 하면 진정한 그리스도인이 될 수 있는가?"라는 문제에 평생을 바친 인물이다. 그는 『공포와 전율』이라는 책에서 인생의 3가지 단계에 대해 설명하였다. 첫 번째는 미적 실존(aesthetic existence)의 단계에서 살아가는 부류가 있다고 했다. 여기에 속한 자들은 순간의 감정과 쾌락에 따라 행동하며 살아가는 자들이다. 이 사람들은 이기주의자들이거나 쾌락주의자들이다. 자신의 건강, 명예, 성공, 돈을 추구하며 살아가는 사람들이 이 첫 번째 단계에 머물러 있는 자들이다. 두 번째는 윤리적 실존(ethical existence)의 단계에서 살아가는 사람들이다. 여기에 속한 자들은 양심을 가지고 사회에서 요구하는 도덕적 법칙을 잘 수행하며 살아간다. 인생의 목적을 정해놓고 나름대로 가정과 사회를 위해 일하려고 애쓰는 자들이다. 세 번째는 종교적 실존(religious existence)의 단계에 속한 사람들인데, 인생의 진지함을 추구하고 신앙의 의미를 질문하며 살아가는 독실한 기독교인들을 가리킨다. 이들은 하나님께 대한 절대적 신뢰를 통해 아들의 목숨까지도 내어놓았던 아브라함처럼 하나님의 요구를 충실하게 수행하는 자들이며, 언제나 하나님 앞에 서 있는 단독자로서의 삶을 살아가기 위해 노력하는 자들이다. 이들은 신앙의 길이라는 것은 넓은 문이 아니라 좁은 문이며, 평탄한 길이 아니라 가시밭길이며, 쉽고 안이한 길이 아니라 괴로운 시련이 따르는 길임을 인식하는 자들이다. 호세아가 비판한 북 왕국 백성들은 1단계에 머물며 살아갔던 사람들이라고 보아야 한다. 호세아의 비판의 대상이었던 북 왕국의 백성들을 타산지석으로 삼아, 이 책을 읽는 모든 독자들은 깊은 신앙의 경지에 들어가 항상 하나님 앞에 서 있는 단독자라는 의식을 가지고, 매일매일 하나님의 명령을 실천하며 살아가는 귀한 성도들이 되길 간절히 바란다.

Q. 철학자 키에르케고르가 고민했던 종교적 실존 단계에서 살아가는 성숙한 그리스도인들이 다 되길 소망한다. 다시 호세아서로 돌아와서 4:3이 무엇을 말하고 있는지 설명해 주시길 바란다.

A. 3절 말씀은 북 이스라엘 백성들의 범죄가 결국은 자연의 파국을 초래했다는 사실을 고발하고 있다. "그러므로"라는 단어는 1절과 2절에 나열된 백성들의 죄악이 자연 세계와 인간 사회를 얼마나 파괴적으로 만들고 말았는가에 대한 인과 관계를 설명하고 있다. 하나님은 죄악에 대해 반드시 심판하시는 분인데, 땅이 황폐화되고 땅에 거하는 모든 인간들과 동물들과 하늘의 새와 바다에 사는 물고기들이 총체적으로 파멸에 이르게 될 것이라고 경고하고 있다. 즉 3절에서 말하고자 하는 것은 인간의 타락의 결과가 매우 광범위한 악영향을 미친다는 것이다. 인간의 죄악이 땅과 바다와 하늘 전체를 총체적인 파국으로 몰고 간다는 것이다. 노아의 홍수사건을 생각해 보면, 인간의 죄악이 자연 세계를 어떻게 대파멸로 이끌고 갔는지를 잘 알 수 있다. 오늘날 우리 인간들이 범하는 죄악으로 인해 자연이 얼마나 몸살을 앓고 있는가? 대기오염, 수질오염, 이상기온, 온난화, 사막화 등과 같은 재해는 하나님을 인정하지 않는 인간들이 하나님의 창조세계를 함부로 파괴하면서 발생하는 것임을 다시 한 번 숙고하고, 오늘날 우리들에게 전하는 호세아의 외침의 소리에 귀 기울여야 할 때다.

아모스 4:1-3

Q. 우리가 범하는 죄악이 하나님이 창조하신 아름다운 세계에 막대한 악영향을 미친다는 사실을 다시 한 번 깨닫고 좀더 거룩하고 정결한 삶을 살아가길 바란다. 이제 예언자 아모스가 외친 선포의 내용으로 가보자. 아모스는 앞서

우리가 배운 바대로, 남 왕국 출신이지만 북 왕국에서 활동하면서 백성들의 죄악상을 고발한 예언자이다. 어떤 예언의 말씀을 외쳤는가?

A. 아모스는 호세아보다 훨씬 강하게 북 왕국 백성들의 죄악에 대해 고발한 예언자이다. 아모스는 특별히 무분별하고 사치스러운 상류 계층 부인들의 부패와 죄악에 대해 비판하였는데, 그와 관련된 구절인 4:1-3을 살펴보도록 하겠다:

> "사마리아의 산에 거하는 바산의 암소들아 이 말을 들으라
> 너희는 힘없는 자를 학대하며 가난한 자를 압제하며 가장에게 이르기를
> 술을 가져다가 우리로 마시게 하라 하는도다 주 여호와께서
> 자기의 거룩함을 두고 맹세하시되 때가 너희에게 이를지라
> 사람이 갈고리로 너희를 끌어가며 낚시로 너희의 남은 자들도 그리하리라
> 너희가 성 무너진 데를 통하여 각기 앞으로 바로 나가서
> 하르몬에 던져지리라 여호와의 말씀이니라."

이 구절에서 우리는 아모스가 얼마나 예리한 통찰력을 가지고 북 왕국의 부패와 타락을 대담하게 고발하고 있는지를 깨닫게 된다. 아모스는 아주 모멸적인 어투로 사마리아에 살고 있는 북 왕국 상류 계층의 귀부인들을 "바산의 암소"로 비유하고 있다. "바산"은 헤르몬 산과 길르앗 산지 사이에 있는 요르단 동편 지역에 위치하고 있는데, 비옥한 목초지로 유명하고(렘 50:19; 미 7:14), 질 좋은 품종의 살진 소들이 사육되는 곳으로 잘 알려져 있다(신 32:14; 겔 39:18). 시편 22:12은 힘센 소를 "바산의 황소"라고 부르기도 한다. 아모스는 허영과 사치에 들떠서 제멋대로 살아가면서 가난하고 힘없는 백성들을 억압하며 무시하는 귀부인들을 "바산의 암소"라고 경멸하고 있다.

Q. 대부분의 예언은 주로 지배 계급의 남자들을 향하고 있는데, 아모스가 여기서 특별히 귀부인들을 향해 비난의 화살을 퍼붓는 이유가 있는가?

A. 아모스는 북 왕국에서 자행되는 악행의 구조적인 문제를 훨씬 깊게 파악하고 있다. 상류 계급의 남자들이 사회에서 부정부패를 행하고 가난한 자들을 핍박하는 궁극적인 배경에는 사치스러운 향락생활에 만족할 줄 모르는 부인들의 탐욕을 채우는 데 있다는 것을 아모스는 통찰하고 있다. 위 말씀 중에서 "가장에게 이르기를 술을 가져다가 우리로 마시게 하라 하는도다"라는 구절은 귀부인들이 남편들에게 자신들이 술잔치를 마련할 수 있도록 자금을 조달해 달라는 것을 뜻한다. 남자들이 사회생활을 하면서 부정직하고 부조리한 행동을 하게 되면 부인이 남편의 잘못된 생각과 행동을 절제시키는 것이 일반적인데, 북 이스라엘의 경우는 전혀 그렇지 않았다. 부인들이 오히려 남편들을 다그쳐 더 많은 돈을 벌어오라고 요구하고, 부인들은 그 돈으로 사치와 방탕과 술 취함에 빠져 있다는 것이다. 남편들은 철없고 이기적인 부인들의 지나친 요구들 때문에 사회생활에서 더욱 악한 일을 감행해야 한다. 남편들은 부인들의 지나친 사치스런 욕구를 충족시키기 위해 점점 더 악의 구렁텅이로 빠져 들게 되는 법이다. 아모스의 예언은 가정에서의 부인의 위치에 대해 다시 한 번 생각하게 하는 귀중한 말씀이라 할 수 있다. 부인들이 사치와 방탕과 술 취함에 빠지게 되면 그 가정은 도저히 바로설 수 없음을 우리는 잘 알고 있다. 뿐만 아니라, 남편에 대한 부인의 지나친 요구와 과대한 욕망은 결국 남편들까지 파멸의 구렁텅이로 몰고 갈 수 있다는 사실을 명심해야 한다. 그러나 여기서 말하고자 하는 것은 남편들의 잘못과 악행의 원인이 근본적으로 부인들에게 있다는 것을 말하려는 것은 아니다. 결국 아모스가 지적하고 있는 것은 재물에 대한 부인들의 과도한 욕망은 남편들에게 무거운 압력이 되어서 그

들의 불의한 행동을 더욱 유발한다는 것이다.

Q. 가정에서 부인의 위치가 매우 중요하다는 것은 누구나 잘 알고 있을 것이다. 자녀를 양육하고 부모님을 봉양하고 남편과 가정을 위해 헌신하는 일들이 결코 쉽지 않은 일인데, 아모스의 예언을 들으며 귀중한 사명과 역할을 다시 한 번 다짐하는 귀한 시간이 되길 바란다.

A. 구약과 신약에는 여인들이 생각보다 많이 등장한다. 그 중에는 미리암과 드보라와 에스더처럼 국가와 민족을 위해 봉사한 여인들도 있고, 사라와 리브가와 라헬과 레아처럼 족장들의 부인들로 살아가면서 이스라엘을 탄생시키는 데 크게 기여한 인물들도 있다. 또한 한나와 룻처럼 가정의 화목과 평안을 위해 믿음으로 살아간 여인들도 있다. 이와는 달리 이세벨과 들릴라처럼 불신앙적인 모습으로 하나님의 사람들을 박해하거나 유혹하여 망하게 하는 여인들도 있다. 욥의 부인은 욥에게 고난이 찾아왔을 때 하나님을 욕하고 죽으라는 자극적인 발언을 하기도 했다(욥 2:9). 여인이 어떤 가정을 꾸리고, 어떤 사회적인 역할을 수행하며 살아가느냐 하는 문제는 일차적으로는 여인 스스로 어떤 신앙과 자아를 가지고 살아가느냐에 달려 있다. 모든 크리스천 여인들이 하나님을 진정으로 만나 사회와 국가와 가정에서 꼭 필요한 귀한 인물들이 되길 바란다.

지금까지 북 이스라엘이 멸망을 당하게 된 직접적인 죄악에 대해 생각해 보았다. 아모스와 호세아는 북 이스라엘 백성들이 저질렀던 온갖 불신앙적인 악행과 죄악을 고발하면서 회개하고 하나님께 돌아올 것을 외쳤던 예언자들이었다. 하나님의 사람이라면 받은 바 은혜에 감사하면서 하나님의 사랑과 공의를 이 땅에 실천하는 자들이 되어야 한다는 사실을 다시 한 번 다짐하는 시간이 되길 바란다. 사치와 방탕과 악행은 하나님의 뜻이 아니라, 우리 모든 사명자들을 죽이는 독약임에 틀림없다. 그러므로 진실과 인애로 무장하고 가정을 하나님의 축복의 통로로 만들기 위해 애쓰고 힘쓰는 귀한 성도들이 되길 간절히 바란다.

제3장 남 왕국 백성들의 죄악에 대한 고발 _ 이사야 5:1-7

5:1-7 포도원의 노래

Q. 앞 장에서는 북 왕국 백성들의 죄악에 대해 공부해 보았다. 호세아와 아모스의 예언을 살펴보니 북 왕국 백성들은 하나님과 이웃을 사랑하지 못했고, 오히려 사치와 방탕에 빠져 있었다는 사실을 확인할 수 있었다. 이번에는 공부할 주제는 어떤 것인가?

A. 이번 장에서는 남 왕국의 죄악의 문제에 대해 살펴볼 것이다. 호세아와 비슷한 시기에 남 왕국에서는 예언자 이사야가 활동을 했었는데, 이사야도 역시 남 왕국 백성들의 사회적인 불의와 악행에 대해 신랄하게 고발했다. 그 대표적인 본문이 5:1-7의 일명 "포도원의 노래"이다. 이 "포도원의 노래"는 구약 성경에 등장하는 수많은 시들 중에서 최고의 걸작으로 간주된다.

Q. 이사야를 읽으면서도 "포도원의 노래"라는 말은 들어보지 못했는데, 그런 이름을 붙인 특별한 이유가 있는가?

A. 이사야는 당시 백성들이 가을의 포도 수확 축제 때에 불렀던 노래의 리듬과 단어를 사용하여 하나님의 예언의 말씀을 옷 입혔기 때문에 "포도원의 노래"라고 부르는 것이다. 가을 축제는 하나님의 은혜를 기억하며 감사하는 절기이기 때문에 좋은 신앙의 결실을 맺지 못한 유다 백성들을 비판하는 데 좋은 신학적인 동기를 부여하고 있다고 볼 수 있다. 신명기 16:13-17에 의하면, 가을의 포도 축제는 초막절(수장절, 장막

절) 기간에 지켜졌는데, 이때 백성들은 한 주간 동안 집과 성전 지붕 위에, 그리고 광장에 초막을 세우고 광야생활을 인도하신 하나님의 은혜를 감사하며 기념하였다. 백성들에게 익숙한 노래에 가사를 담았기 때문에 예언자가 전하려는 말씀이 쉽게 전달될 수 있었을 것이다. 아쉽게도 우리가 그 노래의 리듬은 알 수 없지만, 노래의 가사를 통해서 이사야가 어떤 경고의 메시지를 기원전 8세기에 예루살렘과 남 왕국에서 살고 있던 동시대인들에게 전하려고 했었는지는 잘 알 수 있다. "포도원의 노래"를 읽어보도록 하자:

1a 나는 내가 사랑하는 자를 위하여 노래하되 내가 사랑하는 자의 포도원을 노래하리라

1b 내가 사랑하는 자에게 포도원이 있음이여 심히 기름진 산에로다 2 땅을 파서 돌을 제하고 극상품 포도나무를 심었도다 그 중에 망대를 세웠고 또 그 안에 술틀을 팠도다 좋은 포도 맺기를 바랐더니 들포도를 맺었도다

3 예루살렘 주민과 유다 사람들아 구하노니 이제 나와 내 포도원 사이에서 사리를 판단하라 4 내가 내 포도원을 위하여 행한 것 외에 무엇을 더할 것이 있으랴 내가 좋은 포도 맺기를 기다렸거늘 들포도를 맺음은 어찌 됨인고

5 이제 내가 내 포도원에 어떻게 행할지를 너희에게 이르리라 내가 그 울타리를 걷어 먹힘을 당하게 하며 그 담을 헐어 짓밟히게 할 것이요 6 내가 그것을 황폐하게 하리니 다시는 가지를 자름이나 북을 돋우지 못하여 찔레와 가시가 날 것이며 내가 또 구름에게 명하여 그 위에 비를 내리지 못하게 하리라 하셨으니

⁷ 무릇 만군의 여호와의 포도원은 이스라엘 족속이요 그가 기뻐하시는 나무는 유다 사람이라 그들에게 정의를 말하였더니 도리어 포학이요 그들에게 공의를 바라셨더니 도리어 부르짖음이었도다.

Q. 내용을 보니, "포도원의 노래"라고 부르는 이유를 알 수 있을 것 같다. 전체적인 구조와 형식에 대해 간단히 정리해 주시길 바란다.

A. 이 노래는 문학적으로 매우 뛰어난 시라고 평가할 수 있다. 1a절은 짤막한 서곡이라고 볼 수 있는데, 이 시가 누구를 위해 만들어진 것인가를 비유적으로 설명하고 있다. 시의 핵심은 3연으로 이루어진 원래의 시 부분이다. 1연은 1b-2절에 해당되는데, 기름진 산에 심겨진 최상품 포도나무에서 들포도가 맺혔다는 내용을 전하고 있다. 2연은 3-4절로서 들포도와 같이 실망스러운 삶의 열매를 맺은 예루살렘 시민과 유다 사람들을 향해 내려진 심판 판결이다. 3연에는 5-6절이 속하는데, 포도원 주인이 포도원을 파괴할 수밖에 없는 상황과 이유를 설명하고 있다. 마지막 7절은 시의 비유적 해석 부분으로서 강한 위협과 질타로 노래의 끝을 맺고 있다. 이 "포도원의 노래"의 내용을 보면, 외국 군대의 침략에 의한 고통의 문제는 언급되지 않고 주로 백성들의 정의로운 삶의 문제에 대해서 관심을 두고 있기 때문에 이 노래가 선포된 시기는 대략 시리아-에브라임 전쟁(기원전 734-732)이 발발하기 이전으로, 이사야의 예언 활동 초기라고 추측해 볼 수 있다.

Q. 이제 "포도원의 노래"의 내용을 좀더 구체적으로 살펴보기로 하자. 1a절은 노래의 서곡이라고 했다. 무엇을 말하고 있는 내용인지 설명해 주시길 바란다.

A. 1a절을 다시 한 번 읽어보도록 하자: "나는 내가 사랑하는 자를 위하여 노래하되 내가 사랑하는 자의 포도원을 노래하리라." 여기서 말

하려는 바는 은유적으로 암시되어 있기 때문에 내용을 좀 풀어야 하는데, '나'는 예언자 이사야 자신을 가리키며 '나의 사랑하는 자'는 여호와 하나님을 말한다고 보아야 한다. 이사야가 자신이 사랑하는 하나님을 위해 노래를 부르겠다는 것이다. '포도원'은 하나님과 유다 백성들 사이의 관계를 설명하기 위해 사용된 일종의 그림언어라고 볼 수 있는데, 예수님도 하늘나라에 대해 설명할 때 여러 번 포도원의 비유를 예로 들었던 것을 볼 수 있다. 마태복음 20:1-6과 마가복음 12:1-9에서 하나님은 포도원의 주인으로 등장하고 있는데, 포도농사는 이스라엘 사람들에게 일반적이었기 때문에 그 비유가 쉽게 이해되었을 것으로 보인다.

Q. 우리나라에서도 농촌에 가면 쉽게 포도원을 볼 수 있는데, 이스라엘에서도 포도가 대표적인 농산물에 속한다고 볼 수 있는가?

A. 모든 농사는 특별히 그 지역의 기후와 토양과 직접적인 관련성이 있다. 가나안 땅은 아열대성 기후에 속하는데, 농산물은 이 기후에 맞게 그 생산 품목이 정해지게 마련이다. 신명기 8:8은 가나안 땅에서 생산되는 대표적인 농산물 6개를 소개하고 있는데, "밀과 보리와 포도와 무화과와 석류와 감람나무의 소산"이 여기에 해당된다. 이 가운데 우리에게 많이 익숙한 것이 바로 포도이다. 이스라엘 백성들이 애굽을 탈출해서 가나안 땅에 들어갈 때 12명의 정탐꾼들을 보낸 적이 있었는데, 2명이 한 송이의 포도를 어깨에 메고 올 정도로 가나안 땅에서 나는 포도송이가 매우 크다는 것을 설명하고 있다(민 13:23). 사무엘하 16:1을 보면, 다윗 시대 때에 포도를 건포도로 만드는 방법까지 개발했던 것을 알 수 있다. 포도농사가 이스라엘의 대표적인 농사 가운데 하나였다는 것은 구약과 신약 성경에서 포도나무와 관련된 비유가 자주 등장하는 것에서 충분히 추측하게 된다. 예레미야 2:21, 에스겔 15:6, 호세아 10:1

등에서 이스라엘은 포도 내지는 포도나무로 비유되고 있다. 가나안 땅에서는 매우 오래 전부터 포도를 생산했다는 증거들이 많이 발견되었는데, 기원전 3000년경에 여리고에서 이미 포도를 재배했던 흔적을 찾을 수 있다. 그리고 이스라엘 최초의 농사달력인 "게젤 달력"(Gezer Calendar)[2]을 보면, 포도재배에 관한 방법이 소개되고 있다. 포도하면 포도주를 빼놓을 수 없는데, 민수기 15:1-10은 하나님께 드리는 제물에 포도주를 어떻게 사용해야 하는지에 대해서 상세히 소개하고 있다. 에스겔 27:18은 "헬본 포도주"라는 것을 값비싼 무역 품목에 속하는 것으로 소개하기도 한다. 그리고 탈무드를 보면, 유월절 때에 유대인들은 네 잔의 포도주를 마시게 되어 있다. 그만큼 포도주는 유대인들의 종교와 삶에서 빼놓을 수 없는 매우 중요한 위치를 차지하고 있었다.

게젤 달력

Q. 위의 설명을 보니, 예언자 이사야가 포도와 관련된 비유적인 소재로 남 왕국 백성들의 죄악을 고발한 것은 매우 설득력 있는 방법을 선택한 것이라고 평가할 수 있겠다. 이제 1연의 내용과 메시지를 설명해 주시길 바란다.

---

2 게젤 달력은 기원전 10세기 히브리어로 기록되었는데, 1908년에 발견되었다. 이 달력은 매달 어떤 종류의 농사일을 해야 하는지를 상세히 소개하고 있다.

A. 1b-2절을 다시 한 번 읽어보도록 하자: "내가 사랑하는 자에게 포도원이 있음이여 심히 기름진 산에로다 땅을 파서 돌을 제하고 극상품 포도나무를 심었도다 그 중에 망대를 세웠고 또 그 안에 술틀을 팠도다 좋은 포도 맺기를 바랐더니 들포도를 맺었도다." 여기서는 포도원을 가꾸기 위해 정성을 다한 포도원 주인의 모습이 묘사되고 있는데, 연속적으로 등장하는 5개의 동사들은 계절에 따라 최선을 다해 포도원을 가꾸는 주인의 열심을 잘 설명해 주고 있다. 1)땅을 팠다: 여기서 사용된 동사(שׂוח)는 최상급의 의미로 매우 깊게 땅을 갈아엎을 때 쓰는 단어이다. 2)돌을 제하였다: 불필요한 돌을 골라내었다. 3)(극상품 포도나무를) 심었다: 양질의 좋은 포도나무를 땅에 심었다. 4)(망대를) 세웠다: 보호와 감시의 의미를 지니고 있다. 5)(술틀을) 팠다: 포도를 수확하여 즙을 내기 위해 압착하는 기계를 만들었다. 1연에서 말하고자 하는 바는 포도원 주인은 최선의 노력과 정성을 다했는데, 포도나무들은 수확기에 이르러 먹지도 못하고 쓸모도 없는 들포도, 즉 작고 딱딱한 신포도를 맺었다는 것이다. 즉 하나님은 온 정성을 다해 자신이 선택하신 유다 백성들을 먹이시고 입히셨는데, 그들은 하나님의 의도와는 달리 올바른 삶의 결실을 맺지 못했다는 것이다.

Q. 이사야는 유다 백성들을 향한 하나님의 실망을 '들포도'라는 단어를 통해 설명하고 있다. 우리가 1연에서 더 생각해 보아야 하는 내용이 있는가?
A. 포도원 주인은 포도나무가 "좋은 포도 맺기를 바랐다"는 것에 주목해야 한다. 하나님은 유다 백성들이, 아니 더 나아가서, 하나님의 백성들이 보통의 포도가 아니라 양질의 포도와 같은 탐스럽고 달콤한 신앙의 열매를 맺기를 원하시고 계신다는 것이다. 하나님을 믿는 모든 성도들은 일반 세상 사람들의 윤리 도덕적인 삶보다 더욱 세련되고 성숙한

삶을 추구해야 하며, 그들보다 더욱 높은 이상과 가치를 목표로 두고 살아가야 한다. 그래야만 세상의 빛과 소금의 역할을 감당하면서 세상 사람들을 선도할 수 있는 리더로서의 삶을 살아갈 수 있다. 우리가 예수를 믿고 그리스도 안에서 새로운 피조물이 되었으면 그 증거가 외적으로도 나타나야 한다. 하나님의 선택을 받고 역사를 책임졌던 인물들은 모두 신앙의 "좋은 포도"를 맺기 위해 노력했던 자들이다. 요셉이 보디발 부인의 유혹을 거부했던 것은 "좋은 포도"를 맺으려는 결단이었고, 다니엘이 사자 굴에 던져지는 위기를 맞이한 것도 양질의 신앙적 결실을 맺으려는 각오 때문이었던 것이다. 이들은 세상에서 불의와 부정직, 그리고 권모술수를 동원하여 출세하는 것보다는 설령 손해를 보고 고난을 당하더라도 정직과 정의를 지키기 위해 몸부림쳤던 자들이다. 이 땅의 모든 성도들도 믿음의 선조들처럼 자신을 불살라 세상을 밝히는 "좋은 포도"를 맺는 존귀한 자들이 되기를 간절히 바란다.

Q. 이제 2연으로 넘어가 보도록 하자. 앞서 3-4절이 2연에 해당됨을 설명했는데, 2연의 내용과 메시지는 무엇인가?

A. 3-4절을 다시 한 번 읽어보자: "예루살렘 주민과 유다 사람들아 구하노니 이제 나와 내 포도원 사이에서 사리를 판단하라 내가 내 포도원을 위하여 행한 것 외에 무엇을 더할 것이 있으랴 내가 좋은 포도 맺기를 기다렸거늘 들포도를 맺음은 어찌 됨인고." 2연은 1연의 마지막 부분의 내용을 부연설명해 주고 있는데, 여기서 갑자기 이사야는 더 이상 말을 하지 않고 그의 친구가 연설을 하는 형식으로 기술되어 있다. 친구는 예루살렘 시민들과 유다 백성들을 향해 포도원 주인과 포도원 사이를 판결해 보라고 요구한다. 하나님께서 얼마나 예루살렘과 유다를 위해 애쓰셨는지에 대해 스스로 인식하고 회개하라는 의미가 담겨 있다.

우리가 여기서 주의해서 읽어야 하는 부분이 있는데, 4절에 등장하는 2개의 수사 의문문이다. "무엇(מה)을 더할 것이 있으랴!"와 "들포도를 맺음은 어찌(מדוע) 됨인고!"의 두 문장은 포도원 주인 되시는 하나님에게는 결코 아무런 과오가 없다는 사실을 강조하고 있다. 하나님은 유다를 위해 언제나 최고, 최상의 것들을 준비하셨지만, 백성들은 그 은혜를 잊어버리고 들포도와 같은 무가치한 인생을 살았다는 것이다.

Q. 이사야가 선포한 "포도원의 노래"를 다시 한 번 음미하면서 내 자신을 되돌아보는 기회를 삼고자 한다. "나는 좋은 포도를 맺으며 살고 있는가, 아니면 들포도를 맺고 살고 있는가?"를 스스로 질문하며 반성하게 된다. 이제 3연의 내용을 설명해 주시길 바란다.

A. 3연은 5-6절인데, 본문을 다시 한 번 읽어보자: "이제 내가 내 포도원에 어떻게 행할지를 너희에게 이르리라 내가 그 울타리를 걷어 먹힘을 당하게 하며 그 담을 헐어 짓밟히게 할 것이요 내가 그것을 황폐하게 하리니 다시는 가지를 자름이나 북을 돋우지 못하여 찔레와 가시가 날 것이며 내가 또 구름에게 명하여 그 위에 비를 내리지 못하게 하리라 하셨으니." 3연은 커다란 실망을 준 포도원을 향해 친구가 앞으로 어떻게 행할 것인가에 대한 계획을 알려주고 있다. 법정에서 재판관이 피고를 향해 읽는 낭독문과 같은 느낌을 주고 있는데, 포도원은 약탈을 당하도록 버림을 받고 야생동물과 가축의 침입을 막기 위해 설치된 울타리와 담은 헐리게 될 것이라고 말한다. 3연은 포도원 주인이 포도원을 돌보는 일은 완전히 끝이 났다는 무서운 심판 선언이라고 볼 수 있다. 여기서 잠깐 본문의 몇 단어들을 살펴보도록 하겠다. "이제"라는 단어는 사건 진행의 전환점을 알리는 부사이다. 하나님이 은혜를 베푸시는 시간은 끝이 났고, 심판의 시간이 시작되었다는 것이다. "울타리"는

일반적으로는 가시덤불로 되어 있기 때문에 "울타리를 걷어버린다"라고 표현하고 있다. "먹힘을 당하게 한다"라는 것은 걷은 가시덤불을 불로 태워버린다는 뜻이다. "담"은 돌로 만들어져 있기 때문에 "헐어버린다"라는 동사를 사용한 것이다. 담이 헐려 포도원이 "짓밟히게 될 것이다"라는 것은 외국의 군대가 예루살렘과 유다를 침입하여 들어와 백성들을 유린하게 될 것이라는 내용을 암시하고 있다. "가지를 자르고 북을 돋는" 것은 포도나무를 돌보는 규칙적인 행위에 속하는데, 가지를 자르는 것은 이른 봄에 불필요한 싹이 나오지 못하게 하는 작업이다. 북을 돋는다는 것은 이른 봄에 땅을 갈고 김을 매고 잡초를 뽑는 일련의 행위들을 의미한다. "찔레와 가시"는 개역성경에서 "질려와 형극"이라는 어려운 말로 번역되었던 단어들이다. 이 두 단어는 항상 쌍을 이루며 같은 순서로 등장하는데(사 7:23,24,25; 9:10; 10:17; 27:4), 찔레는 1,5m정도까지 줄기가 뻗어나는 일종의 가시덤불을 말하며 가시는 대략 1m까지 자라는 사나운 야생잡초를 말한다. 이사야는 6절 마지막 부분에서, 구름에게 명령을 내려 비가 내리지 못하게 하겠다는 말을 통해 포도원의 주인은 하나님이라는 사실을 간접적으로 드러내고 있다. 이사야는 대단한 문학가적 필체로 예루살렘과 유다의 청중들이 "포도원 노래"를 깨달을 수 있도록 서서히 그 의미를 풀어주고 있음을 볼 수 있다.

Q. 이사야는 다른 예언자들에 비해 교육 수준이 높았던 사람이었을 것으로 생각된다. 앞서 이사야에 대해 공부할 때에 그가 지혜학교 교사였을 가능성에 큰 무게를 두었는데, "포도원의 노래"를 다시 한 번 음미해 보니, 그의 문학적 자질을 새삼 느낄 수 있었다. 마지막 7절에 대해서도 설명해 주시길 바란다.

A. 7절은 "포도원의 노래" 전체에 대한 해석인데, 다시 한 번 읽어보도록 하자: "무릇 만군의 여호와의 포도원은 이스라엘 족속이요 그가 기

뻐하시는 나무는 유다 사람이라 그들에게 정의를 말하였더니 도리어 포학이요 그들에게 공의를 바라셨더니 도리어 부르짖음이었도다." 이사야는 마지막 7절에서 포도원은 이스라엘이고, 포도나무는 유다 사람들이라는 사실을 명확하게 밝히고 있다. 포도원 주인인 이사야의 친구는 당연히 여호와 하나님이라는 것도 암시되고 있다. 여기서 "이스라엘 족속"과 "유다 사람"은 북쪽과 남쪽의 사람들을 지칭하는 것이 아니라, 동격의 성격을 지닌 단어로 보아야 한다. 3절에 언급된 "예루살렘 거민과 유다 사람들"이라는 구절과 동일한 문학적인 표현 방식에 속하는 것이다. 한 가지 더 부가해 설명하면, 우리말 성경에서는 감지할 수 없지만, 이사야의 뛰어난 문학적 필체를 보여주는 단어가 있다. "정의-포악"과 "공의-부르짖음"이라는 단어인데, 이사야는 "포도원의 노래"의 메시지를 한마디로 축약하기 위해 문학적인 전문용어로 '동음이의법'(同音異義法)을 활용하고 있다. '동음이의법'이란 글자의 음은 거의 같으나 그 뜻은 완전히 다른 경우를 말한다. 히브리어로 '정의'는 '미쉬파트'(משׁפט)이고, '포악'은 '미쉬파흐'(משׂפח)이다. 그리고 '공의'는 '쩨다카'(צדקה)이고, '부르짖음'은 '쩨아카'(צעקה)이다. 발음상 상당히 유사하다는 것을 느낄 수 있는데, 이사야는 이러한 발음상의 미묘한 차이를 기막히게 활용하여 하나님의 뜻을 어기고 악행을 범한 유다 사람들을 질타하고 있다. 하나님이 바라신 것은 좋은 포도로 비유된 정의와 공의인 반면, 유다 사람들은 들포도로 비유된 포악과 부르짖음의 열매를 맺었다는 것이다. 포악은 법질서의 파괴를 뜻하며, 부르짖음은 정치적이고 사회적인 폭력으로 인한 고통스러운 외침소리를 말한다.

Q. 7절을 통해 우리는 예언자 이사야의 한 맺힌 절규를 느낄 수 있었다. 하나님의 사랑과 은혜를 깨닫지 못하고 악행과 폭력을 행하며 살아가는 유다 백성

들을 향해 강하게 질책하는 이사야의 안타까운 심정을 우리 모두 헤아려 볼 수 있었으면 좋겠다. 우리도 하나님의 의로운 뜻을 헤아리지 못하고, 내 멋대로 이기적인 욕심을 가지고 살아갈 때가 얼마나 많은가! 우리 모두 "들포도"를 맺는 어리석은 인간들이 되지 않기를 바란다. 마지막으로 "포도원의 노래"를 마무리해 주시길 바란다.

A. "포도원의 노래"를 보면 한 가지 특징적인 것이 있다. 이사야는 "회개하라"는 말을 선포하고 있지 않으면서 회개를 촉구하고 있다는 점이다. 이사야는 강한 대조법적인 서술방식을 통해 청중들에게 양자택일을 선택하도록 암묵적으로 강요하고 있다. "사랑, 보호, 정성, 공의, 정의, 좋은 포도" 등의 단어는 하나님과 관련시키고 있고, "포악, 부르짖음, 들포도"는 유다 백성들에게 적용하고 있다. 이런 대조법을 통해, 한편으로는 하나님의 실망이 얼마나 컸었는지를 부각시키면서, 다른 한편으로는 유다 백성들의 극심한 죄악을 드러내고 있다. "포도원의 노래"는 하나님의 실망은 곧 불태움과 파멸과 붕괴라는 심판으로 이어질 것임을 경고함으로써 청중들이 다시 하나님에게로 돌아올 것을 촉구하고 있다고 볼 수 있다. 모든 성도들은 자신들의 신앙과 삶을 점검하면서 "들포도"에 해당되는 악한 생각과 행동을 뿌리 뽑고 매일매일 하나님께로 가까이 나아가게 되기를 바란다.

지금까지 문학적으로 뛰어난 "포도원의 노래"를 공부하면서 하나님이 우리에게 바라시는 삶이 무엇인지를 깊이 묵상하였다. 하나님은 언제나 우리에게 최고의 것을 선물로 주시면서 "좋은 포도"를 맺기 원하고 계신다. 그러므로 하나님의 선하신 뜻에 합당한 삶을 살아가면서 더욱 큰 복을 누리시기 바란다. 쓸모 없는 "들포도"를 맺지 않도록 항상 깨어서 기도하며 하나님의 인도하심을 받으며 살아가는 성도들이 되기를 바란다.

참고문헌

FAITH AND LIFE OF THE PROPHETS

1. 국내 서적

김영진 외. 『구약성서 개론』. 서울: 대한기독교서회, 2004.

김영진. 『구약성서의 세계』. 서울: 하늘기획, 2009.

민영진 임승필. 『예언서 2』. 광주: 생활성서사, 1999.

박동현. 『예레미야서 연구』. 서울: 한국성서학 연구소, 2003.

박종수. 『바벨론 포로기와 이사야: 이사야 40-55장 주석』. 서울: 한들출판사, 2004.

서명수. 『제3이사야. 주석적 이해와 설교적 적용』. 서울: 한들출판사, 2003.

우택주. 『8세기 예언서 이해의 새 지평』. 서울: 대한기독교서회, 2005.

우택주. 『새로운 예언서 개론』. 대전: 침례신학대학교 출판부, 2005.

유행렬. 『소예언 연구. 파시의 절창』. 서울: 한들출판사, 2005.

이동수. 『예언서 연구』. 서울: 장로회신학대학교 출판부, 2005.

이동수. 『호세아 연구』. 서울: 장로회신학대학교 출판부, 2005.

이희학. 『이스라엘 왕국의 역사-사울·다윗·솔로몬 왕국의 역사』. 서울: 대한기독교서회, 2002.

이희학. 『다니엘-대한기독교서회 창립 100주년 기념 성서주석 25』. 서울: 대한기독교서회, 2004.

이희학. 『유다와 이스라엘 왕들의 이야기』. 서울: 프리칭아카데미, 2009.

이희학. 『북 이스라엘의 역사와 종교』. 서울: 프리칭아카데미, 2009.

이희학. 『아모스』(공저). 두란노 HOW 주석. 서울: 두란노아카데미, 2009.

임승필. 『예언서 I』. 광주: 생활성서사, 1999.

장일선. 『다윗 왕가의 역사이야기. 신명기역사서 연구』. 서울: 대한기독

교서회, 1998,

장일선.『히브리 예언서 연구』. 서울: 대한기독교서회, 1990.

차준희.『예레미야서 다시보기』. 서울: 프리칭아카데미, 2007.

차준희.『최근 예언서 이해』. 서울: 프리칭아카데미, 2008.

2. 번역 서적

고헨, D. E.『구약 예언서 신학』. 차준희 옮김. 서울: 대한기독교서회, 2004.

군네벡, A. H. J.『이스라엘 역사』. 문희석 역. 서울: 한국신학연구소, 1982.

그레이, J.『열왕기상. 국제성서주석 9』. 한국신학연구소 옮김. 서울: 한국신학연구소, 1992.

그레이, J.『열왕기하. 국제성서주석 10』. 한국신학연구소 옮김. 서울: 한국신학연구소, 1992.

노트, M.『이스라엘 역사』. 박문재 옮김. 고양: 크리스챤다이제스트, 1997.

마이어, J. M.『역대기상. 국제성서주석 12-1』. 이환진역. 서울: 한국신학연구소, 1990.

마이어, J. M.『역대기하. 국제성서주석 12-2』. 한국신학연구소 옮김. 서울: 한국신학연구소, 1991.

바이저, A. 엘리거, K.『호세아/요엘/아모스/즈가리야. 국제성서주석 25』. 박영옥 옮김. 서울: 한국신학연구소, 1992.

바이저, A. 엘리거, K.『소예언서』. 한국신학연구소 옮김. 서울: 한국신학연구소, 1985.

베스터만, C. 『성서입문』. 김이곤·황성규 옮김. 천안: 한국신학연구소, 1999.

베스터만, C. 『이사야(III). 국제성서주석 20-3』. 한국신학연구소 번역실 옮김. 서울: 한국신학연구소, 1990.

블렌킨숍 J. 『이스라엘 예언사』. 서울: 도서출판 은성, 1992.

생크스, H. 『고대 이스라엘』. 김유기 옮김. 서울: 한국신학연구소, 2005.

슈미트, W.H. 『구약성서입문 II』. 차준희/채홍식 옮김. 서울: 대한기독교 서회, 2001.

스톨쯔, F. 『사무엘 상.하. 국제성서주석』. 박영옥 옮김. 서울: 한국신학연 구소, 1991.

아이히로트, W. 『에제키엘. 국제성서주석 23』. 강원돈·김상기 옮김. 서 울: 한국신학연구소, 1991.

알베르츠, R. 『이스라엘 종교사 1』. 강성열 옮김. 서울: 크리스챤다이제 스트, 2003.

알베르츠, R. 『이스라엘 종교사 2』. 강성열 옮김. 서울: 크리스챤다이제 스트, 2004.

카이저, O. 『구약성서 개론』. 이경숙 옮김. 왜관: 분도출판사, 1995.

카이저, O. 『이사야(I). 국제성서주석 19』. 한국신학연구소 번역실 옮김. 서울: 한국신학연구소, 1989.

카이저, O. 『이사야(II). 국제성서주석 20-2』. 한국신학연구소 번역실 옮 김. 서울: 한국신학연구소, 1991.

코흐, K. 『예언자들 1』. 강성열 옮김. 고양: 크리스챤다이제스트, 1999.

코흐, K. 『예언자들 2』. 강성열 옮김. 고양: 크리스챤다이제스트, 1999.

쿠트, R. B. 『아모스서의 형성과 신학』. 우택주 옮김. 서울: 대한기독교서회, 2004.

포러, G. 『이스라엘 역사』. 방석종 역. 서울: 성광문화사, 1986.

3. 외국 서적

Albertz, R. *Die Exilszeit. 6.Jahrhundert v. Chr.*, BE 7, Stuttgart, 2001.

Donner, H. *Geschichte des Volkes Israel und seiner Nachbarn in Grundzügen* 2, ATD Ergänzungsreihe Band 4/2, Göttingen, 1985.

Gerstenberger, E. S. *Israel in der Perserzeit*. BE 8, Stuttgart, 2005.

Gray, J. *I & II Kings*, Old Testamenr Library, SCM Press, 1977.

Haag, E. *Das hellenistische Zeitalter*. BE 9, Stuttgart, 2003.

Hertzberg, H. W. *Die Samuelbücher*, ATD 10, Göttingen, 1986.

Rudolph, W. *Micha-Nahum-Habakuk-Zephanja*, KAT XIII/3, Gütersloh, 1975.

Rudolph, W. *Jeremia*, HAT 12, Tübingen, 1968.

Rudolph, W. *Esra und Nehemia*, HAT 20, Tübingen, 1949.

Schoors, A. *Die Königreiche Israel und Juda im 8. und 7. Jh. v. Chr.*, BE 5, Stuttgart, 1998.

Soggin, J. A. *Judges(OTL)*, London, 1981.

Stoebe, H. J. *Das erste Buch Samuelis*, KAT VIII/1, Gütersloh, 1973.

Stoebe, H. J. *Das zweite Buch Samuelis*, KAT VIII/2, Gütersloh, 1994.

Stolz, F. *Das erste und zweite Buch Samuel*, ZBK 9, Zürich, 1972.

Westermann, C. *Das Buch Jesaja Kapitel 40-66*, ATD 19, Göttingen, 1986.

Wildberger, H. *Jesaja 1-12*, BK X/1, Neukirchen-Vluyn, 1980.

Würthwein, E. *Die Bücher der Könige: 1.Kön.1-16*, ATD 11/1, Göttingen, 1985.

Würthwein, E. *Die Bücher der Könige: 1.Kön.17-2.Kön.25*, ATD 11/2, Göttingen, 1985.